21世纪经济与管理应用型本科规划教材
金融学系列

信用管理概论

Introduction to Credit Management

刘红霞 主　编
王　晨　副主编

北京大学出版社
PEKING UNIVERSITY PRESS

图书在版编目(CIP)数据

信用管理概论/刘红霞主编. —北京：北京大学出版社，2012.9
(21世纪经济与管理应用型本科规划教材·金融学系列)
ISBN 978-7-301-21182-3

Ⅰ.①信… Ⅱ.①刘… Ⅲ.①信贷管理-高等学校-教材 Ⅳ.①F830.51

中国版本图书馆 CIP 数据核字（2012）第 206290 号

书　　　名	信用管理概论
	XINYONG GUANLI GAILUN
著作责任者	刘红霞　主编　王　晨　副主编
责任编辑	宋　霜
标准书号	ISBN 978-7-301-21182-3
出版发行	北京大学出版社
地　　　址	北京市海淀区成府路 205 号　100871
网　　　址	http://www.pup.cn
电子信箱	em@pup.cn　　　QQ:552063295
新浪微博	@北京大学出版社　@北京大学出版社经管图书
电　　　话	邮购部 010-62752015　发行部 010-62750672　编辑部 010-62752926
印　刷　者	北京虎彩文化传播有限公司
经　销　者	新华书店
	787 毫米×1092 毫米　16 开本　18.5 印张　439 千字
	2012 年 9 月第 1 版　2022 年 1 月第 4 次印刷
定　　　价	36.00 元

未经许可，不得以任何方式复制或抄袭本书之部分或全部内容。
版权所有，侵权必究
举报电话：010-62752024　电子信箱：fd@pup.pku.edu.cn
图书如有印装质量问题，请与出版部联系，电话：010-62756370

丛书出版前言

《国家中长期教育改革和发展规划纲要(2010—2020年)》指出,目前我国高等教育还不能完全适应国家经济社会发展的要求,学生适应社会和就业创业能力不强,创新型、实用型、复合型人才紧缺。所以,在此背景下,北京大学出版社响应教育部号召,在整合和优化课程、推进课程精品化与网络化的基础上,积极构建与实践接轨、与研究生教育接轨、与国际接轨的本科教材体系,特策划出版《21世纪经济与管理应用型本科规划教材》。

《21世纪经济与管理应用型本科规划教材》注重系统性与综合性,注重加强学生分析能力、人文素养及应用性技能的培养。本系列包含三类课程教材:通识课程教材,如《大学生创业指导》等,着重于提高学生的全面素质;基础课程教材,如《经济学原理》《管理学基础》等,着重于培养学生建立宽厚的学科知识基础;专业课程教材,如《组织行为学》《市场营销学》等,着重于培养学生扎实的学科专业知识以及动手能力和创新意识。

本系列教材在编写中注重增加相关内容以支持教师在课堂中使用先进的教学手段和多元化的教学方法,如用课堂讨论资料帮助教师进行启发式教学,增加案例及相关资料引发学生的学习兴趣等;并坚持用精品课程建设的标准来要求各门课程教材的编写,力求配套多元的教辅资料,如电子课件、习题答案和案例分析要点等。

为使本系列教材具有持续的生命力,我们每隔三年左右会对教材进行一次修订。我们欢迎所有使用本系列教材的师生给我们提出宝贵的意见和建议(我们的电子邮箱是em@pup.cn),您的关注就是我们不断进取的动力。

在此,感谢所有参与编写和为我们出谋划策提供帮助的专家学者,以及广大使用本系列教材的师生,希望本系列教材能够为我国高等院校经管专业的教育贡献绵薄之力。

北京大学出版社
经济与管理图书事业部
2012年1月

作者简介

刘红霞,天津商业大学经济学院副教授、硕士生导师、金融系主任,天津商业大学国家级特色专业、"专业综合改革试点"专业、天津市品牌专业金融学核心团队成员,天津市金融学会第七届理事会理事。主要研究方向为企业金融、金融风险管理、信用管理理论与实务,已发表学术论文30多篇,主持承担的科研项目11项,其中省部级项目5项,编著与参编教材等10余部。

王晨,天津商业大学经济学院讲师,博士研究生,主要研究方向:金融理论、金融风险。

前　言

　　据考证,信用最早可以追溯到中国古代的夏商时期和西方的古希腊古罗马时代。作为文明古国和礼仪之邦的中国自古以来素有"童叟无欺、诚实守信"的美德。但是长期的自给自足的自然经济、计划经济和淡漠的商品交换意识,使得中国的信用文化更多地表现为一种基于血缘、地缘、情缘、人缘的伦理信用,多限于君臣、父子、夫妻、兄弟和朋友五伦关系之间,带有较浓厚的人情、人伦色彩。在西方国家进入奴隶制时,商品交换的发展使人们冲破了"四缘"的社会关系(人身依附关系)转而建立了一种新型的经济关系,即契约关系,形成了西方国家的契约信用,并在社会生活中占据了重要地位。尤其是近代,契约从经济领域扩张到法律乃至政治领域,出现了经济生活乃至政治生活的契约化,形成了西方的契约文明和契约社会。现代信用不仅仅是"诚实守信",还表现为一种资源、一种商品、一种资本、一种财富,守信能给守信者带来各种便利和潜在的经济利益,失信将使失信者"一处失信,处处受限"。

　　20世纪最重大的事件之一,是很多经济体从高度集中的计划经济体制向市场经济体制转型。我国自1978年党的十一届三中全会以来,实行了改革开放政策,采取了一系列的措施,打破了原来高度集中的计划经济,打开了紧闭的国门,开始了从计划经济转向市场经济,从国内市场走向国际市场,初步建立了社会主义市场经济体制,并逐步融入经济全球化的大循环圈中,成为世界大家庭中的一员。但是,在新旧体制转换过程中,存在一系列的矛盾和冲突,给我国经济发展和国际化造成障碍。其中,信用是最突出的问题之一,也是我国完善社会主义市场经济并融入全球经济中必须加以解决的问题。

　　我国建立和完善市场经济过程中遇到的社会信用问题引起了党中央的高度重视。我国社会信用问题第一次提出是在1990年3月26日,国务院下发了《关于在全国范围内开展清理"三角债"工作的通知》,在中国第一次以国务院文件方式提出了社会信用问题。自2000年童石军提交了《关于建立国家信用管理体系的提案》,成为政协委员提交"信用提案"第一人后,各种有关建立信用制度的讨论就一直不断。2004年3月5日,温家宝总理在人大十届二次会议上的《政府工作报告》中强调,要加快社会信用体系建设,抓紧建立企业和个人信用信息征集体系、信用市场监督管理体系和失信惩戒制度。由此,构建国家层面的社会信用体系的工作开始启动。从1999年8月深圳企业家黄闻云民间"上书"朱镕基总理到一年一度的两会政协委员的信用提案;从党中央国务院对信用体系建设的高度重视到上海征信体系的试点;从上海先行试点到全国铺开和2006年中国人民银行在全国范围内推行的统一的企业信用信息数据和个人征信系统的建成和联网运行;从1999年10月中国第一个信用研究领域的重要课题"建立国家信用管理体系"的设立到2002年教育部正式将"信用管理专业"列入高等教育的专业学科目录,中国人民大学和上海财经大学成为首批开设"信用管理专业"的高等院校;从党的十六大提出健全社会信用体系的战略任务到2007年3月《国务院办公厅关于社会信用体系建设的若干意见》;从建立国务院社会信用体系建设部际联席会议到《国务院办公厅关于印发中国人民银行主要职责内设机构和人员编制规定的通知》(国办发〔2008〕83号)和《国务院关于同意调整社会信用体系建设部际联席会议职责和成员单位的批复》(国函〔2008〕101号),国务院赋予中国人民银行"管理征信业,推动建立社会信用体系"的职能。凡此种种,社会信用问题得到了社会各界的普遍和极大的关注,政府有关部门和地方政府积极探索本部门、本地区的信用体系建设,我国对社会信用问题的研究和社会信用体系建设进入了一个新的发展时期。但是,在对信用问题的普遍关注背后却是相关基础理论和实践研究的不足和信用管理相关人才的匮乏。

自1830年世界上第一家征信公司在伦敦成立至今,信用管理行业的发展已有180余年的历史,但直到20世纪60年代,美国才开始有组织地开展信用管理方面的研究和人才培养。究其原因,主要是现代市场经济已经过渡到信用经济的高级阶段,信用规模极度扩张,信用活动已渗透到经济生活的各个领域,而且信用风险的累积,足以对任何一个企业、一国经济乃至全球经济造成毁灭性的打击。20世纪90年代以后,随着信用经济的进一步发展,西方各国更加重视和加强信用管理的学术研究和教育。

根据发达国家的经验,当一国人均GDP达到2 000美元的时候,该国就开始进入"信用经济"时代,市场交易从以现金交易为主导的形态过渡到以信用交易为主导的形态;当一国人均GDP达到5 000美元以后,社会的信用载体会渐渐丰富起来,信用交易和活动频繁,产生良性循环。2010年,我国的人均GDP达到4 283美元(国际货币基金组织公布),与世界发达国家差距较大。随着信用规模的日益扩大,金融工具和金融产品的不断创新,信用风险与日俱增,迫切需要我们认识信用和信用经济的本质特征,提高识别和规避信用风险的能力,改善信用交易和信用管理的环境,增强信用运行和信用管理的水平,以便适应信用经济发展的需要,增强国际竞争力。

在社会各界的关心下,我国的信用管理教育从2002年开始起步,2005年3月31日劳动和社会保障部在"2005年国家新职业新闻发布会"上向社会正式发布信用管理师这个新职业,从此开始了对"信用管理师"的考试、认证、培训,在我国形成了学历教育和非学历教育两个层次。目前,中国人民大学、上海财经大学、吉林大学等十余所不同层次的高校开设了信用管理专业的本科学历教育和研究生教育。

与其他成熟学科相比,信用管理学科还显得过于年轻,其学科体系、人才培养方案的设计、课程设置、课程内容的编排等,都需要重新梳理、认真总结乃至有所创新。"信用管理概论"作为信用管理专业的核心课,作为经济管理类相关专业的必修课程或选修课程,首要任务是为读者建立一个信用管理的整体框架,并且这个框架不仅能较全面地反映信用管理的全貌,而且在奠定基本分析原理的同时,便于读者掌握相关实务操作技能和对学科前沿的把握。

本书是作者在给六届本科生四届双学位学生授课讲义的基础上,经过一年多时间编写而成的。编写过程中,在体系和内容安排方面做了以下探索:

首先,教材体系力求科学、合理、全面。本书体系是根据我国社会信用体系建设的实践,借鉴国外经验,在与中国人民银行天津分行几经反复探讨下共同确定下来的教学大纲(《信用文化、信用体系和个人信用管理》)的基础上,结合多年实践教学经验凝炼而成。本教材以社会信用体系的基本架构为主线搭建课程体系,共九章内容,分别是信用与社会信用体系、信用服务机构、政府信用管理、企业信用管理、个人信用管理、客户评价、信用监管、信用文化培育与失信惩戒机制、信用标准化建设。

其次,教材在内容编排上突出实用性和知识性。本书试图在讲授基本理论的同时辅之以专栏、知识链接和典型案例,为读者提供尽可能多的信用管理领域的背景知识,做到"三个融合",即融理论于实践中、融理论于实务中、融理论于典型案例中。一方面可以激发学生的学习兴趣,另一方面也为提高学生分析问题、解决问题的能力提供相应的知识储备。通过课程的学习,使学生既能全面地把握课程体系和相关的基本理论基础和知识,又能熟练地掌握相关的信用管理技术,增强其分析问题、解决实际问题的能力,以拉近理论与实际的距离。

最后,密切跟踪信用管理理论前沿和实践动态。信用管理理论及实践正处于飞速发展之中,相关知识和内容更新比较快,但教材的更新再版则具有较长的时滞。为了解决这一矛盾,一方面,在本书中侧重于介绍我们认为在一定时期内不会有太大变化的内容;另一方面,通过文中"知识链接"、"专栏"以及"思考题"中的习题引导读者通过互联网等途径阅读最新相关信息。

为了便于读者自学,同时加深对相关章节知识的理解,在每一章前都有学习目标、引导案例,每一章后都配有本章小结、思考题、案例分析和参考文献。

本书由天津商业大学经济学院刘红霞副教授任主编,天津商业大学经济学院王晨博士任副主编。主编负责全书的框架设计并总撰定稿,副主编协助主编撰写整理部分初稿,并参加了全书的统稿工作。参加本书的编写人员如下:第一章至第四章、第六章至第八章由天津商业大学编写,具体分工为:王常柏(第一章)、刘红霞(第二、四、六、八章)、刘玲(第三章)、王晨(第七章);第五章由广西经贸职业技术学院副教授贺俊刚博士、中国人民银行天津分行征信管理处冀志芳编写,第九章由山西财经大学管理学院副教授李红博士编写。

本书为教育部第四批高等学校特色专业建设点(项目编号 TS11267)天津商业大学金融学国家特色专业建设成果之一,同时也是天津市高等学校"十二五"综合投资规划品牌专业建设成果和高等学校"专业综合改革试点"项目建设成果。

在教材的编写过程中,我们参阅了一些同类教材、著作和文献,受益颇多,在此,谨向这些文献的作者表示诚挚的感谢并致以崇高的敬意。在本书的出版过程中,也得到了北京大学出版社的大力支持,在此对他们表示真诚感谢!

由于中国的社会信用体系正在建设过程中,处于起步和探索阶段,有关理论研究和资料也不充分,加之编写者的见识和水平有限,书中疏漏不足之处,敬请读者批评指正。

刘红霞

2012 年 5 月 18 日于天津

目录 Contents

- **第一章　信用与社会信用体系** / 1
  - 第一节　信用与市场经济 / 2
  - 第二节　社会信用体系 / 17

- **第二章　信用服务机构** / 25
  - 第一节　信用服务机构简介 / 26
  - 第二节　信用服务机构主要业务与产品介绍 / 51

- **第三章　政府信用管理** / 74
  - 第一节　政府信用概述 / 75
  - 第二节　政府信用建设及评价体系 / 84
  - 第三节　我国政府信用的缺失与治理 / 92

- **第四章　企业信用管理** / 101
  - 第一节　企业信用管理概述 / 102
  - 第二节　客户信用档案管理 / 129
  - 第三节　授信管理 / 138
  - 第四节　应收账款管理 / 148

- **第五章　个人信用管理** / 169
  - 第一节　个人信用活动 / 170
  - 第二节　个人信用管理 / 181

第六章　客户评价 / 196

　　第一节　评价企业客户的方法 / 197
　　第二节　消费者信用评分方法 / 207
　　第三节　常用的信用评价模型 / 209

第七章　信用监管 / 223

　　第一节　信用监管概述 / 224
　　第二节　政府专业机构对信用的监管 / 227
　　第三节　信用法律制度建设 / 233
　　第四节　行业自律组织监管 / 242

第八章　信用文化培育与失信惩戒机制 / 247

　　第一节　信用文化培育 / 248
　　第二节　失信惩戒机制 / 252

第九章　信用标准化建设 / 268

　　第一节　信用标准化概述 / 269
　　第二节　信用标准化的发展 / 272
　　第三节　中国信用标准化建设 / 277

参考文献 / 283

第一章

信用与社会信用体系

> **学习目标**

通过本章的学习,应该了解或掌握以下内容:
1. 信用概念和基本范畴,现代信用的内涵和功能,现代信用活动的内容和特征;
2. 各种与信用相关的活动,授信、征信及其相关概念;
3. 信用管理的概念和内容,信用管理的作用;
4. 信用在现代经济中的地位与作用,现代信用活动与经济增长的关系;
5. 社会信用体系的概念、内容及其功能。

引导案例 《国务院办公厅关于社会信用体系建设的若干意见》

2007年3月23日,国务院办公厅印发了《国务院办公厅关于社会信用体系建设的若干意见》(国办发〔2007〕17号文,以下简称《意见》)。《意见》就社会信用体系建设从六个方面做了部署:加快推进社会信用体系建设的必要性和紧迫性;社会信用体系建设的指导思想、目标和基本原则;完善行业信用记录,推进行业信用建设;加快信贷征信体系建设,建立金融业统一征信平台;培育信用服务市场,稳妥有序对外开放;完善法律法规,加强组织领导。

案例思考: 什么是信用?信用有何特点、功能和作用?信用为何重要?什么是社会信用体系?国外社会信用体系建设主要有哪些模式?我国社会信用体系建设取得了哪些成就?存在哪些不足?

第一节 信用与市场经济

一、信用、征信及相关概念

(一) 信用的含义及要素

1. 信用的内涵

(1)《辞海》等工具书对信用的定义

在《辞海》中,"信用"一词有三层意思:一是信任使用;二是遵守诺言,实践承诺,从而取得别人对他的信任;三是以偿还为条件的价值运动的特殊形式。

在《朗文当代高级英语词典》(1998)中信用被解释为"信仰或相信某事物的正当合理性","在还债或处理货币事件中受信任的品质","购买商品及服务后一段时间内偿付的制度"。

在《大英百科全书》中信用被解释为"一方(债权人或贷款人)供应货币、商品、服务或有价证券,而另一方(债务人或借款人)在承诺的将来时间内偿还的交易行为"。

可以看出,信用有经济学和社会学两个范畴的概念。社会学层面上,作为道德范畴的信用,是指人们诚实守信的品质与人格特征,其内涵则是信任、资信、诚信。追溯历史渊源,在中国数千年的文明史中,诚实守信规范源远流长,成为处理一般社会关系的唯一伦理基础,贯穿了中国传统契约的全部发展过程。其结论是:历经数千年熏陶的诚实信用的道德要求在中国的商业文化中始终处于根基性地位。西方的商业伦理史也印证了这一点。经济学和金融学层面上,作为经济活动的信用,其内涵则是以偿还和付息为基本特征的借贷行为,有商业信用、消费信用和公共信用之分。直观地说,在这个层面上,信用是指因价值交换的滞后而产生的赊销活动,是以协议或契约为保障的不同时间间隔下的经济交易关系,因而是一个纯经济学范畴。作为道德范畴的信用是一切社会活动和经济活动的基础,经济学和金融学范畴的信用是以道德范畴的信用为基础的。[①]

中国自古以来对信用的理解,除了经济学概念,更多地加入了社会学的概念,表示道德的含义,并常把两者混淆起来。其实,这两者之间存在着较为显著的区别,主要在于:在经济学信用的范畴中,社会成员的信用关系要受到成文契约的约束;而在社会学或道德层面的信用概念中,社会成员的信用关系则不受成文契约的约束,只通过个人的内省来纠正和规范。用制度经济学的术语来说,道德层面的信用主要受的是非正式制度约束,而经济学层面的信用则受到正式制度的约束。

(2) 吴晶妹《现代信用学》对信用的定义[②]

吴晶妹在《现代信用学》(2009)中对信用进行了全新定义,提出了三维信用的概念,并将信用分为广义、狭义和更狭义三种。认为信用就是获得信任的资本,包括诚信度资本、合规度资本、践约度资本,即三维信用(广义信用)。

诚信度资本是指信用主体的诚信道德、文化理念、精神素养等基本素质,是获得一般信

[①] 朱毅峰,吴晶妹.信用管理学[M].北京:中国人民大学出版社,2005:2.
[②] 吴晶妹.现代信用学[M].北京:中国人民大学出版社,2009:1—3.

任的基础资本，象征着一个国家或地区、一个城市、一个民族的基本素质。

合规度资本主要指信用主体在社会活动中遵守社会行政管理规定、行业规则、民间惯例的水平与能力，是获得管理者信任的社会资本，成为一个国家或地区、一个城市、一个民族信用成熟度（信用文化、信用管理制度、法律成熟）的象征。

践约度资本主要指信用主体在信用交易活动中的成交能力与履约能力，是获得交易对手信任的经济资本，表现为信用主体在信用交易活动中遵守交易规则的能力，主要是成交能力与履约能力。

现代信用的三部分主要体现在三个不同的社会领域：诚信，主要体现在道德、文化领域；合规，主要体现在社会活动领域；践约，主要体现在经济交易领域。

狭义信用是获得交易对手信任的经济实体，主要是指金融借贷、有价证券交易、商业贸易往来等交易活动中信用主体所表现出来的成交能力与履约能力。狭义的信用对应的是市场，是为经济交易服务的。

更狭义的信用是获得金融借贷交易对手信任的经济资本，主要指在银行借贷活动中，信用主体所表现出来的获得借贷的能力与按时还款、履约的能力。

这里的信用采用了泛信用的概念，即信用涵盖了诚信度、合规度和践约度三个维度，从意识形态到社会交往，再到经济交易、金融交易。而国外所研究的信用，更多地集中在经济领域。

（3）信用的含义

显然，信用既有道德范畴的意义，又有法律范畴和经济学范畴的意义。也就是说，人与人之间的社会关系、经济关系、法律关系均不同程度地包含信用因素。对信用的真正含义的认识，在通常意义上，至少可以从以下三个层面来理解。

从社会道德层面看：信用主要是指参与社会和经济活动的当事人之间所建立起来的、以诚实守信为道德基础的"践约"行为。信用作为社会道德意义上的人与人之间社会关系的重要规范，其具体内容是遵守和实现既定的显性或隐性的承诺，忠于自己的社会角色，承担自己应履行的社会责任。中国传统儒家的五常：仁、义、礼、智、信中，"信"即属其中之一。

从法律层面来看：信用的普遍意义是指社会成员所具有的法律意识、法律精神及法律信仰程度；在法律现行的权利和义务的具体规定中，是指对法律义务及其具有法律效力的契约的履行状况。早在公元前18世纪的《汉穆拉比法典》中规定的债权、债务就已涉及信用问题。后来的《罗马法典》《拿破仑法典》《德国民法典》也都有涉及。中国的《民法通则》中规定"民事活动应当遵守自愿、公平、等价有偿、诚实守信的原则"；《合同法》中要求"当事人对他人诚实不欺，讲求信用、恪守诺言，并且在合同的内容、意义及适用等方面产生纠纷时要依据诚实信用原则来解释合同"。因此，从这个意义上讲，信用也是一个重要的法律概念。

从经济学层面看：信用是指在商品交换或者其他经济活动中授信人在充分信任受信人能够实现其承诺的基础上，用契约关系向受信人放贷，并保障自己的本金能够回流和增值的价值运动。从经济学范畴来讲的信用是指在经济关系中人们对各种承诺的遵守和实现。和社会范畴的信用一样，它具有某种道德的意义，即承担自己应履行的各项义务。但它较社会范畴的信用概念更加重视履约义务人的履约能力。经济实力是经济范畴信用的重要基础，在许多情况下，我们考量一个人的经济信用，更多地会收集与其经济能力相关的信息。经济范畴的信用在狭义上专指货币借贷和商品交易的赊销或者预付关系中产生的对债务的履行。它具有自己的特点,即对债务的履约能力。

随着信用在横向和纵深方向的发展,信用的内涵和外延均得到了扩展。现代信用是指以偿还为条件的价值运动的特殊形式以及这种运动所包含或体现的关系、管理、制度乃至整个体系的总称。

2. 信用的要素

根据信用的定义,信用包括两个要素:一是履行义务或承诺的意图;二是履行义务或承诺的能力。可以分别称为意图要素和能力要素。对于信用行为而言,这两个要素必须同时具备,才可能守信,缺少任何一个要素都会导致义务或承诺的失败,造成失信。在许多情况下,意图要素是失信的重要原因,具有较强的道德缺失的意味。能力要素的道德意义则相对要少一些,但这并不说明能力要素就是次要因素,在能力要素可能存在欠缺的情况下,轻率地进行承诺,最后无法践约,一样是失信。从法律角度而言,缺乏能力要素和意图要素导致失信违约的法律后果是一样的。有些信用研究著作中,将信用分为"诚"和"信"两个方面,大致可以对应上述两个因素。

(二) 信用的种类及其表现形式

信用的种类很多,根据信用活动的主体和表现形式不同可分为:商业信用、银行信用、政府信用、消费信用、其他信用等。

1. 商业信用

商业信用是指企业之间以赊销商品和预付货款等形式提供的信用。这种信用的具体表现形式很多,如赊销商品、委托代销、分期付款、预付定金、按工程进度预付工程款、延期付款等等。

商业信用具有以下主要特点:(1) 商业信用是在以营利为目的的经营者之间进行的,是经营者互相以商品形式提供的直接信用。(2) 商业信用的规模和数量有一定限制,是经营者之间对现有的商品和资本进行再分配,不是获得新的补充资本。商业信用的最高限不超过全社会经营者现有的资本总额。(3) 商业信用有较严格的方向性,往往是生产生产资料的部门向需要这种生产资料的部门提供,而不能相反。因此,商业信用范围有局限性,一般只在贸易伙伴之间建立。(4) 商业信用容易形成社会债务链。在经营者有方向地互相提供信用的过程中,形成了连环的债权债务关系,其中一环出现问题,就会使整个链条断裂,出现类似三角债的问题。(5) 商业信用具有一定的分散性,且期限较短。

2. 银行信用

银行信用,就是银行和各类金融机构以货币形式向社会各界提供的信用,典型的形式是有银行经营的信贷业务。

银行信用具有以下特点:(1) 银行信用是以货币形态提供的间接信用,不受方向制约,不受数量限制,范围广、规模大、期限长。(2) 信用性强,具有广泛的接受性。一般来说,银行是信誉最好的信用机构,它的很多债务凭证具有最广泛的接受性,被视为货币而充当流通手段和支付手段。(3) 信用的发生集中统一,可控性强。社会资金以银行为中心集散,易于统计、控制和管理;以银行为中介,中断债务链,在促进经济活动的同时,稳定经济发展。

3. 政府信用

政府信用是指政府以债务人身份,借助于债券等信用工具向社会各界筹集资金的一种信用方式。

政府信用的主要特点:(1) 目的单一,旨在借款,是调剂政府收支不平衡的手段,是弥补财政赤字的重要渠道;(2) 用途单一,旨在公共事业建设,取之于民,用之于民;(3) 大多情况下信用性强,信用风险小,安全性高,但若超过了一定限度,也会发生债务危机;(4) 日益成为调节经济的重要手段。目前,世界各国政府信用有增无减,日益扩大。

4. 消费信用

消费信用是指经营者或者金融机构向社会消费者提供的用以满足其消费所需的信用。

消费信用的主要特点:(1) 扩大需求,提高消费,刺激经济发展,缓解消费者有限的购买力与不断提高的生活需求之间的矛盾;(2) 是有利的促销手段,可开拓销售市场,促进商品生产和流通;(3) 给经济增加了不稳定的因素,容易造成需求膨胀。

5. 其他信用

除上述四种信用形式之外,还存在其他一些信用形式,它们不能归到这四种信用形式中,应予单列。这些信用形式主要包括民间信用、租赁信用、国际信用、证券投资信用等。

民间信用也称民间金融,泛指非金融机构的自然人、企业及其他经济主体之间以货币资金为标的的价值让渡及本息还付。它是适应民间各经济主体之间为解决生产、经营、投资、生活等各方面的资金需求而产生的一种信用形式。

租赁信用是一种古老的信用。传统租赁是以获得出租物的使用价值为目的,由出租人和承租人双方以一定的契约和报酬为前提的租赁信用形式。随着租赁范围的扩大,租赁业务中的经济纠纷时有发生,传统租赁已不再适应商品经济发展的需要。与传统的租赁方式相比较,现代租赁不仅有业务范围更加广泛的特点,更重要的是与融资结合在一起,并通过专门的机构——融资公司来操作,使企业在获得设备使用权的同时,也取得了经营业务所必需的资金,从根本上克服了传统租赁的范围狭窄、选择空间小、规模有限的弊端,使之成为企业筹资的一条非常重要的渠道。

国际信用即国际信贷,是指国际间的借贷关系,是信用的各种形式在地域上的发展和扩大。其主要表现形式是国际商业信用、国际银行与国际金融机构信用、政府间信用。

证券投资信用,是指经营者以发行证券的形式向社会筹集资金的一种信用方式。这种信用的主要表现形式是生产销售型企业、商业金融机构向社会发行债券、股票和股票配股。

(三) 信用的功能

在现代经济中,商品货币关系主要表现为信用关系,信用作为一种独立的经济关系得到充分发展。货币经济是信用经济的基础,信用经济是货币经济发展的更高阶段,因此信用经济更能反映现代商品经济的特征。

1. 信用具有流通职能

信用的流通职能主要表现在两个方面。首先,现代货币都是信用货币,包括电子货币在内,都是信用的载体,其本质就是信用。信用的流通职能是货币流通职能的基础。其次,现代信用交易的蓬勃发展创造了大量的信用工具。人们可以不使用货币,而是用新的信用交易方式进行经济活动。新型信用交易工具代替了部分货币,使得经济运行出现实际货币需求低于理论上的货币需求,出现了新的信用交易工具和方式迅速增长等新情况,从而使信用的流通功能与货币的流通功能共生。

2. 信用具有分配职能

通过信用可以实现社会资本的再分配,使一切暂时闲置的生产、货币资本和货币收入,转化为现实资本,投入生产和流通部门,促进社会生产平衡发展。在社会资本总量不变的情况下,使个别资本转化为社会资本,使个别部门支配社会资本成为可能。

3. 信用是一种无形资产,具有价值属性

信用在某种程度上就像是个人和企业等经济主体经济活动的身份证。良好的信用记录可以借助征信系统在全社会范围内得到传播,从而使信用成为一种宝贵的资源和财富,并能够为企业和个人的经济活动带来便利和收益。在发达的市场经济体系中,一个成功的企业可以凭借良好的信用使其经营规模超出自有资金的若干倍。企业可以通过银行贷款,供应商赊销,应收账款的出售和信用保险等多种方式创造远大于其自有资金规模的资产和价值。

4. 信用支付是社会制度的重要组成部分

在上述对信用内涵的阐述中可以了解到信用是一种心理现象。心理现象直接受到社会历史、文化、惯例等的影响,因此信用最终表现为人与人之间的社会关系。这种社会关系构成了社会运行的信用环境,成为人类社会有序发展的基础。

(四) 信用相关概念

1. 征信

征信是指依法收集、整理、保存、加工自然人、法人及其他组织的信用信息,并对外提供信用报告、信用评估、信用信息咨询等服务,帮助客户判断、控制信用风险,进行信用管理的活动。征信是建立信用关系的基础活动。

2. 信贷

信贷是基于信用基础上的资金借贷活动。但信用不仅指信用活动与信用关系,还包括信用管理、信用制度、信用体系等,是一个综合的复杂的系统。

3. 信用不同于诚信、信任与信誉

"信用"相关概念中出现频率较高的是"诚信"、"信任"和"信誉"。事实上,这四个概念之间有区别,也有联系。曾康霖(2002)对信用、诚信和信誉这三个概念进行了比较和分析,认为这三个概念虽有共性,但更有个性。诚信,顾名思义就是诚实守信,是自己对他人的承诺,是一种行为规范;信誉,指声望和名誉,是他人对自己的评价,是一种形象标识;而信用反映的是权利和义务关系,是一种动态的经济过程,更多地表现为市场交易中的经济行为。信用包括授信、受信、付款期限、信用工具和风险。能够直接用货币单位衡量,是信用的基本性质。可以认为,诚信、信誉需要立足于哲学、社会学、心理学去考察,信用需要立足于经济学、管理学、金融学去考察。因此,信用体系的建立需要多学科的理论指导。

谭中明(2005)认为:信用是一个多层次、多侧面的概念,包含了伦理道德上的诚信、心理上的信任、以货币为支付手段的信用、作为商品的信用、作为品质的信用、作为经济主体的信誉等多层次含义。在古代,将诚信与信用混用是比较常见的。所谓"诚者,信也;信者,诚也"(《说文》)。从现代社会看,尽管信用、诚信、信任、信誉都有"信"的含义,但四者之间无论是内涵还是外延,都存在着较大的差异。诚信的外延最宽泛,是诚实和信用的概括,具有社会交往的道德伦理和契约经济两个方面的意义。可见,信用与诚信是两个有区别的概念,是一种包含与被包含的关系。信誉来自诚信和信用,是经济主体在长期经营实践中一系列良好诚实信用行为积淀的客观结果,是经济主体因实施信用的结果累积到一定程度所获得的社会评价或赞誉。对经济主体而言,一般的逻辑顺序是:先有诚信之品德,后有信用之行为,而后有信誉之结果。信任是一方对另一方言行的可靠性的认可,反映的是人与人、人与组织、机构之间的信赖关系,是一种一对一的信赖关系。诚信是一个总括概念,是信用、信誉、信任三者的总和。

本书认为,诚信是做人、做事最起码的基本原则和道理,是道德理念和社会文化对人们的精神和心理的基本要求,是人类生存发展过程中朴素的本性要求,它维系着社会主体的基本道德准则和文化底线,归结为一种精神和原则。信用是获得信任的资本。诚信是拥有这种资本的最基本素质,是基本的精神与原则。当人们关心或强调这种基本素质与精神原则的时候,就会使用诚信这个概念。诚信也是一种资本。诚信是信用的构成之一,是信用的组成部分,是信用本身,即信用是个大概念,诚信是个小概念。传统中把信用当做经济交易范畴的一个概念,甚至把它误认为只是在银行信贷、贷款、信用卡这些领域的一个概念,忽略了其精神和原则的基本素质层面以及社会关系交往层面;与此同时,人们还认为诚信是用于精神层面、社会关系层面和经济交往层面,所以认为诚信大信用小。信任、信誉是信用的外延,而不是信用本身。信任是社会学的研究范畴,是信用最简单、最直接的能力证明,也是一种最简捷、最通俗的衡量方法。信任只是信用应用的一个侧面,信任就是拥有或可能拥有信用这种资本的最核心证明。信任度的高低并不能真正衡量或完全等同于信用资本的大小。所以,信任并不等于信用。信誉是社会经济主体在长期社会交往和经济交易活动中,以自身良好的诚信度获得社会或交易对手的信任,进而拥有的一种信用品牌、一种信用标识,即口碑和声誉。所有的企业都拥有信用,但不是所有企业都拥有信誉,这是一种品牌,需要历史积累和自身信用的沉淀。由此可见,信誉已经是诚信和信任外部化的一种表现,是外部主体或社会大众对信用主体的评价和认知,而不是信用主体自身的意识或行为表现。

二、信用活动、信用服务与信用管理

(一) 社会信用活动

按着信用活动中资金运动的方向,社会信用活动可以分为受信和授信两个方面。

1. 公共部门的信用活动

公共部门的信用即政府信用、国家信用,也可以称之为财政信用,是以中央政府和地方政府为主体,按照信用原则进行的受信与授信的信用交易活动。

公共部门的受信活动是政府以债务人身份向社会筹集资金,用于国防、教育、交通、社会保障等经费支出,其主要活动方式有三种:其一是政府部门向社会发行政府债券,主要是国库券、地方政府债券和国际债券;其二是政府借款,主要包括政府职能部门之间的借款、各级政府之间的借款和国外借款;其三是政府财政通过金融部门从社会各界以有偿方式吸收的存款,主要包括邮政储蓄和社会保险基金。

公共部门的授信活动是政府以债权人身份向社会提供财政有偿性支出,其中主要包括三项:一是财政周转资金,以我国为例,主要有支农周转金、扶贫周转金、新产品试制周转金等；二是各项财政有偿投资或贷款，主要用于大型的关系到国计民生的基本建设项目；三是各级政府的财政部门向金融部门的存款。

公共部门信用活动的主体是国家财政部门，其实质是财政部门通过信用活动进行社会资金再分配，是不以盈利为目的的，以实现国家宏观经济目标为核心的，具有鲜明的政策性，其宗旨是促进经济稳定增长、调节经济结构、促进产业升级以保障国民经济可持续健康发展，促进金融活动，保持物价的基本稳定，为社会经济运行创造良好的宏观环境。

2. 金融部门的主要信用活动

金融部门的信用活动分为非银行金融机构与银行两个层次。

（1）非银行金融机构的信用活动。主要与投资交易有关。交易主体主要包括保险公司、信托公司、各类基金、证券经营机构等，交易对方可以是一切自然人与法人，也可以是政府。交易工具主要包括保险单、信托协议与契约、可买卖的基金、各种有价证券等。

（2）银行的信用活动。在现代经济的信用活动中，银行发挥着两个主要的职能。

第一，信用中介职能。银行作为社会信用活动的桥梁，其信用活动包括三个方面：一是接受信用，主要是筹集、融入资金，包括吸收资本金、接受存款、拆入资金。二是授予信用，即进行资金融出，主要是发放贷款、拆出资金、购买各种有价证券。在大多数情况下，由银行经营的特点所决定，银行在整个社会信用活动中的主要角色是授信机构，银行的授信活动对宏微观经济活动有直接影响。三是承担各种中介业务，即根据买卖双方的协议约定或授权指令，向买卖双方转移资金、相关文件，促成交易的安全进行，典型的如委托贷款。

第二，信用创造职能。在现代经济的信用活动中，银行发挥的另外一个主要职能就是在吸收原始存款的基础上创造派生存款。在现代信用制度下，银行的大部分存款与贷款都是通过这种营业活动创造出来的。

商业银行创造和收缩信用的功能，有利于促进社会生产的发展。在社会存贷款总量既定的情况下，商业银行以自身的特有功能创造并增加了存贷款总量及信用规模，这种创造活动，减少了在经济往来中对货币及信用工具的发行与使用，丰富和扩大了货币及信用范畴，节约了社会流通费用，加快了经济活动的节奏。

3. 企业的信用活动

企业的信用活动包括授信和受信两个方面。

企业的受信活动形成企业的负债。其主要活动内容是向银行贷款、发行股票和企业债券、签发商业票据等。企业在整个社会信用活动中的主要角色就是受信，就是以各种信用方式从社会吸收资金，发展企业。

企业的授信活动主要是企业对客户授信，主要采取赊销、分期收款等信用方式进行商品销售的信用活动。其核心内容是信用销售，即商品销售方通过向购买方提供信用来销售商品。最常见的信用销售形式有两种：一是银行信贷支持的信用销售；二是生产厂商直接进行赊销，其实质是销售企业或支持企业的银行对产品买主直接或间接提供信贷的一种销售，从信用销售的过程来看，销售企业不能立即收回全部货款，客户将在一定时间内占有销货企业的资金。

4. 个人的信用活动

个人的授信活动形成个人的资产，主要通过购买信用工具的方式实现，包括存款、债券、股票等。此外,个人生活中的实物借贷活动也可以视为信用活动。

近年来,个人的受信活动发展迅速,个人可以充分利用企业、金融机构乃至政府提供的信用来满足自己的投资和消费需求:花明天的钱,圆今天的梦。筹集创业资金,应付突击事件等同时也形成个人的负债。

(二)现代信用活动的特征

随着现代通信技术等高新技术手段的运用和新经济的发展,现代信用活动已经明确形成了四大新特征,主要表现为经济活动的日益信用化、信用非中介化、信用活动变得日益虚拟和复杂化、信用管理体系日趋完善。

1. 经济活动日益信用化

经济信用化主要是指信用活动日益增加,经济交易中可以用信用来衡量的部分的比重越来越大。

经济信用化程度提高主要表现在信用总规模迅速增长,超过经济增长速度;经济主体都更普遍地采用信用的方式与手段进行融资和支付结算;各种各类主要信用工具都与 GDP 有极强的相关性;信用对经济的作用与影响不断扩大。

2. 信用非中介化

新经济条件下信用活动非中介化加深,信用非中介率提高已成为现代信用活动的显著特征。

一般情况下,可以把通过金融部门的信用交易称为金融中介信用交易,并且可以认为是间接信用交易。金融部门信用规模在信用净额中所占比重,可以称为信用中介率。即:

$$信用中介率 = 金融部门信用规模 / 信用净额$$

信用中介率指标反映作为信用中介的金融机构在整个社会信用活动中所处的地位及其作用。该指标越高,则整个社会信用活动通过金融部门中介的份额越大,说明社会信用活动越依赖于金融部门。与此相对应,有

$$信用非中介率 =(信用规模 - 金融部门信用规模)/ 信用净额$$

信用非中介率指标反映作为非中介性的信用活动在整个社会信用活动中所处的地位及其作用。该指标越高,则说明整个社会信用活动不通过金融部门中介的份额越大,说明社会信用活动对金融中介部门的依赖性越低。

3. 信用活动日益虚拟和复杂化

(1)新经济调整了金融体系,构筑了新的信用活动平衡

在传统的货币经济中,信用活动更多的是以银行体系为核心进行的,银行是社会信用活动的中心,其信用活动的主要内容是社会资金的存放与信贷。进入新经济以后,金融机构体系与结构发生了前所未有的改变,非银行金融机构迅速壮大,资本市场飞速发展,并且逐渐成为社会资金的分配渠道与新的流向,多层次与多元化的金融体系正在形成,信用的分配职能是通过银行机构体系和金融市场共同完成的,信用活动的新平衡得以形成。

(2)信用机构与信用活动朝虚拟化方向发展

在新经济的发展中,现代高新技术特别是信息技术在金融领域广泛应用,直接带来了金融的管理理念和经营模式的变革和创新。其中最具代表性和最集中的变革与创新就是通过网络进行金融活动的发展形态,即网络金融,它的兴起使金融机构与金融服务均借助互联网

变得越来越虚拟化,这是金融业与金融机构发展的新阶段。

(3) 金融业全面实现现代化

电子计算机系统和现代通信系统应用于金融业,并逐渐发展成为专业化的金融电子化系统。

(4) 新经济下的货币信用正发生着质的变化

网络条件下,出现了电子货币和网络货币,使得货币的内涵越来越模糊,外延越来越大,越来越游离于银行信用体系之外,货币量越来越难以统计与观测,加大了中央银行货币政策实施的难度。

(5) 信用衍生工具及其交易日益增长,信用风险传导加快,信用风险加剧

信用工具是信用活动与信用交易的载体。基本的信用工具包括信贷协议、存单、商业票据、保单、债券股票、投资基金等各种有价证券和契约。信用衍生工具是在基本的信用工具基础之上衍生而成的信用交易合约,主要包括资产证券化的有价证券交易合约、各类信用工具的期货交易与期权交易合约、互换合约。伴随着信用衍生工具的使用,交易规模迅速增长,在给经济提供转移风险工具的同时,也带来了风险的积聚和快速传导。

4. 信用管理体系日趋完善

在新经济条件下,传统的信用制度得到了创新发展,主要表现就是建立健全并有效运行了信用管理体系,确立了信用法律体系与基础,形成并发展了信用管理行业,创造了社会信用环境,为市场经济健康、有序发展提供了制度保障与社会基础。

(三) 信用服务

现代信用活动蓬勃发展,日益壮大,并出现了进一步的社会分工。整个社会的信用活动可以分为实体信用活动、社会信用服务两大类。

实体信用活动是指由公共部门、金融部门、企业和家庭等信用主体进行的信用活动,这种信用活动直接给信用主体带来生产或经营的变化。在实体信用活动之外,还产生了围绕这些实体信用活动的信用服务行业,如征信公司、资信评级公司等,它们以社会实体信用活动为基础,以公共部门、金融部门、企业和家庭为主要客户,以经营并销售信用信息与信用产品、提供专业化和社会化的信用服务为手段,成为现代信用活动的重要组成部分。

1. 信用信息管理

信用信息管理主要是指征信公司对个人、企业和其他部门信用信息进行收集、整理、加工和更新维护,经营信用信息数据库,通过向客户提供各个层次和深度的调查对象的信用报告来提供服务。普及的、发达的征信服务可以较好地化解和降低来自客户的信用风险,支持市场信用活动,特别是信贷、信用销售的正常增长。

在西方征信国家,称拥有消费者个人信用数据库的信用管理公司为信用局(Credit Bureau)。目前世界上最大的信用局是英国的益百利(Experian)、美国的 Equifax 和 Trans Union。世界上最大的企业资信数据库是邓白氏公司的"世界数据库"(Worldbase)和欧盟的"欧洲大门"(Eurogate)。

2. 专业化的信用评价

专业化的信用评价主要包括资信评估公司。这类企业的主要产品是企业资信调查报告和消费者信用调查报告。资信评估公司是专业从事信用评价的独立的社会中介机构。资信

评估公司运用定量分析和定性分析相结合的方法,建立科学的信用分析模型与指标体系,对信用主体的信用能力与信用水平作出客观科学、公正的综合评价,并用特定的等级符号标定其信用等级。

目前世界上最大的资信评估公司是穆迪投资者服务公司(Moody's Investors Service)、标准普尔公司(Standard & Poor's,简称S&P's)。

3. 深层次的信用服务

深层次的信用服务主要包括商账追收、信用保险、保理、担保等类企业,主要是为信用活动从开始到终结提供社会化、专业化的管理服务。

商账追收,是专业化的追账公司向授信人提供的服务。在征信国家,商账追收活动是合法的,其主要手段是帮助授信人向不能履约的客户进行电话催收、依法要求债务人守信、法律诉讼等。世界各国对商账追收公司业务的管理与规范都很严格,有立法约束。一般而言,商账追收类公司必须同律师事务所和公安部门合作。国际著名的商账追收公司和收账协会有 ABC 公司和美国收账协会。

信用保险,是保险公司向授信人提供的服务,其投保人为借款人,被保险人为贷款银行。信用保险通过借款人缴纳一定的保费,保险公司就可以补偿银行在从事消费信贷业务中的损失,既可保证银行资产安全,又对刺激消费具有积极作用。在一些征信国家,商业银行的消费信贷和保险公司的信用保险相互配合,扩大各自的业务,规避风险,共同发展。目前,信用保险包括进出口信用风险保险、政治风险保险等。

保理,即保付代理(Factoring),是保付代理商与以赊销方式出售货物的供货商之间的一项综合安排。根据这一安排,供应商售出货物后,将应收账款的债权以无追索权方式断售给保理商,即可获得保理商提供的货款催收、贸易融资、坏账担保、账务管理等多项服务。保理类公司通过购买他人的债权而获利。现代保理业务已从单纯地向买房收取货款发展成为包括担保付款、提供融资与账务管理等业务在内的综合金融服务。国际保理是保理商为国际贸易赊销方式提供的将出口贸易融资、外贸预期应收账处理、收取应收账款、买方信用担保等融为一体的金融服务。

信用担保,是专业担保机构为受信方提供的服务,其基本功能是提升社会信用,加快商品流通和资金融通,促进经济发展。发达国家的信用担保机构按资金来源可以分成两种类型:一种是由政府全额拨款的;另一种是以政府出资为主体、金融机构及其他机构共同资助的。信用担保,特别是对中小企业的信用担保,解决了中小企业因信用额度低而融资难的问题。

(四) 信用管理的含义和内容

信用管理是社会经济管理体系的重要组成部分,也是信用的一个重要方面,是指各经济主体(包括政府、一般意义上的企业、金融机构、个人以及专业的信用管理机构)为了实现信用活动的目的、维持信用关系的正常运行、防范或减少信用风险而进行的收集分析征信数据、制定信用政策、配置信用资源、进行信用控制等管理活动。信用管理的主体涵盖所有的经济主体,信用管理活动深入到经济生活的各个领域、各个方面。

1. 政府的信用管理

政府一般定位为国家的代表、行使国家职能的权力机构或公共产品的提供者。具体到信用领域,政府是数据开发的推行者、契约执行的监督者、行业监管的实施者、不良信用行为的惩罚者,还是中央银行体系的建设者、国家信用的主体。政府已成为非常重要的信用管理主体,其重要性主要体现在具有较高的权威性、较强的外部性,扩散作用快,影响范围广。

2. 企业的信用管理

企业信用管理有广义与狭义之分。广义的信用管理是指企业为获得他人提供的信用或授予他人信用而进行的管理活动,其主要目的是筹资或投资服务。狭义的信用管理是指信用销售管理,其主要目的是提高产品和企业的竞争力、扩大市场占有份额。

传统的企业信用管理是通过制定信用管理政策,指导和协调内部各部门的业务活动,对客户信息进行收集和评估,对授信额度的授予,债权保障,应收账款回收等各交易环节进行全面监督,以保障应收账款安全和及时收回的管理。企业信用管理具有客户的档案管理、客户授信以及应收账款管理三大基本功能,随着企业数据的丰富和计算机的广泛应用,企业的信用管理部门又多了一项"利用征信数据库开拓市场"的新功能。各大企业的征信数据库开始具备数据快速分类检索的能力,可以向客户提供及时的数据库检索服务。

3. 金融机构的信用管理

关于金融机构的信用管理在后面的章节还有更详细的介绍,金融机构的信用管理包括银行信用管理和非银行类金融机构信用管理,一般而言,两者在信用政策的制定过程、信用评估以及信用监管方面是相同的,都有各自的考察申请者信用状况的处理程序和体系。但银行信用管理和非银行类金融机构信用管理是有很大差异的,表现在:

对于银行而言,为了更好地解决授信中的信息不对称问题,银行拥有一批专业人员,并主要依靠银行内部的信用评估;银行一般要求借款人以固定抵押或者浮动抵押的方式将自身的财产作为借款担保,或者要求第三方提供担保。

其他企业和非银行类金融机构往往处理客户信用申请的频率较少,一般利用外部的信用资源(如通过咨询机构或专门的信用管理机构)获取所需要的信息。为了降低货款回收带来的风险,往往更多地使用信用证、信用保险、保留货物所有权条款及代收账款等措施,与银行要求的担保形式有很大不同。

4. 个人信用管理

个人信用也就是消费者信用,是金融机构或者消费品生产企业提供给个人的信用。个人信用的发展使得一对一的信用关系转化为多对一的信用关系,由此推动了市场交易的发展。个人信用管理也即消费者信用管理,是指个人对自身信用活动加以管理,以达到信用活动的目的,维持与其他经济主体之间信用关系的正常进行。常见的信用消费方式包括信用卡消费、购物卡消费、信贷消费和分期付款购物等。

5. 信用管理机构的信用管理

专业的信用管理机构以征信产品和征信服务为对象,其中征信产品主要包括企业征信、消费者个人征信、资产调查和评估资信评级、市场调查,征信服务主要包括商账追收、信用保险、国际保理、信用管理顾问、票据查证。

(五) 信用管理的作用

信用管理分为宏观信用管理和微观信用管理。宏观方面主要指国家信用体系的建设,其作用和运行机制在第二节会有详细的介绍。这里主要总结上述微观经济主体的信用管理的作用和效率。

1. 信用管理是现代企业管理的核心内容之一,能够提升企业的管理水平

在买方市场条件下,企业要想获得市场竞争力,提供信用销售服务是必不可少的途径之一。但是信用销售作为一种信用活动,必然存在信用风险。如果企业能够建立完善的信用管理制度,就可以有效地控制信用风险,保障自身的权益,提高信用活动的效率,保障信用交易的顺畅进行。在企业决定是否对客户授信之前,首先要对客户信息进行收集和分析,解读征信机构的客户信用报告,利用信用分析模型对客户的信用级别进行科学判断。这些信用管理活动能够大大降低信息不对称的程度,使企业对授信对象有一个比较全面和准确的判断,使信用风险在信用活动的最初阶段就得到根本性的控制。再通过应收账款的监控、信用风险转嫁、拖欠账款追收等信用管理活动,就能够大大地降低信用交易损失,提升企业管理水平,使企业敢于授信,有能力管好风险,在市场竞争中占据有利地位。

2. 信用管理为科学的信用风险管理提供支持

信用风险管理是信用管理的有机组成部分,但是信用管理不限于信用风险管理,信用管理还包括征信与评级等内容,这些管理活动为有效进行信用风险管理奠定了基础。信用风险管理是在具体的信用活动中进行信用管理所使用的主要手段之一,它的发展和完善对于信用管理的科学化具有重要意义。信用风险量化管理是信用风险管理的一个重要发展趋势。

3. 资信评级促进资本市场功能的正常发挥

资信评级是现代信用管理活动的重要组成部分,在现代信用活动中发挥着重要作用。中介机构中的资信评级公司对上市公司和发行的债券等金融工具作出公正的信用等级评定,揭示投资风险,提高投资透明度,防止欺诈行为,维持市场秩序。作为一种重要的社会监管力量,其监管范围更广、弹性更大、包容性更强,比政府监管部门的监管更加市场化,是政府监管的有益补充。

此外,资信评级已成为进入国际市场的必要通行证。一般债务发行人如果只是向当地投资者发行债务,可能并不需要评估,但是,如果准备进入国际市场,在国际资本市场上发行债务,由于知名度没有那么响亮,信誉影响没有扩散那么远,国际投资者对自己缺乏了解,那么,资信评级就变得极为重要了。

4. 信用管理为金融机构的管理创新提供新思路

首先,银行信贷管理水平的提高对于保障整个社会信用活动的效率具有重大意义。新巴塞尔协议允许符合条件的银行采用内部评级系统,确定资产风险权重和最低资本充足要求。此外,信用管理为坏账的管理提供新的方法和手段,信用管理有利于提高银行对不良贷款的盘活能力和债权资金的回收能力。

其次,信用管理为金融服务创新奠定基础。无论是银行还是证券公司等其他非银行金融机构,都需要提高开发客户和关系营销的能力。充分利用征信数据库挖掘客户信息,向优质客户提供包括信用结算方式等便利在内的全套服务,能够大大提高金融机构服务的针对性和吸引力。

5. 个人信用管理是提高生活质量的重要手段

在现代信用经济社会中,个人要立好信用,用好信用,管好信用。首先,个人要非常重视

自己的信用记录,维护良好的信用记录,修正不良记录的污点,争取更高的信用评分。其次,个人要学会理财,充分利用自己已经建立的良好信用,开展信用活动,把一生中不同年龄段的收入进行合理配置;积极拓宽投资渠道,积累个人财富,保持一定的消费水平,提高生活质量。再次,要合理负债,实现债务和收入的良性循环,避免因个人债务危机而导致破产。最后,对授信资产要加强监控,时时了解债务人的信用状况变化,保障自身的权益。

（六）信用活动与信用管理的基本关系

信用活动存在信用风险,而信用管理为信用活动服务并与其相互融合。

一方面,信用活动的发生必然伴随着信用风险的存在。信用活动的一大特性就是具有时间间隔性,即承诺在先,履约兑现在后,只有全部的交易活动完成以后,经过一定的时间间隔,才能知道对手是否能兑现承诺以及兑现的程度,才能了解信用活动的具体结果,信用活动的这种时间间隔性,使得信用活动天然具有风险性。

另一方面,信用活动和信用管理都属于信用的基本范畴。对于建立了信用管理制度的企业、银行等组织机构和有较强的信用管理意识的个人而言,信用管理和信用活动相互交融,信用管理已经成为信用活动的有机组成部分,是开展信用活动的必要环节。信用管理活动渗透到现代信用活动的各个环节,丰富了信用活动的内容。两者除了服务与被服务的关系之外,更多的是相互依存,相互融合,日益形成一个有机的整体。

三、信用与经济增长

（一）信用在现代经济中的地位与作用

1. 信用在现代经济中的地位

市场经济是信用经济,信用活动甚至直接决定经济活动,信用在现代经济中的地位体现在现代信用对现代经济运行的影响上,主要表现在以下几个方面。

（1）信用是市场经济运行的基础

信用是商品交换的前提与基础,商品交换是市场经济运行的前提与基础,由此可看出信用是市场经济运行的前提与基础,是市场关系的基本准则。

商品经济的主要特征是生产者、经营者之间的经济联系要通过市场买卖交换来实现。商品经济的核心内容是商品交换,商品交换是以社会分工为基础的劳动产品交换,其基本原则为等价交换,交换双方都以信用作为守约条件,构成互相信任的经济关系。随着交换关系的复杂化,日益扩展的市场关系便逐步构建起相互联系、互为制约的信用关系,整个经济活动被信用关系所连接。可见,从商品经济的交换到市场经济中扩大了的交换,乃至市场机制下的市场关系,都是以信用为基本准则的。

（2）信用是市场经济健康发展的基本保障

首先,经济主体的信用信息可以保障市场发挥效率。信用信息使经济主体在不确定性中减少成本,保证和增加收益,使市场经济活动与交易不断延续。交易双方所掌握的信息往往是不充分的,是非对称的。在此情况下,会使得经济主体的行为扭曲,使市场价格机制无法自动实现资源的有效配置,这样往往会使市场机制对资源配置的效率大大降低。

其次,信用制度与信用管理体系减弱了信用信息不对称的程度,从而减少了潜在的欺诈行为,延长了交易的持续性,保障了市场的健康发展。如果没有信息传播的渠道与途径,没有信用制度与信用管理体系的约束,那么在一次性的交易中,存在欺骗的可能性就会很大。没有完善的信用体系保障,守信者就得不到有效激励,失信者得不到应有的惩罚。

最后,信用管理行业及其机构的社会化信用服务活动,进一步保障了市场经济的运行效率。由于信息的不完全与不对称,各个经济主体在经济活动与交易中需要收集、识别各种各样的信息,需要进行专业的信息处理与风险防范。然而,由于经济主体对信息收集与处理的非专业化,往往不能直接甄别风险,不能有效地降低与防范各种不确定性可能给自己带来的损失。因此,在整个市场体系中,需要专业化的信用管理行业及社会化信用服务机构。

(3) 信用是市场经济主体经济活动的启动器

从企业来看,企业是社会信用活动中最活跃的部分,是巨大的信用需求者和供给者。作为信用需求者,企业无论采用间接融资还是直接融资方式获取资金,均需从社会中融入资金;而作为信用供给者,企业既可以用存款形式提供信用给银行,也可以用商品形式提供信用给消费者。

从金融机构来看,信用是其经营的根本,金融机构在社会信用活动中有双重身份:一种身份是企业,有自身的收入和支出,时而盈余、时而赤字,既可能受信又需要授信,和普通的企业一样有着类似的信用活动;另一种身份是社会信用活动的媒介,金融机构聚集的信用需求可能大于供给,也可能小于供给,出现差额是多数的情况,平衡是少数的。因此,金融机构需要利用被社会广泛接受的信用活动和信用方式,来弥补和运用这个差额,这是非金融机构所不具有的特殊职能和特殊身份。

从个人与家庭来看,情况相对复杂一些。作为信用供给者,个人与家庭可以购买企业的债券和股票,也可以把钱存入银行;但是随着经济中买方市场的形成,人们越来越关注作为信用需求者的个人和家庭,因为他们越来越多的进行信用消费,如分期付款购买汽车和住房等。

(4) 信用是市场经济核心——金融活动形成和发展的基础

金融活动是市场经济的核心,而信用是金融活动形成和发展的基础。以信用活动为基础,诞生了金融活动的主要机构——银行;以信用为本质,银行的信贷活动不断发展,成为金融活动的主流;以信用为依托,金融工具不断创新,金融市场蓬勃发展。所以,信用是市场经济的核心,促进了金融活动的形成和发展。

(5) 信用为市场经济活动与交易创造工具与基本条件

商品经济是以追求利润最大化为目标的,这就要求最大可能地节约费用和降低成本,以提高资金的使用效率,实现利润的最大化。信用创造了信用流通工具和转账结算制度,节约了社会流通费用。

信用改变了资本的存在形式,促进了社会产业资本再分配和社会利润率的平均化,使社会生产平衡稳步发展。信用使资本的存在形式发生了变化,使不可能流动的资本流动了,使资本及其流动变得看得见、摸得着、算得清了。

信用广泛集中了社会各种资本和收入,推动了社会生产的扩大和发展。信用可以集中一切分散的、零星的闲置资本和货币收入。在社会资本总量不变的情况下,信用改变了资本的分配关系,使个别资本转化为社会资本,使个别部门支配社会资本成为可能。巨额资本集中使生产规模得以在短时间内扩大,采用新技术,提高生产力和生产社会化程度。

2. 信用在市场经济中的作用

市场经济是信用经济,信用对市场经济有自己独特的、其他经济活动所不能代替的作用。

(1) 信用活动对经济增长有一定的拉动力

信用活动与经济增长之间存在作用与反作用的关系。经济进步与经济增长带动信用活动发展,同时,信用活动的扩大与发展又会促进经济进步与经济增长。有数据表明,从长期看,大多数国家的信用活动与信用交易总规模均与 GDP 同方向变化,且相关性极强。

(2) 信用活动使经济活动与交易日益信用化

信用活动与信用交易规模不断扩大,且快于 GDP 增长速度,表明了经济的信用化程度越来越高,说明信用活动在经济活动中迅速普及对经济的作用与影响不断扩大。

(3) 信用制度与信用管理体系有利于国民经济可持续发展

合理的社会制度、有效的社会管理体系、良好的社会秩序是社会可持续发展的基础,因此信用管理体系、信用秩序与信用制度也是社会可持续发展的基础构成内容之一。良好的信用制度与健全有效的信用管理体系,有利于国民经济健康、有序、可持续发展。

(4) 信用使经济主体提高了经济活动的质量与效率

首先,在现代市场经济条件下,信用已成为企业生存与发展的前提条件之一。其次,信用活动有利于提高消费者的生活质量,可以不断满足日益增长的消费需求,极大地挖掘和发挥消费者现有和潜在的消费能力。最后,借助信用活动,政府在现代经济中游刃有余,一方面,政府可以利用政府债券向社会公开受信,广泛积聚社会闲散的货币资金,用于公共基础设施建设,发展公共事业;另一方面,借助各种各样的信用活动,政府可以向社会各微观经济主体进行授信,以最好的方式,以尽可能高效的形式开展政府活动,服务经济建设,扩大就业规模,维持经济繁荣。

(二) 现代信用活动与经济增长的关系

信用与经济的关系除体现在上述信用在现代经济中的地位和作用外,还体现在信用活动与经济增长的关系上。

1. 信用总规模的增长速度往往快于 GDP 的增长速度

分析研究美、德、日、韩、法等国家的情况,可以发现各国信用总规模与 GDP 的关系具有较为明显的规律性。大多数国家信用总规模都要高于 GDP 规模,且信用总规模的增长速度比 GDP 增长速度快;各个国家信用总规模与 GDP 规模的差距是不同的,并且差异性较大,新兴市场经济国家,或不成熟的市场经济国家信用总规模的增长速度要快,发达市场经济国家增长稳定,经济衰退的国家增长缓慢。

2. 长期效应:信用的扩张和收缩对经济增长有拉动或抑制作用

一般而言,信用总规模与 GDP 之间,存在着较为密切的联系,信用总规模的扩张往往会带来 GDP 的提高,信用总规模扩张速度的下降或收缩会带来经济增长的放缓。而且,GDP 水平高,信用总规模和各类信用规模才会以较快的速度增长。

第二节 社会信用体系

一、社会信用体系的概念和功能

（一）社会信用体系的概念

社会信用体系是一种保证经济良性运行的社会机制。它以有关的信用法律法规为依据，以信用专业机构为主体，以合法有效的信用信息为基础，以解决市场参与者的信息不对称为目的，使守信者受到鼓励，失信者付出代价，保证市场经济的公平和效率。

一个国家的社会信用体系比较健全，公正、权威的信用产品和信用服务已在全国普及，信用交易已成为其市场经济的主要交易手段，这样的国家通常被称为征信国家。在征信国家，信用管理行业的产品和服务深入社会的方方面面，企业和个人的信用意识强烈，注重维护信用，有着明确的信用市场需求。因此，征信国家的对外信誉较好，信用交易的范围和规模很大，可以获得更高的经济福利。

（二）社会信用体系的功能

1. 可以有效降低市场主体的信息不对称

信息传递迅速和流畅是降低失信行为可能性的重要条件。从理论上看，我们可以认为，如果市场主体的信息不对称消除了，意图因素导致的失信将得以消除，能力因素导致的失信也将得到有效的控制。但是现实中，要实现信息的对称，首先要有法律上的保障。社会信用体系首先就是要在保护隐私权和商业秘密的同时，对可以合法公开或合法相对开放的信息进行界定，对采集的形式、开放的形式作出专门的规范。其次，社会信用体系还应该对可以开放或相对开放的信息提供公开和传递的平台，促使有关信息能被交易各方便利、可靠地获取。

2. 可以支持企业内部信用管理体系的建立

没有社会信用体系，企业内部的信用管理体系也难以建立和良好地运转，市场上容易出现"劣币驱逐良币"的现象，企业在通过银行信贷、证券市场融资和债券发行等方式筹集资金的过程中，不良企业通过乔装打扮，或各种违规手段获得资金。由于大量的信用缺失行为，使得金融市场的效率低下，商业银行不敢轻易放贷，投资人也不愿意过多地、长期地持有企业发行的证券。守信企业反而难以获得必要的金融支持。

一个相对完善的社会信用体系是促使企业进行自身品牌信用管理和客户信用管理的基础。在社会信用体系严重不健全，信息传递严重不畅的市场，没有企业愿意进行品牌信用建设。没有社会信用体系中的征信服务、信用评级等机构，企业信用管理则无法开展，因为许多信息的采集成本已经超过了企业可以承担的程度。企业只能停留在以现款交易的基础上，或者进行传统的应收账款管理。

3. 扩大信用的投放，促进经济增长

社会信用体系要解决的问题，一方面是促进信用的大规模投放。我国信用交易的规模比较低，且企业交易间的信用状况不太理想，建设社会信用体系，对我国的经济增长推动将会起到很大的作用。依靠扩大信用交易总额来扩大市场规模，从而拉动经济增长是许多发达国家的成功经验。在良好的市场信用环境下，一国的市场规模会因信用交易而成倍增长，从而拉动经济增长和促进就业。

另一方面是提高信用交易的安全性。信用交易对于现金交易而言，给卖方带来更大的风险。卖方能否按时完整地收到买方的价款取决于许多对卖方而言不可知、不可控的因素。完善的信用体系除了可以减少信用交易的这些风险外，还可以通过在社会信用体系支持下的信用金融工具的开发，从而分散、转移信用活动的风险，使信用风险可控。

4. 社会信用体系是根治社会失信现象的行之有效的方法

发达国家市场经济运作经验表明，维系社会信用制度、市场经济秩序要靠失信惩罚机制发挥作用。面对经济利益的驱动，试图仅仅利用诚信道义来维系社会信用制度和市场经济秩序是不够的。通过对失信行为的有效遏制，市场经济的健康发展才有制度保障。

5. 承担着社会信用道德伦理的重建和维护的任务

社会信用体系的建设应强化道德观念的约束和信用文化建设。在市场经济中，一切经济活动都是由交易活动具体实现的。企业和个人是各种交易的主体，必须遵守公认的、共同的交易规则，其中最重要的就是信用原则。在市场经济中，一般社会关系中的诚实守信的道德规范和行为原则，与经济活动的交易规则紧密地统一起来，形成了市场经济的信用文化。这种文化恰恰是我们这种由计划经济向市场经济转型的国家所缺乏的，更是发展市场经济所必需的。市场经济是建立在一定规则之上的有限制和约束的自由经济，社会信用的重建工作需要从正反两个方面提供信用教育，维护社会信用的道德伦理。

二、社会信用体系的架构和主要内容

社会信用体系是一种社会机制，它大体包括以下内容。

1. 建立完善的信用法律法规体系

在市场经济中，信用不仅仅是一种道德规范和一般意义上的行为准则，更是市场经济的一项基本规则。因为市场经济是靠竞争来配置资源的，市场经济要想能正常地运行，优化资源配置，就要有公平竞争的规则来规范参与市场活动的各个主体的行为，要求他们遵守这些规则，以保障公平竞争。在这些规则中最基本、最核心的就是遵守信用，即诚实、守信。市场经济越发展，信用关系越复杂，市场活动中的各种经济关系（买卖关系、借贷关系、租赁关系、雇佣关系、信托关系等）就越依赖信用来维系，由此产生了一套各市场主体必须遵守的信用规则和与此相适应的法律规范，以约束和强制各市场主体的行为，通过法制建设对信用体系建设起到保驾护航的作用。如果市场经济关系的各方或者其中的某一方不遵守信用，破坏了约定，也就是破坏了市场的规则，就要受到法律的制裁。这是市场体系的一个重要内容。

2. 促进信用交易各种工具和手段的发展

为了适应信用交易发展的需要，信用体系需要具备便利信用交易的各种工具和手段，如除传统的银行信贷外，还有各种债券、票据、支付凭证、信用证、信用卡等。只有便利信用交易的工具和手段不断增加，交易的发展才会越来越广泛，对于信用评价、信用管理的需求才会越来越扩大。

3. 培育现代信用服务体系

现代信用服务体系主要包括建立信用数据支撑体系、培育信用中介服务机构和信用产品市场体系、社会信用教育体系。

征信数据是开展征信服务的基础,也是进行信用管理的基础。只有建立了国家征信数据库,才能为政府、企业、社会提供可靠的信用依据,社会信用体系才有可靠的基础。

信用产品的质量和征信数据库的建设有密切的关系,为促进信用产品市场的发展,国家应引导全社会对信用服务的需求。

社会信用教育体系的主要任务是开展信用教育、普及信用知识、培育信用管理人才。

为了适应交易的需要,为信用交易提供各种服务,社会信用体系必须包含各种信用中介服务机构。从狭义上说,信用中介机构仅指征信机构、信用评级机构和信用担保机构。从广义上说,信用中介服务机构包括为信用交易提供信贷和各种支付凭证、信用证等的金融中介机构,具体有以下几类:

(1) 金融中介机构,为信用交易提供信贷和各种支付凭证、信用证等信用工具。如银行和各种非银行金融机构。

(2) 征信机构,为交易各方提供客户资信信息。银行在给客户提供贷款时,或者企业向客户供货时,为防止贷款、收款的风险,需要了解客户的资信情况。固然,银行、企业可以自己了解客户的资信情况,但若都由自己去收集客户的信息,不仅工作量大,而且成本高。伴随着征信需求的扩大,产生了专门提供资信信息服务的机构。

(3) 信用评级机构,为交易各方提供信用状况服务。依据信用评级机构的评价结果,市场交易主体可以初步了解对方的资信状况,避免或减少由于信用风险带来的损失。

(4) 信贷担保机构,指为获取银行和非银行金融机构的信贷提供担保服务的机构。对信用提供物质担保有两种形式:① 用受信人自身的资金提供担保,例如贷款抵押赊购的预交定金等;② 由第三方(专业的信用担保机构)提供担保,其特点是增加担保资源,改善信用管理和降低交易费用。

(5) 由信用交易活动衍生出来的、为信用交易提供服务的其他机构,如律师事务所、会计师事务所、审计师事务所等。它们为信用交易提供必要的法律手续、会计信息、审计结果。同时它们也为信用评估机构提供相关的数据信息,有助于评估结果的准确性和真实性。

以上这些信用中介机构,在实际运作中要保证相对的独立性,以便客观公正地、自主地开展工作。

4. 建立健全政府信用市场管理体系和企业信用管理体系

政府信用管理体系是建设社会信用体系的组织保证和有效运行的基石。企业的信用管理体系的建立可以有效扩大社会信用交易的规模,提高信用交易程度,提高企业的竞争能力和管理能力。

5. 建立有效运行的失信惩罚机制

保障交易者的合法权益,要求对失信者采取惩罚机制,帮助市场交易者树立诚信意识,自觉遵守信用秩序。只有建立严厉的行之有效的惩戒制度,才能对失信者产生威慑和警示,维护正常的信用秩序。

总之,一个完整的社会信用体系是法律制度、市场惩罚和政府约束、道德约束相互支持的有机整体,缺一不可。

三、国外社会信用体系简介与比较

信用体系的形成和建设主要有三种模式：一是以美国为代表的"信用中介机构为主导"的模式；二是以欧洲为代表的"政府和中央银行为主导"的模式；三是以日本为代表的"会员制"模式。详见第二章第一节中的信用服务机构的组织模式。

四、我国社会信用体系建设的进展情况

改革开放以来，我国经济已基本步入社会主义市场经济轨道，市场交易关系和交易行为更多地表现为信用关系。从一定意义上说，现代市场经济就是信用经济，市场化程度越高，对社会信用管理体系发育程度的要求也越高。但由于我国信用体系发育程度低、信用关系较为薄弱，因而大大提高了市场交易成本，成为制约市场机制发挥基础性配置资源作用的障碍。目前，我国信用管理体系刚刚起步，其发展远远不能适应经济发展的需要。

1. 现代市场经济条件下的信用意识和信用道德规范尚未普遍建立

在中国，虽然诚实守信始终是传统文化的主流，是备受推崇的美德，但由于中国近代市场经济发育不充分、信用经济发育较晚、市场信用交易不发达，新中国成立后又长期处于计划经济体制下，真正的社会信用关系较为薄弱，不少企业和消费者个人缺乏现代市场经济条件下的信用意识和信用道德观念。信用管理体系不完善，相关的法律法规和失信惩罚机制不健全。

2. 企业内部的信用管理制度不健全

作为国民经济中最基本的"细胞"，我国企业内部普遍缺乏信用管理制度，很少有企业设立专门进行内部信用管理的部门、机构或人员。因授信不当导致合约不能履行，或者受信企业对履约计划缺乏管理而产生违约的现象频繁发生，经济纠纷大量出现。

3. 信用中介的市场化程度较低

目前，我国虽然也有一些提供信用服务的市场运作机构和信用产品，但市场规模小、经营分散、行业整体水平不高、市场竞争处于无序状态，还没有建立一套完整而科学的信用调查和评价体系。

我国信用中介市场存在严重的供需不足局面。一方面，信用服务行业的社会需求不足，企业普遍缺乏使用信用产品的意识；国家有关部门对信用的需求不够，很多政府债券在向公众发行时并不要求由公正的信用评级机构进行评级。另一方面，从信用服务的供给来看，国内有实力提供高质量信用产品的机构还很少。

同时，我国整个信用中介服务行业缺少健康发展的市场环境。由于社会信用资料的开放程度很低，对于许多涉及企业的信用资料，服务行业无法得到，从而无法依靠商业化、社会化、公开独立的信用调查、征信、资信评估和信用专业服务的方式，提高社会信用信息的对称程度，导致失信现象还非常普遍。

4. 信用资料的市场开放度较低，缺乏企业和个人信息的正常获取和检索途径

在征信国家，企业和消费者个人信用信息资料的开放和市场化运作是社会信用管理体系的重要内容。但我国在征信资料的开放与使用方面没有明确的法律规定，从而增加了征信的难度，导致信用中介机构有些没有自己的信用资料数据库，即使建有数据库，规模也普

遍偏小、信用信息不完整,无法对企业的信用作出公正、客观、真实的评估。

5. 信用管理体系尚不健全,缺乏有效的失信惩罚机制

在立法方面,我国的《民法通则》《合同法》和《反不正当竞争法》中虽然都有诚实守信的法律原则,《刑法》中也有对诈骗等犯罪行为处以刑罚的规定,但这些仍不足以对社会的各种失信行为形成强有力的法律规范和约束,针对信用的专门立法仍然滞后。同时,有法不依和执法不严的问题也相当严重,社会上更是缺乏严格的失信惩罚机制,政府对信用市场的监督管理薄弱,虚假信息盛行,社会反映强烈。

五、我国社会信用体系建设前景与展望

我国高度重视信用在现代市场经济中的支柱作用。2002年11月,中国十六大提出要"建立健全市场经济的社会信用体系"。2003年10月,中共第十六届中央委员会第三次全体会议通过《中共中央关于完善社会主义市场经济体制若干问题的决定》,进一步提出了建立健全社会信用体系的具体内容,指出:形成以道德为支撑、产权为基础、法律为保障的社会信用制度,是建设现代市场体系的必要条件,也是规范市场经济秩序的治本之策。文件还明确提出"增强全社会的信用意识,政府、企事业单位和个人都要把诚实守信作为基本行为准则"。对于信用服务体系的建设和信用行业的运作原则,提出"完善法规、特许经营、商业运作、专业服务"的十六字方针。明确了"加快建设企业和个人信用服务体系""逐步开放信用服务市场"的发展方向,还明确了要建立信用监督和失信惩罚制度。

(1) 中央已经明确我国的社会信用体系建设,一定要强调立法先行。一方面充分借鉴发达国家在信用体系管理方面的法律法规,先以行政法规和指导意见等形式颁布一些相关规定,执行一段时间后总结经验,提出立法草案,条件成熟后形成法律。另一方面对于急需的法律法规,要抓紧研究、率先出台,以促进现代信用市场规范健康发展。

(2) 打通信息采集渠道,规范信息运用。据统计,我国信用信息80%左右分散在银行、工商、税务、海关、公安、财政、审计、金融监管、质检、环保等机构中。建立信用数据技术支撑体系,首先要从整合行政或其他政府控制的资源入手,把各方掌握的有关企业和个人信用的数据资料联合采集、有序开放、充分利用,同时,要尽快制定相应的国家标准,保障信息之间的通用性。

(3) 应大力培养一批具备较高专业素质和道德水准的独立、公正、市场化运作的信用服务机构。目前应重点发展大型信用评级公司、企业信用服务机构和消费者信用服务机构这三类企业。政府主要发挥规划、指导、组织、协调、服务监管的作用,为信用服务企业创造公平竞争的市场环境,参与制定行业规范与标准,监督管理信用服务市场主体的行为。信用服务企业应成立行业协会,制定行业规划和从业标准以及行业的各种规章制度,提出立法建议或接受委托研究立法和提出有关信用管理法律草案,协调行业与政府及各方面的关系。

(4) 政府要引导企业对信用管理的重视,组织信用管理专业教育,举办从业培训和从业执照考试。对企业和消费者的信用信息要及早建立全国性的联合征信数据库,让企业能够低成本、快速地检索到客户的信用信息;培育与企业信用管理有关的信用调查、信用评级、商账追收、信用保险、保理等中介机构及服务产品。

(5) 大力开展形式多样、内容丰富、通俗易懂的宣传教育活动,在全社会普遍形成守信

光荣、失信可耻的社会氛围。开设面向政府、企业的多种类型的短期培训和在职教育。行业协会等中介组织可以组织信用服务行业从业人员的培训,提高信用服务从业人员的业务素质和水平。

(6) 应综合运用法律、行政、经济、道德等多种手段,使失信者付出与其失信行为相应的经济和名誉代价。引导由金融、商业和社会服务机构做出的市场性惩戒。

信用不仅是道德问题,同时又是一个经济问题、法律问题,对于一个管理国家事务的执政党和政府来讲,它又是一个非常重要的政治问题。一个国家会不会发生失信行为?可以说,一个有着最严格和最健全社会信用体系的国家,也会不可避免地发生失信行为。但发生失信行为以后,整个社会信用体系应迅速地加以反映,及时地揭露失信问题,然后通过法律等手段制裁失信行为。在信用方面,我国目前存在的最大问题是还没有建立起完善的社会信用体系,当我们的市场主体发生失信行为的时候,政府、中介机构和社会各界往往不能够马上加以反映和揭露,乃至惩戒。因此,我国社会信用体系建设的道路任重道远。

我国目前的信用环境还较差,企业整体信用程度较低,这将严重制约我国企业在国际市场上的竞争,特别是在加入 WTO 以后,我们将与世界上发达的经济强国同台竞争,为适应国际惯例的需要,我们必须加快信用体系的建设,才可能与之抗衡。同时,国内信用秩序混乱也将恶化我国吸引外资的环境,直接影响外国投资的投向,进而影响我国经济的发展。因此,建设社会信用体系已成为我国当前刻不容缓的一项任务,必须尽快建成、建好。

本章提要

本章介绍了有关信用的基本知识,界定了本书所重点讨论的经济领域内信用的内涵和实质。在正确认识信用本质的基础上,介绍了信用的主要表现形式以及信用的作用,在新经济条件下表现出来的新特征。探讨了信用与经济的关系,信用活动与信用管理的关系。在这些基本概念的基础上,延伸至社会信用体系的基本问题:社会信用体系的概念、内容与构成,并在对国外信用体系考察的基础上,针对我国目前信用体系发育程度低下和失信行为盛行的现状,论证了加紧建立社会信用体系,以保障经济生活健康有序进行的必要性和紧迫性。

复习思考题

1. 什么是信用?
2. 为什么说市场经济是信用经济?谈谈你对信用与市场经济关系的理解。
3. 如何理解"信用与经济增长的关系"?试分析你周围经济发展中的信用活动状况。
4. 什么是信用管理?信用活动与信用管理的基本关系是什么?
5. 社会信用体系包含哪些方面的内容?
6. 日常生活中你曾遇到过失信、违信的现象吗?如有,结合本章内容举例,试给出治理这种不良现象的措施。
7. 欧洲大陆国家的信用体系模式与美国的信用体系模式有何区别?
8. 结合现实,说明我国建设国家信用体系的紧迫性和必要性。

案例分析   关于国家助学贷款发展问题的思考

一、国家助学贷款概述

国家助学贷款是以帮助学校中经济确实困难的学生支付在校期间的学费和日常生活费为目的,运用金融手段支持教育,资助经济困难学生完成学业的重要形式。

工行、农行、建行、中行及其下属各基层分行,具体办理审核、发放、回收等项工作。高等院校中经济困难的全日制本、专科学生和研究生,可向上述银行申请国家助学贷款,不用提供担保,一人每年贷款金额不超过 6 000 元。其利率按同期贷款利率执行,财政部门贴息 50%。学生所借贷款本息必须在毕业后四年内还清。

1999 年,国家助学贷款制度先在北京、上海等八个城市进行了试点,2000 年起,在全国范围内全面推行。

二、国家助学贷款的开展情况

教育部助学贷款的数据表明,到 2004 年 3 月底,全国已经获得贷款的学生是 85.5 万人,已经发放的贷款金额是 69.5 亿元,实际获批的人数和金额都没有超过申请总量的 50%。据报道,不少高校毕业生此项贷款的违约率超过了 20%,有的高校甚至达到 30%—40%。一般来说,只有当违约率不超过 4%,银行才能不赔本。因此,部分高校的助学贷款已经暂停,没有停办这项业务的一些商业银行也明确表示,这项贷款风险大、成本高,准备大规模收缩。据粗略统计,列入银行黑名单的高校有 100 多所,约占全国高校总数的 10%。

概括而言,国家助学贷款在目前运行中存在以下问题:

(1) 额度有限,僧多粥少,地区满足度不平衡;

(2) 助学贷款绝对数量加大,政府的贴息具有扩张的趋势,银行贷款风险也有加大的趋势;

(3) 政策性贷款商业化运作,舆论宣传强,实践操作弱。

三、国家助学贷款发展缓慢的原因

(一) 银行方面

其一,因为借款人还款能力的不确定性以及没有相应的抵押物,所以银行潜在损失的风险巨大,缺少相应的管理经验及风险分散机制。其二,成本高收益低。正是由于这些原因,国有商业银行在自主经营、自负盈亏的情况下多有担忧。

(二) 学生方面

(1) 少数学生恶意违约;(2) 办理过贷款的学生考上了研究生,没有做好还贷展期工作;(3) 就业比较困难,工资水平比较低,心有余而力不足;(4) 一些偶然因素,比如学生一时遗忘。

(三) 学校方面

学校不是借贷的主体,但在国家助学贷款发展还不完善的情况下,学校却有形无形地要承担学生违约的部分责任,鉴于此,学校在为学生和银行"牵线搭桥"的过程中多有顾虑。另外,一些高校领导对国家助学贷款重视不够,与银行合作不到位。

(四) 政府方面

鉴于各种原因,目前还没有探索出十分完美的方法来解决国家助学贷款的问题,制约了业务开展的进度。与此同时,有关方面至今仍未依照文件规定,按时将贴息经费拨入专用账户,影响了银行的积极性。

(五) 社会方面

金融信用体系薄弱,这就决定了国家助学贷款发展的外部环境还很不成熟,客观上加大了助学贷款风险,抑制了金融机构开办助学贷款的热情。

根据案例,请回答以下问题:

作为大学生,你如何看待助学贷款的违约问题?应如何解决这一问题(建议联系国家颁布的助学贷款规定来谈)?

第二章

信用服务机构

学习目标

通过本章学习,应该了解或掌握以下内容:

1. 信用服务机构简介:信用服务机构的概念、分类;信用服务机构的组织模式;国内外著名的资信调查机构;国内外著名的资信评级机构;国内外著名的商账追收机构。

2. 信用服务机构主要业务与产品介绍:信用服务机构(征信机构、资信评级机构、商账追收机构等)的主要业务及流程;信用服务机构的主要产品(企业征信报告产品、消费者信用调查报告、个人信用评分、企业信用评级报告)。

引导案例 资信调查与信用评级服务正式列入国家产业导向目录

2005年12月2日,国务院下发了"关于发布实施《促进产业结构调整暂行规定》的决定"(国发〔2005〕40号),并批准国家发改委配套发布《产业结构调整指导目录》。

《促进产业结构调整暂行规定》明确了当前及今后一段时期产业结构调整的目标、原则、方向和重点。《产业结构调整指导目录》涉及20多个行业、1 100多个目录,其中,鼓励类539条,限制类190条,淘汰类399条。在鼓励类行业中第二十五项其他服务业的第三十二条就是"资信调查与评级服务体系建设"。这是一个信号,标志着中国的资信调查与信用评级服务业将有一个广阔的全新发展空间。将资信调查与评级服务体系建设作为一个服务产业列在鼓励目录中,是推进资信调查与评级服务体系产业结构优化升级,实现其发展的一项重大举措,给资信调查与评级服务业的发展创造了非常良好的外部环境。

案例思考:什么是资信调查和信用评级?国内外著名的资信调查机构和评级机构有哪些?资信调查与信用评级的主要产品又有哪些?

第一节　信用服务机构简介

　　杂货店老板赊销商品,餐馆老板挂账卖饭菜,银行发放贷款,这些都是信用交易。在信用交易成交前,授信者都要考察受信者能不能或愿不愿如期还债。这个考察的过程就是信用调查,即征信。对该类信息的加工处理进而形成单独的授信人征信有很大局限性,它不容易获得自己的客户与其他人的信用交易历史。也就是说,单独的贷款人不能全面掌握借款人的信用情况,同时也不能全面科学地对借款人信用信息背后的情况进行挖掘。适应信用发展需要,解决信息不对称及信用风险控制问题,信用服务开始向专业化发展,便出现了信用服务行业。[①]

　　信用服务行业是专门进行信用产品生产、提供信用服务的产业,是从事信用行业的专门机构及其产品、服务和市场的总称。信用服务行业的主要职责是为各类经济主体的信用活动提供专业化、社会化的服务,促进整个社会信用活动高效、快速、规模发展。信用服务行业是社会信用体系的基本要素和重要部件,一个国家信用行业的规模、技术和服务水平在很大程度上决定着社会信用体系建设的进程和发展水平。信用服务行业是信用交易和市场经济发展到一定阶段的必然产物,信用行业的发展又会直接推动市场经济和信用关系的不断发展和深化,进而促进社会信用体系的建立和完善。

　　信用服务机构几乎都最早发祥于欧美国家。从19世纪中期开始,在欧美地区的主要国家,征信机构纷纷成立。1830年,世界上第一家征信公司首创于英国伦敦,最早提供的征信服务是企业征信类服务。美国、法国、德国、日本的第一家征信机构分别创立于1837年、1857年、1860年和1893年。[②] 现代信用管理服务起源于20世纪50年代,从那时起征信机构的业务开始超出征信业务范围。进入20世纪90年代以后,随着各种各样有关信用管理的技术手段和网络技术的发展,专业信用管理公司意识到,凡企业信用管理需要的服务和手段都应该提供给客户,而且应该是一种"一条龙"式的服务,几乎所有的服务都应被包容进来,例如,保理、信用保险、应收账款管理、信用管理咨询等。因此,单一的只从事某一类业务的信用管理服务机构已很少见。

　　信用服务是伴随市场经济的发展逐步成长臻于完善的。发达国家的发展历程说明,当一国或地区的人均GDP达到2 000美元时,市场交易形态就从以现金交易为主过渡到以信用交易为主,表明该该国或地区开始进入"信用经济"时代。当一国或地区的经济发展到以信用交易为主流交易方式时,那么该国或地区现代信用管理技术和服务会日臻丰富和完善,各种专业信用服务机构应运而生,信用服务行业也由信用调查和商账追收等传统业务为主,转向采用现代化的信息技术,提供基础服务、各类深度专业服务和全程信用管理增值服务并重。随着全球经济一体化程度的提高,信用服务也出现了全球化趋势。经过180余年特别是最近几十年的发展,信用服务市场已覆盖到社会生活的各个方面,对经济发展的作用日趋显著。

---

　　① 孙毅.信用管理概论[M].北京:中央广播电视大学出版社.2004:218.
　　② 林均跃.社会信用体系原理[M].北京:中国方正出版社.2002:246—247.

一、信用服务机构的概念、分类

信用服务机构是指依照《公司法》等有关法律法规，经国家有关登记管理机关批准设立，主要从事信用调查和评估、资信评级、信用管理咨询、信用培训、商账管理以及其他信用服务业务的中介机构，即合法生产和提供信用产品和服务的专业机构。

根据信用管理理论，判别一类机构是否为信用服务机构，主要看其业务是否对企业等授信者的信用管理提供规避授信或赊销风险的技术支持。随着风险控制和转移的工具和手段越来越多，信用服务机构的概念比传统的征信机构的概念更为广义，凡是能够在企业的"全程信用管理"（即事前防范、事中防范、事后补偿）过程中帮助企业在任何阶段上规避风险或降低企业经济损失的机构，都应该被称为信用服务机构。

在信用行业发展历史上，传统的信用服务机构主要包括企业资信调查（俗称企业征信）、消费者信用调查（俗称个人征信）、资信评级和商账追收。随着信用风险控制和转移工具的不断创新，现代信用服务机构比传统概念上的信用服务机构更为广义，出现了保理、信用保险、电话查询票据、信用管理咨询等，使得信用服务机构成为具有12个分支的庞大队伍（图2-1）。

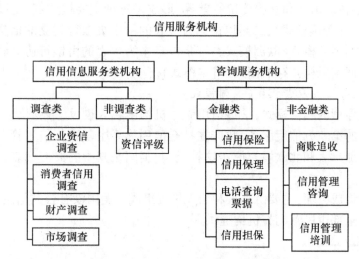

图2-1 信用服务机构及其分类

注：财产调查、市场调查是信用服务机构的分支；电话查询票据是信用服务机构的下游分支。

信用服务机构根据各自的分工，在其发展过程中，逐步形成若干专业分支。按照信用产品和服务的不同特点，信用服务机构可分为企业资信调查、消费者个人信用调查、财产调查、市场调查、资信评级、国际保理、信用担保[①]、信用保险、商账管理与追收、电话查询票据、信用

[①] 信用担保是否属于信用服务行业的分支在理论上存在争议。持肯定意见的人认为，信用担保业务的特征也在于控制客户的风险，作业上采用征信技术，具备信用服务机构的业务操作特征；持反对意见的人则认为，建立信用担保机构，目的是分散商业银行的信贷风险，降低企业（特别是中小企业）的贷款门槛，这种机构的性质与商业银行相同。

管理咨询等。按业务性质,信用服务机构可被分为信用信息服务机构①和信用管理咨询服务机构②两大类;其中,企业资信调查、消费者个人信用调查、财产调查③、市场调查④、资信评级属于信用信息类机构;国际保理、信用担保、信用保险、商账管理与追收和信用管理咨询等属于信用管理咨询服务类机构。按照信用信息的内容和服务对象不同,信用服务机构可分为企业信用服务机构和消费者个人信用服务机构两大类。企业信用服务类包括企业资信调查、企业财产调查、市场调查、资信评级、国际保理、信用担保、信用保险、商账管理与追收和信用管理咨询等分支,消费者个人信用服务类包括消费者个人信用调查、消费者财产调查和消费者信用管理咨询服务等分支。

在实际工作中,信用服务机构的业务往往有重叠、交叉,有的征信机构从事资信评级业务,而有的资信评级机构往往拥有大型的征信数据库,在从事资信评级业务的同时也从事征信服务。判断一个信用服务机构的类型主要看该机构的主营业务是什么。如果该机构的主业是提供资信调查服务的,那么应划归资信调查类机构;如果该机构的主业是提供资信评级服务的,那么该公司就应划归资信评级机构。以此类推。

二、信用服务机构的组织模式

国际上,由于各国国情和立法传统等差异,形成了三种主要模式:一是以美国为代表的纯市场化民营模式(美国模式);二是以德国为代表的由中央银行建立的信贷登记系统为主体的政府主导下的公共模式(欧洲模式);三是以日本为代表的由银行协会建立的会员制征信机构与商业性征信机构并存的模式(日本模式)。

(一) 市场主导型的私营模式(美国模式)

所谓市场主导型的私营模式,是指信用服务机构由私人创设、市场化运营,由私营机构为社会提供独立的第三方信用服务,政府在社会信用体系中仅进行信用管理立法并监督执行。美国、英国、加拿大和北欧国家属于这种类型,美国是其中的典型代表。该模式的主要特点是:

(1) 在机构组成方面,主要由私人和法人投资组成。美国没有公共信用调查机构,其信用调查报告几乎全部由民营调查机构提供。

---

① 信用信息服务机构,即广义的征信机构,是对信用服务机构的狭义称呼,它们以生产征信产品为主,所以又称其为征信产品生产类信用服务机构。其服务主要是建立企业和个人的信用信息系统(即征信数据库),在国家法律的规范和行业标准的指导下,主要从事信用信息的采集、处理和合法传播。信用信息服务机构包括经营数据库的征信机构和信用评估机构,它们作为中介机构,虽然不经营信用,却也对信用进行管理,目的是以有关信用的信息作为其经营产品,通过资本市场、工商市场向个人消费市场提供各种信用调查报告、信用评估等信息产品来获得经营收益。而且为了能在市场上树立良好的形象,稳定客户群,保证收益,就要确保其产品——各种信用信息的准确性、公正性和客观性,从而也保证了它们对信用管理的准确、公正和客观。

② 信用咨询服务机构其业务主要依靠信用风险管理等技术为信用交易的授信方提供服务和保障,例如商账追收公司替债权人追收应收账款,可以减少债权人的债权损失,从而最大限度地保障了债权人的权益。

③ 狭义的征信机构仅包括企业征信机构和个人征信机构。在有的国家和地区,征信机构还包括财产调查机构。财产调查是对债务人或保证人名下的企业或个人资产进行秘密调查。鉴于企业的财产可以通过企业财务报表和固定资产账目显示,所以,财产调查主要是针对消费者个人的。在我国,法律不允许通过征信业务手段调查和评价公民的私人财产,所以,在我国的征信机构中,并不存在财产调查机构这个分支。

④ 市场调查被认为是信用服务机构的分支的主要原因是:一是其调查、征信工作方式;二是许多企业征信公司都开办市场调查服务或拥有市场调查子公司,例如美国最大的市场调查公司A.C.尼尔森公司曾经是美国邓白氏集团下属的子公司。我国的北京新华信集团也拥有一个市场调查子公司(《社会主义信用体系建设》第82—83页)。

（2）信息来源非常广泛。在美国，消费者信用调查机构的信用信息除了来自银行和相关的金融机构外，还来自于信贷协会和其他各类协会、财务公司或租赁公司、信用卡发行公司和商业零售机构等。企业征信公司收集的数据主要是美国各公司定期提供的公司内部信用信息和一些政府公共信息，而不是银行和金融机构提供的信息。多数银行不向信用调查机构报告它们的企业信贷数据（主要是出于竞争和保护商业秘密的目的）。

（3）信用信息内容较为全面。不仅征集消费者的负面信用信息，而且征集正面信息。

（4）信用数据的获取和使用要受国家《公平信用报告法》及其他相关法律的约束，只有在法律规定的原则和范围内，才能够使用相关的消费者信用信息。

（5）消费者征信和企业征信业务范围上有明确的界限，大型征信机构的业务更是如此。比如邓白氏公司主要是为社会提供企业信用报告和评分（特别是中小企业），而很少涉足消费者信用调查业务；穆迪（Moody's）、标准普尔（Standard & Poor's）和惠誉（Fitch Ratings）等公司专门从事证券信用评级业务，重点为防范资本市场的风险服务；三大消费者信用局则主要对消费者个人的信用信息进行收集、加工、评分并销售其信用报告。虽然在个人信用局的业务中，也会涉及企业信用信息（如益百利公司（Experian）和环联公司（Trans Union）都提供一部分企业信用报告），但是规模很小，不是其核心业务。这种业务上明确的社会化分工，使不同的征信机构重点围绕着各自的核心业务不断创新、研究、设计，并不断推出新的信用报告产品，满足社会的需求。①

目前，美国的信用服务机构主要分为三种类型。第一类是企业资信调查机构，以邓白氏公司为代表，主要为商业机构和商业银行等金融机构提供企业信用调查和评估报告。企业资信调查起源于19世纪初叶，是最早产生的信用管理业务；第二类是消费者信用调查机构，在美国被称为信用局，现美国最著名的有三家，分别是益百利公司（Experian）、艾菲克公司（Equifax）和环联公司（Trans Union），主要为金融机构、工商企业和公共机构提供消费者个人信用报告。专职的消费者信用调查服务也起源于美国，但这类业务早期市场并不是很大，只是在第二次世界大战以后，随着住房消费信贷和发行信用卡的需要，此类业务才开始普及；第三类是为资本市场防范信用风险服务的信用评级机构，起源于19世纪末期，其评估对象主要为国家、银行、企业、股票、债券和大型基建项目。美国的穆迪、标准普尔和惠誉公司，是目前世界上最大的信用评级公司。这三类信用服务公司均是独立的商业公司，开展商业化的信用服务业务。除法定的特殊用途外，信用服务机构的信用产品一律通过商业交易方式向社会有偿提供。独立性、中立性和公正性是信用服务机构的特色。

（二）政府主导型的公共模式（欧洲模式）

政府主导型的公共模式，是以中央银行代表政府设立的"中央信贷登记系统"（即公共信用信息登记系统）为主体，兼有私营信用服务机构。据世界银行统计，法国、德国、比利时、意大利、奥地利、葡萄牙和西班牙七个国家建立了中央信贷登记系统。该模式的主要特点如下。

1. 机构的组成和主要职能

公共信用信息调查机构主要由各国的中央银行或银行监管机构设立，并由央行负责运

---

① 全国整顿和规范市场经济秩序领导小组办公室.社会信用体系建设[M].北京：中国方正出版社.2004：95—98.

行管理。建立公共信用信息调查系统的主要目的是为中央银行的监管职能服务,为央行提供发放信贷的信息。

2. 信息数据获得的强制性

公共信用信息调查系统通过法律或决议的形式强制性要求所监管的所有金融机构(包括银行、财务公司、保险公司等在内)必须参加公共信用调查系统。按法律的规定,这些金融机构必须定期将所拥有的信用信息数据报告给公共信用信息登记系统。

3. 信用信息数据来源相对较窄

一是公共信用信息机构只收集金融机构的信用信息,许多国家规定了金融机构向公共调查机构提供信用数据中的最低贷款数额(各国规定不尽相同),低于这个数额则不需要提供,这就排除了相当一部分信用信息数据;二是公共信用信息机构的信用信息不包括来自法院、税务机关等其他非金融机构的信息,也很少收集贸易(商业零售机构)信贷的信息,只有不到1/3的公共调查机构掌握信用卡债务的信息。对企业地址、所有者名称、业务范围和损益表以及破产记录、被追账记录等信息基本不收集。

4. 信用数据使用的有限性

许多国家对公共信用登记系统的数据使用有较严格的限制。根据相关法律规定,其数据的提供和使用实行对等原则,即只有为该机构提供信用信息数据的机构才能获取数据信息,而且这种信息是经过汇总后的,而不是具体的单笔信贷详细资料。因此,实际上公共信用登记机构的信用数据只是向金融机构提供,而不向社会其他需求方提供,即该机构主要不是提供社会化的信用信息服务。

公共模式与私营模式有着较大的区别。(1)公共信用登记系统是由金融监管机构设立,更多地体现了监管者的意志和需要;私营信用机构是由私人和法人组成,采取商业化、市场化的运作方式。(2)公共信用登记系统主要是为金融监管部门的信用监管服务,而不考虑社会的商业化信用信息需求;私营信用机构是为社会更广泛的信用需求服务,服务范围更宽、更广、更全面。(3)公共信用登记系统的数据强制性地来自银行等金融机构,私营信用机构的数据的来源更全面,除银行数据之外,还包括来自商业、贸易等方面的信用信息。(4)公共信用登记系统的数据使用更多的是金融机构内部为防范风险的信息互通,而私营信用机构的信用报告则是商品,强调为需求者提供商业化、个性化服务。由此可见,公共信用机构与私营信用机构不是简单取代,而是相互补充的关系,对许多国家而言,公共和私营模式的个人征信机构应该并存。

(三)会员制模式(日本模式)

会员制模式,是指以行业协会为主建立信用信息中心,为协会会员提供个人和企业的信用信息互换平台,通过内部信用信息共享机制实现信息交换。该模式以日本为代表。目前,日本银行业协会、信用产业协会和信贷业协会主办的信息中心是日本最大的三个信用信息中心。这些协会的会员包括银行、信用卡公司、担保公司、其他金融机构、商业公司以及零售店等。三大行业协会的信用信息服务基本能够满足会员对个人信用考查的需求。在会员制模式下,信用服务活动主要依靠行业协会自律约束,政府只是制定法律和监督执法。

三、国内外著名的资信调查机构(征信机构)

资信调查机构即狭义的征信机构,包括企业资信调查机构和消费者个人调查机构。最早的征信机构发祥于欧洲。最早提供的征信服务是企业征信服务。企业资信调查服务起源于19世纪的英国，消费者信用调查服务和资信评级服务均起源于19世纪末期的美国。据记载，世界第一家征信机构诞生于1830年的英国伦敦。美国、法国、德国、日本的第一家征信机构分别创立于1837年、1857年、1860年和1893年。征信机构成立的初衷是向贸易双方提供对方背景和资信信息，防止交易双方发生相互不信任和诈骗的行为，减少交易摩擦，促进交易的顺利进行。企业资信调查业的快速发展则是从20世纪60年代开始的。第二次世界大战后，一些国家经过经济恢复，到20世纪60年代，普遍进入了高速增长时期，国内外贸易大幅度增加，交易范围日益广泛，从而进入了大规模信用交易的时代。西方大型企业资信调查公司提供的信息一般是动态且完善的。拥有大量的甚至可以覆盖一个国家所有企业的真实数据，是制作深度企业资信调查报告和建立企业征信数据库的必要条件，在占有数据的基础上，企业资信调查公司使用一定的技术方法对数据进行去伪存真的处理，形成资信调查信息产品，提供给企业信用管理部门，帮助企业做出正确的授信决定。目前，世界上涵盖多国企业且资信数据比较完整的数据库非常少，只有少数信用管理跨国公司和地区联盟才拥有覆盖面如此之广的企业资信数据库。典型的巨型企业资信数据库有邓白氏公司的"世界资信数据库"和欧盟的"欧洲大门"。

中国内地第一家专职征信机构是1932年6月6日由浙江实业银行的章乃器，中国银行的张禹九、祝仰辰，上海商业储蓄银行的资耀华，新华银行的孙瑞璜，浙江兴业银行的方寿培等一批对开展征信业务富有经验的人士共同创办的中国征信所。我国现代企业资信调查始于20世纪80年代后期。为了规避外贸中存在的客户拖欠的信用风险，1987年，外经贸部与国外著名企业资信调查公司合作，为国内的外贸企业提供海外贸易伙伴的资信调查报告。1990年起，中国的现代企业资信调查服务开始起步。外经贸部开始向海外客户提供国内企业的资信调查。1992—1997年，我国开始出现民营征信机构，并且外资征信机构也开始进入中国。1992年12月，我国第一家专业从事企业资信调查服务的公司——北京新华信商业风险管理有限公司（2001年更名为北京新华信商业信息咨询有限公司）成立，这家民营企业的成立，标志着企业资信调查服务由政府驱动向市场驱动转变。1993年之后，华夏国际企业资信咨询公司、中贸远大商务咨询有限公司等征信企业相继成立。与此同时，邓白氏、ABC公司、TCM公司，以及我国台湾地区的"中华"征信所、中国香港诚信顾问有限公司等，均已在内地设立了分支机构。1998—2006年，我国征信业步入快速发展阶段。为推动征信业的发展，1998年中国人民银行开始筹建中央银行信贷登记咨询系统，并于2002年实现了全国联网运行，满足银行监管和商业银行贷款查询的需要，且只对商业银行开放。1999年7月，中国人民银行批准在上海成立"上海资信有限公司"，作为全国个人征信的试点。2002年，国务院成立了以中国人民银行为牵头单位的企业和个人征信系统专题小组，该小组由国务院17个部、委、办和5家国有商业银行组成。2003年，国务院批准在中国人民银行成立征信管理局，在各分行和省会城市中心支行设立征信管理处，由此形成了中国人民银行对我国征信市场的垂直管理体制。2007年3月23日，国办发〔2007〕17号文《国务院办公厅关于社会信用体系建设的若干意见》就社会信用体系建设，从加快推进社会信用体系建设的重要性和紧迫性；社会信用体系建设的指导思想、目标和基本原则；完善行业信用记录，推进行业信用建设；加快信贷征信体系建设，建立金融业统一征信平台；培育信用服务市场，稳妥有序对外开放;完善法律法规,加强组织领导六个方面做了部署。2008年7月10日《国务院办公厅关于印发中国人民银行主要职责内设机构和人员编制规定的通知》(国办发〔2008〕83号)和2008年11月13日《国务院关于同意调整社会信用体系建设部际联席会议职责和成员单位的批复》(国函〔2008〕101号)中,国务院赋予中国人民银行"管理征信业,推动建立社会信用体系"的职能。目前,我国征信业已初具规模,形成拥有全国借款企业和个人信用信息资源的大型征信机构——中国人民银行征信中心和众多提供信用评估等增值服务的商业运作的征信机构并存的格局。

(一) 企业资信调查机构(企业征信机构)

企业资信调查机构即企业征信机构,国内外著名的征信机构如下。

国际:邓白氏公司(Dun & Bradstreet Corp.)(美)、格瑞顿公司(Graydon International Co.)(荷兰)、帝国征信公司(Teikoku Databank Business Service)(日本)。

国内:中贸远大信用管理有限公司(商务部)、新华信国际信息咨询(北京)有限公司(民营)、华夏信用集团。

1. 邓白氏公司(Dun & Bradstreet Corp.)

邓白氏公司是国际上最著名、历史最悠久的企业资信调查类的信用管理公司,就其规模而言,堪称国际企业征信和信用管理行业的巨人,成立于1841年,总部设在新泽西州的小城莫瑞丘(Murray Hill)。美国的4位总统(林肯、格兰特、克里夫兰和麦金力)曾先后在邓白氏公司供职。

邓白氏公司创始人路易斯·大班(Lewis Tappan)是一位美国的蚕丝商人,他看到南北战争前的南北贸易中存在的不信任和诈骗行为,于是开创了向贸易双方提供对方背景和资信信息咨询的服务。1841年,他在纽约成立了第一家征信事务所;1963年发明了邓白氏编码;1975年建立了美国商业信息中心;1990年起提供完整的商业信息服务。

20世纪90年代邓白氏集团拥有15个子公司,其中包括全球最权威的资信评级公司穆迪公司、美国最著名的黄页广告公司丹尼雷公司和美国最大的市场调查公司尼尔森公司,在全球拥有375个分公司或办事处,员工八万多人,年产值达50多亿美元。

2001年,邓白氏公司进行改组,把邓白氏公司和穆迪公司两家公司分拆,分别成为独立的上市公司。邓白氏公司在纽约证券交易所的代码为DNB。

目前,邓白氏公司在37个国家设有分公司或办事处,在全球范围内向客户提供12种信用产品、11种征信服务以及各种信用管理用途的软件,还在50个国家和地区替客户开展追账业务。

1994年,邓白氏公司进入中国,在上海设立邓白氏国际信息(上海)公司,1996年又在北京设立了分公司。

(1) 邓白氏全球数据库

邓白氏公司的"全球数据库"是全世界信息量最大的企业信用数据库,邓白氏公司的信用产品和服务就来自这个数据库。邓白氏数据基地在美国东部,在全球37个分支机构建有数据库分基地,有三千多人从事数据的收集和加工工作。

目前,邓白氏全球数据库覆盖了超过1.95亿条企业信息,包括900万条中国企业信息,覆盖214个国家和地区,使用95种语言,181种货币,并通过邓白氏特有的DUNSRightTM流程,对每天收集的原始数据进行科学严谨地编辑及核实以保证其质量。邓白氏公司在全球拥有客户15万家,其中包括《财富》杂志500强中的80%和《商业周刊》全球1000强中90%的企业。数据库不仅累积了多年收集的信息,而且每天以100万次的频率更新。邓白氏及全球领先的商业信息提供商组成了一个强大的联盟——邓白氏全球网络,客户可以通过这个网络进入全世界最大、最优质的商业信息数据库。

(2) 邓白氏编码系统

邓白氏编码(DUNS Number)是邓白氏公司为全球企业提供的身份号码,它使每个企业都有一个与其他企业有别的号码,是邓白氏公司全球数据库及其信用分析系统所使用的编码系统,由9位数字组成。每个邓白氏编码对应的是邓白氏全球数据库中的一条记录,它被广泛用作一个标准工具,用来识别、整理、合并各个企业的信息。主要作用:管理现有客户和潜在客户档案,识别企业家族族系,连接相关贸易伙伴,扩大商机;帮助客户清理内部档案;整合企业内部数据库。

目前,邓白氏编码已经被世界上50多个工业和贸易组织所接受,它也是一个国际标准的编码体系。1989年,邓白氏编码被美国标准化组织(ANSI)接受;1991年被联合国接受;1993年被国际化标准化组织(ISO)接受;1995年被欧洲共同体接受。

2. 格瑞顿公司(Graydon International Co.)(荷兰)

格瑞顿公司(荷兰)是一家历史悠久的大型欧洲征信服务公司,它有能力提供世界上130多个国家和地区的企业资信调查报告。格瑞顿(荷兰)公司成立于1888年,总部设在荷兰。其主要分公司设在美国、英国和比利时。该公司是欧盟国家著名的企业征信数据资源共享连线网络Eurogate的发起人。

3. 帝国征信公司(Teikoku Databank Business Service)(日本)

帝国征信公司是亚洲规模最大的企业征信机构,又称"帝国数据银行",成立于1899年。该公司的COMOS数据库和CCR数据库是亚洲最大的企业征信数据库。在该数据库中,存储有120万家企业和52万家分支机构的信用档案,以及39万家企业的破产记录[①]。

4. 中贸远大信用管理有限公司

中贸远大信用管理有限公司(简称中贸远大,2011年3月由中贸远大商务咨询有限公司更名而来),系商务部国际贸易经济合作研究院投资设立的直属企业,成立于1993年,是我国最早的企业征信机构之一,国有企业性质。中国的第一份企业资信报告(1987年)、第一笔国际应收账款管理与追收业务(1990年)、第一笔国际保理业务(1992年与中国银行合作)、第一家开办信用管理专业网站——信用中国(www.creditcn.com)、第一个提出"3+1"科学信用管理模式并成功推广(2001年)等均出自中贸远大。公司是美洲收账者协会会员,与北美、欧洲、东南亚等地区的机构建立了紧密的合作伙伴关系,公司下设有行政财务办公室、认证事业部、商账管理事业部、征信与管理咨询事业部。2010年7月19日,中贸远大公司与全球最大的信用服务公司之一——德国奥托集团下属友施(EOS)国际股份有限公司在京正式"联姻"。两家企业通过共建公司的强强联合方式,致力于为中国企业和金融机构提供国际标准的高质量应收账款管理和咨询服务。

---

① 林均跃.征信技术基础[M].北京:中国人民大学出版社.2007:25.

5. 新华信国际信息咨询(北京)有限公司

新华信国际信息咨询(北京)有限公司(简称新华信),前身是北京新华信商业信息咨询有限公司。北京新华信商业信息咨询有限公司创办于 1992 年年底,是中国最早成立的民营企业性质的企业征信机构之一。2007 年年初,新华信与全球领先的个人和企业征信、信贷解决方案和营销解决方案提供商益百利集团(Experian)建立了战略合作关系,引进益百利包括资金、产品和技术的战略投资,公司重组并更名为新华信国际信息咨询(北京)有限公司。到目前为止,新华信共有全职员工 600 余名。新华信总部位于北京,在上海和广州等地设有主要分支机构。目前,该公司提供营销信息、信用资料、商账管理、信用管理咨询和技术服务等项服务。

6. 华夏信用集团

华夏信用集团(简称华夏信用)是在华夏国际信用咨询有限公司(2004 年,华夏国际企业信用咨询有限公司更名而来)的基础上创建的,集团总部设在北京,先后在上海、广州、重庆、北京市昌平区设立分公司和办事处。华夏信用是经原国家对外贸易经济合作部和原国家国内贸易部批准,于 1993 年 8 月 21 日在国家工商行政管理局注册成立的一家国际化、专业化的信用风险管理机构。华夏信用是消费数据产业联盟(Consumer Data Industry Association,简称 CDIA,原名 ACB)、国际企业信用联盟(Credit Alliance)及美国金融、信贷与国际产业联盟(Finance,Credit and International Business,简称 FCIB)在中国内地的重要成员,在世界各地拥有信誉卓著的合作伙伴。同时,华夏信用积极参与国家信用体系建设工作,其自主开发的信用体系管理软件系统,已经成功应用于重庆市、台州市、中关村科技园区等国家试点的区域信用管理体系建设项目当中。2006 年,华夏信用与美国邓白氏公司战略合作,共同投资成立上海华夏邓白氏商业信息咨询有限公司(简称:华夏邓白氏中国[①])。2008 年,与欧洲知名的意大利科锐富(CRIF)集团共同出资成立了华夏科锐富信用咨询(北京)有限公司[②]。2009 年,邓白氏收购中国领先的数据营销机构罗维互动的大部分股权,华夏邓白氏中国将原有的销售及市场拓展方案业务整合到"上海罗维邓白氏营销服务有限公司",使其成为华夏邓白氏中国的投资企业。2009 年,华夏国际市场调查(北京)有限公司更名为华夏商盾国际教育咨询(北京)有限公司,专门为中国商业联合会防损专业委员会提供全方位的服务。2011 年,华夏邓白氏中国成功收购微码营销。到目前为止,成员企业主要有上海华夏邓白氏商业信息咨询有限公司、华夏科锐富信用咨询(北京)有限公司、上海华夏商务管理有限公司[③]、华夏商盾国际教育咨询(北京)有限公司、上海罗维邓白氏营销服务有限公司[④]和北

---

① 华夏邓白氏中国总部设在上海,在北京、广州设有分公司。作为邓白氏全球网络(D & B Worldwide Network)中的一员,华夏邓白氏中国在中国商业信息服务领域拥有无可比拟的品牌优势。凭借邓白氏专业权威的 DUNSRightTM 质量流程、强大的全球数据库资源及沉淀了 170 年的商业信息服务经验和商业洞察力,华夏邓白氏中国为客户提供风险管理解决方案、金融行业解决方案、销售及市场拓展方案、市场研究解决方案。

② 华夏科锐富公司形成了员工雇前背景调查、信贷申请管理、个人信贷风险管理、信贷风险评估、账款催收及信息数据服务、保险反欺诈系统和决策支持系统。科锐富公司是一家立足欧洲的意大利公司,在业务方面专注于信用报告、商业信息以及决策支持系统的管理和发展。

③ 上海华夏商务管理有限公司的前身是华夏信用的商账管理事业部,自 1998 年开始在中国内地开展应收账款管理业务。依托集团公司在中国商业信息和服务领域的优势,上海华夏商务管理有限公司逐步形成了以逾期账款催收、资产调查、应收账款外包服务和不良资产收购中介为主要业务,并涵盖应收账款服务各个领域的服务体系。公司在北京、上海和广州设有运营中心,同时与近 200 家律师事务所合作,形成了覆盖全国的服务网络。

④ 公司总部设于上海,是国内专业的直复营销服务提供商。该公司立志为各类企业提供目标客户信息,以及迅速接触到它们的通道与方法,为达到该目标其提供一整套专业直复营销解决方案。罗维邓白氏提供的所有服务均建立在精准的数据库资源、最新的数据库技术和完善的售后服务体系基础之上。

京微码邓白氏营销咨询有限公司。华夏信用完成了从纯手工作业到依托全球性数据库运营的转变,服务门类也从单一的企业信用报告服务,发展成为覆盖企业信用风险管理服务、企业信息服务、直复营销服务、个人信息服务、应收账款管理、营业员防损基本教育培训等全方位的信息服务。

目前,我国约有200多家企业从事企业征信业务,企业征信业务领域的竞争格局比较明朗,品牌集中度很高,其中排名靠前的企业有"新华信""华夏邓白氏""中诚信""大连倍通""上海中商商业征信有限公司"等;同时也形成了寡头市场,新华信、华夏邓白氏占据了80%以上的市场份额。

(二) 消费者个人信用调查机构(消费者个人征信机构)

现代消费者个人信用调查服务起源于美国。美国第一家个人信用局成立于1860年。但直到第二次世界大战以前,零售商很少采用信用交易手段,个人信用局的业务发展缓慢。第二次世界大战以后,随着西方国家经济恢复的需要和消费者信用消费的快速发展,个人信用局业务蓬勃发展起来。

在我国,个人征信从无到有。1999年上海开始个人征信试点;2002年8月深圳个人征信系统开通;2003年11月中国人民银行成立征信管理局,专门负责银行系统内的个人信贷信息征信工作。

国内外著名的消费者个人征信机构如下。

国际:益百利公司(Experian)(英国)、艾可飞公司(Equifax)(美国)、环联公司(Trans Union)(美国)。

国内:上海资信有限公司、中国人民银行征信中心、北京汇诚征信咨询服务有限公司。

1. 益百利公司(Experian)(英国)

该公司成立于1996年,现在是一家英资公司。英国的The Great Universal Stores PCL 兼并了一直居消费者信用调查行业老大的美国TRW 的消费者个人信用信息部门,这个部门曾占据TRW(Thompson-Romo-Wooldrige Inc)公司的四项业务之一。然后,其将收购的公司与总部设在英国诺丁汉的征信公司CNN 合并,组成了益百利公司。益百利公司在美国和英国都是最大的个人信用局,它还在欧洲大陆(包括东欧地区)极力扩张,并收购了法国的消费者信用数据库。

益百利公司的美国公司总部仍然设在加利福尼亚的橙县,员工超2万人,年产值超15亿美元。其征信数据库保存有近2亿人的个人信用信息档案。在数据库中,消费者的良好信用记录被永久保留,失信记录要被保存6年9个月,破产信息保留9年9个月。

2. 艾可飞公司(Equifax)(美国)

艾可飞公司是美国三大征信局之一。该公司由凯特·伍福特创立,于1899年成立于亚特兰大,它是一家跨国征信公司,在北美、南美、英国、欧洲大陆和一些亚洲国家都设有分支机构,其总员工数超过14 000人。公司股票1971年在纽约证券交易所上市,是世界500强之一。

艾可飞公司的资料数据库庞大,拥有超过1.9亿美国人和1 500万加拿大人的消费者个人资料档案,其客户群总数超过10万个企业,年产值在15亿美元以上。艾可飞公司的服务集中在信用服务和保险信息服务两个方面。它在多国设立信用卡业务服务中心,帮助信用卡组织核实和查证申请人的信用情况。它还是最大的雇主报告服务机构，帮助雇主查询应聘者的信用和背景。其信用服务功能是：(1) 消费者信用调查报告服务。它可以通过网上或联机传送报告，包括一些信用管理咨询服务。(2) 决策系统服务。它可以通过建立分析数学模型，提供市场分析和客户信息服务。(3) 信用卡服务。它可以提供各种卡的促销信息，包括比较好的信用卡潜在客户名单等服务。(4) 支票真伪鉴别服务。

艾可飞公司的保险信息服务向美国和加拿大的保险业提供风险管理信息，信息内容包括个人生活、健康、资产、病例、违反交通规则报告、医院账单等。这些信息用于向保险公司索赔和各种险种销售。

3. 环联公司(Trans Union)(美国)

环联公司总部设在美国的芝加哥，是美国三大征信局中最年轻的一员。从1988年起，环联公司才开始提供美国全国性消费者信用调查报告，可以说它是在短短几年内跻身于美国拥有巨型数据库的三大信用局之列的，其数据库中的3.4亿消费者档案资料，覆盖美国、加拿大、维尔京群岛、波多黎各。1990年，该公司通过兼并或合并方式，已经直接拥有45家地区性信用局，以及220家代表处。该公司最先于1970年将信用报告服务推上联机检索服务和网络服务，它为推动授信机构的办公自动化作出了贡献。环联公司最大的特色在于信用欺诈防范。1992年，它率先建立了全世界第一个"欺诈受害者援助部"，负责侦察、防范和解决信用欺诈及其给消费者带来的不便和损失。

环联公司早在1990年左右，就开始为进入中国市场做准备，环联公司控股的中国香港评级有限公司一直在中国内地推销它的服务和产品。2000年，在上海评级有限公司的招标活动中，环联公司中标，取得建立上海评级有限公司个人征信数据库咨询和消费者信用评分模型建设的工程。

4. 上海资信有限公司

1999年7月，在上海市信息办和中国人民银行上海分行的大力推动下，经中国人民银行总行的核准，上海资信有限公司组建成立，成为国内第一家从事个人征信业务的中介机构，也是上海目前唯一一家融个人征信系统与企业征信系统为一体、既从事征信数据库建设又提供个人征信与企业征信服务的专业化机构。公司成立以来，承担了上海市个人信用联合征信试点项目。2000年6月28日，上海市个人信用联合征信系统开通，出具了新中国成立后大陆第一份个人信用报告；2001年公司又启动了企业联合征信系统。这两个项目的建成使上海逐步形成了较为完善的社会信用体系基础框架。

目前，上海市个人信用联合征信系统的信用信息，包括个人基本身份信息、商业银行各类消费信贷申请与还款记录、可透支信用卡的申请、透支和还款记录、移动通信协议用户的缴费记录、公用事业费的缴费记录、上海市高院经济纠纷判决记录、交通违法处罚记录以及执业注册会计师和保险营销代理人的执业操守记录等。企业征信系统的信用信息，包括企业注册信息、年检等级、产品达标信息、税务等级信息、国有资产绩效考评信息、进出口报关记录、信贷融资记录和行业统计分析信息等。

2009年4月，中国人民银行征信中心正式控股上海资信有限公司。上海资信有限公司在原有业务的基础上，向集团企业资信评级、商业票据资信评级、商业银行贷款资金监管等业务领域扩展，并且与中国人民银行征信中心建立了战略合作关系，合作开发并代理销售中国人民银行征信中心定向产品。

5. 中国人民银行征信中心

中国人民银行征信中心是中国人民银行直属的事业法人单位,主要职责是依据国家的法律法规和人民银行的规章,负责全国统一的企业和个人信用信息基础数据库和动产融资登记系统的建设、运行和管理;负责组织推进金融业统一征信平台建设。中国人民银行征信中心业务归征信管理局指导。中国人民银行于1997年立项建设银行信贷登记咨询系统。2004年2月,中国人民银行又启动了个人征信系统建设,同年4月成立银行信贷征信服务中心。2006年1月,全国集中统一的个人信用信息基础数据库建成并正式运行。同年7月底,银行信贷登记咨询系统升级成为全国集中统一的企业信用信息基础数据库。在此期间企业和个人征信系统一直作为中国人民银行的金融信息化项目管理,与中国人民银行征信管理局合署办公。2006年11月,经中编办批准,中国人民银行征信中心正式注册为事业法人单位,注册地为上海市浦东新区。2007年4月17日,中国人民银行党委决定征信中心与征信管理局分设。同年,根据《中华人民共和国物权法》授权,中国人民银行明确中国人民银行征信中心为应收账款质押登记机关,10月8日,应收账款质押登记系统上线运行。2008年5月9日,中国人民银行征信中心在上海举行揭牌仪式,开始北京和上海两地办公。2009年7月20日,融资租赁登记系统正式上线运行。2010年6月26日,企业和个人征信系统成功切换至上海运行,并正式对外提供服务。

专栏2-1

征信词源

征信(Credit Checking、Credit Reporting 或 Credit Investigation)从字面上看,就是调查和核实的意思。至于该词的出处,有取自《左传》的说法。《左传》中提到:"君子之言,信而有征,故怨远于其身;小人之言,僭而无征,故怨咎及之。"其具体含义是指对他人的资信状况进行系统调查和评估。对于我国新兴的信用服务行业,征信一词是由海外华人传入国内的,征信是海外华人对企业资信调查和消费者个人信用的俗称。

专栏2-2

征信国家

征信国家的特点如下:经济形态以市场经济为主体;市场软环境良好,信用交易占市场交易中的大份额;各征信国家都建立有同等水平的信用相关法律;征信市场发达,各类征信数据开放,与其他征信国家对等开放,信用管理服务门类齐全且普及;企业平均信用管理水平高,在国际贸易活动中享有良好的信誉;国家主权评级的级别高,在国际金融市场上信誉卓著;另外,高人均GDP的国家不一定是征信国家。征信国家与非征信国家政府的工作侧重点不同,非征信国家的政府需要在协调征信数据开放和维持信息源方面花大气力,发展征信行业;而征信国家的政府则需要完善各项有关法律及其实施细则,加强保护消费者和对征信机构进行监管。

四、国内外著名的资信评级机构

资信评级是由专门从事信用评估的独立的社会中介机构,运用科学的指标体系、定量分析和定性分析相结合的方法,通过对企业、债券发行者、金融机构等市场参与主体的信用记录、企业素质、经营水平、外部环境、财务状况、发展前景以及可能出现的各种风险等进行客观、科学、公正的分析研究之后,就其信用能力(主要是偿还债务的能力及其可偿债程度)所做的综合评价,并且是用特定的等级符号标定其信用等级的一种制度。

信用评级最早产生于美国。1841年,世界上第一家商业信用评级机构(Mercantile Credit Agency)由路易斯·大班(Louis Tappan)在纽约成立,后来被罗伯特·邓(Robert Dun)接管,组建了纽约商业资信评估公司(Dun&Co.),并在1859年发布了第一份评级报告。1849年,另外一家商业信用评级机构布拉斯特资信评估公司(Bradstreet Co.)由约翰·布拉斯特(John Bradstreet)建立,它在1857年出版了第一本关于信用评级的著作。1933年这两家公司合并为著名的邓白氏(D&B)公司。这一阶段的信用评级机构,主要针对企业的商业信用进行评估,为企业之间的商业往来提供服务,尚未发展到对债项偿还能力的评估,更类似于现在的征信公司。从严格意义上讲,这一阶段的信用评级机构所提供的服务并不是现代意义上的信用评级业务,但它们却是现代信用评级机构的前身。现代信用评级的开端公认是1909年约翰·穆迪(John Moody,1868—1958年)对美国铁路债券的评级。

美国信用评级行业的发展历程大致分为四个阶段:第一阶段从1909年到20世纪30年代为信用评级起始阶段。20世纪初,美国经历着工业化带来经济迅速增长的时期,铁路需求迅速增加,需要在资本市场上通过发行铁路债券筹集铁路建设资金。金融信息的缺乏又抑制了投资者对债券信用评级的需求。三大评级机构(或其前身)均在此阶段成立并发布了其首份债券评级报告。这一阶段的信用评级,不是应发行人要求而进行的评级,不向发行人收取费用,评级所依赖的信息也多为公开信息,实质上是一种主动评级。评级机构的收入主要来自出版社的销售。第二阶段从20世纪30年代到70年代。20世纪30年代,第一次世界经济大危机爆发后,在大危机和大萧条中,大批美国公司破产,债券不能偿还,债券倒债事件比比皆是,投资者损失巨大,投资者和政府开始认识到了经济波动与危机的存在,并意识到了信用评级的重要性;投资者开始重视对评级结果的利用;更为重要的是政府开始规定利用评级机构的评级结果,并以其作为投资的依据。这些规定促进了信用评级机构的发展。但是,这一阶段信用评级机构仍未开始向发行人收取费用。第三阶段从20世纪70年代到80年代。20世纪60年代末,美国对越南战争升级,美国政府大量的社会福利开支,使其经济出现了高通货膨胀及高利率。债券市场受到高通货膨胀和高信用风险的双重影响,在1974年发生了自30年代大萧条以来最严重的经济衰退,加之石油禁运,到70年代中期一些铁路公司发生债券倒债,申请破产保护。其中比较著名的有"宾州中央铁路公司倒债事件"和"纽约市政府无力偿还短期债券事件"。债券市场再次出现信用风险。这些事件的发生使得投资者们开始有选择地利用信用评级机构及其评级结果,促进了信用评级业的整合和评级方法的改进。同时,发行人也产生了主动委托评级机构对其拟发行债券进行信用评级的需求。在这些因素的共同作用下,信用评级机构开始由主动评级转变为接受委托评级,并开始向发行人收费,评级范围扩大到对商业票据和银行存款进行评级,进入了现代信用评级的发展阶段。第四阶段从20世纪80年代至今。在此阶段,金融衍生品不断产生,信用评级范围不断扩大,如标准普尔公司开展了对财务担保的评级、对保险公司的理赔能力进行评级、对抵押担保的债务的评级、对共同基金的评级、对以资产担保的证券进行评级、对次级信用债券的评级等。同时,三大评级机构在坚持国内的信用评级事业的同时,利用各种机会开拓国外市场,逐步发展成为全球性的信用评级公司,垄断地位日益巩固,信用评级发展成为全球性的现象。现代计算机技术的迅速发展和金融计量分析方法的不断改进,为信用评级技术方法不断完善奠定了基础。

信用评级在其他国家的发展历史较短,直到1972年加拿大债券评级公司(CBRS)成立,才结束了美国以外的国家没有信用评级机构的历史。1977年,加拿大多米尼债券评级公司(DBRS)成立,总部设在多伦多,2003年2月,该公司成为美国证券交易委员会(SEC)的国家认可评级机构(NRSRO)认可的第四家评级机构。除加拿大外,日本也是较早成立独立信用评级机构的国家。1975年日本成立了第一家也是亚洲第一家专门的信用评级机构——日本债券评级研究所(JBRI)。1985年日本信用评级公司(JCR)和日本投资服务公司(NIS)相继成立。1998年日本债券评级研究所和日本投资服务公司合并成立日本信用评级和投资服务公司(R&I),该公司是目前日本最大的信用评级机构。日本信用评级和投资服务公司和日本信用评级公司被列入世界九大信用评级机构之中。在亚洲其他国家,信用评级机构的发展多在20世纪80年代之后开始。相对欧美国家,亚洲的债券市场的规模依然偏小,信用评级也处于较低的发展阶段。

中国的信用评级活动开始于20世纪80年代末,是随着改革开放和市场化的推进,客观上产生了资信评级的业务要求。1987年,在个别省市,开始组建信用评级机构,并初步开展业务。从此我国的信用评级机构从无到有,信用评级业务量由小到大,经历了一个逐步发展的过程。中国信用评级行业可大致分为两个主要阶段:

一是从1987年至2007年的发育阶段。期间经历了几个阶段:1987—1989年的起步阶段。中国人民银行系统组建了20多家评估机构,各地专业银行的咨询机构、调查信息部等咨询机构也开展了信用评级工作。1989—1990年的清理整顿阶段。中国人民银行和专业银行设立的评估机构一律撤销,信用评级业务交由信誉评级委员会办理。1990—1992年的恢复发展阶段。1990年8月中国人民银行下发了《关于设立信誉评级委员会有关问题的通知》,信用评级事业进入了一个以组建信誉评级委员会为基本模式开展业务的新阶段。1992—1996年的探索和调整阶段。1993年国务院发文提出,企业债券必须进行信用评级,并要求1亿元以上的企业债券要经过全国性的评级机构评估。在此阶段,我国建立起了自己的评级指标体系和方法,各地、各大中型城市几乎都有资信评级部门。1997—2007年的起飞阶段。1997年中国人民银行发布的547号文件,确定中国诚信证券评估有限机构等9家机构具备企业债券资信评级资格,并明确规定企业债券发行主体在发债前,必须经人民银行总行认可的企业债券信用评级机构进行信用评级。中国人民银行各地的分行要求各商业银行对贷款1亿元以上的企业,除银行审贷部门评级外,同时由人行分行指定的独立评级机构进行信用评级。2004年12月,中国人民银行发布第22号公告,要求银行间债券市场发行债券要开展信用评级工作。2005年6月,中国人民银行征信管理局《关于做好银行间债券市场信用评级工作意见》认可了第一批5家银行间债券市场信用评级机构——中诚信国际信用评级公司、大公国际信用评级公司、联合资信评级公司、上海远东资信评级公司和上海新世纪投资者服务公司。自2004年11月以来,中国人民银行先后发布了《证券公司短期融资券管理办法》《信贷资产证券化试点管理办法》《金融机构发行金融债券管理办法》《国际开发机构发行人民币债券发行管理暂行办法》《短期融资券管理办法》等一系列在银行间市场发行金融产品的管理办法。在上述各管理办法中,央行均明确要求发债主体必须进行信用评级。2006年3月,中国人民银行发布了《信用评级管理指导意见》,对信用评级标识、程序、方法、原则等方面进行了具体规定。2006年11月,经全国金融标准化技术委员会审查通过,征信数据元及信贷市场和银行间债券市场信用评级规范等五项征信业标准发布,对规范信用评级机构运作程序和规范评级人员职业操守,提高评级质量,保护投资人和商业银行的利益等有着积极意义。2005年8月,中国保监会公布了《保险机构投资者债券投资管理暂行办法》,规定了保险机构可以投资的债券产品的级别条件。2005年9月,中国证监会发布了《关于货币市场基金投资短期融资券有关问题的通知》,明确了货币市场基金可投资短期融资券的级别条件。2007年9月,中国证监会发布了《证券市场资信评级业务管理暂行办法》,明确规定了申请证券评级业务许可的资信评级机构的条件,并对业务规则、监管和法律责任等方面进行了详细的规定。2007年3月,《国务院办公厅关于社会信用体系建设的若干意见》发布,进一步为推动我国资信评级也得发展提供了政策支持。

二是从2007年至今的发展阶段。从2007年开始,为保障国家信息安全,国家开始在信用服务行业实施审慎的引进外资政策,发展本土评级机构呼声越来越高。中国东方资产管理公司在业务转型期开始进军评级行业,于2008年出资控股金诚国际、上海远东;天津泰达国际控股(集团)公司于2009年出资控股联合资信、联合评级的母公司联合信用;银行间市场交易商协会于2010年8月独资设立了按投资人收费模式运营的中债资信。

国际:穆迪(Moody's)、标准普尔(S&P's)、惠誉(Fitch)。

国内:中国诚信信用管理有限公司、大公国际资信评估有限公司、联合信用管理有限公司、上海新世纪资信评估投资服务有限公司、鹏元资信评估有限公司。

(一) 国际上著名的三大评级机构

1. 穆迪公司

穆迪公司(Moody's),主要指的是穆迪投资者服务公司[1],总部位于纽约的曼哈顿,最初由John Moody在1900年创立,是美国评级业务的先驱,也是当今世界评级业中最负盛名的评级机构。穆迪投资服务公司曾经是邓白氏(Dun & Bradstreet)的子公司[2],2001年邓白氏公司和穆迪公司两家公司分拆,分别成为独立的上市公司,穆迪股票在纽约证券交易所上市交易(代码MCO)。

---

[1] 穆迪公司旗下子公司包括穆迪投资者服务公司与Moody's Analytics。前者对债务工具和证券进行信用评级及研究,而后者则提供先进的风险管理软件、信用及经济分析和金融风险管理方面的咨询服务及研究报告。

[2] 1962年穆迪公司被Dun & Bradstreet收购,成为其子公司。

1909年，穆迪公司的创始人John Moody首创对铁路债券进行信用评级。1913年，穆迪的评级业务范围扩展到制造业、公用事业和政府债券。1914年穆迪投资者服务公司成立。它不仅对国内的各种债券和股票进行评级，还将评级业务推进到国际市场。穆迪投资者服务公司的信用评级、研究报告及风险分析享誉全球，广为各界采用。除了主要的评级业务外，穆迪所发表的信用意见、交易研究报告及评论极受市场重视，服务全球2400多家机构，超过9000名客户。穆迪提供的评级及分析服务范围超过100个主权国家、11000个公司发行人、25000个公共融资发行人和70000个结构融资证券。除评级服务外，穆迪还发表以投资者为主导的信用研究，包括主要发债机构的深入研究、行业研究、特别评论及信用意见手册。穆迪在世界大部分的主要金融中心设有办事处，全球雇员约2400人，其中分析师超过1000名。公司也通过与当地评级机构合资或订立联营协议的方式，扩展至发展中国家的市场。穆迪的客户包括各种企业及政府性证券发行机构，以及机构投资者、存款人、债权人、投资银行、商业银行和其他金融中介机构。

1975年，美国证券交易委员会SEC认可穆迪公司、标准普尔、惠誉国际为"全国认定的评级组织"或称"NRSRO"(Nationally Recognized Statistical Rating Organization)。

为了和中国的客户建立更好的交流渠道，穆迪投资者服务有限公司于2001年7月在北京正式设立香港穆迪亚太有限公司北京代表处，主要从事市场前景的分析及研究，为穆迪与国内客户之间建立了良好的沟通桥梁。2003年2月，穆迪在北京正式注册成立全资子公司——北京穆迪投资者服务有限公司(北京穆迪)。穆迪于2006年4月与中国诚信信用管理公司签署了合资协议，经过中国人民银行和商务部的批准，穆迪于2006年9月正式入股中诚信国际信用评级有限责任公司(中诚信国际)。

2006年11月穆迪KMV公司深圳代表处成立，即现在的穆迪信息咨询(深圳)有限公司。穆迪信息咨询(深圳)有限公司是Moody's Analytics的全资子公司，主要为亚太区的客户提供技术支持、产品完善、数据搜索更新等服务，致力于开发更加完善和人性化的分析工具和软件产品，并将各种世界先进的金融分析产品本地化、个性化，从而满足不同客户的多样化需求。目前有80多个国家的2000多家国际领先的商业银行、投资银行、保险公司、财务管理公司在使用穆迪的信用分析产品。

2. 标准普尔公司

标准普尔公司(Standard & Poor's)是一家全球金融市场信息供应商，提供信用评级、指数服务、投资研究、风险评估和数据服务。标准普尔在100多个国家为大约32万亿美元的债务证券提供评级，在世界范围内提供79个主要的指数系列。标准普尔500指数为广大投资者所了解。标准普尔全球1200指数涉及31个市场的证券，约涵盖了全球资本市场份额的70%。目前标准普尔在23个国家拥有大约8500名雇员，公司总部位于美国纽约。

1867年，亨利·V. 普尔和亨利·W. 普尔父子创立了普尔铁路指南公司(Poor's Railroad Manual Company)。1906年，标准统计局(Standard Statistics Bureau)成立，提供美国公司的财务信息。1916年，标准统计局开始为公司债券给予债务评级，随即开始提供主权债务评级。1940年引入市政债券评级。1941年，普尔出版公司和标准统计局合并，成立标准普尔公司。

1957年,编制标准普尔500指数。1966年,麦格劳-希尔公司(McGraw-Hill)[①]收购标准普尔公司。1975年,标准普尔对首只抵押贷款支持证券进行评级。1983年,推出标准普尔500指数期货。1984年,设立伦敦办事处,这是首家海外办事处。1992年,首次对衍生产品公司进行评级。1995年,推出标准普尔综合1500指数,首次将市值规模纳入考虑。1999年,推出标准普尔1200指数,这是一个全球性的实时投资指数。2004年,收购企业信息及信息解决方案供应商Capital IQ。

3. 惠誉评级公司

惠誉评级(Fitch Ratings)是一家总部设在纽约和伦敦,在全球设有50多个分支机构,拥有2 000多名雇员和8 000家订阅用户的全球著名信用评级机构。业务范围涉及金融机构、企业、国家、地方政府和结构融资评级等多个领域。作为全球三大国际评级机构之一,惠誉评级迄今已完成1 600多家银行及其他金融机构评级,1 000多家企业评级及1 400个地方政府评级,全球78%的结构融资及70个国家主权评级。

惠誉评级的前身——惠誉出版公司,最初是一家金融统计数据出版商,于1913年12月24日由John Knowles Fitch成立。它所服务的对象包括纽约证券交易所,拥有的主要出版物是《惠誉债券手册》(Fitch Bond Book)和《惠誉股票和债券指南》(Fitch Stock and Bond Manual)。1924年惠誉发明了"AAA"到"D"评级体系。

1997年,惠誉与总部设于伦敦的IBCA信用评级公司合并,并在伦敦增设了总部,成为一家具有双总部的国际评级机构。合并之后,惠誉成为法国Fimalac S. A.的全资子公司,扩大了惠誉在全球范围的市场份额,尤其是银行、金融机构和主权的评级业务。

2000年4月,惠誉收购了总部设在芝加哥的第四大评级机构Duff & Phelps[②],更名为Fitch。同年稍后时候,又收购了世界最大的银行评级机构Thomson Bank Watch评级公司。2005年收购了Algorithmics公司;美国赫斯特出版集团(Hearst Corporation)于2006年收购了惠誉集团20%的股份。

经中国商务部和北京市工商管理总局的批准,2005年4月30日惠誉(北京)信用评级有限公司在中国境内注册成为一家信用评级公司,业务范围为信用评级、信息收集、分析和研究工作。2007年,惠誉收购了联合资信49%的股权并接管经营权。

4. 三大信用评级机构信用等级符号及含义

三大评机构的服务内容包括债务人评级和债项评级。债务人评级(Obligor Ratings),针对证券或金融契约的发行主体整体信用状况的评价,主要包括主权国家评级、工商企业评级、金融机构评级等;债项评级(Facility Ratings),又称载体评级或契约评级,主要针对发行主体发行的特定金融工具展开评级。

信用评级是用简单的符号来表示受评对象的信用质量,揭示其信用风险,穆迪公司、标准普尔公司的等评级机构的信用等级均对应着一定的违约概率或违约损失率。不同的评级

---

① 麦格劳-希尔公司(McGraw-Hill)成立于1888年,是一家全球信息服务供应商。公司主旨是满足全世界在金融服务、教育及商业信息市场方面的需求,最主要的品牌包括标准普尔、《商业周刊》和麦格劳-希尔教育。在金融服务领域,标准普尔是世界上最主要的金融分析和风险评估服务商。在教育领域,麦格劳-希尔教育在美国K-12教育市场中排名第一,并且在高等教育及职业信息方面列首位。在商业信息领域,该公司通过《商业周刊》及能源、航空及建筑业的主要刊物为全球提供重要的新闻、见解及解决方案。

② Duff & Phelps在拉丁美洲新兴市场的结构性证券和政府公债评级的市场占有率位居第一。

机构有着不同的信用等级符号,符号虽然不同,但经过长期的发展,已经具有大致的相互对应性。一般以 BBB(Baa)为界限,BBB(含 BBB)以上的为投资级,BBB 以下的为投机级。更为细致的划分是将 AA(含 AA)以上的称为高品质债券,BBB 至 A 的称为投资级债券,B 至 BB 的债券称为次标准级债券,B 以下则称为投机级债券。除个别等级之外,许多等级还可以进行微调,一般为三个微调档次,如标准普尔公司和惠誉公司的 AA 至 CCC 各级均可再以"+"、"-"号细分,以显示同一级别内的相对高低,穆迪公司的 Aa 至 Caa 各级则以"1"、"2"、"3"细分。

标准普尔、穆迪、惠誉 3 家机构的信用等级符号见表 2-1。各评级基本符号及其所代表的意义,如表 2-2、表 2-3、表 2-4、表 2-5 和表 2-6 所示。

表 2-1 三大信用评级机构的信用等级符号

标准普尔		穆迪		惠誉	
长期债	短期债	长期债	短期债	长期债	短期债
AAA	A-1+	Aaa	P-1	AAA	F1+
AA+	A-1+	Aa1	P-1	AA+	F1+
AA	A-1+	Aa2	P-1	AA	F1+
AA-	A-1+	Aa3	P-1	AA-	F1+
A+	A-1	A1	P-1	A+	F1+
A	A-1	A2	P-1	A	F1
A-	A-2	A3	P-2	A-	F1
BBB+	A-2	Baa1	P-2	BBB+	F2
BBB	A-2/A-3	Baa2	P-2/P-3	BBB	F2
BBB-	A-3	Baa3	P-3	BBB-	F2/F3
BB+	B	Ba1		BB+	F3
BB	B	Ba2		BB	B
BB-	B	Ba3		BB-	B
B+	B	B1		B+	B
B	B	B2		B	C
B-	B	B3		B-	C
CCC+	C	Caa1		CCC+	C
CCC	C	Caa2		CCC	C
CCC-	C	Caa3		CCC-	C
CC	C	Ca		CC	C
C	C	C		C	C

表 2-2 标准普尔的长期债券等级符号系统

AAA	最高的评级,表示受评者具有极佳的偿债能力,而且此能力不太可能因可预见的不利事件而受损
AA	与 AAA 等级债券只有小部分差异,表示受评者具有良好的偿债能力,可预见的不利事件不致产生重大的不利影响
A	受评者可能因经济状况及经营环境变迁而有负面影响,惟其偿债能力仍佳
BBB	受评者的偿债能力尚佳,唯受经济状况及经营环境变迁影响,可能削弱偿债能力,是投资级债券中信用强度最低者
BB	自本级以下列属投机级。如遇重大而持续的不确定状况,可能危及机构的偿债能力,但可能获得必要的财务支援

(续表)

B	目前尚具偿债能力,然而一旦财务、业务或是经济状况逆转,都可能损及其偿债的能力或意愿
CCC	目前已快到偿债违约边缘,尚能按时履约,主要是靠市场需求在支撑
CC	已极度逼近偿债违约边缘
C	指未能支付利息收益债券,或是虽然尚未正式宣布违约,但已有若干债务或是其他类似纠纷发生了
D	已有偿债违约事情发生

资料来源:标准普尔公司。

表2-3 穆迪的长期等级符号系统

Aaa	此等级债券为品质最佳的债券,投资风险很低,一般被视为优良债券。其债券利息受发行企业特别稳定的营业盈余保障,债券本金也受保障。虽各种不同保障因素可能会改变,但是损害债券优良级别地位的可能性极低
Aa	此等级债券为高品质的债券,与 Aaa 等级同被视为最高级债券。因为营业盈余不若 Aaa 等基债券,或保障因素变动可能性较大,或其他因素显示长期风险偏高,致 Aa 债券评级略逊于 Aaa 等级债券
A	此等级债券偿付债券本金及利息的保障因素尚属适当,但是未来可能发生变化,属于中上等级
Baa	此等级债券为中级债券,偿付债券及利息的保障因素尚属适当,但就长期而言,较确定的保障因素并不可靠,本质上具有投机性
Ba	此等级债券具有投机性,偿付债券本金及利息的保障因素尚属适当,但未来不论时机好坏与否,均未具备完全的保障性
B	此等级债券为缺乏适合投资特性的债券,本息偿付与其他契约条款能够依约履行的保障很小
Caa	此等级债券属评级差的债券,可能有债券契约无法履行,或债券本息无法偿还的危险性
Ca	此等级债券为具高度投机性的债券,常有债券契约条款未获履行,或是其他显著缺点
C	此等级债券为最低等级的债券,其投资地位展望极差

资料来源:穆迪公司。

表2-4 标准普尔的短期评级等级符号

A-1	短期清偿能力强
A-2	短期清偿能力佳
A-3	短期清偿能力尚适当
B	具备投机性。受评者目前仍有偿债能力,但存在不确定因素,可能损及其清偿能力
C	受评者无法保证债务的清偿,其偿债能力须视业务、财务、经济状况是否有利而定
D	已有违约情况发生

资料来源:标准普尔公司。

表2-5 穆迪机构的短期评级等级符号

Prime-1	短期清偿能力强
Prime-2	短期清债能力佳
Prime-3	短期清债能力尚可接受
Nor Prime	其他

资料来源:穆迪公司。

表 2-6 评级等级粗分表

	高级品质债券	投资级债券	次标准级债券	投机级债券
标准普尔	AAA、AA	A、BBB	BB、B	CCC-D
穆迪	Aaa、Aa	A、Baa	Ba、B	Caa-C

(二) 我国主要的信用评级机构

1987年评级行业诞生,先后建立了几十家评级机构,其业务范围主要包括金融机构资信评级、贷款项目评级、企业资信评级、企业债券及短期融资债券资信等级评级、保险及证券机构等级评级等。经过十多年的艰苦探索和经验积累,目前已开始进入一个新的发展阶段。不过在这些机构中,规模大、具备在全国范围内开展业务能力的机构、市场业务较活跃的只有5家,它们分别是中国诚信信用管理有限公司、大公国际资信评估有限公司、联合信用评级有限公司、上海新世纪资信评估投资服务有限公司和鹏元资信评估有限公司。

1. 中国诚信信用管理有限公司

中国诚信信用管理有限公司(中国诚信)始创于1992年,经中国人民银行总行批准成立,是中国第一家全国性的从事信用评级、金融证券咨询和信息服务、征信服务、市场调研等业务的信用评级和金融信息服务机构,是中国信用评级市场注册资本最大、信用管理链条完整、评级产品丰富、资质认证齐全、营业网络广泛的综合性信用管理机构。

中国诚信专注于信用评级和金融信息服务两大主营业务,同时开展对国内外产业与地区资本市场和信用环境的综合研究与评价。中国诚信1997年获得中国人民银行核发的从事全国范围内债券评级资格。从1992年制定国内第一套信用评级方法体系和评级文件开始,中国诚信在信用评级各项业务的实践中一直处于国内行业领先地位,先后创新开发数十项信用评级业务,包括企业债券评级、短期融资券评级、中期票据评级、可转换债券评级、信贷企业评级、保险公司评级、信托产品评级、货币市场基金评级、资产证券化评级、公司治理评级等。目前,中国诚信的评级业务无论评级质量还是市场综合占有率,均在国内排名首位。

中国诚信信用管理有限公司总部位于北京,目前下辖中诚信国际信用评级有限责任公司、中诚信资讯科技有限公司、中诚信证券评估有限公司等共9家子公司及一风险管理事业部,其中中诚信证券评估有限公司总部位于上海,主要从事证券资信评估业务。中诚信资讯科技有限公司总部位于北京,业务集中在提供金融数据服务。同时在各省、自治区、直辖市和计划单列市设有地区性综合信用管理分支机构20多家,覆盖了北京、上海、深圳等15个地区。1998年,中国诚信与惠誉公司合资成立中诚信国际信用评级有限责任公司,2003年,惠誉为谋求在中国独立开展业务,退出该合资公司。2006年,中国诚信与穆迪投资者服务公司合资成立中诚信国际信用评级有限公司,现主要致力于银行间债券市场信用评级。中诚信国际于2006—2007年连续两年在银行间债券信用评级市场份额处于领先地位。中诚信国际还是中国银行间交易商市场协会常务理事单位。

2. 大公国际资信评估有限公司

大公国际资信评估有限公司成立于1994年,是经中国人民银行和原国家经贸委共同批准的全国性信用评级机构。大公拥有银行间和证券业两大债券市场,四个国家政府部门认定的中国全部债务工具类信用评级资质。信用评级业务主要包括企业债券与可转换债券信用评级、企业信誉评级、企业信用评级、地方政府、公用事业企业信用评估、保险机构信用评级、资产证券化、企业投/融资顾问服务、投资银行及管理咨询业务和信用风险管理咨询。

1999年,大公与美国穆迪公司签署了战略合作协议;2000年,在穆迪评级技术基础上,大公开发出《大公信用评级方法》,系统地填补了国内信用评级技术的空白。此后经过不断的实践和研究,大公形成了由评级方法、评级操作系统和信息数据库构成的揭示信用风险技术体系。后来与穆迪合作终止。2003年,财政部推荐大公参加亚洲债券市场建设工作组。2007年底,与天津财经大学联合创办大公信用管理学院。2010年,大公国际在北京举办"大公国家信用等级新闻发布会",首次发布《大公2010年五十个国家信用等级报告》和《2010年国家信用风险报告》,引发了国内与国际社会强烈反响。大公是亚洲信用评级协会会员、中国工业经济联合会员和中国银行间市场交易商协会会员、监事。

大公国际公司总部位于北京,在全国设有7个地区总部、30多个分支机构,现有员工总数400多人,是国家5大部委,21个地方政府、银行和企业认定的信用评级机构和信用风险顾问。业务覆盖70个行业,30个省、直辖市、自治区的5 000多家企业,涉及各类债券信用评级。

3. 联合信用管理有限公司

联合信用管理有限公司(以下简称"联合信用")于2000年1月经国家工商行政管理局批准成立,注册资金1.36亿元人民币,是目前我国最大的信用信息服务机构之一。2009年4月天津市泰达国际控股(集团)有限公司成为联合信用控股股东,是我国目前唯一一家资质齐全的国有控股信用评级公司。联合信用的业务范围包括资本市场信用评级、信贷市场信用评级、担保机构信用评级、征信、咨询、培训等。其业务市场占有量在国内信用评级市场位居前列。

联合信用总部位于天津,在全国设有33家分支机构,其中2家下属有限公司主营资本市场信用评级业务,本部、24家分公司和6家下属有限公司主营借款企业评级、担保机构信用评级、征信等业务,1家下属有限公司主营投资咨询等业务;拥有专职人员600余人。

联合信用管理有限公司的全资子公司——联合信用评级有限公司和控股子公司联合资信评估有限公司,分别从事证券市场资信评级业务和银行间市场评级业务。其中联合信用评级有限公司前身为2002年成立的天津中诚资信评估有限公司。联合资信评估有限公司是联合信用管理有限公司和国际知名信用评级机构惠誉信用评级有限公司的合资子公司。

4. 上海新世纪资信评估投资服务有限公司

上海新世纪投资服务有限公司,成立于1992年,由中国人民银行上海市分行和上海高等教育局批准成立,2005年更名为上海新世纪资信评估投资服务有限公司,是专业从事资信评级、管理咨询、证券投资咨询和资产评估等业务的信用中介服务机构。

新世纪公司具有中国人民银行总行批准的从事全国企业债券信用评级业务资格;国家发展和改革委员会认可的从事全国企业债券信用评级业务资格;中国保险监督管理委员会认可的信用评级机构资格;中国证券监督管理委员会颁发的证券投资咨询业务资格;以及中国人民银行上海总部认可的从事上海市企业主体信用评级、集团企业评级和中小企业评级业务资格。

新世纪公司成立初期以进行股份制改制和公司上市咨询策划为其主要业务,1999年,在上海正式开展贷款企业资信评估业务。2005年,中国人民银行启动短期融资券市场,新世纪获得中国人民银行认可的银行间债券市场信用评级机构资质。2008年,新世纪与标准普尔在培训、联合研究项目以及分享信用评级技术等领域合作,开始信用评级业务的国际化接轨。2010年,新世纪加入亚洲资信评估协会(ACRAA)。

新世纪的总部位于上海,在北京有营销总部。目前拥有员工约200人,主要客户是位于上海市及南方某些省份的公司。新世纪的主要股东有中国金融教育发展基金会、上海财经大学等。

5. 鹏元资信评估有限公司

鹏元资信评估有限公司原名深圳市资信评估公司,1993年3月经深圳市人民政府批准,由工、农、中、建、交通、招商、广发、深发展、中信实业商业银行和深国投11家金融机构共同出资设立。1998年7月,更名为深圳市鹏元资信评估有限公司。1998年11月,经国家工商行政管理总局批准,更名为鹏元资信评估有限公司。

1993年3月,经中国人民银行深圳特区分行批准,鹏元获得从事贷款企业评级业务资格;1997年12月,经中国人民银行批准,鹏元成为首批具有在全国范围内从事企业债券评级业务资格的9家评级机构之一;2003年,公司开发的深圳市个人信用征信及评级系统开始向各商业银行提供个人信用报告查询服务;2005年投资设立了鹏元征信有限公司,专门经营个人征信与评估业务;2007年9月,经中国证监会核准,鹏元成为首批获得证券市场资信评级业务资格的评级机构之一;2008年9月,经国家发改委批准,鹏元获得从事企业债券评级业务资格,成为全国第一家正式获得国家发改委书面批文的评级机构;2009年11月,经中国人民银行贵阳中心支行核定,鹏元获得贵州省信贷市场企业主体信用评级资格;2010年3月,经中国人民银行上海分行核定,鹏元获得上海市信贷市场企业主体信用评级资格;2011年,中央财经大学与鹏元合作创建"中财—鹏元地方财政投融资研究所",对地方财政投融资问题进行持续、深入的研究。

目前,鹏元的业务品种包括上市公司债券评级、非上市公司(企业)债券评级、结构类融资评级、贷款企业信用评级、上市公司治理评级、商业银行信用评级、综合实力评级、招投标评级、个人征信、企业信贷贷前调查、中小企业融资推荐等十余种,公司整体评级技术一直处于国内领先水平。

鹏元资信总部位于深圳,在北京、上海等地设有六家分公司,业务涵盖证券资信评估和银行间市场债券信用评级等,迄今为止,鹏元已累计完成了30,000余家(次)工商企业资信评级,为全国六百余家发债企业进行了债券信用评级。

根据国际通行的"四等十级制"评级等级,我国企业信用评级可以分为:AAA、AA、A、BBB、BB、B、CCC、CC、C、D。AAA为最高级,D为最低级,每个等级上用"+""-"符号进行微调。如中国银监会对评级设置规定除AAA级,CCC级以下等级外,每一个信用等级可用"+""-"符号进行微调,表示略高或略低于本等级。

知识链接2-1

国内外主要评级公司的内部评级制度

http://www.standardandpoors.com，标准普尔
http://www.moodys.com，穆迪
http://www.fitchratings.com，惠誉
http://www.dagongcredit.com，大公国际资信评估有限公司
http://www.shxsj.com，上海新世纪资信评估投资服务有限公司
http://www.scrc.com.cn，鹏元资信评估有限公司
http://www.ccx.com.cn，中国诚信信用管理有限公司
http://www.lianhecis.com，联合信用管理有限公司

案例2-1

宾州中央铁路公司倒债事件

宾夕法尼亚铁路是美国过去的一铁路网，于1846年开始，总部位于费城。宾夕法尼亚铁路是美国20世纪的铁路历史上最庞大的铁路，在最高峰时其路网长达10 000英里（16 000公里），而在其历史中宾州铁路投资或是合并了大大小小总共800家铁路公司。宾州铁路在当时曾是全世界最大的上市公司，而宾州铁路公司也保持着最长久的连续分配股利长达一百多年的纪录。宾州铁路公司的董事长多年曾被认为比美国总统还有权势，尤其是宾州铁路的年度预算比美国政府还大。宾夕法尼亚铁路在1968年时与其竞争对手——纽约中央铁路合并成为宾州中央铁路。随后因为一连串的事件，例如通货膨胀、管理不当、异常气候及联邦政府停止财务支持等因素，宾州中央铁路被迫在1970年6月21日宣布破产。

20世纪60年代末，由于越南战争的升级，伴随着政府大量的社会福利开支，美国经济开始遭受高通货膨胀的侵袭，高利率时代随之而来。这时，高等级公司债券的利率从原来稳定的4%—5%，上升到70年代中期前所未有的10%，债券市场由此受到高通货膨胀和更大的信用风险的双重打击。当70年代美国经济处于严重衰退时，冲击也达到顶点。公司利润下降，制造商大量削减生产。深受经济循环周期影响的宾夕法尼亚州中央铁路公司，因不堪承受沉重的财务压力，申请破产保护，成为美国金融史上最大的倒债事件。

"宾州中央铁路公司破产案"标志着现代信用评级业的开始。该公司破产时，尚有16亿美元的债券和1.25亿美元的商业票据没有偿付。虽然市场已经开始认识到信用风险的与日俱增，但在"宾州中央铁路公司破产案"发生之前，商业票据市场实际上被视为没有风险。虽然发行公司中明显的存在信用差别，评级机构几乎为所有的商业票据发行者都标识最高等级。宾州中央铁路公司的破产使投资者意识到信用质量的问题，而发行公司也力争与它们认为"较差的"信用有所区别，市场对资信评估服务的需求迅速增长。

案例给我们的启示：

（1）"宾州中央"破产源于流动资金危机。"宾州中央"董事会主席保罗·戈曼在向法庭申请宣布其破产时说，"宾州中央""几乎完全没有现金，无力偿还它的债务，而且没有举债的途径了"。

（2）大量依靠在市场发行商业票据来融资，借取短期资金来资助其长期投资计划，可能带来灾难性的后果。签发票据的公司到了偿还的时候，差不多都要继续签发新的票据，或者到别的地方去借钱，这个时候，如果签发公司一时缺乏现金，或者遇到公司的信誉下降，就可能突然造成灾难。

（3）宾州中央铁路公司的商业票据绝大部分是由高盛承销发行的。更为严重的是，人们发现，美国联邦法院、美国证券监督管理委员会（SEC）也认定高盛知道宾州中央铁路公司财务状况正在恶化、走向破产，却仍然在为它承销证券。

五、国内外著名的商账追收机构

商账追收是信用管理行业的重要服务内容之一。在企业信用管理过程中，对于逾期应收账款的处理属于事后处理，为了提高欠款回收的成功率，企业信用管理部门会委托专业商账追收机构来对债务人进行追账。专业的商账追收服务通常包括对法人和自然人类的债务人进行催账、欠款追讨和代理法律诉讼。对法人类债务人进行的商账追收业务，可以细分为国内追账和国际追账。在国内追账又分为商账追收和商账催收，在追收方法上又分为追账内勤和外勤。如果商账追收的对象是有拖欠行为的消费者个人，商账追收机构往往会通过电话呼叫中心的追收来实现。专业的商账追收机构主要通过"非诉讼"方式与债务人进行有效的沟通、协调，心理施压、信用施压和法律施压相结合，需要"诉讼"的则由合作律师事务所的律师来完成。

商账管理与追收在欧美发达国家完全是合法行业。美国有7 000多家收账专业公司。在欧洲尤其是德国、奥地利等商账追收业发达的国家，法律规定，商账追收机构必须取得营业许可证，才能从事商账追收活动。在西方国家，商账追收行业有专项法律约束，其追讨手段是合法的信用压力和法律压力，每年帮助企业和个人处理的欠款案件远远多于律师事务所的清理案件，是维护信用经济秩序的一支骨干力量。而在我国，商账追收行业一直是发展受限、政策模糊的一个边缘行业，法律上始终没有承认其合法属性。但是在实践中，很多机构以商务调查、咨询服务等形式开展商账追收业务，具有较为广泛的市场需求，尤其是在银行信用卡、电信欠费、商务拖欠等领域，商账追收服务发挥了重要的作用，已经成为社会分工中不可或缺的重要组成部分。

目前在我国从事商账管理和商账追收业务的企业主要分为三种：一是信用、征信企业；二是商务调查或商务咨询等企业；三是律师事务所行业。提供服务的对象主要涉及企业（包括国内及境外）商账追收和个人消费信贷逾期欠款追收。同时，我国现在的商账追收机构已经形成相当明确的分工。从对象上看，有专门追收消费者个人欠款或欠费的，有对企业法人欠款进行追收的；有在国内追账的，有的则专门接受海外追账委托。从债务内容划分，有替银行追讨车贷、房贷和助学贷款的；有追讨电话费、信用卡透支的。

20世纪90年代以来至今,诸多境外追收机构如美国邓白氏公司[①]、美国ABC公司、美国欧文氏RMS公司、中国台湾著名的企业征信公司"中华"征信所企业股份有限公司、香港资信有限公司、香港高柏(亚洲)信用管理有限公司、香港城市顾问服务(中国)有限公司、台湾基准公司等纷纷进入中国内地市场,或成立办事处,或成立分公司。这些公司具有成功的商业运作模式和成熟的商账追收系统,涉足内地商账追收业务,直接联系或开始商账追收的业务操作,给内地的商账追收行业带来了新的理念和管理模式,同时也形成了较强的竞争关系。在内地,作业方式较为规范、催收协助网络健全、商业模式较为成功的商账追收企业有:中贸远大信用管理有限公司、新华信国际信息咨询(北京)有限公司、华夏信用、北京汇诚征信咨询服务有限公司、大连倍通信用管理有限公司。

1. ABC公司(Associated Builders & Contractors, Inc.)

创始于1929年的美国ABC公司是美国乃至全球最具威望的提供全球范围国际商业信用风险管理及国际商账追收等综合服务的国际性贸易服务机构,总部设在美国纽约的布法罗市(Buffalo),其下属有专业从事国际商账追收服务的美国追账局America Bureau of Collections和专业从事商业信用审核、贸易风险评估和企业应收账款整体管理服务的Amega-Group。ABC公司可以替全球客户在美国和一些国家进行商账追收服务见长,是美国最大的专业客户应收账款管理公司,世界各国的很多征信公司经常委托ABC公司追收客户的逾期应收账款。该公司在美国有4个分部,在韩国有子公司,共有两百多名雇员。1990年,ABC公司曾由美国当时的布什总统授予杰出贸易服务"E Star"奖,以表彰ABC公司在商账追收服务领域的贡献。除商账追收服务以外,ABC公司还提供信用管理咨询服务和信用管理外包服务,以及一些专业培训和法律咨询方面的服务。ABC于1992年进入中国,一直为中国的出口信用保险公司、各大商业银行、各大出口行业总商会及其会员企业提供全球贸易信用风险管理及国际应收账款追收服务。

2000年4月,ABC(中国)公司在上海正式成立,在服务ABC现有全球客户在华投资企业的同时,开始为广大的中国企业提供更直接、更有效的贸易风险管理服务,其《商险管理》杂志是由美国ABC公司出版的季刊。此刊提供ABC中国客户有关商业风险管理方面的资讯,帮助中国企业管理者在国际贸易中控制风险。

2. 欧文氏RMS(Receivable Management Services)公司

欧文氏RMS公司,是全球领先的应收账款管理服务机构,总部设在美国,在商账管理行业已有160年历史,分公司遍及加拿大、墨西哥、印度及中国香港地区,共设有35家办事机构,服务网点覆盖全球150多个国家和地区,平均每年为世界各地企业处理超过50亿美金的逾期账项。

美国欧文氏商业顾问(香港)公司(香港营运公司名称为美国邓白氏RMS商账管理)原为美国邓白氏商业资料(香港)有限公司之商账管理业务部门,于2001年5月由美国RMS公司管理层整体收购分拆成立。美国欧文氏商业顾问(香港)公司目前与美国邓白氏商业资料(香港)有限公司是策略性伙伴关系。

[①] 美国邓白氏RMS商账管理为全球最大的商账追收公司,其商账管理追收网络遍布全球,并与欧洲最大的商账追收公司结为策略性伙伴。它既可以通过邓白氏公司的声誉和影响力,以措辞严谨的信函追讨债务、商账外判服务,又可以采取相关法律措施进行追讨。

美国欧文氏 RMS 公司除为企业提供应收账款管理系统服务外,还为企业提供教育与培训服务和财政管理顾问等服务,提高企业对国内外应收账款管理及信用风险管理水平,熟识各国的不同商业习惯、法则和财务处理技巧。欧文氏公司还受聘于多国政府,经常为各国政府组织的企业培训提供管理培训业务。

3. "中华"征信所企业股份有限公司

台湾地区最著名的企业征信公司"中华"征信所企业股份有限公司(以下简称"中华"征信所)是一家民营征信机构。"中华"征信所原隶属于《"中国"时报》体系的《征信新闻报》,在 1960 年元旦脱离《"中国"时报》,成立"中国"征信所,公司总部设在台北。该机构于 1966 年改组,更名为现用名至今。在 1968 年以后,"中华"征信所又陆续成立了台中、高雄、坜中分公司。该公司的主要服务包括企业资信调查、市场调查、动产和不动产的评估、信用管理顾问、工商丛书的出版等。"中华"征信所是"国际信用协会(International Credit Association)"的会员。"中华"征信所于 1992 年开始在北京设立子公司,向经贸系统和商检系统提供一些技术性服务和培训,业务逐渐从企业资信调查扩大到进口设备评估、市场调查和国际商账追收。继北京之后陆续在上海、深圳设立子公司,在大陆的技术力量不断加强,业务发展很快。

第二节 信用服务机构主要业务与产品介绍

一、信用服务机构的主要业务及流程[①]

(一) 征信机构的主要业务及流程

征信机构[②]是专门从事资信调查业务的专业机构。狭义而论,征信机构是指专门从事信用信息(征信数据)采集、处理、评价、传播业务的信息服务专业企业。对于从事信用交易的双方,征信机构是信息中介机构。通过征信机构的服务,可以降低交易双方的信息不对称状况,帮助授信方规避风险,也帮助信誉卓著的受信方体现其特殊的高信用价值。征信机构通常被分为两大类,它们分别是企业征信机构和消费者个人征信机构,征信机构接受委托方的信用调查委托提供征信服务,主要分为企业资信调查(企业征信)、消费者个人信用调查(消费者个人征信)两大类(传统的或狭义的征信服务)。征信服务的使用者主要是各种各样的授信单位,还包括一些政府部门和企业的人力资源部门。

征信机构的主要业务是征信[③]。征信(Credit Reporting),特指"以了解企业资信和消费者个人信用为目的的调查"。在操作上,征信包括对企业或个人的信用信息(基本信息及与交易有关的信息与数据)进行采集、核实、处理、合法传播的全过程,即征信包括企业征信和个人征信。

---

① 中国就业培训技术指导中心. 信用管理师(基础知识)[M]. 北京:中国劳动和社会保障出版社. 2006:173—190.
② 传统意义上的征信机构包括资信评级机构,但随着信用管理行业对各分支行业在性质上进行细分,资信评级机构成为一种准征信机构,它的工作性质与大规模地给每个公民或企业建立信用档案的个人和企业征信机构不同。
③ 这里的征信即资信调查。

1. 企业资信调查及业务操作流程

企业资信调查,即企业征信,是指由专业信用服务机构接受客户的委托对被调查企业的资信状况进行全面系统的调查和评估,并提供资信调查报告的信用服务方式。企业资信调查报告包括标准(或普通)资信调查报告、深度资信调查报告、专项调查报告、后续报告等。根据调查报告的种类不同以及客户的需求不同,资信调查所涉及的内容也有所不同。通常标准资信调查报告涉及的内容包括企业注册信息、企业背景、企业历史沿革、业务范围、负责人情况、经营状况、财务状况、付款记录、银行往来、财产抵押及诉讼记录、综合评估等。此外,标准资信调查报告还可以提供注册资料查询、诉讼记录查询、财务分析报告、VIP报告等衍生产品。

通过企业资信调查,客户可以全面了解被调查企业的资信状况和综合实力,从而对其履约能力及信用风险进行综合判断和监测,有利于降低客户企业的信用风险,增加科学决策的依据。

企业资信调查服务的核心问题是征信数据的来源问题。因此,大型企业征信数据库,以及覆盖面广阔的企业现场核查网络成为征信机构从事企业资信调查服务的必要条件。征信机构需要在占有大量原始征信数据的基础上,对原始数据进行技术加工处理,然后建立企业征信数据库。现场调查既可以对库存数据进行核实,又可以作为库存数据资源的有力补充,因此也是企业资信调查的必要环节。

企业资信调查业务的主要操作流程如下:

(1)接受委托。销售或客户服务部门接受委托,通过管理规定的渠道,下任务订单给生产部门。接受委托的时候,征信机构要与客户简单接触,了解客户需求和征信目的。如果征信对象处于主动地位,要求对其资信调查,目的不外乎有二:一是企业融资需求,如申请银行贷款,或申请融资租赁,或欲向社会发行债券和股票等,被征信后,为对方提供一个信用等级参考资料;二是企业交易需求,如在商品贸易中的赊销或预付,工程项目中的招、投标。这两种情况下,企业主动向第三方征信机构申请对自己征信,最终得到一个信用等级,供自己及对方使用。如果征信对象处于被动地位,也就是说企业处在申请银行贷款、融资租赁、发行证券及申请赊购货物等情况时,授信方对企业的征信。对于不同性质的征信业务,所采用的方式方法和征信重点要有所不同。

(2)采集数据。从征信数据库检索调查对象的档案或历史记录,或从数据供应商处采购,以及调查员根据采集单进行调查,配上被调查对象最近的财务报表。

(3)核实数据。调查员通过电话核实各数据源的基本数据,特别核实那些逻辑不合理的数据。

(4)整理数据。剔除不可靠的逻辑不合理的数据和假数据。在形成变量时,尽可能排除财务报表的虚假成分,做出系统性修正。

(5)报表分析。分析财务报表,并做出评价。

(6)量化指标。根据数学模型,进行资信评级和求出风险指数。

(7)现地现认。调查员下现场调查,取得现场调查实录。

(8)组装报告。按照标准格式,将基于事实的记录、量化分析结果、分析结论等组装起来。对于不同的工作流程,这项工作程序也可以提前进行。

(9) 质量检验。根据标准进行产品检验。

(11) 产品出库。向有关客户服务人员发出"提货"通知,或者发送给客户。

在实际操作中,有的征信机构先在征信数据库中汇集数据或记录,并将数据或记录填充进征信报告模板,然后再送入报告生产线。线上的工作人员只需对已经填充进去的数据进行核对和增减,配齐财务报表和量化分析指标,便可将初步成型的报告送入现地现认作业程序。尽管个别报告的生产流程的先后次序可以有所调整,但操作的原理和原则是不会变化的,企业资信调查的业务操作流程如图 2-2 所示。

图 2-2 企业资信调查的业务操作流程

2. 消费者个人信用调查及业务操作流程

消费者个人信用调查俗称个人征信,是指由专业信用管理机构对个人信用状况进行全面系统的调查和评分,并提供消费者信用报告的信用服务方式。在消费者个人信用调查行业中,市场规模最大、与消费者关系最密切的公司是消费者信用调查公司,国际上将这类调查机构称为"信用局"。信用局是拥有消费者个人信用调查数据库的信用管理专业公司,它们的数据库中所拥有的消费者记录巨大,业务可以覆盖许多国家和地区。

通过消费者信用调查,信用局提供的主要产品有两类:一是消费者信用报告,二是依据数据分析产生的信用评分。

消费者信用报告是征信机构的基本产品,可以广泛用于各类信用交易的审核,以满足对消费者进行基本判断的要求。消费者信用报告通常包括个人付款记录、收入、债务与开销、职业、受教育程度、婚姻、年龄、处于分期付款状态的资产、抵押记录和民事诉讼记录等内容。

个人信用评分是消费者信用调查公司利用所获得的关于信用申请人的信息,进行风险预测的一种方法和技术。这种评分也称信用局评分,它面向整个社会人群,基于对各类消费行为的考查,利用数学和统计模式对个人履行各种承诺的能力和信誉程度进行全面评价。

消费者信用调查的业务操作是建立在大型征信数据库和通信技术的基础上,为一国或一地的居民建立个人信用档案,并对人群的信用记录进行长期动态的跟踪和档案维护。个人征信业务的操作具体包括个人信用信息的采集、处理、信用档案的建立和维护、信用价值评分、信用记录传播等流程。

(1) 个人信用信息的采集和处理。信用信息是信用报告的核心信息。个人征信数据库的覆盖面应该具有完整性或者相对完整性,即不遗漏地逐渐将一国或者一个城市的每个合法居民的信用状况记录在案。所谓的合法居民,还应该包括长期在本地停留的外国人。同时,在个人征信机构的业务操作过程中,记录在个人信用档案上的信用信息必须符合事实,坚持信用记录基于事实的原则。信息的采集包括个人辨识信息、个人信用交易信息、公共记录信息、查询记录。

消费者信用调查机构将来自不同渠道的信息分类存储在个人征信数据库中,随时形成事实报道性质的定性描述的信用调查报告。在美国,消费者信用调查公司会按照"信用报告协会(CDIA)"的规定,以"信用观察 2000 表格(Creditscop 2000 Form)"和标准数据采集的 Metro 格式要求,将采集的信息进行分类整理并存储,以备随时检索信息和编辑信用报告。因为,消费者的信用报告,在授信方提出查询前,并不存在。而是在收到查询请求时,个人征信机构才从成千上万可能的资料来源里收集、整理、分类用以编辑信用报告。

(2) 信用档案的建立和维护。基于信息准确性的原则,个人征信机构的数据必须随时更新。如果采用批处理数据工作方式,时间间隔必须足够短,要提高征信数据库的更新频率。由于个人信用信息数据库在不断更新记录,消费者的信用报告,每天都可能有差异。

(3) 信用价值评分。为了提高授信机构的工作效率,个人征信机构会让数据通过信用评分数学模型,产生数量化描述消费者信用状况的个人信用评分值。

(4) 信用记录传播。对于制作消费者个人信用记录的个人征信机构来说,从采集信用信息到销售消费者信用调查报告,全部业务操作过程必须符合法律法规的要求,特别是对有失信记录者进行惩罚的量刑,这是征信机构需要坚持的原则。

(5) 客户投诉处理。如果遇到授信人的投诉,个人征信机构要对授信人提供的消费者失信记录内容进行技术性审查,投诉人必须提供交易文件支持其投诉。消费者申请查阅其个人信用报告后,如果发现报告内容有误或与事实不符,可以电话或邮寄信函方式提出查核或更正的要求。征信机构要在规定的工作日内,对申诉的信用资料进行审核,并将更新的信用报告或查核无误信函,寄送消费者参考。

(二) 资信评级机构的主要业务及流程

资信评级,又称资信评估,或信用评级,是指专业信用管理机构对债务人到期能否偿还债务本息的能力和意愿进行的综合评价,并用简明的评级符号表示其违约风险和损失的严重程度。对这一概念的理解可以把握以下几点:(1) 资信评级的目的是揭示特定的信用风险,而不是所有的投资风险。资信评级的目标是揭示被评级企业违约风险的大小,而不是诸如利率风险、通货膨胀风险、汇率风险等其他投资风险的大小。(2) 资信评级的评价重点是经济主体履行相关合同的能力,而不是经济主体的价值或业绩。(3) 资信评级是独立的第三方利用其自身的技术优势和专业经验,就各经济主体和金融工具的信用风险大小所发表的一种专家意见,它不是代替资本市场投资者本身做出投资决策。

信用评级与资信调查的联系与区别[①]:信用评级与资信调查都是解决不同市场主体之间信息不对称的有效工具;资信评级活动是属于征信活动的高级阶段,是建立在征信活动所收集的数据资料的基础上,对征信活动获得的数据进行加工处理,以获取更有价值信息的活动。但两者在目的、应用领域、方法和操作流程等方面都有所差异:(1) 信用评级的目的是揭示评级对象的信用风险;资信调查的目的是帮助委托方了解被调查对象的经营、管理情况或其他专门信息。(2) 信用评级主要应用在债券市场、银行信贷风险控制等资本市场领域;资信调查可应用于各种类型的交易活动之中。(3) 信用评级侧重于对企业未来的偿债能力和意愿进行分析和预测;资信调查更偏重于被调查对象实际情况的调查和核实。(4) 信用评级大多是接受评级对象的委托,评级对象主动配合如提供必要的评级资料、安排人员访谈等,是信用评级的先决条件;而资信调查往往是委托方委托征信机构对其他市场主体进行调

---

① 孙毅.信用管理概论[M].北京:中央广播电视大学出版社.2004:124—125.

查，被调查对象主动配合与否并不重要。

信用评级按债务工具期限的长短可以分为长期债务评级和短期债务评级；按评级对象的不同，可以分为工商企业资信评级、金融工具评级、金融机构财务实力评级和公用事业信用评级；按是否考虑主权风险，可以分为主权评级和本币评级。

1. 资信评级机构的主要评级业务①

从国际经验看，资信评级的业务客体大体包括三部分，即主权国家、金融机构和非金融机构。

(1) 主权评级

国家主权资信评级，又称主权国家风险分析，是指评级国家的中央政府和中央银行获取足够硬通货偿还外债的能力评定。

主权资信等级一般被视为，该主权范围内所有经济实体的无担保债务的最高资信等级，即存在"主权上限原则"。该原则的依据是，一国政府拥有广泛的权利与资金来源，所发行的债券以政府税收为偿付资金来源，其信用等级无疑高于该国任何发行体；同时在紧急情况下，中央政府有权收回所有企业和公共机构的外汇收入，中央银行也有权对本国资金流动进行直接管制。

主权评级是对一个国家的整体经济实力及所有的债务负担进行分析，分析影响一个国家经济状况的因素，分析一个国家的经济体制与政治体制对经济的影响，分析一个国家的财政收支情况，以及今后可能的变动趋势，同时会考虑一个国家原有的债务压力以及潜在的债务压力。

主要分析指标为国家经济实力、国家财政收支、国际收支、主权政府债务负担。

(2) 企业评级

企业评级广义上包括企业发行的债券评级，如长期债券、短期债券、商业票据、优先股、可转让债券等，也包括对企业信用质量的评级，即通常所说的企业评级或贷款企业评级。

企业评级主要是对受评者所在的行业经济环境、政策与监管环境、市场竞争环境、管理层素质、经营实力、财务分析等方面因素的分析。

其中，行业风险评估是企业评级中的一项重要业务。行业风险是指，发行企业所属行业在国内经济上的相对重要性及其特有的风险及机会。根据历史资料，当所处经济环境衰退时，企业的破产率往往大幅上升，因此，要掌握受评企业信用品质的变化，必须先了解行业所处生命周期阶段、景气程度，以及行业的竞争结构等。在了解了国家与行业风险后，一般才进入企业微观层面的信用风险评估，具体包括：企业的发展历史；经营策略与管理哲学、管理团队素质；生产规模、营销系统、销售渠道、市场占有率、经营绩效、业界地位；会计制度设计、会计政策、融资政策，等等。

(3) 金融机构评级

金融机构资信评级包括金融机构所发行的各种债券的评估、对金融机构长短期存款的评估，以及财务实力评估。金融机构评级涉及商业银行评级、保险机构评级以及基金等的评级。

---

① 中国就业培训技术指导中心. 信用管理师(基础知识)[M]. 北京：中国劳动和社会保障出版社. 2006：214—216.

银行评级,可以针对银行机构本身进行评估,也可以针对其所发行的长短期债券进行评估。前者是以银行整体为基础;后者则是就银行发行债券的信用风险加以评估。

保险机构信用评级是在对保险机构的经营业绩和财务状况进行全面分析和客观评价的基础上,给出对保险机构未来履行偿付义务能力和提供服务能力的评估意见。分析一般侧重于保险机构满足优先保单持有者索赔的总体能力,而不是建立在对某个别保险合同的分析基础上。

保险机构的财务实力资信等级分为保险机构的长期财务实力资信等级和短期财务实力资信等级,与企业长期和短期债务资信等级定义和符号基本相同。长期财务实力资信等级代表保险机构及时偿付高级保单债务责任的能力。短期财务实力资信等级定义表示保险机构偿付对其拥有的不足一年到期需支付的高级保单债务责任的能力。

有时候,评级机构还对保险机构有担保的投资合同进行评级,通常情况下,对保险机构进行清理时,保险机构有担保的投资合同都被看做对保险单持有者的债务。此外,对保险机构财务实力进行评级的方法也被应用于对保险单的评级,这些保险单能用来偿还一些负债,如抵押和偿还债券等。

基金评级主要是对货币市场基金、债券投资基金的评级。

(4) 结构融资评级

结构融资是以对投资者提供一定的偿还担保为基础而发行证券的一种融资方式,就是将资产与其所有者完全分离开来,用资产或其产生的现金流作为抵押来发行证券。结构融资方式下偿债资金来源是提供担保的特定金融资产组合(Asset Pool)所产生的现金收入,或由第三方提供信用支持来清偿特定债务。

狭义的结构融资是指资产证券化,是将非流动性资产转化为具有更高流动性的证券,然后向投资者出售。资产所产生的现金流用于偿付证券本息和交易费用。资产证券化的基本运作原理是集合有共同特性的资产,或是将其他流动性较差的资产组合到一起,对其现金流进行重组并转递给投资者。

资产证券化产品是属于信用敏感的固定收益产品,产品的信用评级是产品的重要特征之一。而且,信用评级机构对产品的信用评级报告是资产证券化产品信息披露的重要组成部分。资产证券化评级首先要对基础资产进行考察,其次要对相关的参与人和交易结构进行考察,然后要将分析的结果输入相关模型,检验比较之后,根据结果得出信用评级等级。

总之,作为一种独特的金融创新,结构融资存在很多风险,需要信用增级和信用评级,以吸引投资者,降低发行成本。

2. 资信评级的业务程序

为了保证评级结果的客观和公正,信用评级机构一般遵循严格的评级程序,一般包括评级准备、实地调研、信息处理、初步评估、终评、等级公告、文件存档、跟踪监测等阶段。

(1) 评级准备

评级机构接受评估客户评级申请或委托,与委托方签订《信用评级委托协议》。协议书主要内容包括签约双方的名称、评估对象、评估目的、双方权利和义务、出具评估报告的时间、评估费用等。

组建信用评级项目小组,制订项目评估方案。一般情况下,信用评级项目小组由3—6

人组成,其中项目负责人1名,负责整个项目的组织协调工作,其成员应由熟悉评估客户所属行业情况及评估对象业务的专家组成,项目负责人由具有项目经理以上职称的高级职员担任。项目评估方案的主要内容包括评估对象、评估目的、评估依据、评估项目负责人、评估工作人员、工作时间安排、拟用评估方法、选用评估标准、准备评估资料和有关工作要求等。

信用评级项目小组负责人与受评企业指定人员建立工作联系,将信用评级工作方案告知对方;同时,将信用评级所需资料清单发给受评企业,要求评估客户在较短时间内把评估调查所需资料准备齐全。这些资料主要包括评估客户章程、协议、营业执照、近三年财务报表及审计报告、近三年工作总结、远景规划、近三年统计报表、董事会记录、其他评估有关资料等。

信用评级项目小组在被评企业提交的评级资料以及公开信息等资料的基础上,开始对受评企业的信用状况进行初步分析,并对受评企业提交的资料中不完整、不清楚的地方在访谈提纲中列明,以便于在实地调研时要求受评企业补充资料和重点了解。

(2) 实地调研

信用评级项目小组与受评企业协商确定实地调研的具体时间,以保证评级项目小组如期完成调研工作,并获得信用评级所需的第一手资料。

信用评级项目小组现场访谈受评企业的相关人员。访谈对象包括受评企业的有关领导及相关部门如财务部、市场部、战略发展部等的管理人员;访谈内容包括有关企业经营、管理和财务状况等方面的重点问题,如企业未来的发展计划、企业决策程序、产品的市场竞争力、会计科目的重大变化、未来投融资计划等。

现场考察。信用评级项目小组对受评企业进行实地考察,以了解企业的生产、经营环境和项目进展情况等。

根据需要,还要向主管部门、工商行政部门、银行、税务部门、与受评企业有债权债务关系的部门或企业进行访谈、调查了解、核实。

信用评级资料的补充。信用评级项目小组根据实地调查和访谈的情况,视评级需要,可要求受评企业补充评级资料。

(3) 信息处理

对收集的资料按照保密与非保密进行分类,并编号建档保管,保密资料由专人管理,不得任意传阅。

根据信用评级标准,对评估资料进行分析、归档和整理,并按规定格式填写信用评级工作底稿。

对定量分析资料要注意是否经过注册会计师事务所审计,然后上机进行数据处理。

(4) 初步评估

信用评级项目小组根据信用评级标准的要求,在对受评企业进行定性分析与定量分析的基础上,综合评价企业的偿债能力和意愿,形成小组统一意见,提出初步结果。

写出《信用评级分析报告》,并向有关专家咨询。

(5) 终评(确定等级)

信用评级项目小组向公司信用评级委员会提交《信用评级分析报告》,评审委员会开会审定。

信用评审委员会在审查时,要听取评级小组详细汇报情况并审阅评级分析依据,最后以投票方式表决,确定信用等级,形成《信用评级报告》。评级结果必须经信用评审委员会2/3以上的评审委员同意,方能有效。

评级机构向客户发出《信用评级分析报告》和《信用评级报告》,征求意见,评级客户在接到报告后应于5日内提出意见。如无意见,评级结果以报告为准。

评级客户如有意见,提出复评要求,提供复评理由,并附必要的补充资料。评级委员会审核后给予复评,复评以一次为限,复评结果即为最终结果。

(6) 等级公告

信用评级机构将根据评级委托机构的要求,决定是否对外披露评级对象的信用级别。评级客户要求在报刊上公布信用级别,可与评级机构签订《委托协议》,由评级机构以《信用评级报告》形式在报刊上刊登。

(7) 文件存档

信用评级项目小组将评级项目的原始资料、评级过程中的文件资料等进行分类整理并作为保密级别文件存档备查。对评级委托机构特别要求保密的文件应单独存档。

(8) 跟踪监测

在评级结果确定后,信用评级机构将对受评企业进行跟踪监测。在评级有效期内,如受评企业的经营管理等方面发生重大变化,而这一变化将影响到企业的信用状况,则信用评级机构将对受评企业进行跟踪复评。跟踪复评一般由原项目小组人员负责实施,分为不定期跟踪和定期复评。[①]

(三) 商账追收机构的主要业务及流程

商账追收(Debt Collection)原意是指企业的坏账追收,但随后这个词的含义发生了变化,大多数企业习惯于将内部账款管理和追收叫做应收账款管理,而将委托外部专业机构收账称为商账追收,这时,商账追收的含义逐步演变为"委托专业机构收账"。在本书里所论述的"商账追收"即指收账机构的收账行为。随着信用行业的不断发展,商账管理追收服务的内容从单纯的追账扩大到受委托替客户从事合同管理、账龄管理、逾期应收账款管理等。

商账追收业务与赊销活动是相伴而生的,因此历史也与赊销活动一样久远。几个世纪以前,欧洲国家的商账追收是一种通过采用骚扰、恐吓等手段达到为他人收款目的的不正当行业。这种追账组织曾在东南亚国家和地区以行业帮会形式出现,收账手段主要依靠宗法势力、地方帮会势力进行。随着社会的发展和法律日趋规范,这类不被法律承认、类似黑社会性质的机构已经逐步走向消亡。世界各国通过制定法律和规章制度,规范代理收账机构的收账行为,允许追账机构代理他人通过合法手段向债务人收回欠款,但禁止收账机构在收账过程中的各种非法行为。之后,收账机构逐步发展成为一项合法的、在商业活动中发挥着极其重要作用的行业。在征信国家,商账追收服务的业务操作是在法律规范下进行的,例如,美国的商账追收业务受到《公平债务追收操作法》《债务收账法》和《破产法》的严格规范。

在现代市场经济向信息技术发展的背景下,商账追收主要依靠信用手段、法律手段、国

---

① 孙毅.信用管理概论[M].北京:中央广播电视大学出版社.2004:140—142.

际化收账网络和行之有效的应收账款管理方法迫使债务人还款,若债务人不配合将被列入"黑名单"。在信用管理行业发达、国家信用管理体系有效运转的情况下,信用手段被认为是最有效的追账方式。

在我国,商账追收服务业的发展道路比较曲折。自20世纪80年代末以来,民间收债现象十分普遍。不少企业或个人的债权债务纠纷不通过诉诸法律解决,而选择民间收债,为民间收债扩大了市场需求。很多地区开始出现了名目繁多的讨债公司从事讨债活动。讨债公司承揽讨债追账业务,不具有法律赋予的权限和强制力。他们一般雇请人员采取上门催讨等手段,许多讨债人员抱着"赖着不走,让你出丑"的心态,采取死缠硬磨、跟踪或损坏债务人名誉等手段获取报酬,扰乱社会秩序,扰乱了法律服务秩序。有的讨债公司是"文讨",有的则采取"武讨",与黑社会相勾结,采取威胁、恐吓、哄骗、敲诈甚至绑架等暴力手段危害债务人的人身安全,谋取非法收益,严重影响社会治安。针对国内追账和讨债公司的混乱做法,公安部、国家工商总局于1995年全面取缔了讨债类公司。2000年,经贸委、公安部、国家工商总局再一次明令取缔各类讨债公司,禁止任何单位和个人开办任何形式的讨债公司。虽然"民间讨债公司"遭到法律的质疑,然而在国内信用缺失、执行难问题严重的情况下,追债市场需求从来就没有萎缩过,"讨债公司"也从来就没有偃旗息鼓。许多讨债公司要么转入地下活动,要么改头换面、换个名称,诸如一些商务调查、管理顾问、财务管理、咨询、法律服务等不少企业在继续从事追讨业务,特别是20世纪90年代发展起来的信用管理公司或征信公司不少已涉及该市场。只不过大多数企业目前在业务宣传上尽量避免使用敏感的"讨债"一词,经常以"商账追收""债务清欠""商账管理""商账催收""应收账款管理"等名义宣传和受理业务。但信用管理公司和征信公司进行商账管理和追收时的方式和效果与其他追收企业有很大区别。

对于中国的信用管理行业而言,国际追账服务远比国内追账服务成熟。提供国际追账服务的公司有大型跨国征信公司、地区性追账公司、各国追账公司代理等几种。不论实力多么强大的征信公司或追账公司,都不能保证100%地替客户追回欠款,这类服务存在着成功率问题,通常大型征信公司自报的追账平均成功率为26%—48%,地方性的追账公司报出的成功率可能高些。国际追账的成功率主要与三个因素有关,即欠款客户所在的国家和地区的环境、账龄、账款的质量。在一些国家,由于文化和法治观念比较强,追账成功率比较高。

3. 商账追收服务的运作流程①

从委托收款到追款关案,一般商账追收服务的流程包括三个主要部分:第一,出具授权委托书,提供案情资料;第二,签订追账服务协议开展追账,主要通过以下几个途径,即电子邮件/信件、电话/传真、互联网、双方面谈,定期提供进程报告;第三,完成追账关案。但是,这只是一个大概的工作流程,具体到每个商账追收机构,会增加很多具体的细节。

从接受客户委托到案件关闭的流程基本如下:(1)接受债权人委托进行应收账款管理;(2)提醒债权人的客户付款到期,并在账款逾期的一定天数内(例如60天内)继续催收工作;(3)接受委托进行逾期欠款追收;(4)研究案情;(5)调查债务人的财务状况与现状;(6)交给联络小组进行联络,安排与债务人见面与谈判,采取追收工作。如果一个联络小组

---

① 中国就业培训技术指导中心.信用管理师(基础知识)[M].北京:中国劳动和社会保障出版社.2006:265—266.

没有成功,一般启用另一个联络小组进行交叉追讨;(7)如果上述途径仍未成功,建议客户通过追账机构的专业律师进行追收;(8)如果客户统一将案件转交律师,律师将与债务人进行沟通,强调诉讼的后果,争取诉讼前解决问题;(9)如果债务人没有协商解决的意图,经过调查,债务人有偿付能力,则向客户建议进行诉讼;(10)如果客户同意进行法律诉讼,则着手进行诉讼和财产保全事宜;(11)协助进行财产调查和法庭执行。

(四)其他业务

1. 保理[①]

保理是保付代理的简称,是由保理商买断销售方的应收账款并提供贸易融资、商业资信调查与评估、销售分类账管理、应收账款催收和信用风险控制与坏账担保等服务中的至少两项的综合性金融服务。简单来说,保理就是保理商承诺为销售商提供以下服务:(1)代销售商调查和评估买方的信用;(2)无条件购买销售商的全部应收账款并提供贸易融资;(3)帮助销售商管理销售分类账;(4)承担坏账损失。或者说:保理=评估+融资+管理+担保。

我国的保理业务是从国际保理开始的。1989年,国际保理商联合会(FCI)与外经贸部、中国人民银行分别联系,希望在中国开展保理业务。1991年,外经贸部和中国人民银行组成考察小组,对欧洲各国保理银行进行考察。回国后,中国银行加入FCI,并于1992年率先在国内推出了国际保理业务。此后,交通银行和东方国际保理中心也加入了FCI,开始从事保理业务。2002年3月,由于交通银行南京分行不能提供无追索权的国内保理业务,爱立信倒戈投奔花旗银行,引发国内银行的激烈讨论和深刻反思。2002年上半年以来,国内各大银行进一步加快了开发保理业务的步伐,保理业务量有明显提速。各家银行纷纷开办了保理业务,业务范围由国际延伸至国内,业务性质也由有追索权的应收账款收购发展至无追索权的应收账款买断。目前,除中国银行、交通银行以外,中信实业银行、中国工商银行等已经正式加入国际保理商联合会(FCI)。同时,国际上的许多保理机构也通过各种方式为国内企业的外贸或其他特定业务提供专业的服务。

保理的分类如下所示。

(1)根据涉及的保理商数量的不同,国际保理可以分为单保理(Single-Factor System)和双保理(Two-Factor System)。在国际保理业务中,位于进口商所在地的保理商为进口保理商,位于出口商所在地的保理商为出口保理商。仅涉及一方保理商的保理业务称为单保理业务,涉及双方保理商的保理业务则称为双保理业务。双保理商保理模式被广泛运用在国际贸易保理业务,单保理商保理一般只在国内保理业务中使用。

(2)根据保理商是否向出口商提供融资款项,保理业务可以分为融资保理(Financed Factoring)和非融资保理(Non-Financed Factoring)。融资保理,又称预付保理(Advanced Factoring),是指保理商在收到出口商提交的证明债权转让的发票副本和有关文件后,即对出口商提供不超过发票金额80%的垫付货款,货款到期后,保理商扣除掉垫付款项和有关的费用和贴息之后,再将余款支付给出口商;非融资保理,又称到期保理(Maturity Factoring),是指当出口商向保理商提交了证明债权转让的发票副本和有关文件后,保理商不立即付款,而是在付款到期日向出口商支付发票金额。付款到期日通常是保理商根据出口商给予进口商的

---

① 中国就业培训技术指导中心.信用管理师(基础知识)[M].北京:中国劳动和社会保障出版社.2006:220—222.

付款期限计算出的平均到期日,即平均预计收款日。

(3) 从行为发生的地域分,有国际保理业务和国内保理业务两种。

(4) 根据保理机构是否承担收回应收账款的全部责任,保理可以分为有追索权的保理和无追索权的保理。在无追索权的保理业务中,保理商一旦根据出口商提供的进口商的名单进行资信调查,并逐一核定了信用限额后,就要在信用限额内购买出口商对进口商的应收账款,并放弃向出口商追索货款的权利。如果进口商由于某些原因无力或拒绝支付货款,保理商不能再向出口商追回款项,只能自己承担进口商无力支付货款的信用风险。这种方式解决了以信用方式销售商品或提供服务的出口商的后顾之忧,但是保理商承担了较高的风险。

在有追索权的保理业务中,销售商仅能拿到享受融资的服务,失去了企业要求规避风险的真实目的。保理商不负责核定进口商的信用限额,也不提供担保,仅提供包括融资服务在内的其他服务。当保理商向出口商提供资金融通后,不论进口商由于何种原因不能支付货款,保理商都有权利向出口商索回已付的款项或拒付应付的款项。这种保理方式适用于进口商信用较好、出口商仅需要融资和货款回收管理的情况。也正由于这些局限性,有追索权的保理在国际保理中应用的较少。

国内保理业务的运作流程如下所示。

在国内保理业务中,很多时候销售保理商和购买方保理商是同一家银行,这时保理业务涉及的当事人就只有三个,即销售商、购买商和保理商;而在国际保理业务中,一般有4个当事人,即出口商、进口商、出口保理商和进口保理商。国内保理业务和国际保理业务的区别在于买卖双方是否属于同一个国家或地区,根据保理商是否承担买方的信用风险,国内保理商分为国内综合保理和商业发票贴现两大类。一般流程如图2-3所示。

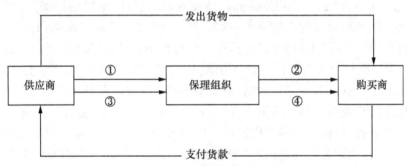

图2-3 国内保理业务流程

(1) 供应商和购买商约定以商业信用形式出售商品前,要将购买商的名称及有关交易情况报告给自己的保理商。

(2) 保理商在收到上述资料后,对购买商的资信进行调查,并将调查资料及是否可以向购买商提供购销或赊销的最高金额进行分析。如果保理商认为购买商资信可靠,则保理商可以将调查结果告知供应商,同时对供应商和购买商之间的交易加以确认。

(3) 供应商在装运货物后,应将有关单据无追索权地卖断给前述的保理商,该保理商根据其与供应商签订的协议,按照汇票(或发票)金额扣除利息和保理费用后,立即或在双方商定的日期将货款支付给供应商。

(4) 保理商负责向购买商催收货款。

从国际上的发展趋势来看,国内保理业务是保理业务发展的主流,世界各国的国内保理业务量均远大于国际保理业务量。

保理业务在国际贸易中的应用称为国际保理。国际保理的运作程序可细分为以下步骤[①]:第一,出口商寻找有合作前途的进口商;第二,出口商向出口保理商提出叙做保理的需求并要求为进口商核准信用额度;第三,出口保理商要求进口保理商对进口商进行信用评估;第四,如进口商信用良好,进口保理商将为其核准信用额度;第五,如果进口商同意购买出口商的商品或服务,出口商开始供货,并将附有转让条款的发票寄送进口商;第六,出口商将发票副本交出口保理商;第七,出口保理商通知进口保理商有关发票详情;第八,如出口商有融资需求,出口保理商付给出口商不超过发票金额的80%的融资款;第九,进口保理商于发票到期日前若干天开始向进口商催收;第十,进口商于发票到期日向进口保理商付款;第十一,进口保理商将款项付给出口保理商;第十二,如果进口商在发票到期日90天后仍未付款,进口保理商做担保付款。

2. 信用保险

信用保险是信用活动中商品赊销方赊销商品后不能收回货款,即赊购方出现危机后产生的。19世纪中叶,法国、德国和瑞士的一些私人保险公司开办了国内信用保险业务,成为信用保险的首批经营者。第一次世界大战后,信用保险业迅速发展。20世纪30年代的经济危机使信用保险业遭受重创,一些小保险公司纷纷倒闭,幸存者则修改了条款,以谨慎经营指导承保。

19世纪后半叶,贩运商品至澳大利亚的英国商人开创了历史上有记载的投保出口信用保险的先河。1919年,英国建立了世界上第一个官方支持的出口信用保险机构——出口信用担保局(Export Credit Insurance Guarantee Department),经营出口信用保险,以鼓励本国商人出口商品到信用风险较高的东欧国家;1926年,德国成立了赫尔姆斯(Hermes)出口信用保险公司,专门从事对本国出口和海外投资的支持;在1946年,法国政府也成立了科法斯公司(Coface)。第二次世界大战以后,出口信用保险业务在发达国家得以迅速发展,有力地支持了所在国家和地区的出口和资本输出,对其本国经济的发展起到了十分重要的积极作用。

信用保险业的行业组织是尼泊尔协会(Nerne Union),该组织成立于1934年,由法国、意大利、西班牙等四国出口信用保险机构发起。1998年,中国人民保险公司代表中国参加了尼泊尔协会,并被正式接纳为协会会员。"中国出口信用保险公司"成立以后,取代了中国人民保险公司成为尼泊尔协会会员。

经济全球化步伐的加快,促进了各国进出口贸易的发展,因而如何减少企业在出口收汇上存在的风险就日显重要。各国多年的实践证明,出口信用保险是减少企业收汇风险的有力保障,同时也是提高企业国际竞争力的重要手段。

信用保险是保险商根据权利人的要求担保被保证人信用的保险。此类保险是以商品赊销和货币借贷中债务人的信用为保险标的,以债务人到期不能履行其契约中的债务清偿义务为保险事故,由保险商承担被保险人由此而遭受的经济损失,并获得代位求偿权。这是债权人为了保障自身利益不受债务人信用危机问题的损害而采取的一种保险手段。

信用保险业务从内容来看,一般分为国内信用保险、出口信用保险和投资保险三类。国

---

① 张其仔等.企业信用管理[M].北京:对外经济贸易大学出版社.2002:140—142.

内商业信用保险承保在延期付款或分期付款时,卖方因买方不能如期偿还全部或部分债款而遭受的经济损失;出口信用保险承保出口商因买方不履行贸易合同而遭受损失的风险;投资保险承保本国投资者在外国投资期间因政治风险遭受投资损失的风险。

二、信用服务机构的主要产品

（一）企业征信报告产品①

征信机构一般以信用报告的形式提供信用数据。大型企业征信机构能够产生多种企业资信调查类报告产品,它们的征信产品呈系列推出。

标准或流行版的企业征信报告可以提供企业授信决策所需要的基本信息,是一种性能价格比最好的资信调查报告。这种报告的基本设计思想是,在足够低费用的条件下,尽可能地准确判断与一个被调查对象进行赊销的成功可能性,以及作多大额度的信用交易能够安全地回收货款。这种报告的格式,也常被企业信用管理人员接纳为客户档案的格式。

世界各国的企业征信机构提供的征信报告并没有统一的格式和标准,各家提供的信息也不完全一致,而且根据市场需求也都在不断演进。国际流行的普通版本企业资信调查报告的主要内容包括企业发展史、注册信息、当年经营情况、付款记录、银行往来记录、公共记录(经济纠纷、刑事处罚等)、财务报表(资产负债表、损益表和现金流量表)、主要产品、进出口报关、主要经营者履历、对外信誉状况分析、现场核实信息等。除现场核实信息外,征信数据最好是经过若干年积累的。

常见的企业征信报告产品如下。

1. 普通版企业资信调查报告

各征信机构都生产的一种主流征信产品,许多企业的信用管理部门使用这种报告作为客户档案的主体。对应企业的国内和国外客户,这种资信调查报告分国内企业资信调查报告和海外企业资信调查报告。这种报告的销售通常采用会员制。这种报告的主要内容包括企业发展史、业务范围、员工人数、付款记录、公共记录、财务状况、进出口、主要经营者履历等信用记录,以及征信机构对被调查企业给出的资信级别和风险指数。

在征信市场上,普通版企业征信报告是最基本的报告产品,是企业信用管理最常用的报告品种,甚至有些企业按照这种报告的格式要求制作客户档案。但是,由于没有国际标准可循,主要征信国家也没有为此制定国家标准。因此,各国征信机构生产的普通版企业征信报告在格式和内容上不完全相同,主要可以分为欧洲、美国和亚洲流行风格的企业征信报告②。

（1）欧洲风格的企业征信报告栏目

欧洲是企业征信服务的发祥地,征信市场相当成熟。欧洲风格的企业征信报告的栏目主要有:① 机构基本信息;② 资产或净值;③ 行业分类和产业简介;④ 在业界地位和同行评价;⑤ 信用价值分析。

欧洲风格报告的优点是:内容简洁;除基于事实的客观情况外,征信机构会给出综述性评价;提供授信额度的建议。欧洲风格报告的缺点主要是:报告内容较为简单,有些重要的

---

① 中国就业培训技术指导中心.信用管理师(基础知识)[M].北京:中国劳动和社会保障出版社.2006;182—185.
② 同上,186—187.

调查项目未包含在内,例如有时不能提供财务报表,也缺乏对企业财务报表的分析;缺乏交易核实信息和银行意见;较少提供被调查对象的业务内容及其展望方面的信息。

(2) 美国风格的企业征信报告栏目

在国际征信市场上,美国式的普通版企业征信报告很常见,属于非常流行的主流报告版式。美国风格的普通版企业征信报告的主要栏目有:① 机构基本信息,即注册信息、注册资金、企业历史、员工人数等;② 财务报表;③ 付款记录;④ 与银行的往来记录;⑤ 诉讼记录和其他公开记录;⑥ 行业分类;⑦ 经营状况和业务量;⑧ 进出口情况;⑨ 经营者介绍;⑩ 评级和风险指数。

美国风格的企业征信报告的优点在于内容具体翔实,可读性强,风险指数等量化指标的技术含量最高,对企业活动及交易状况均能作出详细的描述。但是,美国风格的报告缺点是不简洁和符号系统复杂,需要对客户进行读报告方面的训练;另外,较缺乏对被调查对象信用价值的文字评价;除提供给欧洲的报告之外,没有对授信额度提出建议;强调"现地现认"原则不够。

(3) 亚洲风格的企业征信报告栏目

亚洲风格的企业征信报告以日本和中国台湾地区为代表,中国大陆的企业征信报告在形式上更接近亚洲报告的风格。亚洲风格的普通版企业征信报告的主要栏目有:① 公司基本信息,即注册成立日期、注册地址、营业地址、注册资金、实到资金等;② 企业类型和所有制;③ 经营者背景介绍,有时包括股东;④ 企业财务报表,缺乏时会给出估计其财务状况的其他相关资料;⑤ 银行往来记录;⑥ 行业类别及营业概况;⑦ 付款记录及往来厂商情况;⑧ 诉讼记录和其他公共记录;⑨ 动产或不动产的抵押担保记录;⑩ 被调查对象的信用价值综合评述。

亚洲风格的报告借鉴了美国报告的优点,内容上更加细腻,更注重使用者读报告的方便性;注重信息核实,坚持"现地现认"原则,征信业务操作上着重实地拜访;文字描述多,且对财务数据的分析也相当重视,不乏图文并茂;资料更新快速,时间落差较短。亚洲风格报告的缺点是技术含量不及美国风格的报告,数学模型技术上的投入非常不够,量化指标的种类少,预测的精确度低。

2. 后续报告

后续报告是普通版企业资信调查报告的后续服务,也称客户信用跟踪报告。凡订购普通版企业资信调查报告的客户,在此后的一年内,只要被调查对象的信息有变化,征信机构将免费提供给客户更新的调查报告,使得客户继续掌握被调查对象的机构变化情况。根据征信数据库的数据更新频率和财务报表的上报次数,对于发达国家的调查对象,每三个月提供一次后续报告。后续报告服务的有效期为一年。

3. 企业基本信息

这是一种最简洁形式的企业资信调查报告。这种报告提供企业的背景信息,以工商注册信息为主。客户订购企业基本信息,主要目的在于核实客户的真实性或与被调查对象取得联系。价格因素也是客户首要考虑的因素之一。由于企业基本信息的简洁特征,征信机构可以通过网上提供。

4. 企业资深调查报告

相对于标准版本普通调查报告,这种报告更深入地对被调查对象进行调查,主要在资产、较长历史阶段中政府对被调查对象的批示和授权、土地使用权、经济纠纷、人事变动、财务分析、供应商调查等方面进行详细调查,注重的是事实,并不增加许多数学方法的数据处理。深度调查报告主要用于企业并购、法律诉讼、企业拍卖、抢夺大客户、重大项目的合作等目的。

5. 专项问题调查报告

针对客户特殊感兴趣的一项或几项客户情况进行的调查,对客户的特殊提问给予明确回答。这种报告一般用于客户的行动证据、法律证据、向主管单位汇报的依据等。

6. 风险指数报告

尽管各征信机构都制作风险指数,但邓白氏机构的风险指数是专门针对中国市场开发的产品,并单独作为一种报告产品推向市场。基于对中国企业进行的大样本分析,邓白氏机构于1999年推出了这种产品。该产品可以帮助企业将中国企业进行排序,帮助企业识别那些信用值较低的机构,风险指数显示在六个风险等级下,每个风险等级反映企业业务失败的不同概率。风险指数报告帮助企业迅速评估被调查企业相对于其他企业的风险,并预测企业的技术性破产。

7. 企业家族调查报告

分析被调查企业的母公司和子公司、母公司和分公司、公司的投资结构或参股的其他公司之间的关系。弄清客户企业的"家族"关系,有两方面的意义。一是可以挖掘客户企业的销售潜力;二是在审批客户信用申请时,可以根据客户担保的连带或责任关系授信,以充分考虑客户的能力。从征信数据库检索出来的客户企业家族信用信息可以用"投资人资产分布图"表现,一般分"投资人本国资产分布"和"投资人海外资产分布"两种分布图或报告。

8. 国际供应商评价报告

这种报告用于对供应商的风险评估,向企业信用管理的供应商的筛选和定期排队工作提供技术/信息支持。这种报告提供的信息包括供应商的财务实力、财务状况和长期稳定性、供应商的国际融资能力、供应商的销货折扣等。这种报告用于改进企业的采购业务程序和水平,以及提供新的采购机会。

9. 付款分析报告

所提供的信息是被调查企业的供应商对被调查客户企业付款行为的评价。它可以帮助企业信用管理部门和市场销售部门将新客户归类,例如将客户归类到"被提醒时才付款"的客户类别内。相对普通版的征信报告,这种付款分析报告的售价不高。企业还可以将自己的客户数据送征信机构进行分析,让征信机构做出自己企业与同行业平均DSO水平的比较。所以,这种报告还具有咨询服务的性质。

10. 行业状况调查报告

行业状况调查报告又称行业信息分析报告,这种报告根据对本行业典型企业群的比较分析,提供被调查行业的一些平均值。这种报告可以提供给企业的计划部门、信用管理部门、市场销售部门和高层经理作参考。从该报告中,可以了解到本企业在行业中所处的地位、经营管理水平和主要竞争对手情况,对于企业制订发展计划和改进企业管理非常有帮助。通常报告的种类分国际同行分析、国内同行分析、综合分析等几种。

11. 国家风险调查报告

这种报告提供大量的商业数据和被调查国家的经济指标,可以用作海外投资、国际贸易的决策参考。

(二) 消费者信用调查报告

消费者信用调查公司提供的报告一般分为两大类:一类是消费者信用记录型报告;另一类是消费者信用调查型报告。在接到订购请求后,消费者信用调查公司从数据库中汇集被调查对象的信用记录,生成前一类报告,即消费者信用记录报告;后一类报告是在记录型报告的基础上,补充一些现场调查的资料和调查人员对消费者的评价,增加的内容主要包括消费者的特征、个人名誉、生活方式等。这种报告的需求者主要是保险机构和雇主。

从征信项目看,分为一般性项目和特定项目,内容依据的是 5C 和 1S 原则,它们分别是个人品行(Character)、能力(Capacity)、资本(Capital)、抵押(Collateral)、状况(Condition)和稳定性(Stability)。以 5C 和 1S 为准则的消费者个人信用调查,只是分析消费者个人信用提供的一般性框架。

除常规项目以外,消费者信用调查公司还会按照数学模型和报告产品的要求,对消费者进行"特定项目"的调查。特定项目的调查内容包括付款记录、收入、纳税与开销、就业、婚姻状况、年龄、处于分期付款状态的资产、抵押品、申请信用的目的、征信局查询记录等。

(1) 美国消费者信用信息产业协会(CDIA)制定了消费者信用调查报告的统一标准,它规定了消费者信用调查报告的格式和内容,如表 2-7 所示。

(2) 中国人民银行个人信用报告个人查询版样本。

表 2-7 消费者信用调查报告样本——当事人报告

消费者识别号码:ID123456789012345

当事人:XYZ 先生
  赛福顿大街 10000 号
  Alhambra, CA 91801

当事人信用报告使用说明:

本报告解说附件,告知您的权利及有关说明。如果附件遗漏或者有任何疑问,请向本报告末页所列事务所查询。

当事人信用历史:

此部分的资料来自公共记录和授信人。账号附注 * 号为提示授信人特别查复之用。如果您认为本报告有误,请按照本报告末页所指示的步骤请示查证。

根据您的请求检索出您的档案,有关您的信用历史记录,如实记录如下。

账户	说明	状况
SANTA ANA 地方法院大通街 123 号 SANTA ANA,CA92765 案号:#7505053	本案原始标的金额为 US $1200 原告 ALLIED COMPANY	10/88 告诉 10/19/89 清偿
Bay 公司码头大厦 SAN FRANCISCO,CA94041 百货公司账号 #4681123R101	本账户 95/85 开户 为循环信用账户 信用额度 US $1600 最高余额 US $1285	至 95/01 正常账户 04/93 逾期 60 天 01/21/95 余额 0 最近付款记录 09/13/94 付款历史:NNNCC1CCCCC 　　　　　CCCCCCCC21CC

（续表）

中区银行 巡牧东路 1456 号 DALLAS TX75221 银行账号 #4590345859403	本信用卡 07/88 开户 附循环信用额度 US $6000 最高余额 US $1624	至 12/94 完全清偿账户 07/94 逾期 30 天 最后付款记录 12/22/94 付款历史：CCCC1CCCCCC

查询记录：以下为取得您信用历史的查询名单

户名	日期	备注
CAL 车商亚伦街 10 号 NEWARK, NJ09987 车辆	03/24/94	信用交易查询复审及收账用途及金额未定
丘塞银行大通街 651 号 SMALL OAK, AR72657 银行授信	04/18/94	48 个月汽车贷款 查询金额 US $18000

查询记录：以下为提出查询但是未取得您信用历史的查询名单

户名	日期	备注
BAY 公司码头大厦 SAN FRANCISCO, CA94041 百货公司	02/10/95	为复审目的

请协助我们去帮助您
信用局得知优良信用对您的重要性。资料正确、更新对我们也一样重要。下列为您请求发给当事人信用报告的填写的资料，如果不正确或姓名不完整，过去五年住址、社会安全号码、出生年不正确，本报告就可能不完整。如果本报告不完整或不正确请通知我们更正。

您的姓名：××× 地　　址：桦树北街 10655 号 BURBANK, CA91502 其他地址：苏菲亚港 134 SANTA ANA, CA92708	社会安全号码 #548603388 配偶：SUASN 出生年：1951

辨识信息：以下为其他报送材料

地址： 苏菲亚港 1314 SANTA ANA, CA92708 11/84 信用局会员报送	地址： 影视大厦 BUFFALO, NY14202 04/84 信用局会员报送

任职经历：

雇主	地址	记录事件
AJAX 电脑	百老汇 2035 号	第一次报送 04/89
贝尔汽车	洛杉矶, CA90019	第一次报送 11/80

其他：配偶名第一个字母：S　其他使用名字：Smith　小名：Jack
自 01/01/95 起，按此社会安全号码查询次数：8
社会安全号码发给：1965—1966
电话秘书服务登记 商务地址/电话

本报告结束

(三) 个人信用评分

1. 消费者信用评分的定义

个人信用评分是个人征信机构的一种重要产品。个人信用评分是金融机构等授信机构利用数学和统计技术，根据获得的消费者个人信用信息，对消费者的信用价值或者信用消费潜力进行定量化的评估，确定消费者信用等级和信贷限额的一种方法。

信用评分不仅为授信部门筛选合格的客户设置了门槛，减少坏账，大大地较低了坏账率；而且也实现了授信部门对消费者授信决策的自动化、标准化，提高了授信工作的效率。

2. 消费者信用评分的产生和发展

个人信用评分方法的最初使用可以追溯到20世纪30年代。当时，在美国阿尔登斯机构工作的著名统计师亨利·威尔士首先采用数量化方法对消费者个人的信用申请进行打分。1941年，美国全国经济研究局的大卫·杜兰德的《消费者分期付款信贷的风险因素》一书出版，这本书正式系统地提出使用数理统计模型辅助消费者授信决策的观念，并给出一些利用统计方法处理消费者个人信用信息的计算方法。杜兰德的研究，为许多商业银行分析消费者信用提供了一条新思路，也为银行进行贷款决策提供了一种量化分析的新方法。因此，许多商业银行纷纷效仿这种分析方法，对消费者的信用进行分析。

第二次世界大战以后，美国的消费信贷和信用卡发放大规模增长。为了解决授信机构对消费信贷的自动化审贷问题，1956年，美国工程师菲尔和数学家艾塞克创立了一家专业机构，研发出一系列用于消费者信用评分的算法。机构的主要业务是替授信机构和信用报告机构建立用于信用评分的数学模型和工具。机构以创始人名字命名，即"菲尔—艾塞克机构"。

1956年，在经验积累的基础上，菲尔—艾塞克机构开发出第一个商业用途的信用评分模型，用以辅助金融机构作放贷决策。后来，世界上许多大型商业银行、信用局、房地产贷款和担保机构都使用该机构的服务，委托该机构替自己开发专用的信用评分模型，例如，广泛使用的FICO评分模型就是由菲尔—艾塞克机构开发出来的。作为一个世界著名的专业机构，菲尔—艾塞克机构逐渐细化信用评分服务，开发出多种信用评分类产品，用于处理客户信用申请、管理信用账户、设计授信等级、防范信用欺诈、消费行为分析等。

在北美征信市场上，各个信用局都有自己的消费者信用评分模型。除著名的FICO评分以外，Equifax的警讯评分系统也是最常见的信用评分产品之一。警讯评分系统对消费者个人的信用评分在363分至800分之间，分数越高，说明消费者的信用越好。消费者的警讯评分与对消费者的授信额度直接相关。此外，还有很多信用评分模型不断出现，如DAS评分等。这些信用评分模型的出现标志着个人信用评分技术的日趋成熟。

专栏2-3

常见的个人信用评分模型种类

信用评分模型是用于预测在不久的将来事件发生的概率，如预测消费者的付款行为或者消费者信用工具的某种表现，它预测的是一种趋势。不同信用评分数学模型用于预测不同事件发生的可能性，常见的种类包括：

预测消费者是否	评分/预测类型
● 按期付款	违约率/风险
● 产生明显的利润	利润
● 最终交付所拖欠款项的大部分	追账成功率
● 最终交付坏账的账款的大部分	恢复
● 信贷账户不活跃或转账到别处	不活跃程度
● 交易欺诈行为	诈骗预警
● 对某种征集/促销的反应	响应程度/速度
● 破产或技术性破产	破产
● 取得效益	效益

资料来源：林钧跃.征信技术基础[M].北京：中国人民大学出版社.2007:291—292.

通过上面的资料可以了解，用于消费者信用风险控制的个人信用评分模型是多种多样的，主要有预测客户拖欠的模型、预测坏账发生的模型、预测个人破产的模型、预测欺诈的模型、用于调整信用额度的模型、销售授权模型、利率调整模型、债务追收模型、响应模型、可计息余额的额度预测模型、预测一个潜在客户终身价值的模型。

（四）企业资信评级报告

评级报告是评级机构进行评级的书面成果，是资信评级内容及结果的重要载体。评级报告是由评估小组完成了全部的评级工作后，对评级对象在评级年度内的资信状况进行分析、判断后所形成的综合结论性文件。[①]

资信评级报告可以用最快捷、最方便的传递方式将受评公司信用风险评定结果传递给市场。通过这种方式，评级报告不但为各机构的投资部门分析信用风险提供了一个低成本的参考，而且为机构投资者打开了更广阔的空间，还可以减少资本市场上投资的不确定性。同时，资信评级报告有利于资本市场上证券的定价。

资信评级报告根据内容的详细程度分为简式报告和详式报告；根据对象不同分为债项评级报告和债务人评级报告；根据时间的不同分为首次评级报告和跟踪评级报告。

2003年中国证监会颁布了《证券公司债券管理暂行办法》的五个配套文件，其中，《资信评级机构出具证券公司债券资信评级报告准则》的第二章对资信评级报告的内容和格式做了具体规定。

1. 评级报告的内容与格式

评级报告应当包括概述、声明、评级报告正文、跟踪评级安排和附录五部分。

（1）概述

概述部分应概要说明评级报告的情况，包括发行人和受评债券的名称、信用级别及释义、资信评级机构及人员的联系方式和出具报告的时间等内容。

（2）声明

声明部分全面登载资信评级机构关于评级情况的声明事项，应当包括下列内容：

---

① 赵晓菊，柳永明.资信评级[M].上海：上海财经大学出版社.2006:92—93.

① 除因本次评级事项资信评级机构与发行人构成委托关系外，资信评级机构、评级人员与发行人不存在任何影响评级行为独立、客观、公正的关联关系。存在其他关联关系的，应当予以说明。

② 资信评级机构与评级人员已履行尽职调查和诚信义务，有充分理由保证所出具评级报告的数据、资料及结论的客观、准确、公正、及时。

③ 评级结论是资信评级机构依据内部信用评级标准和程序做出的独立判断，未因发行人和其他任何组织或者个人的任何影响改变评级意见。

④ 已对发行人及受评债券的跟踪评级做出明确安排。

⑤ 资信评级机构自愿接受中国证监会对评级工作的监管。

(3) 正文

正文部分是完整的信用评级报告，应当包括评级结论及评级结论分析两个部分。

① 评级结论应包括发行人名称、受评债券名称、信用级别及释义、评级结论的主要依据等，并简要说明本次评级的过程和发行人、受评债券的风险程度。发行人为受评债券提供担保的，应对比说明有无担保情况下评级结论的差异。

② 评级结论分析部分至少应包括下列内容：

A. 对发行人的简要分析。重点分析发行人股权结构、业务及其特点。

B. 对受评债券的简要分析。重点分析受评债券的主要条款及有关偿债保障措施。

C. 对证券行业的简要分析。重点分析行业状况、发展趋势、行业风险及其对发行人的影响。

D. 分析发行人风险因素。应当针对实际情况，充分、准确、具体地揭示风险因素，按照重要性原则排列分析顺序。对风险应当尽可能做定量分析，无法进行定量分析的，应当有针对性地做出定性描述。

E. 描述和分析发行人及其董事、监事、经理及其他高级管理人员过去三年内发生的违法违规及违约事实。

F. 分析发行人财务状况。重点分析发行人的债务结构、资产质量、盈利状况、现金流状况、关联交易及其对发行人财务状况的影响，判断其财务风险。

G. 分析发行人募集资金投入项目。分析募集资金投向对发行人未来的财务状况、债务风险等方面的影响，以及项目实施可能出现的风险。

H. 分析有关偿债保障措施对受评债券风险程度的影响。有担保安排的，应当特别说明担保安排对评级结论的影响，说明无担保情况下发行人的实际信用状况或评级结论，此外还应对担保人或担保物的信用、风险进行评估。发行人建立专项偿债账户等其他保障措施的，应当分析说明有关保障措施的情况及其可靠性、局限性。

I. 分析发行人履行债券义务的能力、可信程度和抗风险能力。

评级报告分析应当针对证券行业和发行人的特点，重点揭示风险，反映发行人及受评债券的信用水平及信用风险。评级报告分析可在显要位置作"特别风险提示"，必要时应详细分析该风险及其形成的原因，说明过去特别是最近一个会计年度曾经因该风险因素遭受的损失，判断将来遭受损失的可能程度。

2. 跟踪评级安排

跟踪评级安排部分应明确说明对受评债券存续期内的跟踪评级时间、评级范围、出具评级报告的方式等内容,持续揭示受评债券的信用变化情况。

3. 附录

附录部分应当收录其他相关的重要事项,主要包括资信评级机构简要介绍、尽职调查报告等。

本章提要

本章介绍了信用服务行业的主体——信用服务机构。首先对信用服务机构的概念进行界定,着重介绍了国内外著名的企业征信机构、个人征信机构、评级机构、商账追收机构;其次介绍了信用服务机构的主要业务、流程和产品。信用服务机构的主要业务包括征信、资信评级和商账追收。从国际经验看,资信评级的业务客体大体包括主权国家、金融机构和非金融机构。信用服务机构的主要产品包括企业征信报告产品、消费者信用调查报告、个人信用评分、企业信用评级报告。常见的企业征信报告产品包括普通版企业资信调查报告、后续报告、企业基本信息、企业资深调查报告、专项问题调查报告、风险指数报告、企业家族调查报告等。

复习思考题

1. 信用服务行业的范围包括哪些?如何理解信用服务行业的地位、作用?
2. 基于中外信用服务行业的发展历史与现状,您对加快我国信用服务行业的发展有何建议?请谈谈您的想法。
3. 如何培育我国的信用服务市场?
4. 您认为我国应着重培育、重点扶持、重点发展哪些信用服务行业?请说明理由。
5. 结合我国国情,您认为我国的信用服务机构应采取什么样的组织模式?
6. 什么是征信产品?试列举两种征信产品,并予以描述。
7. 普及使用信用产品和服务会对市场产生怎样的作用?
8. 信用行业的发展与信用风险控制的关系是什么?
9. 列举某一信用评级公司的评级制度和方法。
10. 了解任何一家中外著名的企业征信机构的征信产品和服务模式。
11. 试分析我国信用保险、信用保理的现状、存在的问题,对其发展您有何建议?
12. 什么是信用服务产业链?如何培育和构建我国的信用服务产业链?请分组讨论。

案例分析　　**美国控制我 2/3 信用评级市场　威胁国家金融主权**

美国评级机构对我国评级市场的掌控

经过了十多年的长期准备,美国穆迪、标准普尔、惠誉评级公司等利用我国在信用评级管理方面的薄弱环节,在几乎没有任何障碍的情况下,长驱直入中国的信用评级市场。2006

年,美国评级机构开始了对中国信用评级机构的全面渗控。2006年,穆迪收购中诚信49%股权并接管了经营权,同时约定七年后持股51%,实现绝对控股。同年,新华财经(美国控制)公司收购上海远东62%的股权,实现了对该机构的直接控制。2007年,惠誉收购了联合资信49%的股权并接管经营权;标准普尔也与上海新世纪开始了战略合作,双方亦在商谈合资事宜。穆迪、标准普尔、惠誉三大评级公司也都曾与大公洽谈合资,提出对大公控股或控制经营权,穆迪愿意出价3 000万美元购买大公控股权,但都遭到拒绝。这样,目前我国四家全国性的信用评级机构除大公始终坚持民族品牌国际化发展外,其余已经或正在被美国控制。在被美国收购的评级机构中,中诚信、联合在全国各省均设有分公司,它们可以从事国内的所有评级业务,市场份额合计超过2/3以上。美国评级机构借助被收购公司的分支机构,迅速将触角伸展到全中国,直接或间接从事所有评级和相关业务。

美国评级机构控制我国评级市场将直接威胁国家金融安全

美国评级机构通过对资本市场的控制,就可以直接影响我国的宏观经济,甚至扰乱我国的经济秩序。长期以来,美国评级机构有意压低我国的信用级别,影响了我国政府和企业的国际形象,增大了海外融资成本。如2003年底,正值我国银行业谋求海外上市之际,美国标准普尔宣布维持其10年来对中国主权信用评级的BBB级,即"适宜投资"的最低限,而这10年正是我国经济迅速发展、外汇储备稳定增加的10年;另外,其还将中国13家商业银行的信用级别都评为不具备投资价值的"垃圾等级",同时美国评级机构又高调肯定境外投资者参股中国银行,使其在与中国商业银行谈判时压低价格,为国际垄断资本攫取我国的国有资产大开方便之门。据最新统计,仅2006年,境外投资者在工、建、中、交等国有银行身上就赚了7 500亿,加上从其他中国股份制商业银行享受到的利润,保守估计,外资一年从中国银行业赚取的利润就超过1万亿。世界银行在2007年5月30日公布的《中国经济季报》中明确指出:中国银行股被贱卖,问题并不在IPO环节,而是出在此前引入战略投资者的定价上。较低的入股价格使得境外战略投资者们在中国金融股身上享受着暴利。目前国内专家学者越来越清楚地感受到了我国银行被贱卖所造成的损失和危害,但对美国评级机构在其中所起的关键作用却依然没有充分的认识。近年来,美资机构加大了对香港金融市场的渗透与操纵,经常对香港上市的内资企业进行评级,每次都会引起香港股市的震荡。鉴于美国评级机构对香港金融市场的影响与日俱增,2002年7月,香港交易所与标准普尔签署了合作协议,有专家认为,香港这是以金融主权出让,来换取美国评级机构"口下留情",这种做法在当今国际上实属罕见。而美国评级机构正悄然进入中国经济腹地和敏感性行业,通过参与越来越多的中国内地重大债务融资评级,试图控制中国信用评级市场,通过主导中国金融市场定价权的方式渗控我国金融主权,实现其国家战略图谋。

美国评级机构控制我国评级市场将严重威胁国家经济技术信息安全

美国信用评级机构渗控我国评级业就可以方便地获取我国的政务信息、国有骨干企业、国防工业和特种行业乃至国家全面的经济和技术信息,从而掌握我国技术发展动态和重大商业机密,使我国在国际竞争中处于被动地位,这势必从根本上动摇国家的竞争力。事实上,美国评级机构正以所谓"权威"和"公正"招牌参与越来越多的中国重大债务融资评级(包括国防企业和特种行业),悄然进入我国的经济腹地和敏感性行业,公开窃取中国最有价值的经济技术情报和政务信息。最可悲的是,我们还要为此支付高额服务费用。

美国评级机构控制我国评级市场将使中国难以在国际金融服务体系中获得话语权

目前美国在国际金融服务体系中占据了绝对主导地位,在国际金融市场上拥有绝对的话语权和垄断地位。信用评级没有国际标准,美国评级机构代表了美国的意识形态和国家利益,经常通过其拥有的绝对话语权影响和操控国际资本市场,协助美国企业和政府攫取经济和政治利益,成为美国政治和经济强权的新工具。东南亚金融危机酝酿阶段,美国评级机构有如合谋般保持沉默,危机爆发后又降级过激,加剧市场恐慌,将金融危机风暴成功拦截在美国之外,使亚洲沦为重灾区,美国本身却成为"安全避风港"。1998年亚太经合组织峰会上,马来西亚总理就此严词批评美国穆迪和美国标普的评级缺乏客观性,在亚洲金融危机中助纣为虐。美国还对反伊战的德国企业连续降级,而对其支持者澳大利亚提升信用级别。事实证明,美国评级机构通过其拥有的绝对话语权影响和操控国际资本市场,经常"在关键时刻发挥关键作用"。

对策:扶持本国评级机构　维护国家金融安全

席卷全球的金融危机使世界评级格局正在悄然发生变化。加强评级监管的共识已经形成,越来越多的国家正在制定更为严厉的评级监管法规,着手扶持保护本国评级机构发展,依赖自己的力量维护国家金融安全。如:俄罗斯总理普京宣布建立本土评级机构;马来西亚政府决定凡发行本币债券和银行借款必须由其唯一的本土机构进行评级;韩国加强了双评级管理,规定发债主体必须选择韩国的国家信息和信用评估有限公司作为双评级机构之一;日本政府出资支持其控制的亚洲评级协会扩大日本评级机构在亚洲的影响。这些迹象表明:信用评级正被提升到国家战略层面,通过掌握评级话语权抵制现行不公正的国际评级体系正在成为一种潮流,这就为我国参与后金融危机时代的国际评级规则制定,争取国际评级话语权,创造了一个难得的历史性机遇。

资料来源:吴红等. 美国控制我2/3信用评级市场 威胁国家金融主权[N]. 经济参考报,2010-4-12第008版 思想·观察.

根据案例,请回答以下问题:

1. 什么是信用评级?信用评级业到底在国家经济和金融服务体系中有什么特殊作用?
2. 美国大规模收购中国信用评级机构正在严重威胁我国的金融主权和国家经济安全,对此您怎样理解?
3. 您对扶持本国信用评级机构的发展有何好的建议?请谈谈您的看法。

第三章

政府信用管理

学习目标

通过本章学习,应该了解或掌握以下内容:
1. 政府信用的概念、特征、意义和理论基础。
2. 政府信用评价体系、指标与模型。
3. 政府信用缺失的表现、原因、危害及完善的措施。

引导案例 地方政府干预企业直报数据 各地数据造假频发

国家统计局网站新设立了"曝光台·回音壁"栏目,并相继曝光了重庆永川区、山西河津市和甘肃玉门政府干预统计数据上报的案例。这是统计局开展企业联网直报之后公开对外曝光个别地方和企业数据造假情况。曝光的三个案例均涉嫌违反企业一套表联网直报制度规定及相关统计法律法规。2011年11月,重庆永川区印发文件要求,企业一套表联网直报单位上网报送统计数据,必须提前将当期企业统计上报数据,报经镇街统计机构或工业园区或区城乡建设委员会、国土资源与房屋管理局、商委、经信委等相关行业主管部门审核评估后,方可上网报送。2011年年报数据前后,山西省河津市统计局个别工作人员曾向某些企业发送数据资料,要求企业按此数据上网报送。甘肃玉门政府2012年2月下发文件,规定企业联网直报各项报表上报前要报送分管部门审定,明确要求由市工信局、能源局、商务局、住建局、房管局等部门加强相关企业数据的采集、审核及监测工作,每月月底前与市统计局衔接后,再由企业通过联网直报系统录入上报。经济发展态势、走势、趋势,常常以翔实的数据表现出来。由于统计数据的失真,真实反映经济情况的可能性亦减弱,对决策部门研判整体经济形势造成一定程度的干扰。国家《统计法》规定:"国家机关、社会团体、企业事业组织和个体工商户等统计调查对象,必须依照本法和国家规定,如实提供统计资料,不得虚报、瞒报、据报、迟报,不得伪造篡改。"然而,知法违法的现象还是不时地发生。数据造假,就会走向数据腐败。另外,每年GDP数据的统计结果均会出现地方与中央的数据"落差",

往往是地方政府所报数据加总远远超过中央统计的数据。2010年全国GDP是39.8万亿，地方各省市自治区的GDP之和是43.3万亿，超出3.5万亿，此后中央作了修正，定为40.2万亿；2011年的统计结果为全国GDP是47.2万亿，地方各省市自治区GDP之和是51.8万亿，超出4.6万亿。"数字出干部，干部出数据"是民间的一种说法。但也从某种程度说明了有些领导干部为了片面追求所谓的政绩，其行为已经偏离了科学发展观的指导思想。有的地方统计局工作人员坦言，如今的统计工作独立性不强，极大地受到了行政干涉，最终演变为地方政府官员的一张"政绩单"。杜绝数据造假的根本在于改革干部的考核方式，淡化GDP在考核中的分量，建立一种科学的政绩观，把提高政府公信力纳入考察地方政府官员政绩的重要指标。这样才能从根本上抑制地方政府官员数据造假的冲动。

案例思考：以上案例给了我们哪些启示？本章相关内容将给出相关解释和回答。

第一节 政府信用概述

20世纪60年代以来，伴随着政府权力和政府职能的扩张，世界上许多国家都出现了不同程度的信任危机。2000年一份由美国全国公共电台(National Public Radio)、亨利·凯泽家庭基金会(Henry J. Kaiser Family Foundation)及哈佛大学肯尼迪政府学院(Harvard University Kennedy School)进行的联合民调中，三成(29%)受访者直指政府本身就是个问题，且这是联邦政府首先要解决的最大问题。众多民意测试都或深或浅地表达了公众对于政府的不满与不信任。哈佛大学教授Nye等通过对大量的实证数据研究后指出："民众对政府的信任程度，在过去数十年中明显地下降。"这种公民对政府不信任的状况并非只出现在美国。欧债危机使得相关欧元区国家不但出现了财政赤字、绩效赤字，还出现了严重的信任赤字，政府公信力问题受到广泛关注。不到一年时间，爱尔兰、葡萄牙、希腊、意大利和西班牙都实现了政府更迭，爱尔兰前总理考恩、葡萄牙前总理苏格拉底、希腊前总理帕潘德里欧、意大利前总理贝卢斯科尼、西班牙前首相萨帕特罗先后宣布下台。可以说，政府信任危机已席卷全世界。几乎所有国家都面临着提升公民对政府的信心和满意度的挑战，中国也不例外。

一、政府信用概念

关于什么是政府信用，目前国内外学术界尚无统一定义。第一类观点侧重强调政府信用是政府的一种践约行为。吴晶妹(2009)认为政府信用是指政府维护和遵守政府信用，即与各界往来中维护诚实守信的形象、贯彻执行各项政策与规则、遵守经济交易活动惯例及由此形成的债权债务关系契约；包兴荣、牛存勇(2006)认为所谓政府信用就是政府对法定权力和职责的履行程度，表明政府在自身能力限度内的实际"践约"状态。某种程度上，可以说政府信用是政府与其他主体(公民或其他国家)在交往中建立的、履行某些承诺协约的意志和能力。第二类观点侧重强调政府信用是公众对政府践约行为的一种心理感受或主观评价。Miller和Listhaug(1999)认为"政府信任"(trust in government)乃是公众对于政治权威当局及政治机构，是否满足民众的规范性期待的一种心理评估；王和平(2003)认为政府信用是社会组织、民众对政府行政行为的一种心理反应,是社会成员和民众对政府信誉的一种主观评价或价值判断,它是政府行政行为所产生的信誉和形象在社会组织和民众中所形成的一种心理反应。第三类观点可称为"综合信用观",是前两者之间的融合,强调政府与公众之间的互动关系,它认为政府信用既包括政府践约行为,也包括公众的心理评价。持这种观点的有:Fukuyama(1995)认为政府与公民之间的信任关系是建立在公众对政府的合理期待以及相应基础上的一种互动合作关系。张旭霞(2002)认为政府信用源于公众与政府之间的政治委托—代理关系,指的是政府委托契约关系中赋予的期待和信任的责任感及其回应,主要包含两个方面:一方面是指政府(信用方)是否具有值得公众(信任方)信任的良好品格及其履行契约的能力为信任方所信任的程度,即来自信任方的评价;另一方面是指政府的责任感以及实际上对公众的期待和信任的回应。周玉蓉(2007)认为政府信用既是指政府及其部门作为公共权力机构或公共权力的代理者信守规则、遵守诺言、实践契约,同时也是社会组织和民众对政府信誉的一种主观评价或价值判断,是政府行政行为所产生的信誉和形象在社会组织和民众中所形成的一种心理反应。何显明(2007)指出政府信用是政府认真恪守并有效履行其法定职责、对公众的承诺而赢得公众信任的状况。这一界定涵盖三层意思:一是政府作为代理人恪守对政治委托人即公众的信用责任和诚意;二是信用政府必须有能力去履行其信用责任;三是由上述两个因素决定的政府履行其信用责任的实际状况,以及由此产生的公众对政府的评价及信任状况。

显然,综合信用观比较全面地表述了政府信用的内涵,既包括政府履约的意志能力,也包括公众对政府信用水平的主观评价和心理感受,强调了政府与公众间的互动关系。政府信用是指政府在管理社会事务中由于履行其职责和契约而取得的社会被管理对象的信任,是指政府对其法定权力和职责的履行程度,表明政府在自身能力限度内的实际"践约"状态,是社会组织、民众对政府信用的一种主观评价或价值判断。政府信用贯穿于政府与公众的互动活动中,体现在政府与公众的信任关系中,涵盖政府与公民两个维度。从政府(信用方)层面而言,政府信用实质为政府的信用能力,即政府本身信守承诺、履行职责的责任感和道德感,以及由此产生的社会信誉或取得公众信赖的"能力";从公众(信任方)层面而言,政府信用是政府行政行为及其结果在社会组织和民众中所产生的心理反应,它产生于公众对政府行为目标与结果一致性的认知,而这一认知的核心就是认可程度。从供求关系讲,公众对政府行为具有特定的预期,期望政府能对自己的行为做出承诺并信守这种承诺,这是政府信用的需求;作为政府信用的供给方,政府必须通过恪守信用责任来满足公众期望。当政府有效地满足了公众的需求和期望,即供求达到相对均衡时,政府信用才能真正得以确立。

二、与政府信用相近范畴的辨析

(一)政府信用、国家信用与主权信用

国家信用是指以国家(政府)为债务人或债权人的信用形式,通常是指国家以债务人身份通过发行政府债券和其他借款形式筹集资金用以调节干预经济、进行再分配的信用。偿还债务的能力是衡量国家信用最重要的指标。只有具备相当的经济实力,一个国家才有能力偿还负债,履行其他经济合约。目前国际上通行的国债规模警戒性指标主要有:国债负担率(国债余额/GDP)不超过60%;国债依存度(当年债务收入/当年财政支出)不超过20%;

偿债率(当年债务偿还额/当年财政收入)不超过10%;借债率(当年国债发行额/GDP)不超过10%;当年财政赤字/GDP比例不超过3%等。主权债务,是指主权国家以自己的主权作担保,通过发行债券、借款等方式向外国政府、国际金融机构或商业银行等所借的款项。主权债务危机实质是指一个国家的主权信用危机,具体是指一国政府失信、不能及时履行对外债务偿付义务的风险。历史上发生的主权债务危机中影响力较大的主要有:拉美主权危机(20世纪80年代)、墨西哥经济危机(1994)、俄罗斯金融危机(1998)、阿根廷债务重建(2002)、冰岛危机(2008)、迪拜债务危机(2009)、欧元区债务危机(2009)、美国国债危机(2011)。以欧债危机为例,其实早在2009年,欧元区多数国家公开赤字与GDP的比值已经远远超过3%,债务余额占GDP的比值也大大超过60%的警戒线,国际三大评级机构标准普尔、穆迪、惠誉先后降低这些国家主权信用评级,从而直接导致欧洲主权债务危机的爆发。主权信用评级是信用评级机构进行的对一国政府作为债务人履行偿债责任的信用意愿与信用能力的评判,是评级机构依照一定的程序和方法对主权国家的政治、经济和信用等级状况等进行评定,并用一定的标准来表示评级结果。评估结果表明国家债务人的还款可能性。主权信用评级的基础是一个国家的整体信用价值。主权信用从某种程度上可以视为衡量一个国家国际信用高低的重要指标。主权债务危机与主权信用评级下调是密不可分的,一国主权债务出现危机,必然导致国际评级机构调降其主权信用评级,而主权信用评级下降也会进一步加剧该国主权债务危机。

政府信用主要是基于公共主体身份出发,更多的是强调政府履行市场监管、社会管理、公共服务职能。国家信用更多的是基于政府经济主体身份,侧重衡量政府偿还债务的能力。政府信用与国家信用相互影响,国家信用危机有可能引发经济危机,导致经济衰退,失业率上升,民众对未来预期悲观,从而对政府的信任度大幅降低。最典型的例子就是欧洲主权债务危机导致欧元区相关国家民众对政府的信用危机加剧,直接后果就是导致希腊、西班牙、意大利等国政府领导人的更迭。

(二) 政府信用与政府公信力

政府公信力就是政府获取公众信任的能力,是政府依据自身的信用所获得的社会公众的信任度,它不是抽象的而是具体的,人民群众对政府公信力的评价,主要体现在政府的服务程度、政府的诚信程度、政府依法行政的程度、政府民主化程度四个方面。何显明、汪水波(2002)认为政府公信力是指政府依据自身的信用所获得的社会公众的信任度,包括政府信用与政府信任等方面。政府公信力体现的是政府的信用能力,它反映着社会公众在何种程度上对政府行为持信任态度,张子建(2007)认为政府公信力是指政府的信用能力,是通过政府行政行为活动表现出来的公正、诚实、廉洁和负责精神所获得的社会公众信任度和认同水平。王慧、洪瑾(2008)认为政府公信力是地方政府通过自身的行政行为所产生的诚信行为而获得社会公众的信任程度,体现了政府与公众的互依、互信与合作的紧密关系。公信力作为一种无形资产,是政府在长期的发展中日积月累而成,体现了一个政府存在的权威性、在社会中的信誉度以及在公众中的影响力、号召力等特征。它是政府行使公共权力效果的社会反馈。政府公信力程度实际上是公众对政府履行其职责情况的评价。政府公信力的高低反映了人民对政府的信任程度。因此,政府公信力的内涵与政府信用概念中的第二类观点相类似,更多的是考察社会公众对政府行为的满意度、信任度以及对政府行政能力的认同程度。

三、政府信用形成的理论基础

政府信用的研究也必须借鉴吸收经济学信用研究的研究理论和方法,主要可归为以下几类:契约理论、委托—代理理论、交易成本理论及治理理论等,下面主要介绍西方关于政府信用形成的理论分析。

(一)社会契约论视角下的政府信用

政府信用的思想来自近代西方出现的社会契约理论,17、18世纪英国资产阶级思想家霍布斯、卢梭提出的社会契约论,着重说明国家是人们由于理性驱使,为摆脱无序争夺状态而寻求有组织的和平生活而相互订立的一种社会契约。在这个契约中,人民交出一部分自然权利,并把它委托给主权者,从而有了政府,政府成为政治代理人,它享有了管理社会的权利,行使行政权;同时主权者也担负保证人民安全、维护社会秩序与公众利益等政治、经济责任与义务。根据社会契约论,政府产生的首要条件是人们各自让渡出自己的一部分权力形成公共权力,人们将公共权力交予政府并与政府形成一种契约关系,这个契约缔结的前提就是人们对政府的信任。一旦政府不能履行自己的诺言,或公共权力的行使偏离了当初缔约时的目标,人们就有权废除它并建立新的政府,因为政府的权力"起源于契约和协议,以及构成社会的人们的同意"。政府是人们之间、人们与政府之间缔约的产物,信用是契约的派生价值,没有信用,契约也就失去了实际的意义;政府没有信用,政府就没有了价值支撑,它的存在也就失去了意义。所以,政府信用是政府的内在规定性之一。

(二)委托—代理理论视角下的政府信用

政治委托—代理关系是指代议政府受公众的委托,掌握公共权力并承担公共管理和公共服务的责任。根据政治委托代理理论,民众选举出自己信任的政府,政府作为民众委托的代理人掌握公共权力并提供相应的服务。委托—代理理论旨在解释和解决"所有权"和"使用权"相分离的问题,这在政治系统、政府行为中同样存在。委托—代理关系的成立乃是基于委托人对代理人的信任,包括对代理人努力实现委托人意愿之诚意的信任,以及对代理人实现委托人意愿、提供所需的公共产品之能力的信任。而且,公众与政府之间的委托—代理关系的存续以代理人能否依据委托人的意愿对公共权力进行有效运作为前提,即以委托人是否继续信任代理人为条件。

(三)交易成本理论视角下的政府信用

交易的概念最早由制度经济学的鼻祖康芒斯提出,后来经过新制度经济学派代表人物诺斯等的继承和发展,在交易概念的基础上又引入了另一个分析的范畴——交易成本。在新制度经济学后来的发展中,把交易和交易成本的概念一般化,不但用于解析经济生活,还用它来解析人类的政治生活。诺斯认为国家提供的服务主要有两类:一是关于竞争和合作的产权结构;二是扩大生产和市场的范围,降低经济生活中的交易成本。从交易和交易成本出发,对政府信用提出了两个层面的要求:一是从政府自身来讲,由于存在着管理的交易和限额的交易,在政府内部管理中也是存在着交易成本的,这种交易成本主要源于韦伯"官僚制"中的拖沓、层级不合理、内部管理无民主、机构臃肿和效率低下等制度的负面效应。从规范行政的角度出发,政府讲求信用,首先就应该提高行政效率和服务水平,降低行政过程中的运行成本;二是从政府和社会的关系出发,国家(政府)作为一个不同于市场的特殊的制度安排,通过界定和明晰产权可以达到降低社会经济生活中的交易成本的目的。威廉姆森认为,人的机会主义本性增加了市场交易的复杂性,影响了市场效率,机会主义的存在使交易费用增加。作为制度的政府是为节约社会和管理的交易成本而存在的,政府通过政策来调节经济生活。公共政策不能朝令夕改,只有稳定的公共政策环境才能产生一个稳定的社会产权结构,稳定的产权结构不仅能产生对经济主体的正向刺激作用,而且能使经济主体对未来形成比较合理的预期,这些都能达到降低社会交易成本、促进经济持续增长、提高国民福利的目标。

(四) 治理理论视角下的政府信用

治理理论是部分政治学和行政管理学者在研究20世纪70年代以来西方国家政府改革与创新,特别是地方政府改革与创新的实践经验后所作的理论概括。1989年,世界银行首次使用"治理危机"(Crisis in Governance)一词。根据世界银行的定义:"治理是利用机构资源和政治权威管理社会问题与事务的实践。"治理强调发挥政府的管理职能,建立保证经济社会稳定的制度体系,保护公民的基本权利,促进经济社会的健康、有序发展。治理理论是以公众为核心的善治作为基本价值取向。善治就是使公共利益最大化的社会管理过程,它的本质特征在于实现政府与社会、政府与市场、政府与公民对公共事务的合作管理。它包含六个基本要素,即合法性、透明性、责任性、回应性、法治性和有效性。围绕善治这一总方向,从治理理论与中国国情相结合的角度分析,我国政府管理的职能和角色应实现转变,表现为建立有限政府、有效政府、服务政府、民主政府、责任政府、信用政府等,归结为一点,就是要建立信用政府。

四、政府信用的特征

(一) 政府信用的强势性

政府拥有行使国家行政权力的职能和义务,具有至上性与强制性,由此决定了政府信用也具有强势性。当这种特殊的信用方即政府一旦出现失信行为,信任方即公众由于其权力支配上的明显劣势,往往只能被动接受。与商业信用和个人信用的作用不同,政府信用在社会信用体系中占据主导作用,是构建整个社会信用体系的核心,因而一旦政府信用缺失,对社会的破坏力极大。

(二) 政府信用的唯一性和不可替代性

政府区别于其他社会组织和个人的显著的特点,在于其执掌的权力的特殊性——国家结构中最重要的公共权力。除非政府解体,政府的公共权力在一个国家内部具有独占性和排他性,这是为其他任何社会组织所不具有的权力。政府的公共权力性使政府信用机理呈现出与企业信用和个人信用不同的内涵和规律。在企业信用和个人信用中,信用主体可以根据自身的认识,对信用活动参与方进行甄别、判断和选择。而政府信用则具有排他性与唯一性,公众要么是主动接受政府信用,要么被动地接受政府信用,公众即便发现政府失信,也不能像商业信用中那样随意自由地另寻伙伴。

(三) 政府信用的双面性

在社会主义市场经济发展过程中,政府具有双重身份:一方面,它是社会经济活动的管理者、法律的制定者和执行者,充当着经济活动的"裁判员"角色,担负着调节、干预市场经济运行的任务。"裁判员"角色要求政府对信用中介机构进行有效的监督,以充分保证信息的真实性和全面性,还要加大对制假、售假等违法行为和违约者的打击力度,维护市场秩序。另一方面,政府作为市场主体一员,直接参与经济活动,介于微观活动领域中,执行"运动员"的作用,如发行国债、基础设施建设、政府采购等,对市场的供给和需求都有重大影响作用。这就不能排除政府会以行政规则代替社会规则和市场规则,从而损害社会及市场本身的声誉机制的可能性。同时,由于权力的集中,也易于出现因利益集团寻租而制定出违背公共利益的规则,从而影响市场竞争秩序的公平和公正。无论是"运动员",还是"裁判员",政府信用都是影响经济发展全局的重要因素。

(四) 政府信用的相对独立性

政府权力的特殊性直接导致了政府组织的特殊性。一旦获得了主权者的授权,政府就可以行使国家公共权力,非至政府解体,政府就会继续存在,于是政府就获得了某种程度的主体性和独立性,成为一个相对独立于社会和个人的组织。政府具有相对独立性,就意味着政府也具有自身的利益,其利益并不会与社会利益或公众利益始终完全一致。政府利益和社会利益的一致程度,随着政府性质的变化、政府和公众关系的变化而变化。政府自身利益的存在,就产生了一种可能性:政府违背契约承诺(为公众谋利益),追求自身利益,甚至牺牲公共利益以达成自身利益的诉求。如果社会缺乏对政府权力的有效制约,政府权力的扩张性和侵犯性特征就会很容易把这种可能性变成现实。

(五) 政府信用的不对称性

基于政府主体的特殊性,在政府与社会组织和个人的信用关系中,信用双方的不对称性就凸显出来。

1. 信用双方的不对称性

政府是政府信用的主体,该信用主体具有特殊性。其行为不仅体现在经济领域中进行市场监管、宏观调控,也体现在它对政治目标的制定、法律政策的出台与执行,社会领域中承担着管理、服务、保障等多个方面。同时,政府相对于社会团体、组织、企业和个人来说又是抽象的,不存在像社会团体、组织、个人和企业法人代表那样,承担明确的信用责任。当人们在与政府发生关系时,总是处于被动的弱势地位,政府的这种特殊的强势地位决定了当政府侵害了社会组织或个人的权益时,实际上是很难有效地追究政府的责任的。在政府、企业、社会、个人的力量格局中,政府拥有强制性的权力,拥有大量的公共资源,政府因为其行为效力的普遍性和合法强制性而天然地具有主导地位。而与政府相比,社会组织、个体只能是处于被管理者和权威服从者的地位。因此,作为信用活动的一方是拥有强制力的政府,而另一方无论是企业、个人还是其他信用体都处于弱势,信用双方呈现出明显非对称状态。

2. 双方信息的不对称性

信息不对称是所有信用关系中惯常的现象,但在政府信用中这种信息不对称的程度比组织信用和个人信用中的要严重得多。政治委托人和代理人之间,即政府和公众之间之所以会产生信息的不对称,主要有下列几个原因。

第一,政府的信息来源是全社会性的,政府掌控着最大限度的信息资源,具有强有力的信息采集机构,能够最大限度地了解信用行为的对方。而公众往往只能掌握部分社会信息。由于政府是全社会的公共管理机构,在政府管理过程中,政府拥有组织和技术优势,能够比个人较为容易地收集社会各个方面的信息,从而掌握的信息量是其他社会组织和个人所无法比拟的。所以决策的过程中,政府更容易利用自己的信息为自身谋求利益。只要政治代理人即政府是信息优势者,即拥有一些为政治委托人所不知的信息,而政治代理人的本性中又包含自私自利的成分,那么,理性的政治代理人就有可能利用其信息优势谋取私利。

第二,政府往往具有保密特性,对社会公众封锁部分消息。政府出于种种担心和忧虑,如公众知情后社会会出现混乱局面,损害政府以及官员的形象,公众对政府信任下降等,往往会倾向于保密某些信息。另外,出于自身利益的考虑,政府官员往往具有抵制信息公开的冲动,政府官员往往也会封锁信息。

第三,信用监督不对称。一方面,由于政府特殊的社会地位和权力作用,会使政府信用监督机构在监督过程中困难重重。公众委托给政府的权力通过逐级授权,层层委托,这种层阶性导致公众对代理人的监督范围在无形中扩大,且越是靠近委托远端的代理人,隐蔽性就越强,监督难度越大,监督成本越高,代理人的逆向选择风险也就越大。相对个体来说,政府的这种组织特性带来的监督成本是较大的。另一方面,一般都是政府制定各种规则去监管社会公众的行为,自身的监督体系却不尽完善。公共权力在社会生活中的运用具有广泛的适用性及明显的强制性,但公共权力的运作却在很大程度上游离于社会、公众的监督、制约之外。我国公众监督和评价机制在某种程度上是缺位的。要使得政府权力良性运营,除了权力机关的监督外,还需要公众直接对政府行为进行监督和评价,这就需要良好的外部环境,包括政治透明度、发达的大众传媒和舆论监督等。

(六) 政府信用的社会性和示范性

信任是基于信用的一种心理现象,是和谐有序的人际关系、社会活动的基本保障,体现为一种社会关系。它是行动者在社会互动中彼此寄予的期望——期望另一方履行其信用义务和责任,"信任有助于行动者消减社会关系中的不确定性和易变性"。信用的这种社会性的特点在政府信用中有着特别的意义。国家的社会性决定了政府的社会性和公共性。在社会信用的链条上,政府作为社会政治、道德、行为与文化的代表者与管理者始终处于核心地位,对整个社会的信用起着基础性和决定性的作用,与其他信用主体相比,其言行表现出更大的社会性,会对社会产生一种示范效应,具有榜样的作用。洛克、霍布斯曾指出,信誉和信任是政府和社会秩序的主要原则和基础。政府作为社会公意的代理人,作为国家社会的公共管理者,作为社会规则与制度的制定、执行和评估者,作为社会公众观念与行为的指导者,其言和行对于社会的运行和发展具有重要的指导意义、影响意义和示范意义。这种效应与作用具有双重性,既可以产生良好的社会影响,又可以产生巨大的破坏力。如果政府守信就是良好的社会信用行为、信用秩序的引导者。如果具有主导地位的政府不具有起码的信用,必然影响整个社会信用水平,甚至威胁到政府的存在。因此政府信用意识既是一种社会意识,又是一种示范意识。

由以上分析可知,政府信用体现在政治、经济、文化等各个方面,会对整个社会的各个领域、方方面面产生一种示范效应和引导作用,是社会信用行为、信用秩序的引导者,具有长久的扩散性和持久的影响力,既是社会信用构建的"催化剂",又是社会信用缺失的"加速器"。

因此,政府信用是社会信用的基础和源头,是社会信用体系建设的关键。

五、政府信用的意义

(一) 政府信用建设是建立完善的社会信用体系的前提

一个完善的社会信用体系应包括个人信用、企业信用和政府信用三个方面。其中,政府信用在社会信用体系中处于核心地位,起着基础性、决定性、导向性的作用。在社会信用体系建设中,政府信用是起推动和表率作用的核心力量。政府信用是其他信用形式得以存在和发展的基础。政府信用是社会信用体系中最重要最核心的信用,是社会信用的示范者,引领着社会信用的建立和发展,政府的决策、公务员的言行,都展示着政府的形象,体现着政府的信用观和守信度。因此,政府信用是整个社会作用的基石,它贯穿于公众、社会的整个互动关系之中。"当政府信用成为'社会信用木桶'的'信用短板'时,它就成为影响社会信用建设进程的制约瓶颈。"在一个社会中如果政府信用缺失问题得不到解决,构建社会信用体系就会失去根本,它不仅动摇政府的坚实基础,更会挫伤公众对政府的信任,所以要建设和完善社会信用体系,规范社会秩序,必须历练和构建出一个信用政府。

(二) 政府信用是社会主义市场经济体制建立和完善的根本保障

政府信用直接影响着市场经济体制的运行状况和经济效益的高低,影响着市场经济能否健康发展,是社会主义市场经济体制建立和完善的根本保障。马克思指出:"信用制度加速了生产力在物质上的发展和世界市场的形成。"目前我国正在建立和完善社会主义市场经济,完善的市场经济必将是一种信用经济、制度经济和法治经济。这就要求市场经济中各竞争主体的行为既要严格依法进行,又要严格依信用规则进行。因此,要想建立完善的市场经济体制,保证市场经济中公正原则和效率原则得到确立,保证市场竞争能够真正产生优胜劣汰的效果,就必须依靠政府提供完善的法律体系和强有力的制度保障。在市场经济活动中,一方面,政府作为管理者,是市场经济活动规则的制定者和执行者。制定和执行规则必须讲信用,不能朝令夕改,更不能随意行政。对违规的市场主体,政府应依法惩处,以维护市场规则和政府自身的权威性。另一方面,政府作为法律和制度的制定者,要保证制度得到市场主体的认可、执行,做到令行禁止,必须依赖于自身信用度的提高。一个信用度高的政府必然能够有效地实施自身制定的制度,反之,信用度低的政府就会失去公众的信任,其制定的制度有可能成为一纸空文得不到贯彻落实。政府信用度的高低与政府制度的实施成正比,政府信用所体现的就是国家权力得到公众的信任状况,信用程度高则权力易于正确行使且易于达成预定的目标,从而提高政府的信用度和公信力,形成良性循环;信用度低的政府由于其所制定的制度不易为公众所接受而难以取得良好的效果,于是就会弱化政府的信用度和公信力,形成恶性循环。可见,良好的政府信用是市场经济建设持续、健康、有序发展和完善的根本保障。

(三) 政府信用是树立良好政府形象和提高政府行政效率的要求

政府信用是国家政权稳定及政府行政的前提。政府只有信守承诺,履职尽责,自觉地依据法律、法规、政策和制度的要求,按照人民的意愿和社会公德的约束、规范来约束自身行为,才能取信于民,获得人民的支持和拥护,才能实现长治久安。政府信用制度的建立有助于规范政府自身行为,保障公民权利。政府信用是公民对政府言行是否一致的评价,政府的

"言行"属于政府行为,而公民对其"言行"进行评价则是通过感受自身利益是否有增益或减损作出的。合理有效的政府信用制度可以保证政府"言行一致",保证政府的承诺在法律范围内得到实现,从而使政府行为的唯一受益者——公民的自身利益得以实现。另外,政府信用的制度保障应该确保在政府失信的情况下公民个人因信任政府承诺而产生的期待利益得到维护,维护期待利益是全面保障公民权益的重要内容。

政府信用建设能够使政府和各种社会行为主体形成合作的博弈关系。政府和各种社会行为主体之间也存在着广泛的博弈。这种博弈将极大提高政府的行政成本,造成对社会资源的浪费。只有具有公信力的政府,社会公众才会按照政府制定的方针、政策、路线进行合理、合法的选择。各种社会行为主体只有在所承担的义务与享受的权利相对平衡的情况下,才能够与政府积极地合作。既然政府与各种社会行为主体间的博弈关系不能避免,只要具有客观性,政府信用的构建就能够有效地引导这种博弈关系的良性发展,通过发现和重视政府和各种社会行为主体间的协调和合作,降低博弈成本,提高行政效率。

(四) 政府信用是推进经济全球化的需要

在当今经济全球化的背景下,信用已成为投资环境的重要组成部分,一个国家的政府信用在一定程度上决定着这个国家能否立足于现代国际社会。中国加入世贸组织后,对政府信用提出了更高的要求。美国认证协会主席米洛·葛若曾说:"中国进入世界贸易组织后,人们对于中国经济的印象,首先是企业产品的质量,其次是政府信用,然后是一个良好的法律保障环境,综合起来的信用是我们做出判断的眼睛。"国际社会呼唤信用中国,而信用中国要求政府遵守社会发展规律和国际社会规则,在管理市场经济的基础上按市场规则来办事,改善服务、管理方式等软环境。如果政府失去信用,首先受到影响的是本国的经济,大大减弱本国的国际影响力。因此,提高政府信用,必将使我国在国际上树立良好的信用形象,进而推动我国对外开放和经济全球化的进程。

(五) 建设政府信用有助于推进我国和谐社会的建设进程和维护社会稳定

信用不仅可以给社会带来物质成果,而且也具有极可贵的精神价值,利于增加社会的价值认同感和凝聚力。从政治角度看,政府诚实守信就是保证社会有序和信用的前提条件,是建设和谐社会政治文明的要求和反映。党的十六届四中全会提出:"构建社会主义和谐社会,应该是民主法治、公平正义、诚信友爱、充满活力、安定有序、人与自然和谐相处的社会。"从历史、现实和国际角度去考察,信用是和谐社会的道德和制度基础,又是和谐社会的核心。构建社会主义和谐社会,必须把政府信用建设放在重要的位置。政府诚实守信,切实履行职责,就会赢得公众的支持和信任,保证政令畅通,并使政令得到公众普遍遵守,回应和谐社会建设高度政治文明的诉求。所以在构建和谐社会的进程中,必须充分重视政府信用建设。政府信用建设是构建和谐社会的基础和保障。人类社会的进步和发展,反映在政治制度上,其实是一种不断向合理的政治秩序演进的过程。通过建设和提升政府信用,树立良好的政府形象,有效地实现政府和民众间的良性互动和沟通,将会有效地降低和消除社会的不稳定因素,极大地促进社会的和谐与发展。

从上述分析可以看出,随着我国社会主义市场经济的向前发展和政府建设的不断推进,政府信用被赋予了许多外延的价值要求,如法治、责任、服务、廉政、公正、高效、透明、亲民等,这些外延价值要求无不凸显提升我国政府信用建设的必要性和紧迫性。

第二节　政府信用建设及评价体系

一、中国政府信用建设取得的成效

2002年11月召开的党的十六大,首次明确提出"整顿和规范市场经济秩序,健全现代市场经济的社会信用体系"。而后党的十六届三中全会再次明确指出,"建立健全社会信用体系,形成以道德为支撑、产权为基础、法律为保障的社会信用制度,是建设现代市场体系的必要条件,也是规范市场经济秩序的治本之策"。从2002年始,全国各省市陆续印发了《关于加强政府信用建设的实施意见》的通知,尽管各省市下发的《实施意见》在格式和内容上略有不同,但都有一个同样的目标即加强政府信用建设,各地方政府将打造政府信用纳入重要议程。例如,2002年宁波市人民政府印发了《关于加强政府信用建设提升政府行为公信度的实施意见》,2008年昆明市人民政府印发了《关于加快政府信用体系建设的实施意见》等。我国各级政府充分认识到了建立良好政府信用的重要性,并采取各种措施加强政府信用建设,取得了一定成效,主要体现在以下几个方面。

(一) 各级政府正转变管理模式,由管理型向服务型转变

温家宝总理在2005年3月第十届全国人大三次会议所做的政府工作报告中第一次正式提出服务型政府的概念,报告强调指出:我们应努力建设服务型政府,创新政府管理方式,寓管理于服务之中,更好地为基层、为企业和为社会公众服务,政府的主要职能是经济调节、市场监管、社会管理和公共服务。2006年3月,我国政府制定的《国民经济和社会发展"十一五"规划纲要》,进一步明确提出,加快建设服务政府、责任政府、法治政府,标志着服务型政府已经成为中国行政体制改革的目标选择。建设服务型政府要求政府在执政过程中应坚持以人为本的发展观、执政为民的政绩观、依法行政的法治观、科学民主的决策观、从严治政的责任观。服务型政府的重要职责之一就是提供公共服务,包括为各种市场主体提供良好的发展环境与平等竞争的条件,为社会提供安全和公共产品,为劳动者提供就业机会和社会保障服务等方面。建设服务型政府就是要让政府由管理型向服务型转变,由政府本位、官本位体制转向社会本位、公民本位,大大提高政府的公信力。

(二) 地方政府政务公开网络化、政府信息公开化取得阶段性成果

2003年,中共十六届三中全会通过的《中共中央关于完善社会主义市场经济体制若干问题的决定》提出要形成以道德为支撑、产业为基础、法律为保障的社会信用制度。其后,全国30多个省市及各县市相继建设"信用政府"网站,推行政务公开网络化,以促进社会信用体系的建设。各地方"信用政府"网站内容一般包括政府信用、企业信用、中介信用、个人信用、信用法规、信用新闻、诚信采风、信用论坛、信用评估、信用监督、诚信查询等相关内容,政府信用板块一般包括政务公开、政务动态、政务专题、阳光政府、监督举报等相关内容。除此之外,区域性地方政府信用监管联动和信用信息共享机制也逐渐得以建立。其中,比较有影响力的当属苏、浙、沪、皖三省一市合作探索创新的区域信用一体化的"信用长三角"模式。政府政务公开网络化有利于接受公众的监督,构成了建设政府信用的重要内容。

政府信用信息公开的质量好坏,直接关系到政府信用水平的高低。因此,把政府信息公

开纳入法治化的轨道是治理政府信用的必然选择。《中华人民共和国政府信息公开条例》已经自2008年5月1日起开始施行。这一条例的颁布实施极大地促进了政府信息的公开化和透明度。央行副行长杜金富表示,国家发改委连同中国人民银行等部门正在加紧研究制订《政务信用信息管理条例》。国家对政府信用信息管理的重视程度可见一斑。另外,一些地方政府在政府信用信息建设方面也进行了积极的探索,并积累了许多宝贵的经验。例如,宁波市政府2003年出台了《关于进一步推进政府及其公务员信用信息管理办法》,市监察局设计开发出信用信息征集专用软件,定期对不良信用信息进行登记和分析,逐步建立和完善政府机关及其公务员的失信资料档案库。同时,市监察局与公安、审计、检察院等单位紧密配合,征集不良信用信息,鞭挞失信行为,营造诚信理政氛围,受到人民群众的广泛好评。

(三) 政府公信力水平稳中有升

《小康》杂志社中国全面小康研究中心会同相关机构从2005起,每年对"中国信用小康指数"进行调查统计。调查主要从人际信用、企业信用和政府公信力三个方面来测评中国信用小康状况。具体数据详见表3-1。

表3-1 2005—2011年中国信用小康指数

一级测评指标	权重(%)	2005年	2006年	2007年	2008年	2009年	2010年	2011年
政府公信力	40	60.5	60.5	60.6	61.5	62.2	63.0	65.0
人际信用	30	66.3	66.1	66.0	66.2	67.0	67.7	67.8
企业信用	30	53.7	53.4	53.1	53.0	53.6	54.1	54.5
中国信用小康指数	100	60.2	60.1	60.0	60.4	61.1	61.7	62.7

资料来源:欧阳海燕. 2011中国人信用大调查:诚信危机刺痛中国[EB/OL]. http://xkzz.chinaxiaokang.com/xkzz3/newsview.asp? id =5572.

调查显示,相对人际信用和公司信用,公众更担心政府信用。政府公信力分值介于人际信用与企业信用之间。政府公信力一直维持在60—65,呈逐年上升趋势。

二、政府信用评价体系与评价模型

建立衡量政府信用状况的评价指标和评价模型,是及时发现并有效解决政府信用建设中存在的问题,推动政府信用健康发展的一项重要工作。目前在国内外影响比较大的政府信用评价体系与评价模型主要包括。

(一)"标准普尔"政府信用等级评价体系

这是国际上著名的对政府信用等级进行评价的体系,该体系对各个国家或地区政府的债务信用从定性和定量两个方面进行评价,包括政治风险、收入和经济结构、经济增长的前景、财政弹性、中央及地方政府的债务负担、境外负债和或有负债、货币稳定性、对外流动性、公共部门的外债负担、私营部门的外债负担10大类共49项评价指标。详见表3-2。

表 3-2 "标准普尔"政府信用等级评价体系

1. 政治风险 • 政治制度的稳定性与合法性 • 公众参与政治的程度 • 领导交替的程序 • 经济政策决策和目标的透明度 • 公共安全 • 地缘政治风险 2. 收入和经济结构 • 市场经济导向的前景、多样性和程度 • 收入差别 • 金融部门在调节资金和信贷可供量方面的效果 • 非金融私营部门的竞争性和盈利性 • 公共部门的效率 • 保护主义和其他非市场因素的影响 • 劳动力的弹性 3. 经济增长的前景 • 储蓄和投资的规模和构成 • 经济增长的速度和结构 4. 财政弹性 • 中央及地方政府收入、支出和盈余/赤字趋势 • 收入增加弹性和效率 • 支出效果和压力 • 预算报告的合时性、范围和透明度 • 养老金的责任约束 5. 中央及地方政府的债务负担 • 中央及地方政府总债务和净债务 　（总债务扣除资产）占 GDP 的百分比 • 收入用于利息支付的比例 • 债务币种的构成和到期结构 • 本币资本市场的深度和广度	6. 境外负债和或有负债 • 非金融公共部门企业的规模和活力 • 金融部门的活力 7. 货币稳定性 • 经济周期中的价格表现 • 货币和信用扩张 • 汇率制度和货币目标的协调性 • 制度因素，如中央银行的独立性 • 货币政策手段的范围和效率 8. 对外流动性 • 财政和货币政策对境外账户的影响 • 经常项目的结构 • 资本流动的构成 • 储备适当性 9. 公共部门的外债负担 • 公共部门的总外债和净外债占经常项目收入的百分比 • 债务币种构成、到期日及其对利率变动的敏感性 • 获得优惠资金的机会 • 偿还债务的负担 10. 私营部门的外债负担 • 金融部门的总外债和净外债，占经常项目收入的百分比 • 非金融部门的总外债和净外债，占经常项目收入的百分比 • 债务币种构成、到期日及其对利率变动的敏感性 • 获得优惠资金的机会 • 偿还债务的负担

资料来源：陈伟."标准普尔"政府信用等级评价体系简析[J].国际金融研究，2003，1(1)：47—52.

（二）大公地方政府信用评级方法

该评级方法是大公国际信用评级有限公司对地方政府信用评级所采用的方法。大公地方政府信用评级是按照一定的方法和程序，以我国各级地方政府为评级主体，在综合调查、了解和分析的基础上，对影响地方政府信用等级的财政收支、政府债务、政府治理等主要因素进行充分研究、对地方政府整体信用风险大小进行综合评价，对其未来的信用风险变化趋势进行预测评估，并以特定的等级表示其风险大小。大公地方政府信用评级体系核心指标如表 3-3 所示。

表 3-3 大公地方政府信用评级操作体系核心指标

影响因素	核心指标
区域经济	GDP、人均 GDP、GDP 增长率、三次产业结构、支柱产业
财政收入	地方财政总收入,地方一般预算总收入,本级财政总收入、一般预算实际收入、基金预算收入、财政结余,本级一般预算实际收入/财政总收入、税收/一般预算收入
财政支出	建设性支出、建设性总支出,建设性支出/本级一般预算支出、建设性总支出/本级财政总支出
政府债务	刚性债务,刚性债务/建设性支出、刚性债务/建设性总支出,刚性债务/一般预算实际收入、刚性债务/本级总收入
政府治理	政府管理水平和行政效率、政府换届风险
政府信用记录	最近 5—10 年(或更长时间)内地方政府履行债务偿还的情况,最近几年地方经济社会和政府治理的最新情况

（三）学者李杨等（2007）构建的地方政府信用评价指标体系

李杨等按照全面性、可比性和科学性的原则,从影响地方政府信用的三个方面的因素,即政府的公信度、经济发展水平和社会稳定程度出发,构建了地方政府信用评价指标体系,然后运用德尔菲法确定各单项指标的权数和定性指标的标准值,最后在得出单项指标评价值的基础上,通过多目标线性加权函数模型确定评价总值。如表 3-4 所示。

表 3-4 地方政府信用评价指标体系

评价内容	评价指标	权数	标准值	评价内容	评价指标	权数	标准值
一、提高政府公信度 0.42	科学决策能力	0.11	定性评议指标	三、维护社会稳定 0.26	人口自然增长率	0.07	<5%
	政策及法规保障能力	0.08	同上		恩格尔系数	0.08	≤40%
	经济环境治理能力	0.07	同上		基尼系数	0.13	≤0.35
	政府信息公开披露体系建设的完备程度	0.12	同上		区域差异指数	0.10	1
	政府应急机制和危机管理能力	0.08	同上		城镇登记失业率	0.11	≤0.5%
	公务员队伍的廉洁务实勤政高效	0.15	同上		社会保障网络覆盖面	0.12	100%
	每万人中刑事案件立案数	0.09	≤22 件		贫困发生率	0.09	≤5%
	每万人中治安案件发生率	0.08	≤20 件		农民人均纯收入	0.08	≥6 700 元
	教育科技投入占 GDP 的比重	0.09	≥5%		城镇居民人均可支配收入	0.08	≥20 000 元
	公共卫生投入占 GDP 的比重	0.06	≥2%		城乡居民人均可支配收入的比值	0.07	≤1.5
	环保投入占 GDP 的比重	0.07	≥1.5%		农民人均负担额	0.07	≤100 元

(续表)

评价内容	评价指标	权数	标准值	评价内容	评价指标	权数	标准值
二、促进经济发展 0.32	人均国内生产总值	0.15	≥3 000 美元	备注： ① 经济增长波动指数采用近五年国内生产总值年增长率的标准差来计算； ② 恩格尔系数采用人均食品消费支出占总消费支出比重来计算； ③ 基尼系数计算公式为：$G_i = 1 + 1/n - 2/n^2 Y(Y_1 + 2Y_2 + \cdots + nY_n)$，式中 n 表示参与计算基尼系数的人数，$Y_1, Y_2, \cdots, Y_n$ 是按高到低排列的个人收入值，Y 表示人均收入； ④ 区域差异指数采用威廉性系数来计算，计算式为： 区域差异指数 $= 1 - R$，其中，$R = (\sum (Y_i - Y) \times P_i / \sum P_i)^{1/2} / Y$，式中 Y_i 表示被评估地区人均 GDP，P_i 表示各地区人口数，Y 表示高一级区域人均 GDP； ⑤ 贫困发生率指贫困人口占总人口的比率； ⑥ 农民人均负担额指各种收费及不合理的收费等； ⑦ 定量指标标准值的确定参考小康社会标准。		
	经济增长波动系数	0.10	≤2				
	人均实际利用外资	0.10	≥200 美元				
	非国有工业产值占工业总产值的比重	0.14	≥85%				
	赤字占 GDP 的比重	0.11	≤3%				
	非农产业增加值占 GDP 的比重	0.14	≥90%				
	出口额占 GDP 的比重	0.13	≥30%				
	人均固定资产投资额	0.13	≥5 340 元				

（四）世界银行的全球政府治理指标（The Worldwide Governance Indicators，WGI）

世界银行开发的全球政府治理研究数据库也可被视为重要的政府信用评价体系之一。数据库的数据来自对公司和个人的调查，以及商业风险评估机构、非政府组织和多边援助机构的评估，最终这 6 项指标由来自 25 个组织的 31 个数据来源的 276 个独立变量通过非观测成分模型合成而得。

全球治理指标将治理定义为一国政府当局行使权力所倚仗的传统和制度。这包括政府的选定、监测和更替方法；政府有效制定和实施合理政策的能力、提供公共服务的能力；对公民的尊重及实施经济和社会互动治理制度的状态。这一定义演化出了全球治理指标衡量的六大核心治理维度：

（1）话语权和问责制：观察一国公民可以在何种程度上参与到政府的选择之中以及言论自由、结社自由和媒体自由；

（2）政治稳定性和不存在暴力/恐怖主义：观察政府被违宪手段或暴力手段动摇或推翻的可能性，包括政治动机的暴力和恐怖主义；

（3）政府效率：观察公共服务的质量，行政部门的质量及其在政治压力下的独立程度，政策制定和实施的质量，以及政府对此类政策作出的承诺的可信度；

（4）规管质量：观察政府制定与实施稳健政策法规、允许并推动私有部门发展的能力；

（5）法治：观察执法人员对社会制度的信心和服从程度，重点关注合约执行、财产权、警察、法庭的质量，以及犯罪和暴力行为发生的可能性；

（6）腐败控制：观察对私人利益行使公共权力的程度，包括大小形式的腐败以及精英阶层和私人利益对国家的"占取"。表 3-5 为全球治理指标数据库 1996—2010 年中国政府治

表 3-5 中国政府治理指标值

指标\年份	话语权和问责制		政治稳定性		政府效率		规管质量		法治		腐败控制	
	治理水平估算值	所有国家百分制排名	治理水平估算值	所有国家百分制排名	治理水平估算值	所有国家百分制排名	治理水平估算值	所有国家百分制排名	治理水平估算值	所有国家百分制排名	治理水平估算值	所有国家百分制排名
1996	-1.29413	12.01923	-0.24604	38.94231	-0.29810	45.36585	-0.07698	48.52941	-0.36466	39.23445	-0.25366	43.41463
1998	-1.38007	10.09615	-0.59150	27.40385	-0.13624	50.73171	-0.25808	37.74510	-0.36805	38.75598	-0.25441	45.36585
2000	-1.27138	11.53846	-0.41996	31.73077	-0.08896	52.68293	-0.32609	36.27451	-0.48265	35.40670	-0.24396	50.24390
2002	-1.57439	6.25000	-0.39695	32.21154	-0.04732	54.63415	-0.55442	32.84314	-0.36227	43.54067	-0.65424	33.65854
2003	-1.54674	7.21154	-0.61425	27.88462	-0.10360	54.63415	-0.36417	40.68627	-0.45101	40.19139	-0.42628	42.92683
2004	-1.45243	7.21154	-0.40739	31.73077	-0.04706	55.60976	-0.28789	44.60784	-0.40518	40.66986	-0.57140	34.14634
2005	-1.51227	7.21154	-0.51603	29.32692	-0.16630	49.75610	-0.13523	50.49020	-0.41229	40.19139	-0.64259	31.70732
2006	-1.66692	6.25000	-0.58722	27.40385	0.06031	58.04878	-0.21761	47.54902	-0.53812	37.79904	-0.49552	37.56098
2007	-1.70412	4.80769	-0.52282	27.40385	0.22892	63.10680	-0.18721	50.00000	-0.46676	40.66986	-0.59410	33.00971
2008	-1.65928	5.76923	-0.51142	28.36538	0.19052	59.70874	-0.15923	51.45631	-0.33940	44.71154	-0.44481	41.26214
2009	-1.65617	5.21327	-0.55091	27.96209	0.13610	59.80861	-0.20518	46.41148	-0.34470	45.49763	-0.50133	37.79904
2010	-1.64950	5.21327	-0.76562	24.05660	0.12292	59.80861	-0.23108	44.97608	-0.34684	44.54976	-0.60303	32.53589

资料来源：世界银行. 世界治理指标数据库[EB/OL]. http://info.worldbank.org/governance/wgi/index.asp.

理指标值,表 3-6 为中国、印度、日本、韩国、美国等国家和地区 2010 年各项治理指标的比较值,通过表 3-5 和 3-6 的相关数据分析,可以对我国政府治理水平有一个大致的了解。其中,治理水平的估算值取值范围为(-2.5,2.5),数值越大表明政府治理水平越高;所有统计国家百分制排名取值范围为(0,100),数值越大表明排名越高。2011 版公布的世界治理指标数据库共选取了全球 213 个国家和地区的合成及单个治理指标。

通过对表 3-5 的分析可知,1996—2010 年,中国政府治理水平在政府效率、法治这两项治理指标方面有显著改善,治理水平值和排名均有所提升。但其他四项指标分值及排名均有所下降。最为明显的是政治稳定性和腐败控制指标。从表 3-6 可以看出,中国各项指标值均远远低于美国、新加坡、日本和韩国等国家和地区,只是在某些指标方面略胜印度一筹,比如政治稳定性、政府效率、规管质量等指标值及排名稍高于印度。

表 3-6 2010 年相关国家治理指标值比较分析

治理指标		中国	美国	日本	韩国	印度	新加坡
话语权和问责制	治理水平估算值	-1.64950	1.16181	1.04764	0.70852	0.42403	-0.29202
	所有国家百分制排名	5.21327	87.20379	82.46445	69.19431	59.24171	37.44076
政治稳定性	治理水平估算值	-0.76562	0.31132	0.873701	0.09709	-1.31481	1.12427
	所有国家百分制排名	24.05660	56.60377	76.88679	50.00000	10.84906	89.62264
政府效率	治理水平估算值	0.12292	1.44208	1.39755	1.18945	-0.00746	2.24783
	所有国家百分制排名	59.80861	89.95215	88.51675	84.21053	55.02392	100.00000
规管质量	治理水平估算值	-0.23108	1.41832	0.98011	0.91352	-0.39316	1.80241
	所有国家百分制排名	44.97608	1.41832	80.86124	78.94737	39.23445	98.56459
法治	治理水平估算值	-0.34684	1.58459	1.31377	0.98870	-0.05777	1.69451
	所有国家百分制排名	44.54976	91.46919	88.15166	81.04265	54.50237	93.36493
腐败控制	治理水平估算值	-0.60303	1.23289	1.53761	0.42298	-0.51672	2.18371
	所有国家百分制排名	32.53589	85.64593	91.86603	69.37799	35.88517	98.56459

资料来源:世界银行.世界治理指标数据库[EB/OL]. http://info.worldbank.org/governance/wgi/index.asp.

(五) 学者刘军提出的政府信用评价指标

刘军提出评价政府信用的三大指标：一是生产力水平的提高指标，主要包括储蓄和投资的规模和构成、中央及地方政府收入、支出和盈余/赤字趋势、经济运行模式、经济增长的速度和结构；二是人民生活水平的提高指标，主要包括人均国内生产总值、恩格尔系数、城镇人均可支配收入或农村居民家庭人均纯收入、货币的稳定性等；三是人民根本利益的保障指标，包括政治制度的稳定性与合法性、公众参与政治的程度、政党政府的决策能力和领导能力、国家政策和国家战略的科学性、稳定性和透明度、收入分配的差距等。

(六) 学者李长江(2003)构建的政府信用评价模型

李长江认为政府信用可以从政府的素质和能力两个方面来评测。通过参考"西肖尔金字塔模型"，他创建了一个简单的衡量政府信用大小的一般模型。

除了以上具有代表性的政府信用状况的评价指标体系外，世界经济论坛(World Economic Forum)每年发布《全球竞争力报告》，该报告的竞争力排名指数由制度、基础设施、宏观经济环境、商品市场效率等12个类别的指标组成，全面反映一个国家的竞争力状况。其中，制度指标中的公共制度指标基本上都是用来衡量政府治理水平。每个指标分值为1—7分，分值越高，表明政府治理水平越好。2008—2011年参与排名的国家和地区数分别为134、133、139和142个。近年来我国相关指标排名情况详见表3-7。

表3-7 《全球竞争力报告》中国公共制度指数得分及排名情况

		2008年		2009年		2010年		2011年	
		得分	排名	得分	排名	得分	排名	得分	排名
	全球竞争力指数	4.7	30	4.7	29	4.8	27	4.9	26
	公共制度								
财产权利	产权	5.0	54	5.2	39	5.1	38	5.0	41
	知识产权保护	3.9	53	4.0	45	4.0	49	4.0	47
伦理和腐败	公共资金转移	3.5	66	3.7	55	3.8	55	3.7	51
	公众对政治家的信任	3.6	36	4.0	26	4.3	22	4.2	26
	非常规支付和贿赂	—	—	—	—	4.1	63	4.1	63
过度影响	司法独立	3.8	69	3.9	62	4.0	62	3.9	63
	政府官员决策的不公正	3.4	47	3.8	35	3.8	37	3.8	38
政府低效	政府支出的浪费	3.9	36	3.9	35	3.9	35	3.9	30
	政府法规的商业负担	3.9	23	3.9	21	4.0	21	3.9	21
	解决经济争端法律框架的有效性	3.9	54	4.1	43	4.2	44	4.3	42
	挑战政府法规合法性法律框架的有效性	3.9	54	3.9	57	4.0	51	4.0	44
	政府政策制定的透明度	4.5	46	4.8	32	4.8	38	4.7	41
安全性	恐怖主义的商业成本	5.3	89	5.7	66	5.5	79	5.2	94
	犯罪和暴力的商业成本	5.1	56	5.4	43	5.3	47	5.1	55
	有组织犯罪造成的商业成本	4.9	84	5.3	71	5.2	76	4.9	88
	治安服务的可靠性	4.7	50	4.7	49	4.6	51	4.6	55

第三节 我国政府信用的缺失与治理

2005—2006 年,零点研究咨询集团在哈佛大学肯尼迪学院亚洲部的指导下采用多段随机抽样方式,针对公众投诉政府部门的情况对北京、上海等 10 个城市及浙江诸暨、福建长乐等 8 个小城镇进行了调查。2006 年 2 月 13 日,零点研究咨询集团发布了《中国居民评价政府及政府公共服务报告》,其中显示,在和政府部门有过接触的居民中,有超过四成的居民对政府部门服务不满意。这项民调结果显示我国政府信用缺失问题已相当突出。

一、我国政府信用缺失的表现

有学者认为,政府失信现象总是与政府权力和政府职能过大,超出其责任能力有关。我们可以把政府信用缺失的主要表现归纳为以下几个方面。

（一）行政决策的随意性和盲目性较大

行政决策是政府行政活动的起点,行政决策行为的科学性是政府信用的内在要求。作为公共管理机关和人民利益代言人的政府,其行政决策必须能够适应社会经济发展的内在要求、符合社会整体利益、达到预期目标并使目标最大化,做到对广大人民负责。而当前,一些政府机关及部门决策时考虑出政绩的多,考虑当地实际情况的少;在决策上不从实际出发,不深入调查了解情况,不讲究科学,凭经验和习惯办事,导致决策失误,给社会经济发展和人民利益造成损害;部分政府的某些决策本意是希望保护公共利益,增进百姓福利,但是由于缺乏科学的论证和战略性的预见,决策后果有违初衷,最终损害了民众的利益,影响了老百姓对政府的信任。

（二）公共权力行使不当,存在公共政策滥用现象

公共权力行使不当主要表现为政府行政"不作为"。提供公共服务是政府的重要职责,如果政府提供的服务不能满足社会需求,或根本不提供服务,就会被认为违背契约,不讲信用。

政府每出台一项政策,就意味着与社会立下一个约定,这个约定必须符合公众利益并得到共同的遵守,政府才有信用可言。由于我国市场经济发育不够充分,受传统权力观念的支配,一些政府官员认为政府权力是不受制约的。加之政府在制定决策时没有责任约束,即使决策失误政府也没有责任。行政赔偿制度也很不完善。在利益约束软化的条件下,其结果就是政策的滥用和决策的失误。政策滥用主要体现在以下方面。

1. 政府政策缺乏稳定性和连续性

一些地方和部门政策朝令夕改,最为突出的是"新官不理旧事",政策脆弱多变。政府成员特别是主要负责人的工作变动,往往会给工作的连续性带来潜在的破坏,进而影响政府的公信力。其中,"市民起诉河北邢台政府不兑现 1 650 万招商奖金"就是一个典型案例。[①]

2. 公共政策扭曲

根据行政管理的实际需要,法律赋予了政府较大的自主管理权。正是因为行政自主管

---

① 详见本章后"案例分析"。

理权较大,政府在行政执行的过程中必须做到谨慎用权,规范用权,使行政执行不偏不倚。而有的地方政府在公共政策的执行当中存在大量的"上有政策、下有对策"的政策博弈现象,使得人们对未来缺乏信心,缺乏稳定的预期,使政策没有生命力,必定会导致政府信用的下降。

(三) 政府信息公开工作还需要加强

近年来,我国政府政务公开的情况有所改善,政务公开的声势很大,但无论是信息公开还是政务透明方面,都存在着明显的缺陷。一些政府部门把它手中掌握的信息当成一种权力,愿意公开就公开,不愿意公开就不公开,没有意识到向公众提供权威性和指导信息服务是自身的一项责任;已公开的信息缺乏应有的内涵,信息陈旧、信息更新的不及时现象普遍存在。如在个别的政府网站上,很难看到实际内容,其开设的目的不是为社会公众提供更多的服务,而是满足于网上亮相的"形象工程"。2012年4月18日,国务院总理温家宝主持召开国务院常务会议,会议研究部署了2012年政府信息公开重点工作,提出要推进"三公"经费、保障性住房信息、征地拆迁信息等八个方面的信息公开。会议要求,省级政府要在两年内全面公开"三公"经费,并推进公开部门预决算。中央部门要细化"三公"经费的解释说明。与此同时,2012年4月,中国社科院法学研究所法治国情调研组公布了"2011年政府信息公开工作年度报告"编制与发布情况调研报告,该报告显示,政府信息公开存在八大问题:拖沓、随意、不便,无法搜到信息公开内容、间断,旧的年度报告无法查询、不详,未提及人员及经费情况,混淆,两不同数据仅公布其一、推托,一些理由牵强语焉不详、多变,数据统计方式五花八门。中国社科院法学所副研究员吕艳滨认为,所有政府机关的信息公开年报全都未提及信息公开工作的经费使用及人员情况。在有的部门,信息公开工作不被重视,投入不足。目前三公、预决算公开中出现的"质量"问题,比如无统一的公布时间,无统一的公布标准,无统一的公布渠道,公布内容过于死板等都与人员安排和经费投入关系密切。从某种意义上说,根据百姓需求公开比各部门主动公开更重要。信息公开工作好不好取决于老百姓的满意度,老百姓的满意度又取决于信息的有效性。申请公开情况不理想,部分是因为政府信息公开缺乏统一的标准,也有的部门是刻意隐瞒。

二、我国政府信用缺失的原因

(一) 政府职能定位不准

我国政府模式基本上延续了"全能政府"的传统政府模式,政府主导是我国一贯的管理模式。政府的职能本来应该定位于提供必要的制度,提供公共产品,监管市场的运行。长期以来,我国实行的是管理型的行政管理方式,"政府万能论"深入人心,很多政府官员没有清晰地意识到自己手中的权力来自公众的代理人角色,民众似乎也习惯于充当"被管理"的角色。这种情况下,不可避免会造成政府同时充当"裁判员"和"运动员"的角色,政府管理中的"错位""越位""缺位"现象大量存在,不仅过多侵占了本该是中介组织、社会团体和公民个人的权利,扼杀了他们的积极性和创造力,而且造成政府自身的不堪重负。

(二) 制度供给不足和外在监督的低效

首先,政府信用相关法律制度不完善。有关行政法律、规章较为抽象,规范性和操作性差,执法部门和执法人员有法不依、执法不严、违法不究的现象经常存在,徇私枉法、执法犯法等滥用权力的行为时有发生,过去政府部门往往习惯于以部门文件来约束和监督权力运行,对官员的处罚经常是以党纪政纪、行政处罚、纪律处分代替法律制裁,威慑性明显不足。这种法律制度上的漏洞的直接后果就是政府不能建立起公民的绝对信用。再次,对公共权力的约束和监管制度不完善。"不受制约的权力必然导致腐败",政府官员的行为必须受到监督和制约,但是我国现有的监督和制约机制不健全,监督和制约的作用没有得到充分的发挥。当前,国家权力机关对行政机关的监督还存在一些缺陷,规定不够具体,可操作性不够强;社会监督及其主体的监督意识以及监督的积极性与主动性有待提高,并且缺乏相应的制度保障性,导致监督效力和效果不理想。

(三)"经济人"的本性以及由此带来的功利主义倾向

法国著名的实证主义思想家孔德认为人有利己和利他两种社会本能,社会就是在这两种本能的矛盾运动中发展的。公共选择理论也认为政府人员也是有着自己利益的"经济人"而非人们想象的仅仅只是"公共人",他们也有自己的私利。在现实中,这种功利主义表现为对小集体、个人有利的事情,会积极地去执行、促成,以获得个人利益和集体利益;对那些与小集体、个人利益无关甚至无助于保障既得利益的事情,则采取"不作为"的方式拖延或不予办理。

(四)官员的"寻租"和腐败行为

公共生活中,对利益的追逐往往转化为对公共权力的追逐,公共权力成为人们追逐利益的重要手段。这种以私利为目的的权力追逐,必然伴随着公共权力的非公共运用,即公共权力变质、异化。同时,公共组织最显著的特征是其提供公共产品和公共服务的非市场性,即垄断性。这种垄断性主要由公共服务部门的自然垄断、非营利性和管制性等因素造成。由于政府自身的"经济人"角色和有限理性,使得掌权的政府运用权力所进行的"寻租"(Rent-seeking)活动愈演愈烈,这不仅表现在政府在寻租活动过程中充当被动角色还体现在政府主动的"创租"现象。与此同时,权力的特殊性还导致了政府机会主义行为的产生,这包括逆向选择和道德风险,具体表现为政府的搭便车、寻租等腐败现象。部分官员"创租"和"抽租"的存在,促进了寻租活动的普遍性和经常性,政府信用大为降低。腐败造成的损失不仅仅是经济上的,更为重要的是严重影响了政府的公信力和权威性。

(五)政府自身利益最大化

政府自身利益最大化倾向有三种表现形式:一是政府机关追求自身利益最大化引起的政府与其公共性的偏离。政府作为公共部门的特点之一便是它掌握公共资源,公共资源的使用效果除了满足委托人的需求外,同时也能为政府机关带来收益,所以,公共资源是与政府机关的利益实现相关的,政府机关也看做独立的利益主体。二是公共管理者集体作为特殊利益群体的逐利倾向。由于信息不对称、不完全契约和公众集体行动激励机制短缺的客观存在,公共管理者集体很可能变"仆人"为"主人",从而出现"代理人主权"现象。三是由政府官员追求个人利益最大化的倾向引起的与公共目标的冲突。出于"经济人"假设,政府官员的这一倾向是不可避免的。

三、政府信用缺失的危害

政府信用是社会信用的基础和源头,是社会信用体系建设的关键,因此,政府信用的提高对企业和个体的信用具有引导和示范意义。同样,政府的失信也给社会带来不可估量的危害。

（一）政府信用缺失会破坏社会信用基础

我们可以从两方面来分析：一方面,在整个社会信用体系中,政府信用处于核心与支柱地位,对于构建整个社会信用体系起着举足轻重的作用。政府信用是社会信用体系的制度保障,良好的政府信用可以弥补民间信用暂时短缺所带来的一些问题。另一方面,在我国,政府是一国经济运行的管理者和规则制定者,信用作为政府和公众之间的契约,客观上要求当事人双方共同遵守契约的内容,从而确保契约正常执行。在我国经济体制转轨时期,由于政府的特殊地位,决定了契约双方在履行各自的权利和义务时常常出现不对等的现象,监督制度的不完善也会引起政府信用缺失现象的产生。又由于政府的特殊地位和其信用的缺失,必然为企业和个人发生信用缺失现象提供了不良的参照系和错误的信息导向。因此,政府信用缺失将进一步动摇和破坏社会信用的基础。

（二）政府信用缺失会导致运作成本提高

政府信用缺失现象严重影响了政府的形象,破坏了政府存在的合法性基础,导致政府权威下降甚至丧失。政府信用作为社会公众对政府的一种印象和评价,是政府形象的核心要素,是政府服务于民、取信于民而取得良好政府形象的体现。政府及其公务员以权谋私、贪污受贿等行为严重破坏政府的形象,威胁政府的合法性基础。政府公信力的下降,严重妨碍了政府与公众之间的良好互动关系,损害了政府的权威,从而使政府的行政行为难以得到公众的理解和配合。政府为了实现其职能,不得不动用各种手段,投入极大的人力财力物力,不断扩充机构和人员,大量增加预算,政府运作成本就会直线上升。强制行政的粗暴行为方式,会极大损害公众的利益,导致公众的不满和不配合,进一步加剧政府公信力的下降,使政府信用资源丧失殆尽。

（三）政府信用缺失会影响政府制度的推行及实施效果

政府是政策的制定者,而要保证政府制度和政策实施必须得到市场主体的认可和遵守,这有赖于政府信用度的提高。一个信用度高的政府必然能够有效推行自己制定的制度,能够有效地实施自身制定的政策；反之,信用度低的政府失去了公众的信赖,任何制度和政策都会变成一纸废文。由此可见,政府信用度高低和政府制度、政策的实施成正比例关系。

（四）政府信用缺失会加剧社会的道德风险

政府失信于民,会大大加剧社会问题出现的概率。首先,作为整个信用体制的政府信用出现问题,必然会导致一系列的连锁反应,最直接的影响就是经济活动中的"进入成本"的扩大；其次,在政治领域,可能导致政局的不稳定；最后,在道德领域,由于政府的不作为和政府约束力的消减,会出现社会道德的沦丧,一些基本、公认的道德观由于守约成本的关系,可能被一些非主流的道德观取代。这样整个社会都存在很大的道德风险,不利于经济的发展,也不利于政府信用的建立,反过来,政府信用的缺失,又会加剧社会的道德风险,陷入一个恶性循环的状态。

（五）政府信用缺失会影响一国的国际形象

一些跨国的交易,往往就是凭借彼此的信任以及政府的诚信担保。而政府的失信行为,就会在国际上造成不良影响,破坏一国的国际形象,导致贸易的不经济,以及政治合作的"进入成本"高涨等一系列的问题。由于我国处在经济转型的时期,经济体制、文化等因素的特殊性,以及官员的官本位思想的影响,有可能在与国际对接的过程中,对我们产生不利的影响。

四、加强和完善我国政府信用建设的措施

(一) 进一步理顺政府职能,实现职能归位

当前,我国政治经济体制改革正在逐步推进中。因此,必须深化政治体制改革,推进政府职能的转变,实现由全能政府向有限政府,管制政府向服务政府、透明政府、公平政府的转变,实现政府本位向民本位、社会本位的转变,实现政府职能归位,最大限度地减少政府对经济的直接干预,这是建设服务型政府、提高工作效率和管理水平的保证。要将政府职能切实转到经济调节、市场监督、社会管理和公共服务上来,减少对经济的直接干预,把重点放在培育和维护完善的市场规则和市场环境上,实现有限政府的合理目标转化,通过致力于自己管好自己应该而且可以管好的事来取信于民,取信于社会。例如,我国《行政许可法》的颁布和实施在很大程度缩小了政府管理社会的范围,极大地推动了我国有限政府的建立。

(二) 加强和完善政府信用制度建设,打造现代政府信用体系

1. 创新政府决策制度

规范政府决策是打造诚信政府的必要条件。建立科学决策制度,首先必须努力提高领导干部决策的水平,政府出台任何政策或决策,都要对其可行性进行充分调查和论证,而不是个人随意决定;在政策付诸实施前,加强审查,并通过部门协调机制的配套完善,加强部门的沟通,以减少政府政策与国家法律相违背、地方部门政策与国家宏观政策相违背、各部门政策的相互冲突。通过建立决策评价制度,对政策效果、成本、产出的各种影响等进行系统的评估研究,以对该政策做出客观评价,促使政府决策者提高决策水平,改进公共政策的质量。国外许多国家设立的"政府决策咨询委员会"的做法值得我们借鉴,政府决策咨询委员会的成员由政府各部门负责人、专家学者以及部分群众代表组成,其职责是对政府出台的各项重大规范性文件、政策、合同进行论证审查。实行"重大决策听证会"制度,从而有效地避免了政府"无意"失信造成的恶果。

2. 建立健全政府决策信息系统

要建立和实行人大质询制度、公正听证制度、专家咨询制度,将人大制约、公民参与、专家咨询与论证确定为政府决策不可少的环节,要形成各种社会利益群体特别是弱势群体的利益表达机制,使他们的政策要求反映在公共政策上。加强信息机构的工作能力建设,特别要进行信息的搜集方法的改进,增强信息的准确性、降低信息搜集成本、提高信息搜集效率。并通过建立公共政策实施反馈机制,使政府能及时发现公共政策的漏洞、缺陷,采取必要的补救措施。

3. 完善政府信用信息法律法规制度

西方发达国家均先后制定了比较完备的政府信用信息法律法规。如北欧的瑞典,1776年就制定了具有宪法效力的新闻自由法;芬兰1951年制定了《公文书公开法》;挪威1970年制定了《行政公开法》;澳大利亚于1982年制定了《联邦情报自由法》;加拿大于1982年制定了《资讯取得法》和《私人秘密法》;法国于1978年制定了《行政文书公开法》;即便是以保守

闻名的英国也于 2000 年制定了英国的《信息公开法》，并陆续出台了《开放政府》《你的知情权》两部白皮书；日本政府于 1999 年通过并实施了《政府资讯公开法草案》；韩国于 1996 年制定了《公共机关情报公开法》。美国是世界上政府信息公开制度最完备的国家，1966 年的《信息自由法》规定政府应当向社会公开除国家安全、公民隐私、商业秘密等九项信息外所有政府信息，1976 年《阳光下的政府法》规定合议制行政机关的会议必须公开，这两部法律连同 1972 年制定的《联邦咨询委员会法》和 1974 年制定的《联邦隐私权法》共同构建了美国政府信息公开的法律制度，奠定了政府信息公开的法律基础。

在各国政府信息的公开立法中，较少有关行政机构违反政府信息公开制度的责任规定，或者有规定但不合理。在刑法上应当规定对此类行为的处罚，比如借鉴国外立法设立"不实报告罪"或"违背信用罪"等。在政府信息的公开方面，无论是依法主动公开还是依申请公开都要规定政府官员的法律责任，包括行政责任和刑事责任。我国在制定《政府信息公开法》时，应该规定政府机构及其工作人员拒绝提供信息时的法律责任。

应在保证经济社会安全和商业秘密的前提下，加快解决公共信息依法公开和共享问题，完善政务公开制度和听证制度，以获得社会对政府的信任，即定期公示工作程序和办事指南，推行阳光操作，增强政策的统一性和透明度，涉及人民群众切身利益的重大政策应广泛听取社会各方面意见后方能出台；实行信息查询制度，体现公民在政府信息享有上的公平性。中国社科院法学所副研究员吕艳滨认为，相关部门应当尽快制定年度报告的编写发布标准，细化并明确报告必须具备的各项要素，统一部分重要数据的统计口径。一定要加大政府信息公开工作核心数据的公开力度。建议有关部门明确公开范围和公开标准，要求各级政府机关准确全面地公开各类依申请公开数据和经费人员投入情况数据。建议有关部门结合编写标准的制定，尽快建立健全科学合理的考核评价指标体系，特别是要加强对年度报告编制发布工作的问责力度。对于不能按时编制和发布年度报告、在报告编制和发布中不严肃甚至弄虚作假的，应当依法细化责任追究规定，并依法进行问责，以体现此项制度的严肃性和公信力。

（三）建立和完善政府失信惩罚机制

政府信用缺失的初始动机在于其失信的成本小于可预见的最终获取的效益。有效的政府失信惩罚机制的功能便是使失信者清楚地认识到其将要付出的代价足以抵付其所得到的实际利益和好处。因此，必须建立刚性的政府失信惩罚机制，完善责任追究机制，落实信用责任主体，把失信惩戒责任落实到具体的政府官员头上，防范以及制止政府官员的随意失信、漠视社会公众合法权益的行为。在完善政府失信惩戒机制中，尤其要强化三种追偿责任：(1) 民事补偿责任。政府在行政决策和行政执行方面，给行政相对人造成损失的，视情节和后果给予补偿。(2) 纪律和行政责任。地方政府行政人员在行使公共权力时，对造成的社会后果要受到纪律追究，如诫勉谈话、行政警告、行政记过、降级降职或责令引咎辞职等。(3) 刑事法律责任。对行政责任人严重玩忽职守，造成重大损失的，除了追究上述责任外，还要追究其刑事责任。只有惩戒得当，才能避免失信行为的再次发生。

（四）树立政府及其行政人员的诚信观念

加强政府信用建设，关键在于建设一支高素质的公务员队伍。必须树立公务员正确的权力观，完善公务员的准入机制、退出机制和培训、学习、考核、奖惩、淘汰机制，全面提高公务员尤其是各级领导干部的整体素质,打牢重塑政府信用的人才基础。开展诚实守信的思想政治教育,将信用观念、信用意识和信用道德的宣传教育贯穿到公共政策的制定、执行的全过程中,提高公务员的诚信行政、依法行政的意识和水平。一个高效、廉洁的政府是老百姓满意的政府,而各级政府在百姓心目中的满意程度又直接关系到地方和国家经济发展的状况。这就需要各级政府不断强化行政道德以提升其信用。为此,应当肃清封建政治观念和文化的影响,树立现代执政理念和职业道德精神。要求公务员自觉地以社会主义道德观、价值观规范行政行为,树立为人民服务的价值观、依法办事的法制观、实事求是的公正观和恪尽职守的责任观。除此之外,通过对公务员日常工作表现的考核机制,建立公务员信用档案,将其信用行为作为政绩评价、官职升迁的主要依据之一。我们要重视道德文化治理和其他制度规范手段互相补充,形成合力,共同发挥作用。

（五）加强对政府的监督,为构建政府信用提供保障机制

正如权力需要监督一样,政府信用也需要监督与制约,孟德斯鸠说过:"一切有权力的人都容易滥用权力。"由于公共权力的滥用而产生的人治现象、腐败现象、官僚主义现象、地方保护主义现象等都是政府信用缺失直接或间接的表现形式。缺乏有力的监督力量,政府失信行为得不到及时有效的纠正,政府守信的动力无疑会减弱,因此构建政府信用必须完善对政府的监督机制;在明确政府及其责任的基础上,为使政府的失信行为得到及时的确认和制止,还应完善行政监督制约机制。我国现在的监督体制还存在不少的缺陷,立法、行政、司法机关对行政权的监督制约力度还有待强化。要建立专门的政府信用监督机构,接受公众对政府失信行为的信访与投诉,调查了解事件,形成评估结果公告社会,协调政府与公众的关系,约束与监督政府失信行为,维护政府权威性,接受政府及公众的质疑。除此之外,还应加强社会监督。社会监督是不容忽视的体制外的监督形式,包括社会政治实体的监督、社会团体的监督、社会舆论的监督等,都会对限制和约束政府失信行为起到积极的作用。其中媒体监督具有尤其重要的作用。

本章提要

政府信用危机已经逐渐演变成一个全球性的问题。"综合信用观"能够较为全面客观的阐释政府信用的内涵。弄清楚政府信用与国家信用、主权信用、政府公信力这几个概念的区别与联系,有助于加深我们对于政府信用的理解。契约理论、委托—代理理论、交易成本理论及治理理论等构成了政府信用形成的理论基础研究。不同于一般的企业信用与个人信用,政府信用有其独特的特征,即强势性、唯一性和不可替代性、双面性、相对独立性、不对称性、社会性和示范性。加强政府信用建设,是我国信用体系建设的核心和首要任务,具有重大的现实意义和深远的历史意义。当前,各级政府已经意识到加强政府信用建设的重要性和紧迫性,我国政府信用建设也取得了一定的成果,政府信用度有所提高。国内外几种较有影响力的政府信用评价体系与评价模型从不同的角度介绍了政府信用评价指标的选取及如何量化政府信用等级高低。我国地方政府失信现象的存在已经影响了政府的公信力。采取创新政府决策制度、完善政府信用信息法律法规制度、建立和完善政府失信惩罚机制、加强对政府的监督等措施,以进一步提高政府信用度是非常有必要的。

复习思考题

1. 什么是政府信用？试简述政府信用的特征。
2. 政府信用形成的理论基础有哪些？
3. 如何理解政府信用与国家信用、主权信用、政府公信力之间的关系。
4. 试论述加强政府信用建设的意义。
5. 我国政府信用建设的现状如何？政府信用建设过程中存在的主要问题有哪些？
6. 简述"标准普尔"政府信用等级评价体系的主要内容。
7. 试述大公地方政府信用评级方法的主要内容。
8. 如何理解世界银行的全球政府治理指标？请解读我国政府治理水平数据表。
9. 我国政府失信行为主要表现在哪些方面？政府失信的危害主要有哪些？政府失信的主要原因何在？
10. 如何有效治理政府失信问题？
11. 试论述强化和完善我国政府信用建设的主要措施有哪些？

案例分析 　市民起诉河北邢台政府不兑现1650万招商奖金

2009年10月26日，河北省邢台市中级人民法院开庭审理了一起被称为"最牛政府奖金"的民告官案件。原告韩杰起诉邢台市政府不兑现其承诺的1650万元招商引资奖金。1999年，邢台市出台了《中共邢台市委邢台市人民政府关于进一步推进内外开放加快招商引资步伐的若干规定》，其中第三十八条规定：引荐内外商在我市直接投资的(含嫁改、收购、兼并、参股、重组、租赁我方企业的投入)，可按外方投资额的1%—2.5%提取奖金。由于该文件总条款为60条，因此在当地被简称为"六十条"。邢台市于1999年发布"六十条"后，2003年再次以(2003)15号文件重新颁布了上述规定。两个文件因其总规定条数均为60条，因此被称为新、老"六十条"。2003年"非典"期间，韩杰领港商到邢台考察，后港商在此投资建厂。这个项目当时是邢台市引进的最大的海外投资项目——建滔(河北)焦化有限公司和建滔(河北)化工有限公司。一期投资9亿元，二期投资7.5亿元，如果建滔投资额(两期投资)按16.5亿元计算，根据"六十条"的规定，按1%提取的话，项目引荐人的奖金额将达1650万元。然而，这笔钱，邢台市政府始终没有兑现。在经历了多年的拉锯战之后，韩杰将邢台市人民政府起诉到法院，理由是邢台市政府行政不作为。而在当庭质证中，邢台市政府的代理人表示，这个奖金可以给，也可以不给。在被告一方提交的证据"办字(2006)36号文件"，邢台市人民政府办公室给河北省人民政府办公厅的报告中明确写道："邢台市委、市政府制定的鼓励招商引资的'六十条'是市委、市政府的文件，不是面向社会的悬赏告示。'六十条'中对此类情况的提法是，项目受益单位'可以'给予奖励，但不是强制性必须奖励。"

从"言而有信""一诺千金"的角度看，邢台市政府无疑应该兑现自己的招商引资奖励承诺。所谓"政府文件不是悬赏告示""'可以'不是'必须'"之类辩解，实乃一种巧言令色的托词。这样一来，"推进内外开放加快招商引资步伐"岂非成了一句空话，如何取信于人？其实,如果深一层——从政府行政规范特别是政府公共财政行为的角度又会发现,在这件事上,邢台市政府所面临的"失信",实际上不止是"奖金不兑现",同样也涉及公共财政制度本身。众所周知,政府并不是能直接创造财富的机构,其手中的资金一分一厘均来自纳税人的贡献,是十足的公共资金;那么相应的,任何公共资金的收支行为,都属于公共财政的范畴,必须纳入财政预算,接受公共的监督——1650万的巨额招商引资奖金,绝非小数,无疑更应如此。这正如《预算法》所要求的,"各级政府、各部门、各单位的支出必须按照预算执行"。如果答案是肯定的,邢台市政府不兑现1650万奖金,便不仅是对引资人韩杰的失信,也是对当地政府预算的失信——没有严格执行预算。而如果答案是否定的,邢台市政府现在的做法同样也构成一种"双重失信",既失信于韩杰个人,也失信于公共财政、预算管理制度本身——是否给奖金、怎样以及发放多少奖金,岂能由着政府自己想当然、朝令夕改,而不付诸公共程序,接受奖金的真正主人——广大纳税人的监督?"民无信不立"。其实,最首要必须"立信"的,还是官员和政府——其任何行为,既是在为民立信,也是在为民主法制条件下的公共制度本身立信。因此,如果"奖金""重奖"真是不可或缺的话,与其华而不实地奖励"招商引资",还不如追根溯源地去奖励这种立信行为本身更有价值。

资料来源:根据《中国青年报》和《潇湘晨报》相关报道整理。

第四章

企业信用管理

学习目标

通过本章学习,应该了解或掌握以下内容:
1. 企业信用的概念、特点、作用;企业信用风险的主要表现形式;企业信用管理的概念、必要性、发展历程与发展趋势;企业信用管理的目标、基本功能、流程;企业信用管理部门的设置方式与岗位的设置;企业信用政策的主要内容;典型的企业信用管理模式。
2. 客户信用信息的采集、审核;客户信用档案的建立与管理。
3. 企业授信管理:确定授信期限、授信标准、授信额度和选择授信方法。
4. 应收账款管理:期内应收账款和逾期应收账款的管理。

引导案例　雅芳公司的信用管理

雅芳原来是一家采用直销方式的化妆品公司。1998年4月国家禁止传销和直销,公司的销售方式因此转型为批发零售。被动转型后的雅芳销售额一落千丈,市场迅速萎缩。

面对竞争,雅芳采取多渠道销售方式,包括在全国范围内的商场专柜、雅芳专卖店、推销员等。各种渠道的销售都需要采取信用销售的方式。尤其值得注意的是,雅芳在全国各地有数千家雅芳专卖店,占雅芳业务总量一半以上。这些专卖店都属个体经营性质。在目前中国个人信用体制尚不健全的环境下,要对如此规模的个体经营者进行信用销售,对公司来讲实在是一种非常冒险的尝试。

面对特定的高风险的销售群体,雅芳制定出一套适合雅芳的特别的信用管理政策:

首先,明确公司信用政策的最终目标:"在短期内迅速提升销售,同时将风险控制在一定的范围内。"其次,分析客户群与雅芳的特定关系。在此基础上,制定一个信用条件从严到宽,信用额度从低到高的一个逐步渐进的信用政策。并且在政策实施过程中,及时修订政策,使政策能够在尽可能短时期内符合公司业务发展的需要。之后,在政策逐步完善的基础上再制定坏账考核办法,以逐步加强公司信用管理力度。

雅芳企业信用管理的经验是：

（1）与公司目标一致的信用政策与程序。包括适当的客户信用等级评估方法、专业的应收账款收款程序和合理的应收账款考核制度。

（2）有一套完善的信用管理电脑支持系统。可支持信用等级评估，完整的应收账款账龄、销售数据和信用分析报表。

（3）严格的应收账款日常跟踪管理和定期召开账款会议。

（4）足够的专业机构的培训与客户信用调查信息。可提供公司对客户的风险系数的判断。

案例思考：雅芳公司的信用管理给我们哪些启示？本章相关内容将给出相关解释和回答。

第一节　企业信用管理概述

企业是一切社会经济活动的细胞，是社会信用活动中最活跃的层次，是巨大的信用需求者和供给者。因此，企业信用是社会信用关系的重要组成部分，构成了信用关系的基础。近年来，随着企业信用活动的频繁，信用交易的扩大，信用风险也相伴而生。信用风险的产生除了受到整个社会信用环境的影响外，主要是由于企业内部管理制度的不健全所导致的。因此，要提高企业信用管理水平，就必须先从建立健全企业内部机制入手，加强信用管理，提升整个企业的综合竞争力。

一、企业信用

（一）企业信用的定义

企业信用有广义和狭义之分。广义的企业信用是指工商企业之间在进行商品（或劳务）交易时，以延期支付或预付形式提供的信用。其具体形式有赊销、预付货款、分期付款、经销和代销、补偿贸易等，归纳起来主要是赊销和预付两大类。企业信用直接与商品生产和流通相联系，其发展既增加了购货企业的资金融通渠道，又加快了销货企业资源的循环和周转，对经济发展起重要作用。

狭义的企业信用专指企业之间发生的信用销售活动，俗称"赊销"，是一种让客户"先提货，后付款"的销售方式，其实质是客户占用企业的资金，等效于企业对客户的短期融资。赊销主要指的是企业对企业、商场对消费者、生产厂家对消费者的"先提货，后付款"的销售方式。赊销一般是在商业银行和其他金融机构的支持下进行的，也有大规模赊销是在制造商自己的财务公司支持下进行的，并又逐渐成为一种新的发展趋势。在我国，零售商对消费者的信用销售一般被称作消费者的信贷消费。商业银行直接或间接向消费者个人发放的贷款，则通常被称为消费信贷，这是一种现金信用，对于它的管理，与产品赊销在技术上类似。

(二) 企业信用的特点①

(1) 企业信用与特定商品买卖相联系。企业信用是一个企业以商品形式提供给另一个企业的信用,借贷对象是待实现价值的商品。企业信用活动同时包含两种性质不同的经济行为——买卖行为和借贷行为。

(2) 企业信用在授信规模和方向上受到局限。企业信用的提供者是商品提供者,提供信用的额度受企业资金规模的限制,因此其总规模也是有限的。企业信用的需求者是商品的购买者,这就决定了信用具有方向性,如果企业信用以赊销的方式出现,即由商品的生产者提供给商品的需求者信用;如果企业信用以预付款形式出现,即商品购买者提供给商品生产者信用。

(3) 企业信用具有期限短的特点。企业信用受企业资金周转时间限制,因而期限通常都比较短,它属于一种短期资金融通。

(4) 企业信用是加剧经济危机和信用危机的一个重要因素。企业信用的发展使参加者结成紧密的支付链条,该链条中任一环节的中断,都会直接影响其相关的一系列支付,引发或加剧危机和信用危机。

二、企业信用管理及其必要性

在以信用交易为主流的成熟市场上,企业不采用赊销方式,必然丢失市场份额,最终败在竞争对手的手下。然而,如果企业大规模地采用赊销方法进行销售,必须引进科学的信用管理,因为来自客户拖欠和赖账的风险是不可避免的。企业建立信用管理功能的目的主要是规避来自客户的风险。

(一) 企业信用风险

1. 企业信用风险的含义

企业最大的、最长远的财富是客户,然而企业最大的风险也来自客户。

企业信用风险,即客户风险,是指在以信用关系为纽带的交易过程中,交易一方不能履行给付承诺而给另一方造成损失的可能性。最主要的表现是企业的客户到期不付款或到期没有能力付款,导致企业的应收账款无法收回,产生坏账、呆账,轻则造成企业资金紧张,重则引起资金链断裂,最终导致企业破产,其风险的蔓延也会危及社会经济秩序和经济制度。

2. 企业信用风险的主要表现形式②

(1) 客户拖欠的风险。客户拖欠货款是企业赊销面临的最大风险,拖欠货款对赊销企业造成的损失远比坏账造成的损失大。客户拖欠货款的损失不出现在会计账上,是隐形的,体现为机会成本的增加,因此经常被忽视。

(2) 客户赖账风险。客户赖账是客户恶意拖欠货款行为的习惯说法。不同于临时遇到困难和濒临破产的客户企业,赖账的客户通常是有能力还款的,但就是拒绝还款,还找出种种托词和借口,能拖则拖,尽可能长时间地占用赊销企业的资金。客户赖账是产生赊销坏账

---

① 朱毅峰,吴晶妹.信用管理学[M].北京:中国人民大学出版社.2005:29—30.
② 中国就业培训技术指导中心.信用管理师(基础知识)[M].北京:中国劳动和社会保障出版社.2006:33—34.

的主要原因之一。

客户赖账主要发生在品德不良的客户身上,其行为是一种十分恶劣的欺骗行为。尽管客户赖账是产生赊销坏账的主要原因之一,但货款不一定收不回来,只是催讨货款非常困难,收账成本很高。为了防止坏账发生,要事前防范,筛选客户,尽量避免与品质恶劣的赖账客户进行信用交易。

(3) 客户破产的风险。客户破产是造成赊销坏账的另一项主要原因。一个企业走向破产的原因很多,分为主动破产和被动破产。一些企业申请破产的主要目的是逃债。企业被动破产的原因很多,多数是经营不善,还有的是发生经济纠纷、突发事件、为他人担保被拖累、被政府政策性勒令停业等。

如果客户企业破产,客户就不可能正常归还所欠的货款。当一个企业破产被清算时,如果赊销企业的债权优先权级别比较高,可以排在众债权人前列,便可以减少一些损失。如果过了公告的清算期,信用管理部门只能建议会计部门将这笔逾期应收账款作为坏账注销。

(二) 企业信用管理的内涵

企业信用管理有广义和狭义之分。广义的信用管理是指企业为获得他人提供的信用或授予他人信用而进行的管理活动,是对企业信用交易活动的全过程和企业诚信经营行为的全方位管理。其主要目的是为企业发展信用交易和获取信用资源服务。简言之,广义的企业信用管理是企业为获得他人提供的信用或授予他人信用而进行的以筹资或投资为目的的管理活动。广义的企业信用管理包括授信、受信两个方面。

狭义的企业信用管理专门指授信管理,是以企业债权(信用销售)风险管理为核心的信用管理。是指通过制定信用管理政策,指导和协调内部各部门的业务活动,对客户信息进行收集和评估,对信用额度的授予、债权保障、应收账款回收等各交易环节进行全面监督,以保障应收账款安全和及时收回的管理。其目的是企业在扩大信用销售的同时,保障应收账款安全和及时收回。

信用销售是企业信用管理产生和发展的基础。在国外,信用销售的高度发达,促使企业信用管理达到了很高的水平;在国内,由于长期处于计划经济体制,商品经济不发达,信用销售十分落后,造成企业信用管理水平的普遍低下,甚至许多企业处于空白状态。

(三) 企业信用管理的发展历程[①]

据欧洲的文献记载,欧洲在中世纪就开始盛行信用交易,赊销方式曾经促进了当地贸易的大发展。欧洲商人最先采用的信用交易方式是先发货后付款,而且多数是在买方收到货后,供应商在买方商行所在地收货款。据记载,在1253年,有意大利商人从同胞在法国开设的一家商行购买了一批英国造布匹,双方签订书面协定,由买方于4月之后,在买方设在第三地的其另一家销售香料的分号付赊购布匹的货款。

早在13世纪的英国,商人们就广泛地使用赊销手段销售原材料,普遍采用的赊销期为3个月。为了尽早收回货款,英国商人愿意在约定付款的期限内,给来自欧洲大陆的大客商以现金折扣。在英国工业革命以后,英国的国内外贸易迅速发展,贸易变成没有季节性的贸易,于是多种赊销形式开始出现。早在20世纪初,在欧洲的许多地方就出现了大型的贸易

---

① 江苏省企业信用管理协会.企业信用管理操作实务(第2版)[M].北京:中国方正出版社.2006:5—6.

市场。在意大利，替外国厂商在当地代销商品的商人被称为"贸易代理"。贸易代理商在其所在国赊销国外商品，在当地帮助卖方催收账款，效果颇佳。

在1832年以前的英国，包括商业银行在内的各种金融机构在资金方面大力支持赊销，法定的银行利率不得超过5%，因此，贸易商开始根据银行所给予的条件，在经营中引进信用管理和财务管理手段。当时，英国本地的信用销售的期限通常为12个月至3年。分期付款式的赊销方法出现在19世纪50年代，属于消费者信用中的零售信用方式的一种。1856年，美国胜家牌缝纫机生产公司首创分期付款的支付方式推销其产品。1919年，通用汽车公司是第一家为中产阶级家庭提供汽车分期付款的公司。在第二次世界大战以前，赊销一般都是在公司间进行。直到20世纪50年代初，在赊销商的不断推动下，美国的商业银行开始意识到，向收入稳定的工薪阶层提供消费信贷风险更小。于是，一些新的、提供消费者使用的信用支付工具发展起来。

自12世纪开始，到20世纪70年代，在资本、工商、消费者三个市场上的传统式信用交易手段趋于完善，并在全球为所有采用市场经济方式的国家普遍采用，并使一些发达国家的市场经济规模放大了很多。在世界信用交易额最大的北美市场，每月的信用交易额度超过2 000亿美元。伴随信用销售的发展，发达国家的企业信用管理已经达到相当高的水平。

中国在计划经济条件下，企业之间的商业信用是被严格禁止的。改革开放以来，市场的发展对信用提出了越来越高的要求。信用在市场经济交易中是一个必须具备的要素。在我国的社会主义市场经济实践中，外在形式上的赊销早已存在，实质上的赊销开始于20世纪80年代，当时非国有经济成分有了一定程度的发展。但建立在现代信用信息服务基础上的现代企业赊销则出现得比较晚，大约始于1994年。通常以专业征信公司提供普通企业资信调查报告服务和消费品市场转入买方市场为标志。

目前，现代企业信用管理呈现出如下发展趋势。[①]

1. 范围在不断扩大

全球化和虚拟经济冲击信用管理理念。随着经济全球化带来的外国竞争对手问题，客户关系和客户调查问题再加之文化问题使信用管理变得更加复杂。在企业跨国经营和国际化过程中，信用管理面临解决目标市场的征信质量问题，以及评价客户新标准问题。同时，出现电子商务/网上交易等新型业务的信用风险控制问题。

2. 产品在不断创新

信用衍生工具（Credit Derivatives）市场将会以一种无法想象的方式改造信用管理行业。它们可以用来层层剥离标的资产的信用风险，从而改变标的资产的整体信用风险特征。快速的发展挑战信用人员的信用管理能力。信用管理部门成为企业利润中心，信用工具和征信产品创新和更新换代频率加快，产生设备更新和接受新知识的培训问题，这越来越要求信用管理经理人员具有战略性思维，提高协同能力，形成与内部相关部门和客户的商业伙伴关系。

3. 风险在增长

用于信用风险管理的工具本身并不能够将这个世界变成一个更为安全的世界。任何分

[①] 中国就业培训技术指导中心.信用管理师（基础知识）[M].北京：中国劳动和社会保障出版社.2006：30—31.

析工具都是人类智慧的产物,它们试图通过具有有限变量的模型来描绘真实的世界。一个模型可能会抓住它所描绘的真实世界的大部分特征内容,但不容置疑它肯定会忽略掉另外一些重要的方面。更进一步,由于模型的存在,它会逐渐改变市场行为,使得它变得越来越没有用处,由于这些原因,信用管理技术的实践者需要更加关注所谓的"模型风险(Model Risk)"。

（四）企业信用管理的意义[①]

信用管理是企业生存和发展的内在要求,是现代企业管理中的重要组成部分,是企业生存和发展的生命线。

1. 是构建现代企业管理体系的需要

企业信用管理是企业管理的核心内容之一。西方调查机构曾做过调查,在企业十几项管理中,赊销与信用管理被排在第一位,其次才是战略管理、生产管理、财务管理、人力资源管理等。

2. 为科学的信用风险管理提供支持

信用风险管理是企业信用管理的有机组成部分,是企业主要信用管理手段之一,信用风险管理的发展和完善对于企业信用管理的科学化具有重要的意义。企业事前、事中、事后的全程信用管理有利于企业信用风险的识别、防范、控制和有效转移。

3. 提升企业的综合竞争力

信用管理问题是影响企业竞争力的关键。我国的经济已经由过去的卖方市场进入买方市场,一个企业要在激烈的买方市场竞争中脱颖而出,除了加强商品质量和价格竞争力以外,还有一个重要的方面就是要提高信用销售的能力,也就是说,要更多地采用信用结算方式增强企业竞争力。与现汇结算方式相比,信用结算方式的优势显而易见,购买方可以凭借自身良好的信用充当交易媒介先收货后付款,从而大大提高购买方的购买能力和销售商的营业额。在西方国家,90%的商业贸易采用信用方式进行,只有10%的贸易采用现汇结算,信用结算方式已经成为商品交易中的绝对主流。而在我国,由于企业信用的缺失和不足,企业间信用交易方式仅占交易的20%左右,现汇交易达到80%,落后的结算方式严重地阻碍了贸易的扩大和企业的发展,也使我国企业的竞争力大大减弱。很多国外厂商因为无法接受我国企业的现汇结算方式转而去购买其他国家的产品,这样的例子不胜枚举。随着经济全球化进程的加快,我国企业已处于和国外企业同台竞争的环境中,从某种角度可以认为,此时企业所面临的挑战与竞争主要不在于技术水平和资金实力的竞争,而是信用的竞争。据上述分析,同样规模的企业,西方企业的信用销售能力是我们的4倍。如此大的差距,我们根本无力与国外企业竞争。因此我国企业必须大大提高赊销比例,才能在销售上与国外企业竞争,提高赊销比例的前提是加强企业信用管理。

企业通过信用管理,一方面可以扩大其销售量,另一方面可以控制坏账率和逾期账款率,从而有效地控制无效成本(是指坏账成本、机会成本、管理成本、短缺成本的四项总和)损失,提升企业的竞争力。在这方面美国企业的发展历程很能说明发展趋势:20世纪50—60年代,当美国刚刚度过经济危机,经济开始步入繁荣的时候,美国企业也面临着高坏账率、高

---

① 关伟.信用管理学[M].北京:中国人民大学出版社.2009:17—20.

逾期账款率的状况。很多企业因此破产倒闭,更多的企业在泥潭里挣扎。也是在这个时候,企业信用管理被高度重视起来。企业在信用管理专业咨询机构的指导下,纷纷建立科学的信用管理机制,成立信用管理部门,规范赊销行为。随着企业信用管理的加强,美国企业的平均坏账率和逾期账款率大幅下降,同时,赊销比例也节节上升。现在,美国企业的平均坏账率只有0.25%—0.5%,无效成本只有4%。中国企业的坏账率5%—10%,而无效成本却高达14%,企业应有的利润大部分都被无效成本吞噬。

4. 促使企业提升社会信誉

企业信用和企业商誉是企业理念不可或缺的基本要素,如果说一个企业一开始就是以囤钱为其核心价值观,把客户的利益抛在一边,那么这个企业是不可能维持长久的。唯有诚信至上,企业才能百年不衰。现代企业有雄厚的资金,先进的技术,优秀的管理人员,应当且能够承担企业的伦理责任和相应的经济信用。企业信用也是一种责任,其目的不是单纯的利润,利润应当是履行企业信用的自然回报。企业信用管理在防范信用交易风险、加强企业信用制度建设的同时,还必须做好自身的信用行为规范管理,加强企业的信用文化建设。

5. 规范信用市场秩序,推动市场经济发展

企业作为市场的主体,与其他市场主体存在着广泛而密切的信用关系,它的市场准入、交易行为以及市场退出是否规范,直接决定和制约着市场经济秩序的好坏。因此,建立规范的企业信用制度,包括企业信用风险管理制度和企业信用行为规范制度,是最基本的市场规则和制度之一,是规范和整顿市场经济秩序的治本之策。

高度发达的企业信用关系是现代市场经济的一个显著特点,没有企业信用就没有市场经济。企业信用是否有序,对现代市场经济能否顺利运行具有举足轻重的影响。信用无序化必将导致社会经济生活秩序的混乱,严重时导致整个社会信用位条的断裂,使社会经济生活陷于瘫痪。作为市场经济的微观主体,企业具有良好的信用又是现代市场经济正常运行的必要条件。企业信用恶化,会动摇整个市场经济的基石。

企业信用管理是一项系统工程,企业内部通过设立专门进行企业信用管理的部门和人员,形成有效的企业内部信用管理体系。就其外部而言,通过规范市场运作,完善法律制度,使社会信用管理体系形成强有力的合力。企业内外部信用环境的不断优化,推动整个信用经济的快速、稳健发展,使各个企业优势得到发挥的同时,实现整个社会的和谐发展。

专栏4-1

公司资金的故事

一、A公司(资金由紧张到宽裕)的故事

A公司是一家北京地区的中型企业,业务为批发食品,其客户多为超市及小商店。该公司的平均月营业额为500万元,货款平均在外天数(DSO)为60天,坏账率平均为3%。

当该企业建立信用管理系统后,其货款平均在外天数减为37天,坏账率降为0.7%,需要现金的压力开始减轻!

因货款平均在外天数减少:

原来成本:500÷30×60=1 000万元

现在成本：500÷30×37＝617 万元
此项节省：1 000－617＝383 万元
因坏账率下降：
原来成本：500×12×3%＝180 万元
现在成本：500×12×0.7%＝42 万元
此项节省：180－42＝138 万元
合计共节省：383＋138＝521 万元

二、B 公司（弱势到强势）

B 公司是一家天津地区的小企业，业务为批发日常用品，所以客户大多为小商店；该公司的平均月营业额为 200 万元，货款平均在外天数（DSO）为 98 天，而向供应商取货时现金结算。

从上述数据，我们了解到该公司的现金压力非常重，明显属于弱势企业。

该公司在引入信用管理系统之初是非常疑惑的，因为客户都是小商店，能否接受赊销管理是一个疑问。

当推行后，发现大部分客户是合作的。

现其应收账款天数已降为 60 天，因其还款能力提升，所以其供应商也给予 30 天的赊销期：

原来成本：200÷30×98＝653 万元
现在成本：200÷30×[98－（98－60）－30]＝200 万元
总共节省：653－200＝453 万元

专栏4-2

一个关于荷兰成为海运强国的信用故事

1596 年，荷兰的一个船长带着 17 名水手，被冰封的海面困在了北极圈的一个地方。8 个月漫长的冬季，8 个人死去了。但荷兰商人却做了一件令人难以想象的事情，他们丝毫未动别人委托给他们运输的货物，这些货物中就有可以挽救他们生命的衣物和药品。冰冻结束了，幸存的商人终于把货物几乎完好无损地带回荷兰，送到委托人手中。荷兰人有充分的理由权变，他们可以先打开托运箱，把能吃的东西吃了，等到了目的地，可以加倍偿还托运者。任何人都会同意这种人道的做法。但是，荷兰人没有这样做。他们把商业信用看得比一己的生命更重要。他们用生命作代价，守住信用，创造了传之后世的经商法则。在当时，荷兰本来只是个 100 多万人口的小国，却因为商誉卓著，而成为海运贸易的强国，福荫世世代代的荷兰人。

> **专栏4-3**
>
> **晋商——五百年兴盛不衰的中华传奇**
>
> 中国封建社会有长达上千年的重农抑商历史,"君子喻于义,小人喻于利"、"无商不奸"流传于民间。但清明时代的晋商却崇信尚义,屹立商界五百年,雄踞徽商、粤商等十大商帮之首,名闻四海。
>
> 晋商创造辉煌的最重要秘诀就是诚信经营。晋商视信为商家之命,坚持信用第一,取利有道,利以义先,宁赔本也不做玷污商号招牌的事。如祁县乔家在包头的复盛油坊,一次运胡麻油回山西销售,经手员工为图厚利在油中掺假,掌柜发现后,立令倒掉重装,经济上虽蒙受损失,却招得近悦远来。清朝咸丰年间,复盛西面铺掌柜立账把斗称放大,比市上加一成,市民争相到该号购买。梁启超也曾评论说"晋商笃守信用"。1888年,英国汇丰银行在上海的经理回国前,对晋商曾有过这样评论:"这25年来,汇丰银行与上海的中国人(晋商)作了大宗交易,数目达几亿两之巨,但我们从没有遇到过一个骗人的中国人。"

三、企业信用管理的目标、基本功能

（一）企业信用管理的目标

企业信用管理最初的目标是保证信用交易的安全完成。随着竞争的不断加剧,企业需要利用不同的信用政策以应对市场的变化,并保持稳定的市场销售量。所以,现代企业对信用管理的要求是在企业销售最大化的同时,将信用风险降到最低,使企业的效益和价值得到最大程度的提高。

这一目标的完成需要四个方面的工作配合,即客户信息收集、授信、应收账款的管理、商账追收。每一方面的工作都要有具体的、量化的指标作为工作导向。

（二）企业信用管理的基本功能

企业信用管理是一个包括事前、事中和事后管理的系统工程,缺一不可。因此,企业信用管理的功能包括客户信用档案管理、科学授信、应收账款管理、利用征信数据库开拓市场。前三个功能是企业信用管理的传统功能,后一个功能是企业信用管理的现代功能。

1. 客户信用档案管理

了解客户、合作伙伴和竞争对手的信用状况,是企业防范风险、扩大交易、提高利润、减少损失,在激烈竞争的市场上获胜的必由之路。该项功能以事前防范为主,其内容包括在与客户签订赊销合同以前,对客户的信用信息进行收集、整理、评价、归档,为企业制定信用政策、进行授信决策提供依据。

2. 客户授信

授信管理是企业信用管理的重中之重,授信活动对企业的经营状况和盈利水平有重大影响。为了防范和降低信用风险,企业的授信活动一定要按规范化的程序进行管理,主要内容包括制定信用政策、接受客户信用申请、客户信用分析、授信额度确定、授信期限确定、给客户复信等,客户授信工作的技术性和政策性非常强。

3. 应收账款管理

授信管理并不是企业信用管理的终点，完整的企业信用管理还应当包括应收账款的管理，应收账款是企业信用管理的一个重要组成部分。应收账款包括广义和狭义两种，其中，广义的应收账款管理包括两个阶段：第一阶段，从债权成立开始到应收账款到期日这段时间的管理，即合同期内的应收账款管理；第二阶段，应收账款到期日后的账款管理，也即逾期应收账款的管理。狭义的应收账款管理则仅仅包括第一阶段的应收账款管理，而把第二阶段的应收账款管理视为商账追收。

4. 利用征信数据库开拓市场

利用征信数据库开拓市场的功能是 20 世纪 80 年代后期开始出现的，是对企业内部和市场上各类征信数据库资源的充分挖掘和利用。之所以把利用征信数据库开拓市场定义为现代企业信用管理的功能，是因为，一方面，对企业信用管理人员来说，一系列的数据库检索技术操作或委托资料查询，是他们对日常使用的信用管理信息资源和工具的一种应用，他们非常熟悉这种信用资源，容易掌握这项操作技能；另一方面，尽管有些大企业的客户数据库规模相当庞大，但用于开拓市场的征信数据库是指提供商业化服务的大型征信机构的数据库。大型征信机构的企业或个人征信数据库都存储有海量的信用信息，而且大多数的大型征信机构都提供征信数据库服务，帮助客户开拓市场，挖掘市场潜力。所以，由企业的信用管理部门负责操作，能够最佳地发挥这项功能。①

在操作上，利用征信数据库开拓市场就是通过对征信数据库的检索，找到所需的目标客户或合作伙伴。

四、企业信用管理流程

信用管理是一个动态的过程，具备明确的流程目标、完善的规章制度和相应的组织机构。工作的起点是对客户的授信决策及其前期的准备，终点是货款收回或形成坏账，以及后期客户信用额度的调整和客户关系维护。信用管理过程分事前、事中和事后三个阶段。事前管理是指授信以前阶段的工作，主要是筛选合格的信用交易对象；事中管理是指授信和赊销合同有效期内的管理，主要在于避免客户纠纷、客户预警和转移风险；事后管理是出现了逾期应收账款以后实施的管理，主要是追回货款，处置失信客户。

信用管理的工作流程的各阶段由一系列单项任务组成，体现了对信用销售业流程全过程的信用风险控制和转移(图 4-1)。

（1）当业务部与客户达成销售意向之后，以赊销方式交易的业务应转到信用管理部门处理，信用管理部门负责对客户进行资信调查。

（2）信用管理部门将收集到的信用信息反馈给业务部，以确认是否与业务部门所掌握的客户情况一致。

（3）在第 2 步进行的同时，信用管理部门利用掌握的信用信息资料对客户的信用价值分析，以确定是否对客户进行授信。

（4）如果信用管理部门核准该客户的信用申请，确定客户的信用额度，赊销合同就可以

---

① 刘俊剑.信用管理实务教程[M].北京：中国金融出版社.2008：219—221.

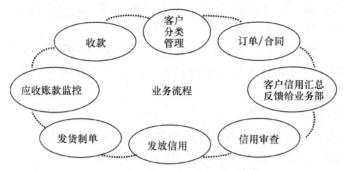

图 4-1　企业信用管理工作流程

进入执行阶段。

（5）货物发出后，信用管理部门要确认发货单、发票等凭据，对单据寄出和送达客户的时间做详细登记与跟踪。在到货后，要求客户出具书面的确认文件，证明货物已运达，并且符合要求，以保证客户不会因单据问题或货物质量问题而拖延或拒付货款。

（6）在信用期限内，信用管理部门要在适当的时候与客户进行联系，一方面提醒客户按时付款，另一方面及时了解客户的经营状况。

（7）信用期限过后，如果客户没有按时足额付款，信用管理部门应将该客户和业务置于收账流程之中。信用管理部门将利用各种可能的手段来解决货款的回收问题，包括内部催收和外部追讨。

（8）收到货款之后，作为一项销售业务已经结束了。但是，信用管理部门的工作并没有结束。信用管理部门应对整个业务过程中取得的有关客户的信用信息整理归档，例如客户付款习惯和拖欠的行为等。据此，一方面可以对现有客户随时做出信用审核；另一方面可以在现有客户的基础上找到良好客户的特征，作为今后业务拓展的依据。

五、企业信用管理机构

通常，企业通过设立信用管理部门来实现信用管理功能。采用信用销售方法的大企业都需引进信用管理功能，而且应该设立独立的信用管理部门来实现这一功能。只有在具备信用管理功能之后，企业才能保证信用销售取得高成功率，而且信用销售工作的主要职责在信用管理部门。

（一）企业信用管理部门设置

1. 信用管理部门对公司的价值贡献

信用部门的意义不仅仅是收账。今天的信用部门已经成为公司的最有价值的部分，它促进了公司的管理和运营，有助于营销团队的销售。信用部门可以为公司提供的价值包括：第一，使公司做出最明智的债务投资；第二，管理企业的应收账款；第三，把债权及时转为资金，降低企业的对外融资的需求，节约融资成本；第四，把呆坏账控制在可接受的水平；第五，通过降低风险，提高销售安全，从而推进销售。

因此，对于希望采用赊销方式扩大销售规模的企业，都有必要引进信用管理功能。尤其是对于业务量多、销售金额大的企业应该设立独立信用管理部门来实现这一功能；对于中小型企业来说，也有必要设专人专职或者兼职管理这项工作。信用销售工作的主要职责在信用管理部门,只有在具备信用管理能力之后,企业才能保证信用销售取得高成功率。

2. 信用管理部门设置方式的比较

企业设立信用管理部门,有三种不同的做法可供选择,即设在财务部门之下,或设在销售部门之下,或与销售部门和财务部门平行设立。三种信用管理部门设置方式的优缺点详见表4-1。

3. 企业信用管理部门的设置

企业信用管理部门的设置需要考虑的主要因素:部门分工细密程度、集权与分权程度、人员之间的信息沟通方式、设立信用管理部门的成本预算等。

企业信用管理部门是与营销、采购、财务等部门并列的一级职能部门,在其部门内部还要设立相应的职能岗位。其中,信用经理是信用管理部门的最高领导,负责本部门的日常管理和业务活动。此外,还应设立职能不同的科室,如商情科、授信科、商账科等,各科室下可以根据任务设立相应的任务小组。

商情科负责客户档案管理与服务,并利用征信数据库进行市场开拓。要做好客户的跟踪、拜访和接待工作,随时解答业务部门有关信用的问题,参与企业信用管理合同的起草,向管理层提出建议性的分析报告。

表4-1 三种信用管理部门设置方式的比较

模式	优势	缺点
销售部门负责	1. 使销售部门的积极性最大限度地调动起来 2. 充分利用了销售部门的人力资源、信息资源和客户资源 3. 能够有效维持并进一步发展客户关系 4. 销售方式和手段灵活自主	1. 销售为主的职能将主要精力用于销售 2. 在销售利益和信用风险有矛盾时,会偏向利益 3. 难以保证监管功能的真正实现 4. 信用管理的专业性较弱
财务部门负责	1. 信用管理职能分离出销售部门,可以起制约作用 2. 有效的财务分析能够控制和防范信用风险产生	1. 财务部门的过于保守会影响销售额 2. 与业务部门的矛盾增加了管理成本 3. 对客户情况和关系的不熟悉难以把握相关尺度、维持良好关系
独立信用部门负责	1. 独立地运用信用管理手段能够客观分析风险 2. 信用分析和信用管理的专业性、技术性强 3. 对销售部门、财务部门有监控、制衡作用 4. 信用制度的建立,使信用管理部门有了一定的权威性	1. 运行初期会有较大的阻力和困难 2. 运行中与相关部门会发生较多矛盾和冲突 3. 增加管理和运行成本

授信科的核心工作是科学地做好客户授信工作。在信用管理部门,授信工作十分重要,技术性强,也比较敏感。从操作角度看,客户授信工作包括资信评级、确定授信额度、信用审核、授信额度调整、授信通知、书面答复客户的申诉等。技术科的信用分析人员不仅要有商

业统计工作经验,还要具有财务分析经验和信用管理有关法律的知识。一个比较精干的企业信用管理部门可能不设置授信科,而将这一部分工作一分为二。其中涉及客户授信的资信评级或信用评分工作划分给商情科,客户投诉处理工作则划分给商账科。

商账科主要负责应收账款管理和控制,涉及商账追收和坏账处理。通过对应收账款进行账龄分析,决定收账的措施。对于账龄比较长的逾期应收账款,应该在征信部门或征信机构的配合下进行诊断。商账催收工作分内外勤,以内勤工作为主。对于内勤工作,主要在执行标准的催账程序,保持与客户企业的财会部门和主管经理的联系。内勤工作以电话催收为主;外勤工作主要有两项,一是拜访一些拖欠账款的客户,实地收取付款;二是联系专业机构的商账追收服务。

(二) 企业信用管理岗位的设置[①]

1. 信用经理

信用经理(Credit Manager)负责信用管理部门的日常管理工作,是企业信用管理工作的核心。

信用经理岗位职责可以这样描述,掌握独立建立企业信用管理四项基本功能的技术,包括随时对企业信用管理状况进行监控和诊断的能力;有能力做信用管理部门的预算;聘用合格的信用管理人员组成一个工作效率高的团队,并领导这个团队实现企业信用管理的各项主要功能,实现包括高成功率信用销售在内的企业信用管理的最高目标;要有比较强的公关能力,对内协调好与销售部门、财会部门、采购部门等多个部门的关系,提供优质的服务,对外熟练使用各征信机构的产品和服务,掌握主要竞争对手的情况,处理好客户关系;抓好员工的业务培训工作,正确评价本部门员工的工作业绩,执行奖惩制度;主持起草企业信用政策文本,并负责适时调整政策的松紧;依据企业信用政策设计一套工作程序,以及实现各项工作程序操作规程;参与本企业信用管理软件的设计,特别是对本部门各项主要工作的监督管理程序;定期向主管副总经理或董事会汇报企业的信用管理工作,包括应收账款控制情况、账龄和DSO分析报告、应收账款发生预测、应收账款收款预测、有争议货款处理意见、月度收款报告、与会计账对比的应收账款报告等。

2. 信用监理或主办

信用监理或信用主办(Credit Controller),是信用部门的骨干,当信用经理不在时,通常可以代理信用经理的一些职能。

信用监理或主办的主要职责是:参与销售合同中赊销条款的谈判,并跟踪合同的执行情况;分析应收账款的账龄;向客户催款;促进销售变现等。

在设有信用管理部门的企业中,在信用经理之下,经常会设立若干信用监理职位。每位信用监理分管一种系列产品的信用销售和管理工作。信用监理需要面对客户进行工作,需要直接联系其"管辖"范围内的大客户和长期客户。在客户比较多的情况下,信用监理之下还要设立客户信用管理专管员职位,他们分别负责联系一定数量的客户。

在不单独设立信用管理部门的企业中,一般会在财会部门雇佣一位信用监理或主办,协调本企业的信用管理事务。这个岗位经常以管好企业的应收账款为主。如果企业信用管理

[①] 中国就业培训技术指导中心.信用管理师(基础知识)[M].北京:中国劳动和社会保障出版社.2006;58—62.

业务外包,该岗位的任务就变成代表企业委托外包服务,监督外包服务合同的执行情况。

信用监理/主办是应该具备与信用管理经理类似的教育和工作经验背景,即要有财务及相关的税法知识、具有良好的表达和公关能力、在时间压力下也能处理大量工作、有团队工作经验。应该说,信用监理/主办是一个初级水平的信用经理职位。

3. 客户档案管理人员

客户档案管理人员是一种技术人员,属于信用管理内勤人员的一种。客户档案管理人员负责建立和维护电子及文字版本的客户资料,使其成为标准版本的客户企业资信调查档案库。从其工作性质看,客户档案管理人员首先是信息收集、处理和检索专家,又非常熟悉各种征信报告的版式设计和符号系统。他们必须具备财务管理专业的知识,能够了解企业财务报表和其他经济指标的意义。如果再具备图书馆参考咨询馆员的工作经验,以及有计算机数据处理方面的培训,就是非常合格的人选。这类相对技术比较全面的人员,在西方国家,其学历必然在硕士水平以上。但其他诸如经济情报、科技档案管理专业的大专以上水平的毕业生,经过信用管理专业培训,也可以胜任这项工作。

4. 信用分析人员

信用分析人员纯粹是信用管理部门的技术人员,其工作是信用管理部门技术性最强的岗位,属于信用管理内勤人员。他们一般不会直接面对客户。信用分析人员的任务是评审客户信用、处理客户申诉、设计信用评分数学模型等。从工作性质看,他们纯粹是数理统计师。在信用管理专业培训和工作经验方面,他们熟悉不同征信市场上的客户资信评级系统、懂得如何组织编制信用评分软件,并熟练使用相关统计软件。有时,他们要辅助信用管理经理,以技术手段处理企业信用政策松紧变化,为信用经理的各种报告提供数据和表格支持。

由于信用分析人员在技术上判断客户的授信水平和是否批准客户信用申请,他们也因此负责处理客户申诉,答复客户有关信用标准、信用审批、信用升级方面的申请。除了有一部分申诉必须由信用管理经理亲自处理以外,信用分析人员负责这个部门大部分客户申诉的处理工作。

除了授信工作以外,有时他们还负责参与设计购物卡一类企业发行的信用工具,需要承担一部分"精算"性质的工作。信用分析岗位的责任重大,这个岗位的人员至少应该拥有商业统计、应用数学、计量经济学其中之一的学士以上学位,并经过系统的信用管理知识培训。

5. 逾期账款催收的内勤和外勤人员

为了减少逾期应收账款,信用部门需要有专门的人员对客户进行货款到期前的提醒以及逾期后的催收。根据工作性质划分,这里需要内勤和外勤两个岗位。

(1) 内勤岗位

内勤的工作就是做电话催账,是直接面对客户进行的,俗称电话收款员。在所有商账催收方法中,电话催收方式是成本和效率比最小的收款方式。电话催收员必须具有一定的素养,在短短的几分钟通话中把催款的理由和要求客户立即付款的意思表达清楚,同时还要应对客户的胡搅蛮缠,具备随机应变的能力。为了使每个催款电话都达到有力的效果,电话收款员的挑选和培训是很重要的,经理对他们取得业绩的奖励和日常鼓励也是很重要的。

(2) 外勤岗位

如果内勤经过多次催账未能奏效,企业信用管理的催账人员就应该上门对欠款客户进行催账拜访,这就是催账外勤工作的主要任务之一。催账外勤人员往往需要与企业销售人员沟通,特别是对拖欠客户进行销售的销售业务员。对外地客户进行催账,企业信用管理部门还有一个选择,就是委托客户企业注册当地的征信机构处理。所以,外勤人员还有与专业征信机构或者专业商账追收机构联系的任务,包括筛选追账机构、了解征信市场行情、及时了解追账机构的工作进度等。通常,外勤人员要亲自拜访本地的拖欠客户,做出书面分析和请求,然后才能将商账追收工作委托出去。一旦将一笔逾期应收账款交给追账机构,外勤人员就成为收账工作的监督人员,他们应该负责向追账机构提供完整的客户交易证据副本。

商账催收外勤队伍应该由具备法律知识且客户服务经验丰富的人员组成,不见得要求这类人员具备高学历。外勤收账人员应该经过信用管理专业的培训,如果具有专业信用管理机构海外商账追收相关工作经验、律师事务所工作经验、公检法工作经验,对做好这个岗位的工作会很有帮助。素质高的收账队伍是企业收账政策和收账程序得到正确执行的保证,在按规定的商账催收阶段,收账人员选择得是否恰当,在相当大程度上决定着收账效果。

六、企业信用政策

信用政策的选择反映了企业在信用风险控制方面的偏好,是企业决策层根据企业实际情况和发展目标,针对特定经济环境条件所作出的信用控制方向的选择。一个企业的信用政策的选择,主观上是决策者意愿和风格的体现,客观上是企业如何应对客户环境的集中反映。

(一) 制订企业信用政策的原则

考虑主观意愿和客观要求,企业在制定信用政策时,必须坚持稳定性和灵活性两项基本原则。

1. 稳定性原则

稳定性原则即信用政策条款在一定时期内基本不变。信用政策的稳定性是相当重要的,它一方面显示了企业的实力,另一方面是企业自身信誉和规范程度的标志。即使是制订新的信用政策,也要以原有的信用政策为基础,对其实施情况进行全面而科学的评价,找出问题并进行适当修正,以保持信用政策的稳定性和连续性。只有这样才能保持企业的信誉,让客户对企业的信用政策有长期和稳定的感觉,同时企业信用管理人员也不至于因为政策变化太快、太大而不适应,甚至出现工作失误。

2. 灵活性原则

灵活性原则即信用政策要有一定的可预见的伸缩空间,以确保执行时的适当灵活性。这是根据对市场和竞争对手进行科学的预测分析得出的。如果一个企业的信用政策方案能够使企业实现其销售规模的相对稳定的增长,而且增长幅度比较显著的话,说明企业在同行业中存在相当的竞争优势。在企业生产规模允许的条件下,企业可以考虑向下调整净收益率,适当放宽信用政策,以确保击败企业竞争对手。但是,信用政策不是任意按照政策允许的伸缩空间突然调整的,放宽信用政策会增加生产部门的压力,在销售订单增加的同时,从人力物力的使用到收账工作,压力都会增加,这可能会对企业产生不利影响。在实际操作中,信用管理人员要随时将企业的最佳生产规模和合理库存记在心中,做到既能灵活运用企业信用政策,又不出格。

(二) 企业信用政策的影响因素

企业为实现在销售规模稳定增长的同时尽可能地降低由赊销带来的信用风险，企业信用管理部门需要在制定信用政策时必须对相关影响因素进行深入的调查、分析和预测。信用政策是根据本企业所在行业和自身特殊情况"量体裁衣"的，应该没有两个企业会有完全相同的信用政策。一个企业采取或松或紧的信用政策，与企业所在行业、市场竞争激烈程度、主要竞争对手的信用政策、产品特征及所处阶段等因素有关。

具体来讲，企业在制定信用政策时应考虑以下四类因素：

(1) 企业的外部经济环境因素，包括宏观经济状况、本行业的信用政策惯例、客户所在行业状况、竞争对手的信用政策、产品市场状况、资金市场状况等。

(2) 企业内部因素，包括企业自身的生产和经营能力、产品特点、生产规模、资金实力、销售利润率、平均收账期、原材料供应情况、企业能够承担的风险和追求的发展速度等。

(3) 与企业发展相匹配的政策因素。企业在试图扩大市场份额时，会鼓励增加销售额，而较少考虑资金流周转问题；在试图增加企业现金流量的情况下，会注重减少风险，注意交易风险及信用管理。

(4) 企业客户相关因素。客户是企业发展的重要资源之一，同时也是企业信用风险的主要来源之一。企业现有客户数量和质量，与其制定信用管理政策的取向密切相关。

(三) 企业信用政策的内容[①]

1. 授信政策

授信政策主要包括授信标准、授信额度、授信期限和现金折扣四个方面。

(1) 授信标准

信用标准指当企业对客户授信时，对客户资信情况设定的最低标准，即为批准客户信用申请的门槛。通常，信用管理人员在企业的销售目标和财务目标的前提下，根据企业现有的支持赊销业务的资金规模和能承受的风险程度来设立信用标准，同时也考虑预期的 DSO 和坏账损失率两项因素。

当客户申请信用交易时，信用管理人员首先用信用标准来衡量和筛选该客户是否满足企业的信用政策，从而决定是否同意给予该企业信用额度。在很大程度上，信用标准决定了企业的客户群规模。另外，信用标准也与企业的应收账款持有水平间接相关，它同时影响着企业的应收账款持有规模和成本。如果企业信用管理部门执行比较严格的信用标准，一些客户的信用申请可能通不过企业的信用标准，因此企业必然会失掉这些客户，这有可能造成严重后果，将很多有潜力的信用申请人排除在企业的客户群之外。此举必然将一些客户推到竞争对手那里，特别是在资信比较差和偿付能力比较弱的企业信用申请数量较多时，大部分客户的信用申请被拒绝，从而有可能影响到企业的总体销售水平。反之，如果企业信用管理部门执行的是较为宽松的信用标准，会有助于将更多信用申请者变成最终客户，从而实现较高的账面销售收入，但企业的持有应收账款的机会成本和坏账风险明显增加。

信用标准同时涉及收入和成本两个方面的问题。企业应该制订一个合乎自己情况的科学的信用标准，确定信用标准的主要因素应该包括竞争对手的情况、客户资信情况、市场战

[①] 中国就业培训技术指导中心. 信用管理师(基础知识)[M]. 北京：中国劳动和社会保障出版社. 2006：69—77.

略、库存水平、其他历史经验等。一个企业的信用标准应该是在对竞争对手、成本等认真权衡的基础上慎重确定的,过严或过松的信用标准都不是明智之举,而且企业信用标准也需要随企业、行业、市场情况变化而不断修订。如果较为严格的信用标准使损失的销售毛利大于企业所希望避免的应收账款持有成本,那么企业就应该放松信用标准。反之,如果较为宽松的信用标准使应收账款持有成本高于取得的销售毛利,那么企业就应适当实行较为严格的信用标准。

（2）信用额度

信用管理人员在批准客户的信用申请后就面临对客户的授信额度问题。授信额度等于企业给信用申请者的信用额度,又称"信用限额"。信用额度是信用政策的另一个重要组成部分。

信用额度分为总体信用额度和个体信用额度。总体信用额度是企业对整个客户群的总体授信额度,而个体信用额度是给某一具体客户的信用额度。对总体信用额度来说,确定信用额度要考虑企业自身的资金实力、信用政策、最佳规模、最佳生产规模、库存量等因素,以及受到的来自外部的竞争压力。在充分考虑了上述因素后,信用管理部门就要确定企业当前有能力对客户发放的最大信用量。通常,信用管理部门通过认真地计算和总结以往的经验,确定出一个科学的总体信用额度,并以此来指导和控制企业的赊销活动和应收账款持有总体水平,并打造出一个保险系数,以防止对客户过度授信后造成企业的流动资金枯竭。

总体信用额度在一定程度上代表销货企业的实力,反映了其资金实力,以及对客户承担的机会成本和坏账风险。总体信用额度过低,将影响企业的赊销业务规模,并势必相应增加与同一客户的交易次数,而使销货企业的交易费用增加。但是,企业对客户的总体授信额度过高,会加大企业的赊销成本和风险。因此,信用管理人员应该根据企业自身的情况和市场环境,合理地确定企业的总体信用额度。

至于授给单个客户的信用额度,是授信工作的最后一道手续,在批准客户信用申请之后需要解决的最大问题。确定个体信用额度,是企业信用管理的日常工作之一,关键在于解决如下问题:科学地确定对每个合格客户的授信,比较竞争对手授信的松紧,尽可能地给予客户更优越的条件,使利润增长。

（3）授信期限

确定客户在赊购货物后多少天内支付货款,是企业为客户规定的最长的付款时间界限,并在合同中取得客户的正式承诺。确定适宜的信用期限是企业制定信用政策时首先要解决的问题,它是通过对不同赊销方案进行分析和计算所得出的结果。较长的信用期限,意味着给客户以更优越的信用条件和使 DSO 变长,自然会刺激客户购货热情,吸引更多的客户,实现更高的销售额。在应收账款发生水平增高的同时,既给企业带来扩大市场份额和增加销售额的好处,也给企业带来风险。相反,较短的信用期限,虽然减少了持有应收账款相关的成本,但会直接影响到企业的赊销规模,增加了库存压力。长此以往,如果竞争对手的信用期限比较灵活而且信用管理水平较高的话,可能导致本企业在市场竞争中失败。合理的信用期限应当着眼于使企业的总收益达到最大,理论最低限度应该损益平衡。

通常,信用期限取决于交易传统,同行业的企业经常采用相似的信用期限,但不同行业间信用期限则可能差别很大,信用期限从 30 天到 70 天不等。通常,影响信用期限长短的因素主要有两个:① 买方拥有货物的时间。在市场上,赊购客户有两类,一是货物的最终用户;二是批发商。信用期限不会超过赊购客户自己消耗货物的时间,也不会允许延长信用期限到货物销售之后。在正常情况下,信用期限要短于这个期限。否则,不是给予购货客户的信用期限太长,就是卖方可以选择其他批发商进行销售以获取更快的资金周转。季节性行业是第一种情况的典型例子,这些行业中淡季处理货物的时间要更长一些,所以信用期限也一般长于旺季的信用期限。市场竞争激烈程度也是影响信用期限的因素。通常,赊销企业所在行业竞争越激烈,给予客户的信用期限就会越长。② 行业惯例。在实际工作中,信用期限的确定,应该在参照行业惯例基础上,通过数学方法确定,例如可采用边际分析法或净现值流量法进行测算,可以比较科学地确定企业究竟应该放给客户多长的信用期限。

(4) 现金折扣

企业在一定的财务目标的前提下,为加速资金回流的速度,保证现金流的安全、稳定、充足,在客户签订赊销合同时,会给予客户现金折扣,包括两种不同情况:一是给付现金的客户以价格上的折扣,以鼓励客户同企业进行现金交易;二是在赊销方式下,对于在规定的短时间内付款的客户,给予发票金额的折扣,以鼓励客户及早付清货款。

现金折扣是给予客户信用条件中的另一个重要组成部分。在企业信用管理部门给予客户的现金折扣中,包含两个要素:折扣期限和折扣率。折扣期限指的是客户在多长时间区间内付清赊购款,便可以取得折扣优惠。折扣率指的是在折扣期间内给予客户多大的折扣,通常按照赊销额度的一定比例进行计算。例如,"5/20,N/60" 的现金折扣政策表明,如果客户能够在 20 天内付清全部货款,将从销货厂家获得赊销合同总额 5% 的折扣优惠。"N/60" 表示客户必须在 60 天内付清全部货款。而客户 61 天还没有付货款,客户就违约了。

除可以给予客户单一折扣期限的现金折扣,也可以给予客户两期折扣形式的现金折扣。例如,作为销货方的生产厂家,在信用条件中做出 "6/10,3/20,N/45" 的现金折扣规定。该规定表明客户最迟付款时间为 45 天。如果客户能够在 10 天内付清货款,便可享受 6% 的现金折扣;如果客户能够 20 天内付清货款,则可享受 3% 的现金折扣。给予客户的现金折扣率大小应该与折扣期长短成反比例变化,即折扣期越短,折扣率越高。反之,折扣期越长,折扣率越低。这种做法充分表现了现金折扣政策的基本目的,即鼓励客户尽快付款。现金折扣也与销售额和应收账款发生的规模有密切的关系。给予客户一定的现金折扣,是吸引客户的重要方式之一。首先,现金折扣越高,表示现金折扣条件也越优惠,销售额应该会不断增加,应收账款持有水平就越高。其次,现金折扣率越高,越能鼓励客户尽早全额付清货款。这会在一定程度上缩小应收账款的持有规模。另外,现金折扣期限也会影响到应收账款的持有规模,较长的折扣期限将会延长收款的时间。

现金折扣能够为客户带来比较客观的好处。实践证明,管理水平比较高的客户企业普遍对于现金折扣比较看重。例如,在 "2/10,N/30" 的信用条件下,由于提前 20 天付款可以获得 2% 的折扣,因此使得付款人可以在事实上享受到年利率高达 $[(2/98)/20] \times 365 = 37.25\%$ 的等效利息收入优惠。面对如此之高的优惠,正常客户都会积极争取。然而,推行一定的现金折扣政策,需要销货企业付出一定的代价,即减让货款收入。归纳起来,现金折扣手段使用得当,可以给销货企业带来有利的效果,但这要有一定的操作技巧。

2. 收账政策

(1) 收账政策定义

所谓收账政策,是企业就应收账款的控制、逾期应收账款的催收和坏账的处理而制定的政策。一方面收账政策中最敏感内容是给出了对失信违约客户的处置方法,以及对商账追收活动范围和深度提出限制。另一方面,收账政策也是企业对信用管理部门的一种授权,即如何处置失信违约客户。它使为这个部门服务的且具有丰富经验的信用管理人员能够在政策允许的范围内灵活行事,在尽可能不彻底"得罪"客户的基础上,取得某种最大的收账效果。收账政策包括对收账方法的指导,并且比较详细地规定出允许企业信用管理部门采用的收账方法。信用管理部门应该以企业收账政策为依据,针对企业客户的特定情况设计出对逾期应收账款的追收操作手法。

(2) 收账政策内容

从具体内容来看,收账政策用于指导企业信用管理部门的日常催收活动,包括合同期内的应收账款管理、收账诊断、商账内勤催收、委托第三方商账催收、追账成本控制、法律方法处理客户和申报坏账等实际操作。如果企业采取的宽松型信用政策,这种企业就更应该强化它的收账系统,收账政策必须给予其信用管理部门充分的授权。收账政策是企业有关收账工作的全面政策性指导,执行单位还涉及企业会计部门和销售部门,这两个部门应该配合信用管理部门的收账工作。

收账政策处理的问题包括什么时候应该与客户联系,通过什么方法联系,为什么把我们的产品出售给账款逾期的客户,如何处理商账追收问题,是否委托商账机构追收逾期账款,是否作为坏账进行核销等。例如,信用管理人员通过电话催收,与逾期 15 天以上的客户进行有效的沟通。为确保及时收回未付的逾期账款,沟通时的态度应该是有礼貌并附有责任心的。一旦应收账款逾期超过 15 天,就要对客户订单有所控制,当然,这是在与客户进行积极沟通之后采取的措施,但并不意味着完全停止发送货物。然而,当客户的应收账款逾期超过 30 天,那么在没有收到货款之前,不能接受客户的新订单,将交易方式改变为现金交易方式。当客户的应收账款逾期达到 60 天,则必须在收到欠款之后,才能与之交易。

(3) 收账政策效果

收账政策一般是基于理想的收账效果而制定的。所谓理想的收账效果,可以描述为:每个被选定的客户都是信用良好或有实力的客户,在机构所持有的应收账款到期以前,经过一定的提示和催收,能够全部被收回,保证机构运转在良好的现金流量之下。同时,又能够让客户满意,让客户理解销货企业的收账催收工作是信用管理水平比较高的体现,使他们继续同管理素质高的机构做生意,而不去选择企业的竞争对手。因此,收账政策应该是信用管理部门的一种授权,使具有丰富经验的信用管理人员能够在政策允许的范围内灵活行事,取得上述令人满意的效果。

信用管理部门的收账成果可以用是否接近理想收账效果来检验,另一参考尺度是当前行业的平均收账水平,使用后一个指标更符合实际情况。由于收账政策包括对收账方法的指导,所以,它还比较详细地规定出允许企业信用管理部门采用的收账方法,特别是对违约客户的处置权。信用管理部门应该以企业收账政策为依据,针对企业客户的特定情况,设计出对逾期应收账款追收的操作方法,包括商账追收有关的计算机工作流程。

由于客户取得信用额度是经过严格调查审批的,在正常情况下,客户会按照信用条件规定的期限及时付款,履行其购货时承诺的付款责任。但是,出于各种原因,有的客户在期满后仍不能付清货款。一些临时遇到困难的客户会在信用期限到达之前,不得不向销货企业的信用管理部门申请延期付款。信用管理部门可以根据客户的请求,给予客户一定限度的宽限,宽限时间长短为延期。在延展期内,客户应该和销货单位签订补充合同,并按照补充合同的规定,付给销货企业合同违约金和拖欠货物余额的利息。因此,在信用条件中,还存在被称为"展延期间利息"的惩罚条件,是对那些未能在协议期限付款的购买者进行的惩罚。由于这一利息属于罚息,所以通常比银行利率高出很多,主要目的是保证客户按时付款。在延展期过后,如果客户仍不能结清货款,一系列的催收措施就是必要的,信用管理人员应该将这种客户送入"标准"的催账程序执行。

对于在信用期限结束时不能付清货款,也没有向信用管理部门提出延迟付款申请的客户,信用管理部门应该直接将其送入追账程序。所以,收账政策还应该包括对客户延期还款申请和在延期内对客户进行管理的措施。

收账政策的松紧程度应该设置在比较适宜的范围内,松紧程度参考主要竞争对手的情况。如果收账政策过于消极,逾期应收账款工作的效果不会令人满意,应收账款的机会成本与坏账将会提高。如果采取一种比较严格的收账政策,应收账款的机会成本与坏账损失可能被降低,但收账费用也会相应的增加,并有可能使企业与客户的关系受到影响,或者遭到销售部门的反对。一个适合企业自身具体情况的收账政策,应该是对这些此消彼长的相关费用进行权衡的结果。

(4) 协调各种关系

收账政策要明确对信用管理部门的授权,其中最敏感的部分是授予信用管理部门处理客户的权利,包括得罪客户,甚至彻底破坏与某些客户的关系。如果客户不能或不愿意支付所欠货款,那么信用管理部门可以考虑使用更严厉的惩戒措施。在征得企业信用管理经理的同意后,由信用管理人员或销售人员将交易过程做成书面报告,将案卷转移给企业授权的追账收款机构或商账律师,并附上证据。主管信用管理部门的副总经理对上述所有决定负全部责任。如果客户申请破产,也经过追账机构和商账律师努力,仍未能在6个月内收回账款,信用管理部门可以通知财会部门,将账款作为坏账进行核销。

在收账政策中,要充分考虑到信用管理部门与销售部门的关系,要求将客户列入标准收账程序之前,要与销售部门沟通一次。因此,有信用管理人员说:"处理失信违约问题也是一种艺术。"

信用政策内容除了以上详细阐述的授信政策和收账政策等重要内容外,还涉及客户信用信息服务的内容、范围和其他一些附加政策。

客户信息管理政策定义了信用管理部门的信息服务工作,满足企业内部从不同角度了解企业运营状况的需要。这项政策要求信用管理部门向企业内部相关的部门提供客户信息服务的内容和范围,以及授权信用管理部门统一客户的档案资料。

附加政策主要的作用在于明确企业内部的采集信用信息、记录保留、组织构架、客户来往和回访、与其他部门的沟通、国际信用状况等。对于大多数企业,这些条款同样重要,所以应该在管理手册中明确规定。在附加政策内容中,经过企业经理办公程序批准的标准表格汇编,包括客户信用申请表、客户调查表、回复客户的标准信函、赊销合同等。

(四) 信用政策的类型

企业信用政策代表决策者的主观意愿,也反映了企业面临的客观环境的要求。因此针对不同的经营目标和风险控制要求,企业可以选择信用政策类型。信用政策一般分为紧缩型、适度型、宽松型三种。

1. 紧缩型政策

紧缩型政策是一种保守型的信用政策。这样的公司具有坚实的财务基础,不会冒险,偏好和那些按时付款的企业打交道。公司的现金主要来自公司的货款。这样的公司通常追求稳健型成长战略。

实施紧缩性信用政策的公司一般会订立以下目标:(1) 风险超过标准的不能提供信用;(2) 每年的坏账损失率不超过行业内平均水平;(3) 信用管理部门在处理信用申请时,遇到与信用申请政策相关的问题要经常和财务部门商量;(4) 信用管理部门必须基于必要的数据,在合适的时间内迅速做出信用决策,不采取临时投信的方式给予客户信用额度;(5) 由财务部或主管财务的副总对信用部门达到目标所使用的方法进行监督。

采用这种政策的企业一般不愿承担风险,只向财务状况良好、付款及时的客户提供信用销售。选择紧缩型信用政策的企业是为了严格控制信用交易风险,避免由此导致的损失,宁愿牺牲一部分客户和市场份额。采用这种政策可以保证最低的坏账损失,但企业的销售规模及发展将会受到很大影响。

尽管过度保守的信用政策是为了保护企业,但它也存在风险。当机构需要一定的发展速度来维持市场地位时,往往会因信用政策的限制而丧失机会。如果机构的扩张无法补偿客户损失造成的收入减少,收入来源就会逐渐减少到危险的程度。因此在任何情况下,紧缩型信用政策都不应妨碍机构的正常发展,当然各企业的正常发展速度是不同的。

2. 适度型政策

适度型政策是一种稳健型的信用政策。选择适度型信用政策的企业也注意控制信用交易风险,但它们愿意承担一定限度的信用风险以扩大销售额和市场份额。采取这种信用政策公司的现金流主要依靠银行贷款和企业每月收回的应收款。

采用这种信用政策的企业愿意承担一定风险。除了向付款及时的客户进行信用销售外,也向可能拖欠的客户提供信用销售。采用适度型政策的企业存在一定的逾期账款和坏账损失。企业采用适度型信用政策的目的是在风险控制和企业发展之间取得平衡。

与紧缩型和宽松型信用政策相比,适度型信用政策用的较多。它比只对资金充裕、按期付款的客户赊销的紧缩型政策所涉及的风险较大,但同时又比无节制的宽松型的信用政策安全得多。机构通常将银行贷款与月度回笼资金结合起来,为其发展提供充足的资金。

3. 宽松型政策

采用这类信用政策的企业基本上向所有客户提供信用销售,企业发展迅速,但是逾期账款和坏账损失很大。这类企业主要着眼于销售额和市场份额,也就是愿意承担巨大的信用风险以提高或维持其销售规模和市场份额。

采取宽松型信用政策的公司,起初会表现出令人激动的景象,看起来会十分成功,但随着应收账款越来越多,公司可能会面临严重的资金压力。当巨额损失和资金周转持续减慢这两个问题同时存在时,如果公司运作成功,通过市场的扩张成功地缓解了资金压力,公司的成功就能持续下去,否则公司可能走向倒闭。因此,宽松型政策是三种政策中风险最大的一种。

一个企业采取哪种信用政策,与企业所在行业、市场竞争激烈程度、主要对手的信用政策、产品特征及所处阶段、企业生产规模等因素有关。尽管企业的信用政策应该在相当长的一段时期内保持稳定,但也是可以调整的。

企业选择何种类型的信用政策,并不是绝对的,即使同一家企业,在不同的情况下,也应该随时调整所采用的信用政策的松紧。比如,如果企业的客户所在行业是萧条行业,采用宽松型的政策就很危险;而客户所在行业是稳定增长的行业,采用保守型的政策就会丧失市场机会。具体企业信用政策的选择见表 4-2。

表 4-2　信用政策选择

考虑因素	紧缩型	适度型	宽松型
宏观经济状况	恶化	一般	稳定增长
客户行业状况	萧条	一般	稳定增长
平均收账期	较长	一般	很短
产品市场	持久需求	一般	产品寿命短
销售利润率	较低	一般	很高
财务实力	较弱	一般	较强
原材料供应	不足	一般	充分
市场竞争	几乎没有	一般	激烈
熟练工人	有限	一般	充分
是否愿意承担风险	不愿意	不承担大风险	愿意
企业发展速度	寻求缓慢增长	正常增长即可	追求快速增长

七、企业信用管理模式简介

企业信用管理功能的建立是解决信用交易成功率问题的关键,而使用或借鉴成熟的信用管理模式对企业建立自己的信用管理模式具有良好的参考作用。常见的信用管理模式包括"3+1"信用管理模式、全程信用管理模式、双链条全过程信用管理模式和"3+3"信用管理模式。

(一)"3+1"信用管理模式[①]

"3+1"信用管理模式是由商务部研究院信用管理部的专家韩家平主任和蒲小雷副主任,参照西方企业信用管理模式,结合中国企业的具体情况提出的。该模式由四项内容组成:"3"代表企业信用管理过程中,要建立三个不可分割的信用管理机制,包括交易前期的资信调查与评估机制、中期的债权保障机制和后期的应收账款管理和追收机制。西方管理学界认为,前期信用管理是企业三个管理机制中最重要和最核心的内容。"1"代表一个独立的信用管理部门或人员,执行信用管理制度。在中国企业中,设立专门信用管理部门的公司比较少。

---

① 朱荣恩,丁豪樑.企业信用管理 [M].北京:中国时代经济出版社.2005:79—88.

而在国外公司的内部组织架构中,绝大多数都会出现"信用部"的字眼,它们专门负责企业信用的建立。目前中国企业绝大多数还没有建立独立的信用管理部门,也没有这方面的组织结构或者是人员上的安排,国内仅联想、华为、中石化等知名大公司成立专门信用部门。因此和西方企业的信用管理职能和组织结构存在很大差异。

(二)全程信用管理模式

全程信用管理模式是东方国际保理中心总裁谢旭针对中国企业忽视前期和中期管理只注重后期管理这一现实情况,提出的企业信用管理的方法和技术体系。所谓全程信用管理模式,就是全面控制企业交易中各个关键业务环节,从而达到控制客户信用风险,迅速提高应收账款回收率的方法。

全程信用管理模式,囊括了企业信用管理功能中的 4 个传统功能。它以企业信用销售之初的新客户接触到货款收回的操作过程为主链,分解其中的每一个信用管理操作,并按照信用交易发展的时间顺序,将信用管理技术的内涵和外延分解成四个层面,即交易过程、管理环节、技术支持和控制过程。在时间顺序上,全程信用管理模式将信用管理过程分为三个阶段,即事前控制、事中控制和事后控制,也就是签约前的客户资信收集和客户筛选、签约时的信用分析评估和决策、签约后的应收账款管理和追收,同时也提出企业应该建立专门独立的信用管理部门负责这项工作。全程信用管理模式如图 4-2 所示。

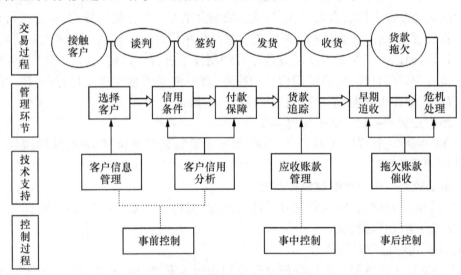

图 4-2　全程信用管理模式

全程信用管理模式是沿着建立健全合理的企业信用管理体制→完善一套严格的内部信用风险管理制度→改进销售或回款业务流程→掌握科学的信用管理技术方法这样的思路逐步总结、完善起来的。

1. 建立合理的信用管理组织机构

(1) 企业应当建立一个在总经理或董事会直接领导下的独立的信用管理部门(或设置信用监理),从而有效地协调企业的销售目标和财务目标,同时在企业内部形成一个科学的风险制约机制,防止任何部门或各层管理人员盲目决策所可能产生的信用风险。(2) 将信用管理的各项职责在各业务部门之间重新进行合理的分工,信用部门、销售部门、财务部门、采购部门等各业务部门各自承担不同的信用管理工作,必须按照不同的管理目标和特点进行科学的设计。例如,在传统上销售人员垄断客户信息的问题,必须通过各部门间在信息收集上的密切合作以及信用部门集中统一的管理加以解决。(3) 一些企业已成立的追账机构(如清欠办)应划归信用部统一领导,更加专业化地开展工作。

2. 改进销售或回款业务流程

销售或回款业务流程是企业关键性的业务流程之一,最为重要而且复杂。实践表明,企业实施信用管理,可以有效地将企业销售和回款业务活动中的各个环节有机地结合起来,以流程设计的方法,跨职能部门地实现销售业绩增长和降低收账风险这两个最基本的目标,从而为企业带来较大的利润增长空间。实行全程信用管理模式需要建立和改进的业务流程包括如下一些基本项目:(1) 客户开发与信息搜集业务流程;(2) 客户信用评级业务流程;(3) 订单处理与内部授信业务流程;(4) 销售风险控制业务流程;(5) 贷款回收业务流程;(6) 债权处理业务流程。企业通过上述各项业务流程的建立和改进,将在销售或回款这一企业最重要的价值链中获得较大的增值,其中卖方(企业)信用控制能力的提高和买方(客户)信用风险的降低是使各项业务流程得以改进的关键。

3. 建立全过程信用风险管理制度

(1) 事前控制——客户资信管理制度

客户既是企业最大的财富来源,也是风险的最大来源。强化信用管理,企业必须首先做好客户的资信管理工作,尤其是在交易之前对客户信用信息的收集调查和风险评估,具有非常重要的作用,而这些工作都需要在规范的管理制度下进行。目前我国许多企业需要在五个方面强化客户资信管理:客户信用信息的搜集;客户资信档案的建立与管理;客户信用分析管理;客户资信评级管理;客户群的经常性监督与检查。

(2) 事中控制——赊销业务管理制度

这方面的制度化管理应包括三个方面:信用政策的制订及合理运用;信用限额审核制度;销售风险控制制度。

(3) 事后控制——应收账款监控制度

应在四个方面制度化:应收账款总量控制制度;销售分类账管理制度;账龄监控与货款回收管理制度;债权管理制度。

4. 应用先进的信用管理技术

(1) 客户信用分析模型。比如特征分析模型和营运资产分析模型,都是一些简捷、适用的分析工具,应当加以普及应用。

(2) 客户的信用风险等级划分方法。对客户的信用风险等级评定是客户资信管理的基础,因此在等级划分的目的、定义、评级标准和评定流程上都应采取科学、规范的方法。

(3) 信用政策制定方法。将信用政策分成对内和对外两个文本。企业对内的信用政策文本起到对内部各业务职能部门的一个指导和管理的作用,对外的信用政策文本对于改善客户信用关系,约束信用付款行为等方面都可以起到非常显著的作用。

(4) 信用限额的制订。实践中常用的几种信用限额的制订方法,包括经验评估方法、模型分析方法、营运资产评估方法和集体评议方法。这些方法将根据企业的不同情况加以综合运用。

(5) 债权质量评估方法。这套技术包括对每一笔逾期应收账款从债权特征、拖欠特征、债务人特征和追讨特征等各个方面进行定性和定量的分析。

企业在经营管理上,销售部门与财务部门在工作目标、职能、方法、人员等方面都有很大不同。能否在销售与财务之间搭起一个桥梁,全程信用管理模式通过增加信用管理职能的方式将企业信用管理涉及的销售管理和财务管理有机地联系在一起,对于每一个信用管理操作,都给出一些信息管理技巧和征信产品上的支持。

(三) 双链条全过程信用管理模式

该模式由华夏国际企业信用咨询有限公司刘宏程提出。双链条全过程控制模式提出以企业信用销售流程为一条主线,分企业内外两条控制链(客户风险控制链和内部风险控制链)、三个过程控制制度(事前预防、事中监控和事后处理)、四大技术支持(数据库和信用管理软件、信用分析模型、监控指标系统和债务分析模型),并通过信息化和组织设计整合的整体解决方案,同时该方案也提出企业应该建立专门的信用管理部门负责此项工作。该模式的操作流程详见图4-3。

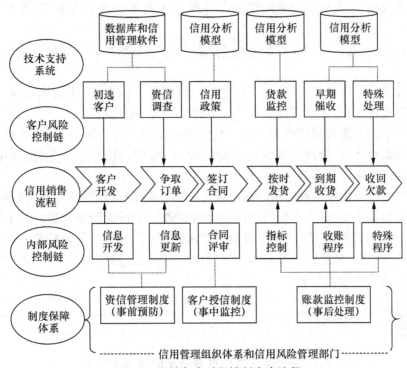

图4-3 双链条全过程控制方案流程

(四) "3+3"信用管理模式

"3+3"信用管理模式是由联想集团上海公司于1998年创立。联想集团上海公司是联想集团在上海的销售总公司(下面简称联想公司),主要负责个人电脑、笔记本电脑、数码产品在华东地区的经销。经营方式为服务和经销。集团自1998年开始建立信用部门,其信用管理体系由内部的前台、中台、后台三个部门各司其职,协作完成信用管理过程的事前、事中、事后三个阶段任务所构成。

模式中前台、中台和后台分别指公司内部的三个部门,即业务部、风险管理部(信用部)、财务部。其中独立于财务体系和市场体系的风险管理部(信用部)对风险的评价涵盖了财务和市场双重要素,通过实践,采用这样的管理方式得到了公司市场体系、财务体系和内部上下各方面的认可。

模式中的三个阶段,分别为第一阶段事前准备,即建立一个客户资信数据库系统;第二阶段事中监管,包括信用政策制定、信用审批和信用控制;第三阶段事后控制,即应收账款监控、逾期账款催收,并定时对整个评级系统进行评定、调整。

信用管理新模式使联想公司提高了实际工作效率。而在此过程中事前准备比起实施事中监管可以避免35%的拖欠;实施事后控制可以挽回41%的拖欠损失;相比实施全面控制可以减少80%的呆坏账,实施事前准备并控制可以防止70%拖欠风险。

同时,联想公司信用管理制度培养了一批合作关系良好、非常重视本公司信誉状况的客户,公司内部形成一套运行良好、适合联想业务特点的信用管理机制,与联想的其他管理措施的配套产生了明显的效果,应收账款周转天数和坏账等信用管理指标非常良性,其中应收账款周转天数减少,应收账款坏账与营业额比率甚至低于世界平均水平,提升了公司的竞争力。

通过上述介绍,我们在"3+3"的基础上再加一个"3",就可以总结出企业信用管理模式的三个建议。

(1) 内控流程。清晰定义每一个内控流程,其中可能包括交易审批的流程、客户资信管理流程和资金管理流程,每个流程的每个环节都有明确的管理分工。

(2) 组织上的平衡与制约机制。设立独立的组织机构——风险管理部,是对公司根本性的风险进行集中管控,分离风险的引入部门和风险的控制部门,以实现组织内的相互制约——业务、财务、风险管理部门共同介入。

(3) 业绩文化与内控环境。不同岗位设计关键业绩指标,制度化地报告这些指标,并将这些指标与奖惩相联系,对以不恰当理由违反内控规定的行为给予处罚。对于现在的企业来讲,首先在观念上要重视信用管理,在建立信用管理部门工作的评价标准和监控方法基础上,赋予其一定程度的灵活的政策空间,让专业而经验丰富的企业信用管理人员能够在收益与风险之间取得最佳的动态平衡。

案例4-1

美国企业建立信用管理制度的过程和分析

20世纪70年代是美国企业信用管理最关键的十年。众多企业正是在这个时期完成信用管理制度的建设的。学习和研究美国企业信用管理的特点,对我国企业信用管理建设有重要意义。以下介绍一家美国企业信用管理的建设过程。

一、背景

美国D医药集团公司是美国第3大医药集团,从业时间长达80多年。D公司很早就开拓国际市场,在欧洲、亚洲和南美洲都占据了一定的市场份额,有多个医药产品是世界级品牌。D公司的主要销售还是在美国本土,占其销售总额的65%以上。该公司从20世纪70

年代中期建立信用管理制度以来,被认为是非常成功的典型,公司的销售额、内部财务状况和市场占有率都是在这个时期得到巨大提高的。

在 1970 年以前,D 公司的前身 UM 公司一直采用信用销售手段开发客户,集团专门成立了销售公司,而且发展了三十多个国内销售代理和十几个海外代理,同时海外还有 5 家子公司。由于没有信用管理部门,信用管理的实际职能分配到了几个部门的手里:财务部门负责管理销售产生的应收账款;业务部门负责收集客户的资料和审核赊销的金额;法律部门负责追收逾期的应收账款。1975 年,UM 公司与另一家企业合并,成立 D 集团公司,并在董事会改组后任命了新的总经理拉斐尔先生。拉斐尔先生是美国哈佛大学管理学硕士,曾长期在石油、汽车和电信等领域的大企业任职,享有很高声誉。

拉斐尔上任的 4 个月里,马不停蹄地穿梭于国内销售代理、子公司和世界各地的销售网点,并认真研究了公司以往的销售策略和管理方式,他认为,影响公司在销售和财务方面出现危机的根本原因,主要是信用管理存在严重缺陷。体现在企业坏账和拖欠款比较严重,同时销售竞争的方式也存在问题。4 个月后,拉斐尔向董事会提交了一整套销售管理改革方案。

二、信用部门的筹备

1976 年 3 月,董事会完全采纳了拉斐尔的方案,拉斐尔开始大刀阔斧地进行管理体制和机构的改革。

首先,他指示财务副总监辛迪女士分管信用的全面工作,并限期着手组建信用部门。辛迪立刻从财务部门和清欠部门抽调了两位长期从事账款管理和收账的经验丰富的职员,专职协助她开始信用部门筹建工作。

辛迪深知建立信用部门的工作烦琐,专业性强,为了尽量避免少走弯路,达到公司预定的目标,辛迪与信用管理的专业机构取得联系,并最终委托了一家专业的信用管理机构作为管理顾问,并签署了一年的管理合同。

4 月,以资深信用管理专家雷蒙德先生、会计顾问乔恩先生组成的工作小组前往 D 公司,开始协助 D 公司信用管理部门的筹建工作。辛迪向拉斐尔汇报后,组织公司财务部门、业务部门、管理部门、仓储部门、采购部门和分公司主管,以及筹备组人员一起,参加信用管理知识的讲座和培训,由雷蒙德先生授课和讲解信用管理的知识和技巧。之后,雷蒙德先生又分头召开小组会议,就各部门的具体工作和相互协作等问题深入细致地进行了探讨。

5 月,为了寻找信用部门合适的人选,辛迪、雷蒙德和人力资源部共同起草了一份招聘广告,公开招聘信用经理。经过大量的面试,辛迪和雷蒙德终于从众多的应聘人员中找到合适的人选——杰森先生。杰森毕业于英国的信用管理学院,取得硕士学位,并在英国的一家信用管理机构实习一年。之后,杰森在两家较小的公司担任过信用部门经理,掌握信用管理的理论,并具备一定的实战经验。在得到拉斐尔总裁的批准后,杰森正式上任了。

三、部门的建立

6 月下旬,杰森上任后,与雷蒙德先生一起讨论部门建设方案。在雷蒙德的协助下,杰森在一个月后提交了 5 份报告,分别是《企业信用管理的诊断结论和问题》《各部门的信用资源整合和利用》《信用部门初期组建方案》《关于组建信用部门的费用申请》和《人员培训计划》。

在《企业信用管理的诊断结论和问题》中，杰森系统阐述了企业目前的信用政策、营销策略、客户资料完整性、信用分析与决策、应收账款回收天数(DSO)、坏账率、现金流量、应收账款账龄结构、逾期账款率等与信用管理密切相关的问题，并分析造成目前状况的原因。

在《各部门的信用资源整合和利用》中，阐述了建立客户信用档案数据库，整合企业各部门的客户资料，报告标准化设计，制作各种信用调查表格，培训信息收集人员，帮助企业用最低成本收集客户信用资料等方面的问题。

在《信用部门初期组建方案》中，报告设计了信用管理部门的职能、架构，企业招聘、选拔信用经理和其他信用管理人员；指导企业建立内部纵向、横向申报、通报制度等方面的内容。

在《关于组建信用部门的费用申请》中，报告提出年度普通预算、年度特殊预算的计划和申请。

在《人员培训计划》中，提出了培训企业管理、销售、财务、仓储、采购、客户服务等部门人员，传授信用管理理论与实务知识，提高企业信用管理意识和管理水平的计划。

8月，公司开始第二轮招聘，招聘对象是信用部门的信用调查和管理员、信用评估员和账款管理员。其中，信用调查和管理员要求具有档案管理的学历和经历，信用评估员具有会计师执照，账款管理员有律师执照并有多年的法律事务经验。9月初，5名信用管理部门的人员到齐。

9月下旬，在雷蒙德先生的配合下，信用经理杰森先生起草出了一部公司信用政策的大法——《企业信用政策管理和实施方案(草案)》，并上报财务副总监辛迪女士。辛迪女士立刻上报拉斐尔总裁，并在总裁召集下召开了高层经理办公会议，会议由辛迪主持，杰森详细介绍了信用管理纲要的内容。经过1天的讨论，在征求了其他部门的意见后，杰森把意见汇总起来，并起草正式方案。

10月，"大法"修订稿再次上报给董事会和公司最高管理层，并抄送财务部、销售部、会计部、采购部、仓储部、资料室、子公司、直销店和销售网点等，并在7天后通过。同月，信用管理部年度预算报告被批准。10月底，公司特意召开了全体员工大会，公开宣布了信用管理部门正式成立的消息和信用政策的执行方案。

至此，信用部门成功组建起来了。

四、运转

由于没有计算机系统，信用部门临时雇佣了几个图书专业的大学生，负责整理散落在各部门的客户信用资料，并长期订购了一个信用调查机构的信用报告。经过两个月的整理和收集，信用部门基本建立了公司1 000多个客户的信用资料。审计发现，有多达304笔业务长期未收回欠款，也长期没有与客户联系，有56笔出现争议而无人解决，账款逾期现象严重，坏账率很高。经过信用部门2个月的努力，82%的欠款得以全部或妥善解决，一些失踪和倒闭的企业被销户。

在运转4个月，信用档案和应收账款处理完善后，企业开始着手信用审批制度。这时，计算机开始进入市场，信用部门申请建立计算机信用管理系统。

1977年5月，公司专门为信用部门购进两台计算机，并委托专业机构逐步设计客户管理数据库、应收账款预警系统和自动提示打印系统。1980年，企业最终实现了信用管理全部自动化的管理目标，企业的信用管理水平、速度、规范性都进一步大幅度改善，管理费用降低至原来的 1/3。

到 1977 年底，公司的信用部门完全走入正轨。统计显示，经过一年的信用管理，企业的销售额上升了 56%，坏账率从 7.9% 下降到 2.5%，销售未清账期从 83 天降到 55 天，客户的数据库档案齐全，每笔交易都记录在册，客户的等级关系基本建立。各项指标全面超过行业平均水平，企业从年初的轻度亏损一跃盈利 5 000 多万美元。在随后的 20 年中，D 公司的信用管理一直非常规范，信用部门成为公司最卓有成效的部门之一。

五、分析

这是一家信用管理规范，信用制度完善的美国企业，从信用管理概念的引入，到信用管理制度的设计，最后到信用管理部门的正式运行，这家企业花了前后整整一年时间。两年后，企业取得了巨大的成功。

从这个案例我们可以分析出一些经验：

（1）建立信用管理制度不能急功近利，一蹴而就。大多数中国企业已经认识到信用管理的重要性，很多企业已经开始着手建立信用管理制度。但是，在还没有认真研究本行业的特点，未对本企业内部管理问题深入剖析，也未广泛征求企业内部各部门的意见时就仓促上马开展工作，势必要走很多弯路，甚至适得其反。

（2）应该聘请专业的信用管理机构和人员，指导企业按照正确的方向，严谨周密地改革内部体制，分析企业信用管理问题，辅佐本企业的人员尽快熟悉新的岗位和工作，制订企业短期、中期、长期的信用政策和计划。

（3）在信用管理制度建立之前，必须系统培训企业内部各部门的人员，让所有相关部门的人员积极参与和学习信用管理制度。只有企业所有相关部门都认识到了信用管理的重要性，认真执行信用政策，熟练掌握信用管理的操作，企业信用管理制度才能健康有序地运转。

（4）信用管理自动化能够帮助企业极大地提高管理水平和降低管理费用，在计算机广为普及的今天，企业信用管理自动化，是每家企业应达到的目标。

第二节　客户信用档案管理

客户信用档案管理是进行企业信用管理的前提。因为，每一笔信用销售都可能给企业带来风险，企业必须做到对每一个客户胸中有数，做出正确、合理的判断。达到促进企业销售最大化，降低信用风险，提高企业综合竞争力的目标。

一、客户定义与分类

（一）客户定义

企业最大的、最长远的财富是客户，然而企业最大的风险也来自客户。信用管理部门的客户与销售部门的客户在范围与认定上都存在着相当大的差异。信用管理部门的基本职责是帮助企业规避在信用交易中产生的风险，广义的信用管理是防范企业受到经济方面的损失。一个使用现金的购货者，对于卖方不存在拖欠和坏账风险，它自然不是信用管理部门的客户。所以,信用管理部门定义的客户不能完全涵盖企业销售部门的客户。同时作为企业的供应商也应是信用管理部门的客户,但是他们大多却不是销售部门的客户。也就是说信用管理部门和销售部门两部门对客户的定义存在着交集的关系。换句话说,信用管理部门具有替销售部门筛选信用条件合格的赊销客户的功能。通过以上说明,我们可以更清晰地理解信用管理意义上的客户:"凡是掏钱购货的买主都是企业销售部门的客户,而凡是对企业构成经济损失或者潜在经济损失风险者,不论他是企事业单位还是消费者个人,都是信用管理部门的客户。"另外,销售部门的管理功能是以售出产品为导向的,而信用管理部门的管理功能是以保证货款到位和防范企业的不必要支出为导向的。信用管理部门与销售部门的具体配合体现在筛选信用好的客户与企业进行信用交易。

(二) 客户的分类

考虑客户对企业的重要性因素,信用管理部门可将客户分成普通客户和核心客户。管理核心客户档案的费用,一般要高于对普通客户的档案管理费用。根据企业与客户的关系,客户还可以被分为与企业有信用交易关系的客户和与企业没有建立商业关系的客户。根据企业与客户的内外贸关系,客户还可以被分为内贸客户和外贸客户。对于内贸客户还可以被细分为本地客户与外地客户。在所有的客户分类中,最重要的是区分普通客户和核心客户。

1. 根据年交易额区分

关于普通客户与核心客户的区别,关键要素是企业与客户的年平均交易额,其次就是考虑企业与客户的交往时间长短。根据商训的教导,80%的销售来自于20%的客户。因此,企业确实有必要对"实现80%销售额度的20%的重要客户"进行特别关注和重视,他们必定是企业的核心客户。从风险控制的角度,这类客户出现的风险比较大。在这个原则下,企业信用管理部门可以按照年度的销售额对客户进行排名,然后以3—5年的年销售总额的70%进行划线,在线上的客户可以定义为核心客户。

2. 根据交往年度区分

在企业经营过程中通常碰到一些企业,年交易额不是很高,但是与企业有多年的交往历史,对于这类客户企业也应该按照核心客户进行管理。因为企业往往觉得这类客户由于交易记录一直很好,而且交易金额也不是很大,通常的防范心理不够。所以,企业的信用管理部门必须定期对老客户进行分析,主要注重企业的发展趋势,包括领导层、经营状况和财务状况等的变化趋势。如果某老客户有走下坡路的趋势,企业信用管理部门就应该对该类"老客户"严加监视。

一旦将客户划入到核心客户的范围,对其档案进行管理的复杂程度就会提高,对应的档案管理费用也会有所提高。

3. 按客户的付款行为划分

企业的信用管理部门对客户进行的另外一种分级的方法是从收账的角度考虑的,即按照客户的付款行为进行分级。通常,按照付款行为,可以被分为如下几类:收到货很快付款、快到期才付款、被提醒后才付款、受到强力催款后才付款、死拖活赖不付款。根据欧美信用管理教科书的说法,在西方国家,第二和第三类客户占客户总数的绝大多数。出于催账和商账追收考虑客户分级,建立在客户企业的付款记录基础上,供应商评价类报告和商业银行记录是主要参考。

二、客户信用信息的采集、审核

(一) 客户信用信息的采集

客户的信用信息不等同于客户信息。客户信息非常广泛,原则上所有与客户有关的消息、记录都能够被称为客户信息。而客户信用信息的概念相对比较狭义,只有能够反映客户信用状况并被用于分析客户的债务偿还意愿和偿还能力的信息才是信用信息。

从信用信息采集的角度看,不是所有的客户信息都是信用信息,所以,不是所有的客户信息都要采集。许多客户信息不是信用信息,不能反映客户的信用状况,这类信息就不需要采集;有些信息虽然能够反映客户的信用状况,但对企业的信用评估和决策作用很小,这些信用信息也不需要采集。因此,信用管理部门应事先明确需要采集的信息内容,有规则、有目的、有重点地采集客户信用信息。

1. 客户信用信息采集的内容

(1) 基本情况

客户的基本情况包括客户的注册记录及相关信息,企业不应该忽视对这些基本内容的了解与调查,主要包括以下内容:是否正式办理登记注册、名称的准确性、地址的真实性、成立时间、注册资本与变迁、企业性质、名称及商标、从业经验是否丰富、公司是否曾经更名、经营历史上的重大事项。

(2) 组织管理

客户的组织管理是客户的组成方式、组织形式和管理人员等情况的描述,主要包括以下内容:大股东情况、股东之间的关系、关联企业、分支机构、重要经营者背景信息。

(3) 经营状况

客户的经营状况包括客户的经营场所、设备和人员以及生产销售情况和采购情况等,主要包括以下内容:经营场所的所有权、地理位置和环境条件,机器设备和办公室装修,员工情况,销售渠道,主要业务或产品,营销和广告,该客户与其他供应商的结算方式,采购情况。

(4) 财务信息

企业的财务报表是反映企业的经营管理状况和偿债能力的最重要的资料,对企业的财务数据进行分析评价是分析客户信用状况、进行信用管理所必须的重要步骤,分析时主要侧重于以下几个方面:偿债能力、盈利能力、资产营运能力、成长能力、付款记录。

(5) 信用记录

客户的信用记录包括客户的公共信用记录,其与本企业交易的付款记录,这些是识别和判断客户风险,授予客户信用额度的重要依据,主要包括以下内容:付款记录、银行等金融机构、工商、税务管理部门、国土资源和房屋管理局、法院和仲裁委员会。

需要说明的是,不论哪种信用记录,都是事后的历史记录,因此只能够作为确定客户信用状况的参考信息。

(6) 行业分析信息

行业分析信息是对客户宏观方面的生存环境的分析,便于企业了解客户的发展方向和前景,作出正确的判断,一般需要分析以下一些内容:行业生产内容、行业原材料和设备、行业的采购销售情况、行业价格、客户及其产品在行业内的地位。

2. 客户信用信息采集的方法①

(1) 采集新客户信用信息的方法

从信息采集的效率、时间和成本上看,很多方法并不是在大规模采集客户信息时使用。企业在采集新客户的信用信息时,应以"5表+1报告"的调查手段为主要方法,在特殊的情况下,再配以其他的调查手段。

"5表+1报告"的具体内容如下。

1表:向客户提供信用申请表,由客户自己填写,并返回企业。信用管理人员在受理客户的信用申请时,对每个客户都必须要求其提交信用申请表。

2表:销售人员或信用管理人员在对客户现场调查后编写的现场调查表。现场调查表包括面访采集的信息和进场采集的信息。其中,销售人员必须在客户信用申请时提供面访采集的信息。在必要时也应提供进场采集的信息。

3表:信用管理人员在完成客户信用相关调查后,编写客户相关方调查表。在新客户提出信用申请后,信用管理人员必须采集客户相关方的信息,验证客户的偿付意愿和能力。

4表和5表:信用管理人员采集或要求客户提供资产负债表和利润表。可以由客户自己提供或企业通过资信调查报告获得客户资产负债表和利润表。在信用评估和决策前,必须获得客户的财务报表,以验证客户的偿付能力。针对非常重要的业务和客户,或者在客户风险很大的情况下,也会要求客户提供现金流量表。

1报告:资信调查公司提供的信用调查报告。在无法通过客户相关方了解客户偿付意愿和无法直接从客户那里获得资产负债表和利润表时,信用管理部门必须通过资信调查公司获得客户的资信调查报告,以补充缺少的客户相关方信息和财务数据。对于非常重要的客户,即使5个表格均采集齐全,仍然需要采集资信调查报告。

只有采用"5表+1报告"的调查制度,才能比较全面地反映出一个客户全面而真实的状况,起到信用信息相互补充和相互验证的作用。

(2) 采集老客户信用信息的方法

对于企业的老客户,也应定期或不定期地采集信用信息。虽然在与老客户第一次接触时已经采集了该企业的信用资料,并且在与之交易的过程中掌握了客户的付款习惯,但是信用管理部门仍必须不断向老客户索要一些资料,补充和更新老客户的档案数据库,满足信用管理部门对老客户信用状况变化的不断监控和对老客户提出新信用申请的审批决策需要。

对老客户的信用信息采集方法可分为定期采集和不定期采集两种形式。

定期采集是针对不同等级的老客户进行的常规采集。信息采集人员应根据客户的不同等级,按照调查的方法和频率采集客户的信用信息,跟踪监控客户的信用状况。

根据企业信用政策的要求,信用管理部门每间隔一段时间对特定的老客户群体进行信用调查审核,这种调查被称为"信用复审"。按照对老客户分级分类管理的信用复审要求,对级别越高、信用越好的老客户,信用复审的频率越低;反之,对级别越低、信用越差的老客户,信用复审的频率越高。

---

① 中国就业培训技术指导中心. 助理信用管理师[M]. 北京:中国劳动和社会保障出版社. 2007:88—112.

不定期采集是在老客户出现信用状况变化或重新申请信用额度时对其进行的信用信息采集。不定期采集的目标是针对突发事件采集相关信用信息和数据。

(二) 客户信用信息的审核

1. 辨别不同信息的质量

客户信用信息的审核,是指企业在获得客户信用信息后,对这些信息的准确性和真实性进行分析和判断。在审核中,信用信息处理人员需要从客观性、真实性、完整性和时效性四个方面辨别不同信息的质量。不同渠道的客户信用信息质量对比见表4-3。

表4-3 不同渠道的客户信用信息质量对比

对比项目	信息客观性	信息真实性	信息完整性	信息时效性
客户自己提供的资料	较差	较差	一般	较强
企业各业务部门提供的资料	一般	较强	一般	不确定
信用管理部门采集的资料	较强	较强	强	强
第三方提供的信息或资料	较强	一般	不确定	一般

同时,各类渠道获得的信用信息,不仅可靠程度和完整状态存在差异,而且在费用方面也不尽相同。各种信息渠道的可靠程度、完整状态和费用比较见表4-4。

表4-4 各种信息渠道的可靠程度、完整状态和费用比较

信息渠道	可靠程度	完整程度和状态	费用
客户提供的资料	10%—60%	80%,静态	无
企业网页	平均50%	70%,半动态	低
与客户初步接触	30%—70%	50%,动态	中等偏高
与客户长期接触	60%—90%	90%,动态	非常高
银行提供的报告	平均70%	90%,静态	中等偏低
征信公司的资信报告	平均80%	95%,动态	中等程度
律师取证	90%	100%,静态	高

2. 审核客户的非财务信息

客户的非财务信息对客户的信用状况具有重要的影响,信用信息处理人员往往能够从客户提供的非财务信息中获悉客户信用状况的蛛丝马迹,洞察客户提供的非财务信息资料的真实性。

(1) 检查客户的注册信息

企业法人营业执照是企业取得法人资格、合法经营、有别于自然人的重要凭证。所以,接触一个新客户时,首要的任务就是审核其是否有营业执照,并核实营业执照上所载的内容是否属实。

① 查看客户的法人身份。

② 观察客户营业执照的形式。一般情况下,信用信息处理人员看到的《企业法人营业执照》都是营业执照的副本或盖有工商局印章的营业执照副本的复印件。如果营业执照副本上没有工商局的印章,则属于无效的营业执照。

③ 审核客户营业执照的内容。企业法人营业执照的内容包括名称、住所、法定代表人、注册资本、注册号、成立日期和注册日期、企业类型、经营范围、登记机关、营业期限等项目。

工商注册号指各类市场主体在向工商行政管理机关申请登记注册时，工商行政管理机关为其分配的统一标识代码。工商注册号是各类市场主体所拥有的一个全国唯一、终身不变的号码。工商注册号在全国范围内是唯一的，任何一个市场主体只能拥有一个工商注册号，任何一个工商注册号只能赋给一个市场主体。工商注册号应在市场主体首次设立登记时赋予，在该市场主体的存续期间，工商注册号保持不变，包括：市场主体发生迁移时工商注册号不变，新的登记机关不应为该市场主体重新赋予注册号，而应使用原工商注册号；企业类型在内资和外资之间转换时，工商注册号保持不变。市场主体注销后，该注册号应被保留，不能赋给其他市场主体。如果某一区域的行政区划代码发生变化，该区域内的工商行政管理机关的代码也随之发生变化，新的市场主体登记注册时应按照新的工商行政管理机关代码生成注册号，但已分配出去的工商注册号中6位首次登记机关码无须改变。

2007年7月1日之前，内资企业和外资企业的编号方式有所区别：内资企业1999年之后的工商注册号一般为13位阿拉伯数字，且各省、自治区、直辖市、计划单列市的编码固定。企业下设的分支机构营业执照注册号是在从属企业的13位注册号后再加4位，即17位。从2007年7月1日起，国家工商行政总局要求全国工商系统执行新的《工商行政管理注册号编制规则》，改变了以前外资、内资、个体户按不同规则编号的方法，各种类型的企业统一使用15位工商注册号。15位工商注册号由14位数字本体码和1位数字校验码组成，其中本体码从左至右依次为：6位首次登记机关码、8位顺序码。1位校验码用于检验本体码的正确性，采用GB/T 17710-1999中规定的"MOD 11,10"校验算法。

6位首次登记机关代码指市场主体首次进行登记注册的工商行政管理机关的代码。国家工商行政管理总局用"100000"表示，省级、地市级、区县级登记机关代码分别使用6位行政区划代码表示。设立在经济技术开发区、高新技术开发区和保税区的工商行政管理机关（县级或县级以上）或者各类专业分局应由批准设立的上级机关统一赋予工商行政管理机关代码，并报国家工商行政管理总局信息化管理部门备案。

8位顺序码指工商行政管理机关在其管辖范围内按照先后次序为申请登记注册的市场主体所分配的顺序号。为了便于管理和赋码，8位顺序码中的第一位（自左至右）采用以下分配规则：内资各类企业使用"0""1""2""3"；外资企业使用"4""5"；个体工商户使用"6""7""8""9"。各级工商行政管理机关必须保证8位数顺序码在其管辖区内的唯一性，即一个顺序码只能赋给一个市场主体。

④ 注册资料之间相互印证。注册资料相互印证要点见表4-5。

表4-5　注册资料相互印证要点

印证项目	印证内容和要点
名称和发照机关	若一个名称所冠地域名为某省，则发照机关应为某省工商局，若发照机关为某市工商局则属不正常现象；在区级工商局注册的企业，其发照机关一般为所在市工商局；三资企业的发照机关必须是市以上工商局
发证机关和注册号	发照机关与注册号前六位一一对应，也有特殊情况，例如，开始在区级工商局注册，后变更为市工商局的，原注册号不变
出资者与注册号	自然人对应的注册号第七位一般是2；法人或国家为出资人者，注册号第七位一般是1
发照机关与注册资金	在国家工商总局注册的，注册资金一般不应少于5 000万人民币

⑤ 考察客户企业的相关信息。企业的相关信息很多,比如税务登记证、行业认证、各种许可证、宣传资料、股东构成状况等,这些信息都应成为审核的内容。

⑥ 注册资料与其他信息的印证要点见表4-6。

表4-6 注册资料与其他信息的印证要点

印证项目	印证要点
企业性质和股东构成	有限责任公司必须有两个以上股东(国有独资除外),股份有限公司必须有5家发起人(国有企业改制的除外)
宣传资料和注册资料	成立日期、注册资本、名称、分支机构等方面是否一致
名片和注册资料	住所、名称等方面是否一致
网页资料与注册资料	网页介绍的背景资料与注册情况是否吻合

(2) 审核客户的组织管理信息

客户的组织管理信息主要包括客户的股东概况、分支机构和关系企业情况、主要经营情况等。

(3) 审核客户的经营情况

客户的经营情况包括客户的经营场地、设备和人员,还包括客户的生产销售情况和采购情况等。

3. 审核客户的财务信息

客户的财务信息是判断客户综合信用状况的重要组成部分。信用信息人员或信用经理必须审核客户的资产负债表、利润表和现金流量表及其一些说明。最大限度地保证财务数据的真实性。

三、客户信用档案的建立与管理

建立和维护客户信用档案是信用管理的基础工作,只有建立起客户信用档案和对客户的状态不断跟踪,才具备对客户信用价值进行分析的条件。根据合格、完备的客户信用档案,可以帮助企业找出最忠诚的客户,分析优良客户具备的特征,让销售人员按照优良客户分析建立起来的标准去寻找理想的客户。

(一) 建立客户档案的程序

1. 客户档案的概念和内容

企业在与客户交往中所形成的客户信息以及企业自行制作的客户信用分析报告和订购的客户资信报告都应对其进行分析和加工,将其制作成客户档案。客户档案是企业进行信用决策的依据,建立合格的客户档案是企业信用管理工作的起点,属于企业信用管理部门的基本建设工作。

客户档案是指一个企业将其所有客户的各种财务的和非财务的信息进行集中统一收集、记录整理,并对每个客户的资信状况进行定期的分析、评估,从而为企业的各级管理人员提供决策支持的客户资信背景情况的记录。按照记录客户档案载体的不同,可以将客户档案分为书面档案和电子档案两种。

客户信用档案包含了企业经营中与客户信用相关的各方面信息,如企业基本情况、组织管理与人员配备、业务情况、财务状况、内部交易记录、企业评价、信用状况、资信报告、信用分析记录等多方面的信息。一般来说,很多企业的客户信用档案是在征信机构的标准版资信调查报告模本基础上制作的。

2. 建立客户档案的程序[1]

现代企业客户信用档案的建立应根据集中管理、长期积累、动态管理、分类管理等原则,并结合企业的实际情况和预算,设计一个合理的筹建工作程序建档。在实践中,我们常常遇到的不外乎是新建客户信用档案库和改造企业原有的客户信用档案库。从工作进度看,又可分为"一次性到位"型的建设、投资逐步到位型建设、改造原有档案等几种方式。这与企业的建档工作预算和人员素质有关。建立一个合格的客户信用档案的基本工作程序见图4-4。

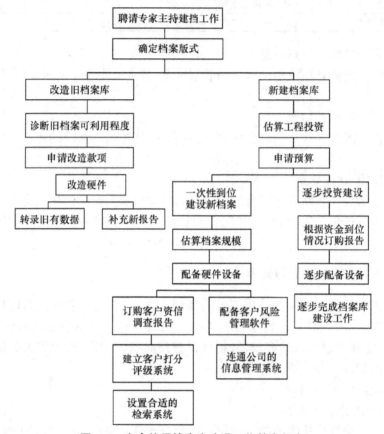

图4-4 客户信用档案库建设工作基本程序

(二) 处理和维护客户档案[2]

1. 处理客户信用档案

作为信用管理日常工作的一部分,信用管理人员要对原始客户信息进行筛选、分类、比较、核实、计算、判断、分析、编辑等加工处理。筛选是从不同来源的信息中拣选出有用信息和新信息。分类就是按照客户信用档案模版的信息栏目,将选出来的信用信息分成纯文字

---

[1] 林均跃编著. 企业与消费者信用管理[M]. 上海:上海财经大学出版社,2005:255—256.
[2] 同上,158—160.

描述信息和量化信息。核实就是对形成客户信用价值评价指标的重要信用记录进行核实，保证信息的真实性、合法性和公允性。计算就是算出客户的资信级别和风险指数，使用更新了的记录。判断是就现行客户授信和信用政策的正确性和松紧程度进行判断。分析是就客户信用档案中的重要记录和评价结果进行分析，提纲挈领地作出客户描述，并提出建议。编撰就是按照模版要求，对客户信用档案的对应部分进行更新，使档案的"数据结构"对应于所采用的信用管理软件的要求。

经过信息加工处理的客户信息，应该达到信用管理档案模版的要求，模版通常是在国际流行的企业资信调查报告版式基础上设计出来的。如果使用某种信用管理软件，客户信用档案的模板是随软件提供的，软件运行对信用档案的版式要求相当高，通常不能接受不同版式的信用档案和记录格式。尽管有的软件运行是在人工输入信息后进行信用分析的，但大多数软件要求配套使用标准版本的信用档案。

"标准"的客户信用档案模版的主要特征包括：满足信用信息的深度、广度和动态指标；检索点设计合乎国家标准和国际标准；有英文译本；建立资信评级标准；版式有利于计算机化管理等。

2. 维护客户信用档案

（1）客户信用档案库的维护

维护客户信用档案库是要保证信用档案的信用信息日益完整和不断更新。合格的客户信用档案要求其客户信息是动态的，动态信息的更新，可以是定期更新，也可以是适时更新。一份客户信用档案的有效期通常在三个月到一年。信用管理部门对客户信用档案实施动态管理的目的：一是信用管理人员需要定期了解客户的情况，尤其是财务状况，预测客户的发展趋势；二是定期调整对客户的授信额度、授信期限和授信条件等。

（2）系统与网络的硬件维护

系统与网络的硬件维护基本上是由计算机程序与网络程序设计人员负责，他们根据信用管理的需要，编制一些财务数据分析程序和网络化信用管理数据的与传输服务有关的程序，保证信用管理部门从企业财务数据库中取得电子化数据。

（3）客户信用档案的企业内部咨询服务

主动提示。客户信用档案分析人员对客户的资信调查报告进行解读，将报告中给出的客户弱点和亲近点信息用彩笔或符号系统标示出来，提示给使用信用档案的业务部门和高层经理人员，为企业成功的商业谈判提供帮助。

信息的及时传递。信用管理人员将企业长期客户和正在接触的潜在客户的档案和修正信息及时通报给那些与客户打交道的本企业人员，达到既防范客户信用风险，又不错过商业机会的目的。

信息显示。有时企业的业务部门还要求信用管理部门在标准版客户信用档案基础上，提供对客户的分析和解释。所以，信用管理人员必须以一种简明的形式将客户的资信状况传递给相关经理或业务人员。

（三）客户档案管理的注意问题

（1）企业客户信用档案的建立和维护随着企业发展阶段的不同，其操作方式和总体架构也会随之不同①。目前较为常见的客户档案模式有简单的客户档案和客户档案数据库两种。对于大多数处于初级阶段的小规模企业,企业的客户量不是很大,一般就是将一些客户档案形成电子化文档资料,通过 WORD、EXCEL 等办公自动化软件进行简单的编辑、统计等操作,客户的信用档案比较简单。当企业规模发展到一定程度,客户的数量增多,必须建立客户档案库才能更好地对客户进行管理。客户数据库的建设采用两种模式:单独的客户信用档案数据库建设和融合在企业信息化管理系统中的客户信用档案库建设。

(2) 客户信用档案必须得到应用,否则就是浪费。企业建立客户信用档案的主要目的就是支持赊销和授信工作。

(3) 评价客户信用档案库及其管理是否合理的标准。一是要求档案中的信用记录内容和指标本身达到标准;二是要求信用管理人员(特别是信用管理部门的外联人员)向企业业务部门和高层管理人员提供主动的、优良的客户信用档案服务,档案服务要达到准确提示、及时传递、显示简单易懂等标准。

第三节 授信管理

企业信用管理的根本目的是力求企业在实现销售最大化的同时,将信用风险降低至最低,使企业的效益和价值得到最大程度的提高。授信管理是企业信用管理的重中之重,是企业信用管理的关键环节。授信活动对企业的经营状况和盈利水平有重大的影响,一笔成功的授信可能为企业赢得优质客户,提高企业的销售规模和利润水平。但是,相反,一笔不良的授信却会给企业来带来潜在巨大的机会成本和坏账损失,进而有可能将企业引入财务困境的深渊。为了防范和降低信用交易的信用风险及其带来的坏账损失,企业的授信活动一定要按规范谨慎的程序进行管理,最终达到在降低信用风险的同时达到扩大销售的目的。

企业授信管理一般包括确定授信期限、确定授信标准、确定授信额度、选择授信方法等内容。

一、确定授信期限

授信期限是指企业为客户规定的最长的付款时间界限,并在赊销合同中取得了客户的允诺。确定适宜的信用期限是企业制定信用政策时首先需要解决的问题,它是通过对不同赊销方案进行分析和计算所得出的结果。

在实际工作中,信用期限的确定应在参照行业管理的基础上,采用边际分析法和净现金流量法来测算。

(一) 边际分析法

边际分析法的基本思想是,以本企业上一年度的信用期限、本行业的平均信用期限为定值假设,在此基础上,做出适当延长或缩短信用期限的不同方案,分别计算出各方案的较之基准信用期限的边际成本和边际收益。在边际收益大于边际成本的原则下选择边际净收益

---

① 朱荣恩等编著.企业信用管理[M].北京:中国时代经济出版社,2005:256.

最高的方案,以其中所设定的信用期限作为信用期限的最佳候选,待信用政策中的其他因素确定后再决定取舍。

【例 4-1】 某企业过去一直按照当地同行的平均水平,授予其客户 30 天的信用期限,从而使企业年信用赊销额达到 200 万元。企业经理办公会根据企业生产现状和市场环境,决定进一步促进赊销和较大幅度地降低产品库存量,提出适当延长对客户的信用期限至 45 天的想法,需要企业信用管理部门分析方案的可行性。根据企业销售部门对客户敏感程度的估计,延长信用期限后赊销额将增加到 320 万元,应收账款的管理成本将在现有的 2 万元的基础上增加 15%,坏账损失率估计可能由 1% 增长到 2%,当前的国债投资的年利率为 7%,以往企业销售的毛利率为 16%。根据以上条件,试用边际分析法分析新方案是否可行?

解析:

设:MI 为边际收益,ΔS 为赊销额的变化值,A 为以往企业销售毛利率,M1 为新方案的管理成本,ΔO 为边际机会成本,$T1$ 为新方案的信用期限,I 为当前的国债投资的年利率,B1 为新方案的坏账损失率,ΔB 为边际坏账损失,MC 为边际总成本,NMI 为边际收益净值。

(1) 计算边际收益

根据实施新信用期限条件下所增加的赊销额和毛利率,可以测算新销售方案的边际收益如下:

$$MI = \Delta S \times A = 120 \times 16\% = 19.2(万元)$$

(2) 计算边际成本

应收账款的持有成本包括管理成本、机会成本和坏账损失,新销售方案的总边际成本是这三个项目的边际成本之和。

$$M1 = 2 \times 15\% = 0.3(万元)$$
$$\Delta O = (\Delta S/365) \times T1 \times I = (120/365) \times 45 \times 7\% = 1.04(万元)$$
$$\Delta B = \Delta S \times B1 = 120 \times 2\% = 2.4(万元)$$
$$MC = M1 + \Delta O + \Delta B = 0.3 + 1.04 + 2.4 = 3.74(万元)$$

(3) 计算边际收益净值

$$NMI = MI - M1 - \Delta O - \Delta B = MI - MC = 19.2 - 0.3 - 1.04 - 2.4 = 15.46(万元)$$

结论:向客户发放 45 天的信用期限可以使企业增加 15.46 万元的利润,从企业信用管理部门角度看方案是可行的。

(二) 净现值流量法

净现值流量法是通过计算不同销售数量情况下企业每日净收益值变化情况确定最佳信用期限的方法。

日营业净现值的计算公式为:

$$NPV = P \times Q(1-B)/(1+K \times T) - C \times Q$$

式中,NPV:日营业净现值,P:产品单价,C:生产成本,Q:产品的日销售量,B:坏账损失率,K:表示日利率,T:平均收账期。

【例 4-2】 华兴企业原来向客户授予 30 天的信用期限,每日销量为 400 件,产品的单位售价为 1 000 元/件,单位生产成本为 500 元/件。在这种条件下,客户拖延付款使得平均收账期为40天,坏账损失率为2%。现拟将信用期限放宽至45天,日销量提高到500件,售价不变,单位生产成本降为440元/件。根据过去的经验估计,在新的信用期限条件下的平均收账期为50天,坏账损失率增加至3%。当前的国债利率为日利率0.05%。现根据上述条件,计算两种信用期限方案的日营业净现值。设:原信用期限条件下的方案为A方案,而放宽信用期限后的方案为B方案。具体条件如表4-7所示。

表4-7 华兴企业相关条件与数值

条件	数量
NPV:日营业净现值	
P:产品单价(元)	1 000
C_0:原生产成本(元)	500
C_1:现生产成本(元)	440
Q_0:原产品的日销售量(件)	400
Q_1:现产品的日销售量(件)	500
B_0:原坏账损失率	2%
B_1:现坏账损失率	3%
K:表示日利率	0.05%
T_0:原平均收账期(天)	40
T_1:现平均收账期(天)	50

解析:

(1) 方案A的日营业净现值计算如下:

$$NPV = [P \times Q_0(1 - B_0)]/(1 + K \times T) - C_0 \times Q_0$$
$$= [1\,000 \times 400(1 - 0.02)]/(1 + 0.05\% \times 40) - 500 \times 400 = 184\,314(元)$$

(2) 方案B的日营业净现值计算如下:

$$NPV = [P \times Q_1(1 - B_1)]/(1 + K \times T) - C_1 \times Q_1$$
$$= [1\,000 \times 500(1 - 0.03)]/(1 + 0.05\% \times 50) - 440 \times 500 = 253\,171(元)$$

结论:采用45天信用期限,企业的日营业净现值可由18.43万元提高到25.32万元,增长37.4%,因此新方案是可行的。

二、确定授信标准

信用标准是企业同意向顾客提供商业信用而提出的基本要求。通常以预期的坏账损失率作为判别标准。如果企业的信用标准较严,只对信誉好、坏账损失率低的顾客给予赊销,则会减少坏账损失和应收账款的机会成本,但这可能不利于扩大销售量,甚至会使销售量减少;反之,如果信用标准较宽,虽然会增加销售,但会相应增加坏账损失和应收账款的机会成本。企业应根据具体情况进行权衡。

【例4-3】 大洋公司现在的经营情况和信用政策如表4-8所示。

表 4-8　大洋公司现在的经营情况和信用政策

项目	数据
现在信用政策情况的销售收入(元)(全部为赊销)	100 000
现在信用政策情况下的应收账款投资(元)	12 500
现在的利润(元)	20 000
销售利润率(%)	20
信用标准[预期坏账损失率(%)的限制]	10
平均坏账损失率(%)	6
信用条件	30 天付清
平均收现期(天)	45
应收账款的资金成本率(%)	15

假设大洋公司要改变信用标准，提出 A、B 两个方案，信用标准变化情况如表 4-9 所示。

表 4-9　大洋公司 A、B 两个方案信用标准变化情况

A 方案(较紧的信用标准)	B 方案(较松的信用标准)
信用标准：只对那些预期坏账损失率低于 5% 的企业提供商业信用	信用标准：只对那些预期坏账损失率低于 15% 的企业提供商业信用
由于标准变化减少销售额 10 000 元	由于标准变化增加销售额 15 000 元
减少的销售平均收现期为 90 天，其余 90 000 元的平均收现期降为 40 天	增加销售额的平均收现期为 75 天，原 100 000 元的平均收现期仍为 45 天
减少的销售额平均的坏账损失率为 8.7%，其余 90 000 元的平均坏账损失率由 6% 降为 5%	新增加销售额平均的坏账损失率为 10%，原 100 000 元销售额的平均坏账损失率仍为 6%

大洋公司 A、B 两个方案利润、成本测算情况如表 4-10 所示。

表 4-10　大洋公司 A、B 两个方案利润、成本测算

项目	A 方案	B 方案
信用标准变化对销售利润的影响	$(-10\,000) \times 20\% = -2\,000$	$15\,000 \times 20\% = 3\,000$
信用标准变化对应收账款机会成本的影响	$90/365 \times (-10\,000) \times 15\% + (40-45)/365 \times 90\,000 \times 15\% = -555$	$75/365 \times 15\,000 \times 15\% = 462$
信用标准变化对坏账成本的影响	$(-10\,000) \times 8.7\% + 90\,000 \times (5\% - 6\%)$ $= -1\,770$	$15\,000 \times 10\% = 1\,500$
信用政策变化带来的净利润	$(-2\,000) - (-555) - (-1\,770)$ $= 325$	$3\,000 - 462 - 1\,500$ $= 1\,038$

以上计算说明，采用较松的信用标准(B 方案)，能使该企业增加较多利润，而较严的信用标准(A 方案)会使利润增加较少，故应采用 B 方案。

三、确定授信额度

对客户赊销额度的确定有很多方法，现成的两种方法是：一是购买专业信用调查机构的

报告,采纳专业机构给出的建议额度。这种方法的好处是它们提供了专业经验和服务,不足之处是它们不了解企业与客户的具体交易背景;二是参照其他供货商的信用额度,该方法的前提是能够获得其他供货商对客户的信用额度,但是大多数情况下其他供货商的授信额度都仅仅是作为参考,企业还需要根据自己的分析和判断作出最终授信决定。

如果企业自己计算信用额度,可以采用销售量法、回款额法以及营运资产分析模型。

(一)销售量法确定客户的赊销额度

根据客户以往的订货量和订货周期确定赊销额度的方法。以客户上个季度(或月度)订货量为基本数额,以本企业标准信用期限为参数,计算客户的信用额度,把客户历史付款记录或客户的信用等级作为修正系数。

1. 使用销售量法的基本计算步骤

(1)确定客户上季度订货量

一般企业应该定期记录和统计客户的销量,对于有"进销存"管理软件的企业来讲,可以采用软件直接统计数据;对于手工操作的企业来说,可以依据销售记录、订单或出库单等信息来确定客户的订货量。也可以以客户的预计订货量或本企业的预测销售额作为基本数额,但对新客户不宜采用这种方法确定信用额度,一般都会对新客户规定半年的交易考察期。

(2)确定客户的信用期限

根据客户的类型和交易的重要性,在标准信用期限内由信用管理人员给出该客户的一般信用期限,也可以直接使用标准信用期限。

标准信用期限是指企业的目标信用期限,它的确定没有公认的分析模型,一般的方法是:以本地区本行业的一般信用期限为参考,再根据企业自身的信用政策、资金实力、生产情况、市场情况等多种因素进行调整。

(3)计算信用限额

$$信用限额 = 季度订货量 \times 信用期限 \div 90$$

(4)修正信用期限,确定客户的赊销额度

$$赊销额度 = 信用额度 \times 风险修正系数$$

这里的关键是风险修正系数的确定。一般来说,修正系数有两种确定的方法:一是依据客户的信用等级;二是依据客户的信用记录,即客户以往及时付款或拖欠情况。两种方法的运用见表4-11和表4-12。

表4-11 风险修正系数1(信用等级)

风险级别(信用等级)	修正系数(%)
A	100
B	60
C	20
D	0

表 4-12　风险修正系数 2（信用记录）

拖欠金额×拖欠天数（某行业）	信用评分记录	修正系数(%)
无	100	100
25 万天	80	80
60 万天	50	50
100 万天	20	20
200 万天	10	10

注：信用管理人员应当进行总结，以确定本行业或本企业的风险修正系数。

在运用销售量法确定客户赊销额度时要根据客户能否提供担保，以及竞争对手给客户的信用额度是多少，及时做出相应的调整。

2. 销售量法的应用

销售量法以客户的实际销售量作为依据来预测其赊销额度，是企业用来确定赊销额度的一种应用广泛的方法，较为简便易行，且与销售密切相关，容易在企业实施。

【例 4-4】　企业某客户的内部信用评价为 B 级，企业标准信用期限为 60 天，该客户上半年六个月的实际订货金额分别为 25 万元、40 万元、50 万元、35 万元、45 万元和 55 万元，该客户的信用限额为多少？

解析：

$$信用限额 = (25+40+50+35+45+55) \times 60 \div 180 \approx 83.33(万元)$$

内部评级 B 级对应的修正系数为 60%，修正后的信用额度为：

$$赊销额度 = 83.33 \times 60\% = 50(万元)$$

该客户希望能够获得 100 万元的赊销额度，于是该客户用自己的房产作为抵押增加了 50 万元的信用额度，一共 100 万元。

需要说明的是，客户用担保的方式获得超额赊销额度，实际上是企业代替银行给予客户融资，而不能够收取利息，因此，抵押要考虑企业的资金实力和机会成本。

(二) 回款额法确定客户的赊销额度

回款额法确定客户标准信用额度，就是在考虑客户最近半年的回款能力条件下，为客户设定标准信用额度的方法。企业对客户近半年来，每个月的回款额进行加权平均计算，以本企业标准信用期限为参数，计算客户的信用额度。

1. 回款额法的计算步骤

(1) 确定客户评估日期前半年每个月的回款额

一般企业财务部门应该定期记录和统计客户的回款情况，对于有财务软件的企业来讲，可以直接使用软件中的统计数据；对于采用手工记录方式的企业来说，利用收款凭证和销售台账等信息确定客户每个月的回款额。新客户不采用这种方法确定信用额度。

(2) 确定本企业的标准信用期限（参见销售量法）

(3) 计算赊销额度

$$标准赊销额度 = (最近月份回款额 \times 6 + \cdots \times 5 + \cdots 半年内最远月份回款额 \times 1)$$
$$\div (6+5+4+3+2+1) \times (标准信用期限 \div 30)$$

2. 回款额法的应用

用回款额法确定客户的信用额度的优点是,简单直接,易于操作,不用进行参数设定。不足在于,对于销售季节性较强的商品交易和客户回款极其不稳定的情况,会有一定的误差。

(三) 营运资产分析模型(详见第六章 客户评价)

给客户的信用额度不是一成不变的,企业对客户的信用额度必须定期进行审议。这是保证应收账款质量的重要前提,而且也是一个持续进行的过程。特别是对新开的信用账户,信用管理人员更应对其进行认真监督。新设账户通常在设立信用额度不超过 90 天后进行更新,第二次更新通常在新开账户 6 个月以后。在此之后,如果没有什么特殊变化,如付款模式发生变化、出现了引起信用管理人员警觉的信号等,对信用账户的评估一般间隔 6 个月为佳。

进行账户再评估时,除利用相关信用代理机构的数据外,还必须向银行电话咨询有关客户的情况。要通过银行了解客户付款模式的变化,银行对客户贷款规模的变化,银行对客户的态度,银行与客户关系的变化等方面的信息,对客户的信用额度进行再评估,此举非常重要。

四、选择授信方法

(一) 授信程序

授予客户信用额度是一项重要的工作,要按照公司规定的业务程序进行,可以参照如图 4-5 所示流程。

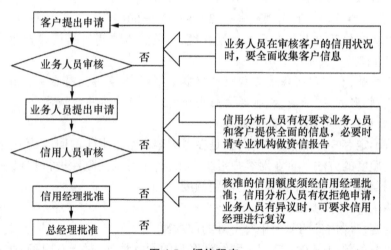

图 4-5 授信程序

客户的信用额度应当定期核准,可以以半年或者一年为一个周期,另外企业在促销期间可以设置临时信用额度,过期就取消;对于重大或者特殊项目的信用额度应当单独进行审批。当然,任何信用额度的调整都应该和客户进行协商和沟通。

(二) 授信类型

对于不同类型的客户,如首次订货客户(新客户)、老客户、分销商以至于不同重要性的客户,在授信时应当有所区别对待。

1. 对首次订货客户(新客户)授信

企业可以为所有新客户建立一个标准的信用额度,前提是在一般购买规模和标准结算条款的基础上,每一个新客户都将根据其信用评估而在这个信用额度以内获得由企业提供的赊销,并处于企业的严密监控之下。直到其与企业交易一定时间并产生能够支持企业判断授信额度的信用记录,才可以正式对其授信。

2. 对老客户的授信

这里既包括了企业建立信用管理体系过程中对老客户的授信,也包括新客户度过考察期后的授信、定期对老客户授信额度进行调整以及老客户要求调整授信时的工作。

对于老客户主要是进行常态管理,并做好售后服务,如果拒绝付款,则要调查原因,采取有针对性的行动。另外,业务人员和信用管理人员要关注老客户的经营状况,对于发生经营危机的要及时做出反应,严格控制应收账款的安全性,并监控每一笔新发生的销售行为的安全性,直至确认企业的信用风险降低至可接受的水平为止。

客户是否发生经营危机可以从经营管理、经营者的言行举止、客户公司里的气氛、付款行为、销售和采购等方面的各种迹象上看出,以下列出了一些客户可能发生危机的征兆,供企业参考:

(1) 销售出现负增长,或销售情况突然恶化;
(2) 突然开始大量倾销;
(3) 主要销售对象破产,或有大量退货;
(4) 经常要求延迟付款或者付款日期常常变更;
(5) 突然要求改变付款的银行;
(6) 突然更换主要的材料设备供应商;
(7) 毫无理由地突然增加订货额;
(8) 毫不计较地以高价进货;
(9) 突然提出延期提货;
(11) 开始处理库存的商品或原来的楼盘、变卖不动产;
(12) 大量地解雇员工;
(13) 有能力的员工的辞职情况变得频繁;
(14) 经营者频繁换位或缺位。

除此之外,还有一些授信的基本技巧需要注意,包括授予所有供货商相同的信用额度;对不能确定风险水平的客户从低信用额度开始,然后视情况逐渐提高等事项。

(三) 使用现金折扣

1. 现金折扣的成本与收益

现金折扣一般是指在赊销方式下,销货方为鼓励客户在一定时期内早日偿还货款而给予的一种价格折扣优待。现金折扣的实质是鼓励客户早日偿还货款。

企业在给予客户现金折扣时,采用什么程度的现金折扣,要与信用期限结合起来考虑,来决定采用什么样的付款期限,能够给予多大的折扣率。如果折扣率过低,无法产生激励客户提早付款的效果;折扣率过高,企业成本过大。

现金折扣相当于企业为加快获得资金而向客户支付的利息,其利息成本计算公式为:

$$\text{现金折扣的利息成本} = \frac{\text{折扣率}}{1-\text{折扣率}} \div (\text{信用期限}-\text{折扣期}) \times 365$$

以"2/30,N/60"为例,现金折扣的利息成本为: $\frac{2\%}{1-2\%} \div (60-30) \times 365 = 24.83\%$,远远高于银行短期贷款利率。

2. 现金折扣的确定方法

这种方法的基本思路是,以现金折扣的成本(减让的折扣额)与收益(减少的应收账款持有成本)相比较,选择其中能够给企业带来最大收益的方案。

【例 4-5】 华达公司已经决定采取 45 天的信用期限,新信用条件下预计的赊销额为 320 万元,相应的应收账款管理成本为 2.3 万元,预计的坏账损失率为 1%,国债投资年利率为 7%,现初步拟定三种折扣方案见表 4-13。

表 4-13 三种现金折扣方案

项目	A 方案	B 方案	C 方案
采用的折扣方式	2/10	2/20	3/10
账款在折扣期收回的可能性(%)	90	99	95
管理成本降低为原成本的(%)	50	80	70
坏账损失率(%)	0.5	0.6	0.1

解析:

比较这三个方案的净收益情况:

A 方案净收益:$2.3 \times (1-50\%) + 320 \times (1\% - 0.5\%) + 320 \times 90\% \times 7\% \times (45-10) \div 365 - 320 \times 90\% \times 2\% = 2.95 - 5.76 = -2.81$(万元)

B 方案净收益:$2.3 \times (1-80\%) + 320 \times (1\% - 0.6\%) + 320 \times 99\% \times 7\% \times (45-20) \div 365 - 320 \times 99\% \times 2\% = 3.26 - 6.34 = -3.08$(万元)

C 方案净收益:$2.3 \times (1-70\%) + 320 \times (1\% - 0.1\%) + 320 \times 95\% \times 7\% \times (45-10) \div 365 - 320 \times 95\% \times 3\% = 5.61 - 9.12 = -3.51$(万元)

比较的结果是:A 方案更佳。

需要注意的是,利用现金折扣政策来刺激付款不应经常被采用,因为现金折扣通常应足够高才有吸引力,而此时卖方成本会较大。所以,如果确定客户最终会付款的话,忍受 90 天的延迟支付比提供 2% 的折扣更加合算。

(四)使用其他信用条件

除了以上所谈到的信用额度、信用期限和现金折扣等信用条件以外,企业还可以选择使用一些与客户交易的特殊条款和方式,它们也可以作为信用条件,包括有关拖欠罚金的约定、结算回扣条款、分期付款方式和发货控制条件等。

1. 拖欠罚金

在企业与客户的供货合同里,要约定拖欠罚金条款,即付款违约金条款。客户一旦发生拖欠时,企业有权利要求客户支付违约利息及罚金。

一般认为,实际工作中很难执行这样的条款,客户能够支付本金就不错了,要求罚金会影响客户关系。这样的问题确实是存在的,但是,不能因此就放弃约定这样的条款,因为这是卖方提供融资的权利,也会对客户有一定的约束力,对客户的及时付款产生威慑力。

在使用拖欠罚金政策时,注意以下几点:

(1) 拖欠罚金应比借款筹资成本高,才会有一定的威慑力,但也不必约定太高,按照实际的损失约定,并注明计算方法;

(2) 要提前与客户协商拖欠罚金条款,尽量得到客户的认同和理解;

(3) 在付款提醒、对账单、发票提示栏等文件或票据中简明注明该条款,起到提醒和促进客户及时付款的作用,这样的提示最好以规范统一的格式进行,比如事先印制该栏目,否则可能会引起客户反感。

2. 结算回扣

结算回扣指对超过一定销售额的客户提供销售回扣,即"返利"政策。此政策对分销商和大客户使用的多。

在"返利"政策中加按时付款作为获取结算回扣的条件之一,效果会更好。

3. 分期付款

重大项目一般采用分期付款的结算方式,如建设项目、系统集成项目或贵重设备购销。这种分期付款方式的特点是,一个项目一般持续时间比较长,付款的性质和种类比较多,分阶段进行。比如一个设备安装项目,可以包括预付款、提货款、货到付款、安装后付款、验收合格付款、运转后付款、安装工程款、维修保养款、质量保证金等。而项目一般比较复杂,在执行过程中往往会产生各种纠纷,严重影响后期的阶段性付款。其中风险比较大的就是货到后的阶段性付款以及质量保证金。

企业在规避分期付款的风险方面,有两件事情要做好。第一件事情是要组织力量认真履约,避免履约纠纷和客户提出的各种借口;第二件事情就是认真签订项目协议,卖方尤其要注意的是要在协议中明确付款标准或时间,这些标准应该是容易度量和界定的,不能含糊,比如验收的标准和时限,同时,对项目的进程进行严密跟踪,任何情况下都能够做到内部沟通及与客户沟通的顺利。

经验表明,卖方扣留款项(如质量保证金)的拖欠和坏账率较高。最好能够避免约定扣留款项,或者在约定中写清楚保证范围,避免范围扩大到货款范畴。

4. 发货控制

发货控制条件是重要的信用控制手段,企业对发货应该有严格的规定,并应事先告知客户,具体规定应包括三方面:

(1) 超过信用额度的客户订单需要审批,不能通过审批的要停止发货,直至客户付清欠款至信用额度以下为止;

(2) 应付款项超过信用期限一定时间的客户,后继订单须停止发货;

(3) 具有货款到账条件的发货指令应由财务部确认到款后发货。

(五) 告知授信结果

企业信用管理部门核定客户的信用额度和信用期限后要以书面的形式告知企业内的销售和财务部门,并向客户告知自身的信用政策和对其信用申请的最终结果,要求客户按照信用额度和条件执行。

（六）监控客户信用

除了审核和给予企业信用额度、确定信用条件之外，企业信用管理部门还有一个重要的工作，即对信用额度进行持续的信用监控，不断的根据个别客户的支付记录对他们的信用等级和信用额度进行再评价。

一般来说，企业在以下几种情况下需要考虑调整客户的信用额度：

（1）半年或一年定期审核客户信用额度时；
（2）客户提出申请要求调整信用额度时；
（3）客户订货量持续超过信用额度时；
（4）客户付款变慢、产生大量逾期账款时；
（5）客户可能发生经营危机时。

对于需要调整信用额度的企业，企业信用管理部门要根据其信用记录对其信用状况进行重新评价，计算其信用额度，考虑其信用期限和其他信用条件是否需要调整。对于调整后的客户信用额度和信用条件，要及时告知客户，并向其说明调整的原因，取得对方的理解。

第四节 应收账款管理

企业信用管理的另一个重要内容就是应收账款管理。众所周知，企业的经营活动是以创造利润为唯一目标。也就是说，只有资金的回笼，才能代表企业一个销售周期的结束。在信用销售环境下，必然在某一段时间内产生一定数量的应收账款。这些应收账款在收回之前，处于一种不稳定的状态，如果没有完善和系统的管理措施，这些应收账款极有可能出现无法按时归还的风险，从而阻碍资金在企业内部的正常流动，直接影响企业销售利润，甚至引起企业破产清算危机。在企业赊销行为日益盛行的今天，应收账款管理对企业信用销售的重要性自不待言，因而应收账款管理也就成为企业内部信用管理制度的重要环节之一。

应收账款管理包括广义和狭义两种，其中，广义的应收账款管理包括两个阶段：第一阶段是从债权成立开始到应收账款到期日这段时间的管理，即合同期内的应收账款管理；第二阶段是应收账款到期日后的账款管理，也即逾期账款的管理。狭义的应收账款管理则仅仅包括第一阶段的应收账款管理，而把第二阶段的应收账款管理称为商账追收。应收账款管理的过程就是对应收账款债权的安全性和可回收性进行控制的过程。

企业的应收账款是企业产品转化为利润前的最后形式，应收账款的质量和及时的收取对企业利润的形成有着重要的意义。用科学的方法系统地对应收账款加以管理，才能够最大程度地避免信用损失，增加企业的利润。企业对应收账款管理的最终目标是足额、按时收回账款，最小化持有应收账款的成本，最大化应收账款的净收益，以降低和规避信用风险，维系良好的客户关系。

一、期内应收账款管理

期内应收账款管理流程如图 4-6 所示。

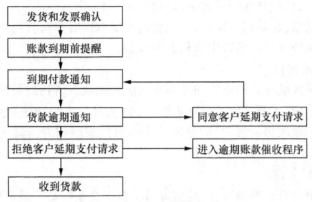

图 4-6 期内应收账款管理流程

（一）客户发货和发票确认

1. 客户发货和发票确认的意义

客户发货和发票确认是指，向客户提供信用销售和服务时，在货物发出、应收账款发生后的合适的时间与客户取得联系，确认客户已经收到货物和相应发票的管理工作。这对企业信用管理的意义在于：确保物权已转移到客户手中，在运输中没有出现问题；是客户服务的一部分；发票是债权凭证。客户收到发票表示债权关系的确认，确认债权可以在以后可能产生的纠纷中处于相对有利的地位。

2. 工作内容

（1）收货和发票确认函和回执

收货和发票确认函应包括抬头、落款和订单号、发票号、凭证（发票）日期、金额等。抬头和落款要有相关人员的联系方式。

客户的回执一般与收货和发票确认函在一张纸上，客户只要将收货和发票确认函回传即可。收货和发票确认的方式有电话确认与书面确认。对于新客户，要求采用书面确认的方式，一般采用传真确认。对于老客户，一般电话确认即可。

（2）确认物权转移状况

收集应收账款资料。信用管理部门指派专门人员每天到财务部门收集当天产生的应收账款资料，主要内容包括客户名称、发票金额和发票日期等。

在发货后 7—10 天，信用管理部门应该与客户联系。

（3）争议处理

如果客户抱怨货物收到的时间与合同规定不符，信用管理人员应向储运部门核实情况，如情况属实，应立即向信用经理汇报。信用经理必须和客户沟通，了解情况和客户的态度。

在出现货物发运提前或滞后的情形时，信用经理有必要前往储运部门，纠正发货出现的问题，通报客户的意见和反应。

如果客户声称没有收到发票，信用管理人员应首先确认发票地址是否正确，信函接收人是否准确。在确认准确后，必须立刻与财务部门取得联系，了解针对这个客户的发票是否已经寄出，并确认发票寄出的时间。信用管理人员必须与邮政部门取得联系，检查发票在邮寄过程中是否出现问题，并采取相应的解决方法。

（二）货物质量的检验确认和质量争议的解决

货物质量确认是指，在货物发出后，按照合同规定取得客户对货物质量认可凭证的管理工作。其目的在于保障在信用销售中债权方的权益。

1. 质量确认函及回执

质量确认函及回执的样式同收货和发票确认函和回执。货物质量确认的工作主要适用于信用期限长的新客户、工程类客户、OEM 客户、分期付款客户和国际业务中的海外客户。对于老客户或信用期限较短的客户，质量确认工作可以省略或者与其他应收账款管理工作一并完成。

2. 处理货物质量争议

客户提出质量争议有三种情况：一是质量纠纷源于企业本身产品和服务质量原因；二是外部运输原因；三是质量纠纷是客户拖延和拒绝付款的借口。

（1）详细记录争议情况

如果客户提出质量争议，信用管理人员必须详细记录质量问题的所有细节，并于当日向企业相关部门核实情况。核实完毕后，立刻将调研核实结果汇报信用经理。

（2）确定争议发生原因

在货物出现质量问题时，信用经理有必要前往相关部门，详细了解货物出现质量问题的原因，通报客户的意见和反映，在处理比较重大的质量纠纷时，信用经理还应立刻向主管领导汇报，通过上层领导处理善后工作。

（三）应收账款到期前的提示和管理

应收账款到期前提醒是指，在每笔发票到期前，安排账款管理人员提醒客户按时付款的管理工作。其原因在于：客户通常都是先付款给管理严格的供应商；防止客户的财务部门忘记付款；通过对账发现双方账目中的分歧；及早发现客户的异常反映。

1. 选择不同的提示方法

目前最为常用的方法有信函、电话、传真、电子邮件提示。信函提示是商务活动中最为传统和最为正式的函件，容易被大多数客户接受，能够显示出企业的工作力度以及对客户的尊重。

电话提示是一种方便快捷方式，不受地域和空间的限制，只要选择合适的通话时间即可与客户进行随时随地的沟通和交流，但是电话提示相对于信函不够正式，因此电话提示一般多用于长期交易的老客户和付款习惯良好的客户。建议选用录音电话。

传真提示类似于信函提示，但由于传真的保密性和针对性较差，容易造成客户以未到期提醒而拒绝付款的问题，因此，传真提醒并不是一种十分有效的提示方式。

电子邮件提醒方式不但快捷，而且可以与客户实时交流，遇到问题可以实施解决。但是电子邮件提示方式需要信用管理人员考虑客户的接受习惯和偏好。

2. 应收账款到期前提醒

三步走：一是账款到期前5—7天向客户财务部门发出提醒付款函和对账清单；二是与客户取得联系，核对对账清单；三是取得客户确认回执。

3. 实施应收账款到期前的跟踪监控

信用管理部门对应收账款的管理工作是以应收账款账务往来为依据的，为了避免出现一有问题就向财务部门核对的重复工作,企业信用管理部门可以建立货款回收管理台账,记录货款回收的详细内容。

案例4-2

从摇篮到坟墓

当海伦·杰克逊来到 Proxicom——一家互联网咨询公司的时候,她发现了与以前工作时相同的情形——没有正式的收款部门和收款程序。于是,这位精于信贷、收账以及开票的经理人开发出了一种全新的"从摇篮到坟墓"的方法。该方法对应收账款平均回收期产生了巨大的影响——回收期在一个季度内降低了11天。杰克逊说,她刚来的时候,收款工作并不受到重视,只是在财务或市场部门的雇员有空闲时间时打一些催讨电话而已。因为很少有人喜欢打这样的电话,所以,后续工作非常糟糕。当杰克逊接手收款工作后,她发现许多开出的发票都存在问题。但因为开票和收款工作是相互分离的,所以,很难有效阻止发票错误的发生。

这正是杰克逊所提出的"从摇篮到坟墓"这一概念的着眼点——由一个员工负责全部业务,包括从纠正开票错误到打催讨电话。在这种方法中,每一张发票上都有联系方式,这样,客户一旦发现问题,就可以知道应该找谁解决。但因为多数客户发现问题后并不会打电话过来,所以,杰克逊会在发票寄出15天后,主动打电话给客户,询问是否有什么问题,并解决出现的争议。当她刚开始这么做的时候,客户们告诉她,以前如果账款不是逾期60天以上,是没有人给他们打电话的。

不用说,即使发票正确无误,也不是所有客户都会如期付款。然而,杰克逊并没有因此放弃努力。在给客户打电话时,多数客户的应付账款部门的员工都会告诉她,已接到指令,所有款项的付款期都是逾期60天。而在给对方的会计部门打电话后,也得到了同样的回答。于是,她会采取如下的措施:终止销售合同,重新检查各项付款条件。这最终会迫使客户在协议期内付款。

杰克逊表示,财务部门会全力支持"从摇篮到坟墓"的工作方法,但是销售人员并不会完全赞同。只有当他们认识到客户喜欢同从头至尾处理所有与赊销相关的业务的职员谈判这一事实时,这些销售人员才会支持"从摇篮到坟墓"的方法。杰克逊表示,同客户加强私人性质的联系有助于整个业务循环的实施。

资料来源:玛丽·S谢弗.信用、收款和应收账款精要[M].北京:中国人民大学出版社.2004;56—57.

分析总结

第一,只有极少数公司会收回所有账款。某些专业人士认为,如果一个公司没有坏账,只能说明其信用政策过于严厉,这对销售和利润并没有什么好处。这种观点并不意味着对所有的信用不良客户都应该授予信用。然而,这也确实说明,尤其对于有着较大经营毛利的公司而言,偶尔出现的坏账并不是如世界末日一样可怕。

第二,建立应收账款管理制度——建立正式的收款部门、收款程序、款项到期的提示,并与公司内部各有关部门的协作配合,对企业至关重要。

(四) 应收账款整体状况分析

应收账款整体状况分析是通过行之有效的统计和计算方法,分析企业整体应收账款持有水平和成本关系,并据此采取相应的信用管理措施。其内容包括测算和分析应收账款最佳持有量、测算和分析企业整体 DSO、分析应收账款账龄结构、撰写企业应收账款整体分析报告。

1. 测算和分析应收账款最佳持有量

应收账款最佳持有量是指,在信用销售下,企业通过销售达到利润最大化时应收账款的持有数量。

(1) 分析应收账款的成本

企业在采取赊销方式促进销售的同时,会因持有应收账款而付出一定的代价,这种代价即为应收账款的成本。其内容包括信用销售坏账成本、信用销售机会成本、信用销售管理成本、信用销售短缺成本。

① 信用销售的坏账成本

企业赊销后无法收回的价值即价值的灭失。坏账成本总是随着应收账款持有量的增大而上升。但是,在一个行业中,信用水平的高低决定了企业坏账率的高低。坏账成本与应收账款持有量的关系见图4-7。

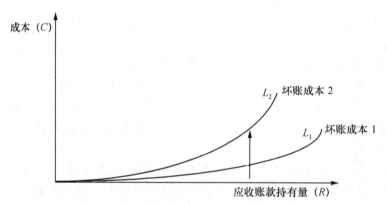

图 4-7 坏账成本与应收账款持有量的关系

现代企业信用管理理论认为:坏账过高说明企业管理水平低下,是企业经营的最大隐患,必须克服;坏账损失是不可避免的,也不应该刻意避免,完全没有坏账,反而说明企业的赊销能力没有发挥出来;正确的观念应是,坏账水平必须在企业的可承受范围内。

国家统计局的数据表明:我国企业平均坏账率为 5%—10%,美国企业坏账占销售收入的 0.25%—0.5%,中国企业坏账是美国企业的 20 倍。

② 信用销售的机会成本

机会成本是指被企业赊销过程中错过的价值。在一个企业中,机会成本往往是最大的信用成本。机会成本的最重要考核指标是销售未清账期(DSO)。机会成本计算公式:

$$机会成本 = 赊销额 \times 稳健投资回报率 \times DSO/365$$

机会成本与应收账款持有量的关系见图 4-8。

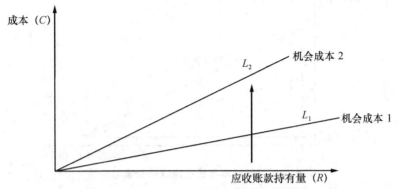

图 4-8 机会成本与应收账款持有量的关系

③ 信用销售的管理成本

赊销的管理成本是指所有与赊销活动有关的费用总和。管理成本包括客户调查费用、应收账款监管费用、收账费用、内部管理程序、场地、人员、办公等费用。

管理成本与应收账款持有量的关系见图 4-9。

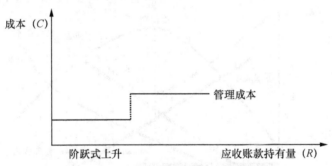

图 4-9 管理成本与应收账款持有量的关系

④ 信用销售的短缺成本

短缺成本是指没有获得最大销售而产生的损失。买方市场的特征就是商品过剩，商品过剩必然不能把所有商品都销售出去。当企业放弃信用销售时，企业的短缺成本最大，随着企业信用销售的增加，短缺成本逐渐降低，直至全部商品销售出去，短缺成本消失。

举例来说，某企业毛利率为 20%，如果合理运用赊销手段最大销售额可以达到 100 万元（毛利 20 万元），但现在由于过于担心应收账款遭受损失而只实现销售额 80 万元（毛利 16 万元），这其中少获得的 4 万元毛利即为短缺成本，是企业少收入的部分。

短缺成本与应收账款持有量的关系见图 4-10。

图 4-10 中，我国宏观商品市场和各行业企业，都正在从 L_1 向 L_3 发展，短缺成本损失越来越高。不赊销企业的短缺成本损失就越大。短缺成本斜率的大小本质就是行业竞争性的大小。图 4-10 中 L_1 为商品稀缺情况下短缺成本与持有量的关系；L_2 为市场适度竞争下的短缺成本与持有量的关系；L_3 为高度竞争时短缺成本与持有量的关系。

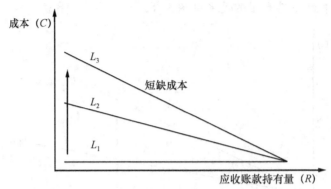

图 4-10　短缺成本与应收账款持有量的关系

⑤ 信用销售总成本

坏账成本、机会成本、管理成本和短缺成本四项成本之和构成了信用销售的总成本。总成本是一条 U 形锅底曲线。该条曲线对应的是企业的倒 U 形利润曲线。企业应收账款最佳持有量是信用销售利润最大、成本最低时的应收账款持有量。

信用销售总成本与应收账款持有量之间的关系，见图 4-11。

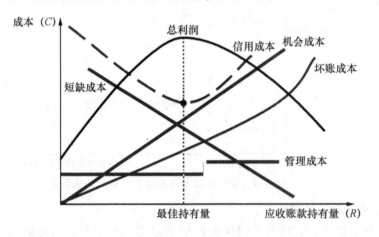

图 4-11　信用销售总成本与应收账款持有量之间的关系

(2) 测算应收账款最佳持有量

企业持有应收账款的水平包括两种含义：一是持有应收账款的总体额度，即企业赊销给客户群体的货物和服务的总金额；二是持有应收账款的个体额度，即企业对单个客户的应收账款。此处主要讨论的是持有应收账款的总体额度的合理水平，对单个客户的应收账款主要是通过赊销授信进行控制和管理。

① 成本分析法

成本分析法就是通过预测各项成本随着应收账款规模变化的趋势计算企业应收账款最佳持有量。

【例4-6】 华丽公司的相关情况见表4-14。

表4-14 华丽公司确定应收账款规模的参考条件

应收账款持有量	短缺成本	管理成本	收账成本	机会成本	坏账成本
10万—30万元	最大销售额为70万元，毛利率20%	7 000元	1.5%	市场资本收益率为10%	4%
40万—60万元		10 000元	2%		5%
70万元以上		15 000元	3%		6%

注：为表明成本与规模之间的关系，此处将收账成本与管理成本分别列示。

通过测算，公司应收账款持有量与各项成本的关系见表4-15。

表4-15 华丽公司应收账款持有量与各项成本的关系　　　　单位：万元

应收账款持有量	短缺成本	管理成本	机会成本	收账成本	坏账成本	总成本
10	12	0.7	1	0.15	0.4	14.25
20	10	0.7	2	0.3	0.8	13.8
30	8	0.7	3	0.45	1.2	13.35
40	6	1	4	0.8	2	13.8
50	4	1	5	1	2.5	13.5
60	2	1	6	1.2	3	13.2
70	0	1.5	7	2.1	4.2	14.8

由上表不难看出，应收账款持有量为60万元时，总成本最小为13.2万元，因此，60万元即为该公司的应收账款最佳持有量。

成本分析法的突出特点在于，它是通过应收账款持有量的变化预测其各项成本，并确定总成本，最低总成本所对应的应收账款持有量为最佳持有量。该方法的特点相对准确，简便易行。所需条件是分析人员拥有丰富的市场分析和预测能力。

② 边际分析法

边际分析法是通过计算两组数据边际利润的变化情况推算一年最佳信用销售额的方法。

【例4-7】 渤海公司给予客户30天的信用期限，从而使公司的年信用销售额达到800万元。公司经理办公会根据公司生产现状和市场环境，决定进一步调整信用销售额，信用销售方案比较见表4-16。

表4-16 信用销售方案比较

基年各项数据	A方案	B方案
A_0年信用销售额800万元	A_1年信用销售额500万元	A_2年信用销售额1 200万元
P'销售利润率15%		
C_0信用条件30天	应收账款减少部分的DSO_1 80天	应收账款增加部分的DSO_2 90天
B_0平均坏账损失率3%	账款减少部分的坏账率B_1 4%	账款增加部分的坏账率B_2 5%
DSO_0 65天		
R_0机会成本率12%	减少管理费用M'_1 1%	增加管理费用M'_2 1%

解析：
(1) A 方案边际分析

$$\text{边际收益 } \Delta P_1 = (A_1 - A_0) \times P' = -45(万元)$$

$$\text{边际机会成本 } \Delta I_1 = \text{DSO}_1/365 \times (A_1 - A_0) \times R_0$$
$$= 80/365 \times (-300) \times 12\% = -7.9(万元)$$

$$\text{边际坏账成本 } \Delta B_1 = (A_1 - A_0) \times 4\% = -12(万元)$$

$$\text{边际管理成本 } \Delta M_1 = -(A_0 \times 1\%) = -8(万元)$$

$$\text{边际净收益 } \Delta PM_1 = \Delta P_1 - \Delta I_1 - \Delta B_1 - \Delta M_1 = -17.1(万元)$$

(2) B 方案边际分析

$$\text{边际收益 } \Delta P_2 = (A_2 - A_0) \times P' = 60(万元)$$

$$\text{边际机会成本 } \Delta I_2 = \text{DSO}_2/365 \times (A_2 - A_0) \times R_0$$
$$= 90/365 \times 400 \times 12\% = 11.8(万元)$$

$$\text{边际坏账成本 } \Delta B_2 = (A_2 - A_0) \times 5\% = 20(万元)$$

$$\text{边际管理成本 } \Delta M_2 = A_0 \times 1\% = 8(万元)$$

$$\text{边际净收益 } \Delta PM_2 = \Delta P_2 - \Delta I_2 - \Delta B_2 - \Delta M_2 = 20.2(万元)$$

结论：B 方案最优，即公司应扩大信用销售额为 1 200 万元。

③ 净现值流量法

承【例4-2】可知，华兴企业采用信用期限 45 天的新方案，其年信用销售额为 500×440×365 = 8 030(万元)。

2. 测算和分析企业整体 DSO

DSO(Days Sale Outstanding)：销售未清账期，也称应收账款平均回收期，或者收账期。通过 DSO 的测算，可以分析企业信用管理水平的高低，判断企业的现金流量是否充足，判断企业应收账款和应付账款数量、时间是否合理等。

DSO 的计算方法有期间平均法、倒推法和账龄分类法。

(1) 期间平均法

通过计算一定时间内应收账款平均余额和信用销售额之比推算企业 DSO 的方法。这是最普遍的方法，但也是误差最大的计算方法。计算的期间可以是季度、半年或者一年。其计算公式为：

$$\text{DSO} = \text{期末应收账款余额}/\text{本期信用销售额} \times \text{本期销售天数}$$

【例4-8】 红光企业于 2010 年 6 月份采用新的赊销政策后，12 月份统计企业销售的情况如表 4-17、4-18 所示。

表 4-17 红光企业信用销售和应收账款分布情况(2010 年 1—6 月)　　　单位：千元

	1月	2月	3月	4月	5月	6月	合计
平均日信用销售额	23	20.5	20	22	20	22	
总信用销售额	713	574	620	660	620	660	3 847
应收账款余额及分布	335	250	250	300	240	310	1 685

表 4-18　红光企业信用销售和应收账款分布情况(2010 年 7—12 月)　　　单位:千元

	7月	8月	9月	10月	11月	12月	合计
平均日信用销售额	16	18	17	16	20	18	
总信用销售额	496	558	510	496	600	558	3 218
应收账款余额及分布	125	140	130	125	150	150	820

解析:

2010 年上半年的 DSO 为:

$$DSO = 1\,685/3\,847 \times 181 = 79.28(天)$$

2010 年下半年的 DSO 为:

$$DSO = 820/3\,218 \times 184 = 57.41(天)$$

结论:假设该企业给予客户的平均信用期限为 45 天,说明 2010 年上半年该企业货款回收推迟 34.28 天,2010 年下半年虽然回收也推迟了 12.41 天,但比上半年的 DSO 已经提前了 21.87(34.41 − 12.41)天,说明下半年的账款回收速度大大快于上半年,企业新的赊销政策取得了明显的成效。

(2) 倒推法

倒推法是以最近的一个月份开始,通过采用总应收账款余额逐月抵减销售额的方式推算 DSO。具体计算方法是,在每月月底取得应收账款总余额后,首先抵减本月的销售额,如有余额,再抵减上月销售额,以此类推,直至将应收账款余额全部抵消。这时全部已抵减销售额所占的天数为 DSO 天数。这种计算方法注重最近的账款回收业绩,而非全年或半年的业绩。这种方法是当前国际上运用最广泛的一种计算 DSO 的方法,计算准确,不受销售额变化幅度大和季节性销售的影响。

【例 4-9】 以上面的红光企业为例,用倒推法计算该企业 12 月份的 DSO。

解析: 使用倒推法计算的 DSO 见表 4-19。

表 4-19　使用倒推法计算 DSO　　　单位:千元

月份	应收账款余额		820
	信用销售额	抵消后余额	对应天数
12 月	558	262	31
11 月	600	0	13.1
DSO 天数			44.1

(3) 账龄分类法

通过计算每月货款在外天数确定 DSO 的方法。具体计算方法是,将各月尚未回收账款与各月平均日信用销售额之比相加,其总和就是当月 DSO 天数。该方法能够同时计算 DSO 和账龄结构,使企业应收账款结构一目了然。

【例 4-10】 以上面的红光企业为例,用账龄分类法计算该企业 2010 年两个半年度的 DSO,见表 4-20、4-21。

表 4-20　使用账龄分类法计算 DSO（2010 年 1—6 月）　　　　　单位：千元

	1月	2月	3月	4月	5月	6月	合计
平均日信用销售额	23	20.5	20	22	20	22	
总信用销售额	713	574	620	660	620	660	3 847
应收账款余额及分布	335	250	250	300	240	310	1 685
货款在外天数 DSO	14.56	12.20	12.50	13.64	12.00	14.09	78.99

表 4-21　使用账龄分类法计算 DSO（2010 年 7—12 月）　　　　　单位：千元

	7月	8月	9月	10月	11月	12月	合计
平均日信用销售额	16	18	17	16	20	18	
总信用销售额	496	558	510	496	600	558	3 218
应收账款余额及分布	125	140	130	125	150	150	820
货款在外天数 DSO	7.81	7.78	7.65	7.81	7.50	8.33	46.88

解析：

红光企业 2010 年上半年度的 DSO 为：

$$DSO = 14.56 + 12.20 + 12.50 + 13.64 + 12.00 + 14.09 = 78.99(天)$$

红光企业 2010 年下半年度的 DSO 为：

$$DSO = 7.81 + 7.78 + 7.65 + 7.81 + 7.50 + 8.33 = 46.88(天)$$

(4) 各种 DSO 计算方法的优劣对比

DSO 不同计算方法的优劣对比见表 4-22。

表 4-22　DSO 不同计算方法的优劣对比

计算方法	目的	优点	缺点
期间平均法	企业的横向、纵向比较	用这个数据与本企业前几年进行比较，可以得知本年度的现金回收速度是加快了还是减慢了；用这个数据与其他企业本年度的 DSO 进行比较，评估本企业的信用管理工作是否优于同行业其他企业	计算 DSO 的计算期间越大，误差越大；主要因为不考虑销售高峰和低谷的变化；因此，该方法计算的 DSO 只能作为综合评价使用
倒推法	了解最近时期的 DSO 大小	该方法计算的 DSO 最能反映出每个月 DSO 的变化，从而使企业信用管理部门和信用经理及时做出安排	无法了解每笔拖欠账款的账龄结构
账龄分析法	了解企业不同阶段应收账款的账龄结构	信用经理可以对每个阶段应收账款的回收情况一目了然，并通过计算每个阶段应收账款的比例，发现拖欠原因和解决方法	存在一定误差

> **专栏4-4**
>
> ### 企业赊销成本的10∶1规律
>
> 很多欧美企业机会成本(利息)是坏账成本的10倍以上,因此称为10∶1规律。我国企业的坏账成本偏高,企业机会成本和坏账成本的比例通常为2∶1或3∶1。
>
> 无论欧美企业还是中国企业,机会成本是最主要的信用交易成本。信用管理重中之重是减少机会成本损失。
>
> 中国企业销售未清账期(DSO)为90—120天,美国企业为38天,两者相差2—3倍。
>
> 我国企业平均坏账率为5%—10%,美国企业坏账占销售收入的0.25%—0.5%。

3. 分析应收账款账龄结构

应收账款账龄结构是指,在所有应收账款中,每个账龄组的应收账款所占的数量和比重。分析应收账款账龄结构的意义在于:了解企业账款构成状态;通过账龄计算企业的坏账准备金。

应收账款分为期内应收账款和逾期应收账款。逾期应收账款按账龄的长短分为不同的账龄组,如1—30天、31—60天、61—90天、91—180天、180天以上的逾期应收账款。一般来讲,1—30天的逾期应收账款占的比重大,信用政策就好;反之,180天以上的逾期货款占的比重很大,信用政策的制定或执行可能有问题,需要进一步修订。典型的应收账款账龄结构分析表见表4-23。

表4-23 账龄结构分析表

项目	今年月度计划		上月		本月	
	比例(%)	金额(元)	比例(%)	金额(元)	比例(%)	金额(元)
总应收账款	60DSO	4 000 000	65DSO	4 612 134	64DSO	4 351 267
逾期账款	10	400 000	12.3	567 292	11.2	487 342
逾期账龄						
过期1—30天	75	300 000	69	391 433	73	355 760
过期31—60天	20	80 000	19	107 785	18	87 721
过期61—90天	4	16 000	7	69 710	6	29 241
过期91—180天	1	4 000	5	28 364	3	14 620
总计	100	400 000	100	567 292	100	487 342

从表4-23可以看出:与计划比,企业的账龄结构比重向长期逾期方向偏移,说明企业的逾期应收账款控制没有达到计划要求,尤其是超过60天的应收账款拖欠比例较大。因此,有必要针对过期60天的逾期账款展开严厉的收款活动,使整体账龄结构好转。

4. 撰写企业应收账款整体分析报告

企业应收账款分析报告反映企业在一定时间内各项管理效果和信用管理指标的整体情况。报告的内容包括坏账率、逾期账款率、信用成本率、争议账款率、账龄结构、DSO 总体水平。信用管理人员或信用经理应将上述指标编制成表格,并对各项指标进行详细分析,总结每项数据产生的原因、管理效果,提出下一步采取的管理计划和措施。

二、逾期应收账款管理

在赊销合同到期后,客户仍然没有还款,则应收账款被划为逾期应收账款。企业对逾期应收账款的管理即应收账款追收,是企业信用风险管理的最后一道防线,也是体现企业信用管理效果的关键步骤。

逾期应收账款管理是指,应收账款逾期后,对逾期应收账款及其债务人进行分析诊断、催收、追讨的管理过程、方法与技巧。其内容主要包括:逾期应收账款的分析和诊断;企业自行催收逾期应收账款;商业仲裁和法律制裁;委托收账代理机构收账(商账追收)。

(一)逾期应收账款的分析和诊断

1. 分析逾期账款形成的原因

逾期应收账款的产生有来自客户的外部环境原因,也有授信企业内部管理原因。

(1)来自客户企业的原因

来自客户的原因可能是客户遇到了特殊困难,或是因为一些不可抗力致使客户不能付款。但是,有相当比例的逾期应收账款是由于客户不讲信用而造成的。具体有以下几个方面:客户自身经营管理失误或管理水平低下或不可抗力,造成亏损或产品积压,事实上的无力偿还欠款;客户对销货企业进行商业诈骗等原因,造成客户的拖欠;企业之间连环拖欠,形成不断循环、链状延长式的客户拖欠;客户钻不完善的合同的空子或者就是不讲信用,进行恶意拖欠。

(2)来自授信企业的原因

企业信用管理缺乏科学性。授信企业没有信用管理部门,也不去寻求信用管理公司提供的信用管理外包服务,这种管理上的严重缺陷很难避免应收账款的逾期不还。在正常市场环境下,一个成熟的企业信用管理部门的坏账率一般为3%,不会超过5%。

与客户沟通存在障碍。实践表明,大量的货款拖欠案件中,有相当一部分是由于贸易过程中,在货物质量、包装、运输、货运期以及结算上的纠纷产生的,而这些纠纷往往是因为买卖双方没有及时沟通造成的。

赊销协议欠妥。在赊销协议中,由于使用的付款和结算方式不当,或者赊销合同出现漏洞,如合同中没有约定保护性条款,造成客户拖欠。

由上述的分析,我们可以看出,很多逾期应收账款实际上都可以在交易初期、通过客户资信调查和加强自身的信用管理工作就避免掉。而企业在签订了信用合同后的变化,则可以通过信用工作人员的跟踪调查,及时发现它们的变化情况和还款意愿,对那些出现危机征兆的客户要加大收款的力度,以防应收账款转化为呆、坏账。

2. 逾期应收账款的分析诊断

实践中,分析逾期应收账款是件很复杂的工作,因为交易过程、债务人状况等许多方面都会影响逾期应收账款的回收,而且每种因素的影响程度也很有差异。如何分析造成逾期账款的这些因素,为债务决策提供正确的依据,一直是企业亟待解决的问题。东方保理中心在对年度处理的大量拖欠案件的基础上,开发设计出一套分析债务追账难度和追回可能性的债务分析模型。

(1) 影响债务追回可能性的分析因素

该模型选取了债权特征、拖欠特征、债务人特征和催讨特征四个方面16个因素。见表4-24。

表4-24 逾期应收账款分析因素

分析内容	
债权特征 债权文件齐全程度 承诺及担保情况 债务关联复杂程度 双方债务认同差异程度	拖欠特征 拖欠时间 拖欠客户的地域 行业前景 拖欠性质恶劣程度
债务人特征 背景和实力雄厚程度 信用记录和信誉度 偿债能力和资产 偿还意愿	追讨特征 双方协商情况 自行追讨 司法追讨 专业机构追讨

(2) 分析因素评分

在1—10范围内对每个因素、每一特征进行打分。每个因素满分10分,没有获得任何信息的因素定为0分。企业也可借助专业商账公司的力量,结合本行业类型和特征,制定一套自己的评分标准,以更贴近实际。

(3) 综合分析

第一步,计算最大可能值。根据预先给每个因素设定的权数,用权数乘以10,计算出每一项因素的最大评分值,再将这些最大评分值相加,得到全部的最大可能值。

第二步,计算加权评分值。用每个因素的评分乘以其权数,得出每一项的加权评分值,然后将这些加权评分值相加,得到全部加权评分值。

第三步,将全部加权评分值除以全部最大可能值,得出的百分率就是综合评估值。该数值即为债务质量和收回欠款可能性的反映。

第四步,根据综合分析结果制定追账策略。详见表4-25。

表 4-25　逾期应收账款分析结论

分析内容	分析结论
债权特征 • 债权文件齐全程度 • 承诺及担保情况 • 债务关联复杂程度 • 双方债务认同差异程度	评估值较低,说明债权特征不显著,客户很可能不认账,不适合采用仲裁或诉讼的追讨方式。应尽量与债务人协商解决债务问题,促使债务人签署还款协议,或者诱导客户补充相关资料,必要时可以做较大幅度的让步。实际交易中,客户对口头合同不认账或企业业务人员不注意保管合同,结果造成合同遗失的现象很多。
拖欠特征 • 拖欠时间 • 拖欠客户的地域 • 行业前景 • 拖欠性质恶劣程度	评估值较低,说明该债务属于长期或恶性拖欠,必须采取严厉的措施,事前应制定周密计划,制定具体全面的策略;或者委托专业追账机构代理催收,它们一般有较好的解决方法;或者通过诉讼程序,并注意加强执行。通过多种途径向债务人施加压力。这样的债务需要花费较大的成本或大量人力、物力。
债务人特征 • 背景和实力雄厚程度 • 信用记录和信誉度 • 偿债能力和资产 • 偿还意愿	评估值较低,说明债务人信用状况不佳,应尽快委托专业收账代理机构进行实地调查,进一步确认债务人的全面情况。如果债务人具备偿债能力却无理拒付,应向其施加更大的压力,必要时建议诉讼追讨;如果确定债务人没有还债能力,可以考虑暂停追收或放弃追收。
追讨特征 • 双方协商情况 • 自行追讨 • 司法追讨 • 专业机构追讨	分析哪一种追讨方式的评估值低,说明该种追讨方式不能收回欠款,应加大追讨力度,或者改变追讨方式。
综合评价	综合评价值较高,说明债务回收的可能性较大,困难相对较小,对这样的债务,应把握"快"字,以最少的投入尽快解决问题。 综合评价值较低,说明债务回收的可能性较小,困难重重。遇到这种情况,还应该具体分析四方面的评估值哪个最低,有没有改进和解决办法。在确认收回无望,或成本投入过大时,应果断放弃追收,避免进一步的损失。

(二) 企业自行催收逾期应收账款

1. 内勤催收

内勤催收是指催款人在办公室内通过各种催收手段向客户催收逾期账款的过程和方法。在逾期应收账款的早期,企业都采用内勤催收的方式催收账款,这样可以最大限度地提高管理效率,节省催收的成本。

(1) 信函催收

催款函是催收逾期账款时使用的信函,信函催收是常用的内勤催收方式。为了不断加大催收力度,催款函应撰写不同的版本,根据账款逾期阶段的不同发出相应的催款函。

经验表明,当客户拖欠账款时,根据需要最多发出 4 封催款函,即逾期账款提醒函(逾期 10 天)、催款函(逾期 30 天)、紧急催款函(逾期 60 天)、最后通牒或律师函(第三封函发出 7—10 天后)。

（2）电话催收

电话催收是内勤催收的另一种主要方式,在收账过程中起着非常重要的作用。使用电话进行催账有很多优点,例如引起对方注意(Gets Attention)、即时(Immediate)、与欠款客户直接交换意见(Personalities Exchange)、通过客户的回答弄清问题(Informative and Directional)、形式灵活(Flexible)、有可能同欠款客户达成口头还款协议(Conclusive)等。但其效果在很大程度上取决于什么样的人在使用它。电话催款人员应具备以下条件:有专业知识——关于合同、付款条件、供应商和客户的权利和义务等方面;懂技巧——步骤、说话口气、火候的掌握等;有相关权力——与客户谈判的权力、对欠账进行打折的权力、决定停止向债务人供货及停止提供赊销的权利等。

电话催账要遵循清楚表达、仔细倾听和概括欠款客户的理由、控制脾气、迫使欠款客户做出还款允诺或明确表态。即电话催收中的 PICTURE 原则:P-Pitch(声调);I-Inflection(音调变化);C-Courtesy(礼貌);T-Tone(语气);U-Understandability(清晰度);R-Rate(说话速度);E-Enunciation(发音)。

一般来讲,电话催收的操作步骤如下:账款逾期 15 天,打电话给客户,询问付款什么时间执行;账款逾期 30 天,打电话给客户,直到取得客户的付款承诺;在客户承诺的付款日再次电话提醒客户承诺付款日已到;没有取得客户付款承诺,账款已逾期 60 天,信用经理电话给客户财务主管,告知将采取冻结信用额度和停止发货的行动;账款逾期 70 天时,信用经理给客户打电话,做最后一次努力。

（3）传真和电子邮件

传真快捷,但不具备任何保密性。电子邮件是一种更容易、更快捷、更省钱的收账方式,然而,绝大多数企业负责人将其视为一种不太正规的通信工具。

2. 外勤催收

当信函催收和电话催收都无效时,信用经理有必要对一些客户和账款作出最后努力——外勤催收。外勤催收是指催收人员外出与债务人面对面催讨逾期账款的过程和方法。这是企业自行追讨收账方式中最严厉的措施。此举可以给对方以更大的压力,并且可以进一步实地了解客户的态度和企业的现状,为调整催收策略做准备。

外勤催收一般要求其催收人员具有一定的个人素质——冷静、控制力、敏锐、判断;具备一定的专业知识,懂法律、财务、贸易等方面的知识;具备一定的沟通能力;具有一定的个人魅力。外勤催收人员面对客户,切忌慌张、屈从、轻易放弃、缺少灵活性、缺少风度等不良言行。

外勤催收的步骤如下所示。

(1) 确定外勤催收的客户和账款

条件:账期超过了一定时间;拖欠金额远远高于外勤催收费用;客户能够找到。

(2) 全面了解客户的情况

① 客户以往的交易记录和付款记录。

② 客户的信用调查记录。

③ 客户出现拖欠的原因和内勤催收人员的催收过程。

④ 内勤催收人员和信用经理的建议。

⑤ 准备资料。需要准备的资料和文件有身份证明、契约类、凭证类、客户信用申请表、客户承诺付款的书面承诺书、客户通话记录簿复印件、安排出行时间和催收计划。

企业自行催收因熟悉债务人的需要能较好地处理与客户的关系,但此点也是造成欠债的因素。这种方式产生的费用如能马上收回,费用是最少的;但如计算机会成本、边际利润、商誉等费用就很高。

(三) 委托收账代理机构收账(商账追收)

当本企业收账人员和信用管理经理走完了全部企业自身操作的内外催账程序以后,仍然未能达到收回客户欠款的目的时,企业就应该委托从事商账追收服务的专业公司来代理追账了。

一般来说,从委托催账到追款了结,一般的工作流程包括:第一,开具授权委托书,提供案情材料;第二,签订催账服务协议开展追账,主要途径有电子邮件、信件、电话、传真、互联网、上方面谈、定期提供进程报告;第三,完成追账。

委托代理机构催账正在成为国际通行的做法。其好处是:可以改进现金流;节省信用管理上的成本与时间;代理商的专业知识会极大地减少赊销天数。不利之处就是一旦停止使用代理商,对公司是一种重大的考验,需要建立信用管理系统,而且客户可能也不喜欢销售商委托代理机构催账。

(四) 法律诉讼和商业仲裁

企业信用管理部门有时会将极少数情节恶劣或有重大纠纷的欠款客户送上法庭。进行法律诉讼的案件有以下几个特点,即逾期应收账款额度相当大、企业信用管理部门自己催账不能取得成功、追账机构不接受此案或也没有取得明显效果、经过对逾期应收账款诊断得出欠款客户仍然有还款能力。这种情况下企业信用管理部门可以考虑通过对客户进行法律诉讼来追回账款。

法律诉讼是供应商为收回债务人欠款所作的最后努力。进行法律诉讼要注意以下几个方面的问题:

(1) 诉前准备。首先,要确认债务人的投诉已经解决,避免在法庭上面临债务人的反诉请求。其次,要确认债务人有足够的资产清偿债务,否则即使获得有利于自己的判决也无法执行。同时,应在律师的协助下,取得充分的证据,包括债务人的准确资料。

(2) 诉讼保全。对被告的动产或不动产向法院申请诉讼保全是保证判决能够迅速执行的重要方式。但向法院申请诉讼保全时,需要向法院缴纳一定金额的保证金。万一诉讼失败,可能会给原告带来一定的损失。

(3) 诉讼成本。法律诉讼的成本主要包括诉讼费和律师费两部分。诉讼费是交给法院的费用,若完全胜诉,则由被告承担;若败诉,则由原告承担;若各有胜负,则分别由双方分担。律师费是交给律师的费用。国家对律师的收费有统一的标准。但是,实际办案中,律师的收费往往要远高于这个标准。而法院是不干涉律师的超额收费的。所以,即使原告胜诉,大部分律师费仍然得有原告承担。

(4) 判决的执行。判决执行难是目前普遍存在的问题,人民法院的很多判决都不能得到及时的执行,很多判决甚至被束之高阁。主要原因包括法院执法力度不够、公民和企业对法院判决淡漠、地方保护主义、债务人没有足够的资产、债务人在境外等。如果债务人无视法院判决,仍然不付款,债权人可以申请法院强制执行,但需先向法院缴纳一定的强制执行费。要保证判决能够得到强制执行,债权人最好能事先了解债务人在何地拥有动产或不动产。这通常也需要花费一定费用。

专栏4-5

成功催收债款的指导思想及五大对策

作为专业的信用管理人员或专业的催款人员,我们应该把握的成功催收账款的指导思想是:

- 晓之以理——增加对方的失信成本;
- 动之以情——维护好双方的关系;
- 导之以利——站在商业发展的角度上看问题;
- 施之以法——有针对性地进行施压。

根据"TSP"(时间、技巧、压力)指导原则和客户管理工作的经验总结提炼出的五大对策:

"缠"。主要有两个层次:一是一定要找到对方决策人,对方下属对你的还款是起不到作用的;二是针对"磨"的客户要不断地提出问题,这方面需要比较大的耐心。

"粘"。不轻易答应客户的要求,对有松动的债务人要随时提出还款承诺的要求。

"勤"。催款的频率一定要高;就像小格言"会哭的孩子有奶吃"说的那样,催得紧时更可能拿到债款。

"逼"。对客户的弱点直接施压,这一点对催款人的要求更高;同时要注意适当提高施压等级。这里的客户弱点是指客户的失信成本因催款人的催款行动而放大,这时,债务人会考虑还款。

"快"。对意外的事情反应要快。这一点要求催款人在头脑中要随时有应付意外事故的信号。

案例4-3

巧抓时机的成功催收

案件概要

债务人:兰州某个体眼镜销售公司(简称甲公司)

债权人:某生产隐形眼镜公司(简称乙公司)

债务金额:RMB 100 000元

账龄:超过12个月

债务形成情况:甲公司从1999年开始在兰州地区非独家代理乙公司产品,双方签订了经销合同,之后几年间,双方合作比较愉快,收发货物多靠"诚信",没有详细的收货签收单。

2002年受其他品牌产品的冲击和乙公司销售政策调整的影响,甲公司与乙公司产生了很多矛盾,终止了合作关系,乙公司要求甲公司清偿欠款10万余元,但是债务人始终以账目存在差异,需要对账后才能偿还等理由推诿,随后,由于乙公司人员变动等原因,催收搁置。

案情分析

经初步调查,北京新华信商业信息咨询有限公司了解到甲公司仍在经营其他公司的眼镜产品,并且经营状况良好,资金充裕。

案件的关键问题在于:一方面,由于合作期间较长,又没有及时进行对账,造成双方账目存在差异,债权人也没有确凿有效的欠款数额证明;另一方面,由于债务公司地理位置偏远,造成催收压力难以下达,催收成本较高,债务公司有恃无恐。

催收过程

新华信商账顾问在接受该案的委托后,多次致电、致函与甲公司负责人B经理联系,以商业信誉和诉讼施压,同时以新华信的企业数据库的优势施压,使B经理意识到新华信的压力可能会导致其与目前的合作公司关系破裂。在商账顾问一再的催压下,B经理表示"只要对清楚账,一定支付"。

商账顾问认为,B经理之所以能够做出这样的承诺主要原因是,其一方面不希望拒绝还款、信用不良的形象影响与新合作伙伴的关系;另一方面,由于乙公司很难完整地提供历年来的交易证据,也不太可能派人到兰州对账,这样就可把不能还款的责任推到乙公司头上。

商账顾问了解到:甲公司的B经理与其司财务负责人是夫妻,对于欠款的数额实际上都清楚;B经理经常在外地参加展销会等,其妻多在兰州。

不久,正值北京召开眼镜展销博览会,新华信商账顾问以甲公司目前合作伙伴的名义向其公司人员确认了B经理前往北京开会,并且了解到详细的展位号等信息。随后,商账顾问带着大部分账本在展销期见到了B经理,并要求其开始对账,在商账顾问的严厉敦促下,B经理不得不同意对账,最后应要求出具了书面的欠款数额确认。

在展销继续的几天内,B经理迫于自己的承诺和商账顾问的压力,支付了一半欠款。不久,经几次催促,债务人支付了剩余欠款。

案件总结

第一,本案中,债务人是规模较小的"夫妻公司",只要关键负责人承诺或同意付款就可以实际履行,而一些需要多级领导审批的大型企业则不具备这样的条件。

第二,本案中,对债务人动向的了解至关重要。知道B经理到了北京才能抓住时机,施加压力,获取重要的证据。

资料来源:新华信商账部。

本章提要

本章介绍了信用管理的核心内容之一——企业信用管理。首先介绍了企业信用管理的一些基础性知识,其次围绕企业信用管理的内容——客户信用档案管理、授信管理和应收账款管理展开重点探讨。企业建立信用管理功能的目的,主要是规避来自客户的风险——客户拖欠的风险、客户赖账的风险和客户破产的风险。信用政策包括授信政策和收账政策。授信政策主要包括授信标准、授信额度、授信期限和现金折扣四个方面。客户信用档案管理包括客户信用信息的采集、审核和客户信用档案的建立、管理。企业授信管理包括确定授信期限、授信标准、授信额度和选择授信方法。应收账款管理包括期内应收账款和逾期应收账款的管理。

复习思考题

1. 调查一家当地企业是如何进行信用销售的。
2. 企业为什么要进行信用管理？请举例说明企业进行信用管理的意义。
3. 常见的客户风险主要有哪些？为什么说客户拖欠的风险最值得关注？
4. 如果企业没有信用管理功能，其严重后果是什么？分大胆赊销和谨慎赊销两种情况讨论。
5. 试为一家企业设计信用管理流程。
6. 试分析企业应该如何结合其实际情况，设置企业信用管理部门和人员岗位？
7. 当前很多企业倾向于设置独立的信用管理部门，为什么？
8. 企业信用管理部门应如何协调与企业内部其他部门以及与企业外部的关系？描述各信用管理岗位的岗位职责以及各岗位人员应具备的素质。
9. 信用政策对企业有何重要之处？如何制定、评价企业的信用政策？
10. 请简要介绍"3+1"科学信用管理模式、全程信用管理模式、双链条全过程信用管理模式、"3+3"科学信用管理模式，并比较四种模式的异同。
11. 谁是企业信用管理部门的客户？列出各类客户的风险所在。
12. 怎样知道一个客户的重要程度？
13. 为什么信用管理人员认为老客户更危险？
14. 为什么供应商也是信用管理部门的客户？供应商的风险在哪里？
15. 企业有两个客户：一个是"收到货就付款"，另一个是"拖到合同最后一天才付款"。分组讨论哪个客户好，为什么？
16. 怎样建立客户信用档案库？建设工作应该遵循怎样的原则？怎样验收？
17. 如何做好企业的授信管理？
18. 假设公司生产能力富裕，有一客户要求以9%的折扣率赊购公司产品。你作为公司销售主管，应如何决策？
19. 某企业2010年制定信用政策时确立了A、B、C三个备选方案，其信用期限分别是$N/30$、$N/50$及$N/80$。假定该企业执行上述信用政策时其信用期与收账期一致，且无现金折扣优惠。已知该企业的变动成本率为60%，资金成本率（即有价证券年利息率）为15%。经预测实施上述各备选方案时，可实现的年赊销额及发生的坏账损失率和收账费用等资料如表4-25所示。

表 4-25　信用期限备选方案

方案及信用期限 项目	A	B	C
	N/30	N/50	N/80
年赊销额(万元)	2 000	2 400	2 520
坏账损失率(%)	2	3	5
年收账费用(万元)	15	28	39.6

(1) 根据上述资料,三个备选方案中哪个方案更佳?

(2) 依上述资料,企业在优选方案后,为了加速应收账款的回收,决定将赊销条件改为"2/10,1/20,N/50,从而形成一个新的 D 方案。预计修改信用条件后,约有 50% 的客户(按赊销额计算)会利用 2% 的现金折扣;约有 20% 的客户会利用 1% 的现金折扣。届时,企业的坏账损失率将降低为 2%,收账费用也将减少至 20 万元。请在优选方案和 D 方案中再选优。

20. 某公司现在采用 30 天按发票金额付款的信用政策,拟将信用期放宽至 60 天,仍按发票金额付款即不给折扣。假设风险投资的最低报酬率为 15%,其他有关的数据见表 4-26。

表 4-26　信用期限方案比较

信用期 项目	30 天	60 天
销售量(件)	100 000	120 000
销售额(元)(单价5元)	500 000	600 000
销售成本(元)		
变动成本(每件4元)	400 000	480 000
固定成本(元)	50 000	50 000
毛利(元)	50 000	70 000
可能发生的收账费用(元)	3 000	4 000
可能发生的坏账损失(元)	5 000	9 000

(1) 根据上述资料,确定新方案是否可行?

(2) 沿用上述资料,现假定信用期由 30 天改为 60 天,由于销售量的增加,平均存货水平将从 9 000 件上升到 20 000 件,每件存货成本按变动成本 4 元计算,其他情况依旧。试确定该企业在存货水平上升的条件下,是否可以继续采用新方案?

21. 假设某企业的年赊销额为 480 万元,变动成本率为 60%,资金成本率为 15%,企业应收账款原有的收账政策和拟改变的收账政策如表 4-27 所示。

表 4-27　收账政策变化表

项目	拟改变的收账政策	现行的收账政策
年收账费用(万元)	20	10
应收账款的平均收账期(天)	30	42
坏账损失率(%)	4	9

根据上述资料,该企业改变收账政策是否可行?

第五章

个人信用管理

学习目标

通过本章学习,应该了解或掌握以下内容:
1. 掌握个人账户、信用卡和消费信贷的内涵、特点、要素、功能及使用方法。
2. 熟悉个人信用管理的内容,以及定期查询个人信用记录的重要作用。
3. 学会提升个人信用的方法。了解个人信用记录使用过程中的法律要求、采集要求与应用要求。

引导案例

2003年,我国某省出现的一起"一美元个人信用官司",引起了媒体和社会大众的关注。2003年9月,李某按照银行的催款单,提前一天归还了其在某银行信用卡(Visa国际组织成员卡)上的透支款14美分。但一个月后,该银行给李某寄送的对账单表明,他是在银行规定的欠款归还日期9月25日之后的26日才归还其透支款的,并因此认定其恶意透支,扣罚李某滞纳金1美元。李某事后与该银行联系,该行承认系自身记账工作存在错误,并退还了误扣的1美元。但李某认为,该行的这一行为已经给自身造成了错误的不良信用记录。作为补救措施,李某要求该行向Visa国际组织总部及Visa组织各中国区域会员银行等6家银行做出书面的更正、道歉启事。除此之外,李某还依据本省《实施〈消费者权益保护法〉办法》第52条规定,要求该银行另行支付1美元,以作为侵害其信用的赔偿。经审理,一审(2005年4月)、二审(2005年7月)法院均以该银行已经更正错误信息,并已退还多收的1美元,而李某未能证明此项错误记录给其造成了实际损害,且其要求该银行赔礼道歉的诉讼请求缺少可操作性为由,驳回了李某的诉讼请求。[①]

---

① 资料来源:http://www.110.com/ziliao/article-200924.html。

案例思考：以上案例给了我们哪些启示？本章相关内容将给出相关解释和回答。

第一节 个人信用活动

市场经济中，个人作为市场经济的主体，在各种经济活动中承担着不同的角色。其中涉及的借贷活动就是个人信用活动的重要组成部分。个人房贷、信用卡、助学贷款等都属于个人信用活动的内容。

一、消费信贷

（一）消费信贷的内涵

个人消费信贷是指银行或其他金融机构采取信用、抵押、质押担保或保证的方式，以商品型货币形式向个人消费者提供的信用。按接受贷款对象的不同，消费信贷又分为买方信贷和卖方信贷。买方信贷是对购买消费品的消费者发放的贷款，如个人旅游贷款、个人综合消费贷款、个人短期信用贷款等。卖方信贷是以分期付款单证作抵押，对销售消费品的企业发放的贷款，如个人小额贷款、个人住房贷款、个人汽车贷款等；按担保的不同，又可分为抵押贷款、质押贷款、保证贷款和信用贷款等。

（二）消费信贷的特点及要素

消费信贷是满足消费者个人或家庭购买最终消费品或服务需求的，它涉及贷款的对象、条件、资金来源、信用风险审查、用途管制、配套法规等要素。

1. 贷款对象

消费信贷的贷款对象是自然人，是具有稳定收入或工作预期的自然人或家庭。而且消费信贷的目的是用于购房、教育、旅游等商品或服务的消费，而不是用于生产经营。

2. 贷款条件

消费信贷的贷款条件涉及贷款的本金、利率与期限。从消费者的角度而言，一般要求贷款的利率尽可能地低，期限较长，利息负担尽可能小。但从贷款金融机构而言，则希望赚取较多的利润，承担较少的信用风险。因此，消费信贷"达成"的贷款条件是消费者与贷款金融机构"讨价还价"的结果。

3. 资金来源

消费信贷的资金来源可以是金融机构，也可以是非金融机构，而且各国的实际情况也不一样。目前，商业银行是我国消费信贷的主要来源。随着社会主义市场经济的发展与社会信用体制的不断完善与健全，消费贷款的资金来源呈现出多样化、复杂化的发展趋势。

4. 信用风险审查

同其他贷款一样，消费信贷存在着信用风险。因此，在金融机构发放消费信贷以前，会对消费者个人或家庭信用风险进行评估，提高消费信贷发放的科学性与合理性，降低信用风险。为了控制消费信贷的信用风险，英美等市场经济发达的国家，建立了完善的个人信用制度，要求各金融机构合作，共享消费信贷的资料与信息。中国人民银行也已建立"个人信用信息基础数据库",进而有效控制消费信贷信用风险。此外,英美等市场经济发达的国家,还建立了"个人破产制度",具有完善的消费信贷风险控制机制。我国目前尚不具备实施"个人破产"的条件。

5. 用途管制

消费者个人或家庭向金融机构申请消费信贷时,要求说明贷款的使用用途。消费信贷的用途只能是用于个人或家庭的教育、购房、旅游等消费项目。而不能用于生产性、经营性等项目,实行消费信贷的用途管制。

6. 配套法规

消费信贷立法的目的是保证消费者的合法权益,减少市场信息的不对称,促进社会与经济的和谐发展。1969年美国颁布《信贷控制法》,以通过消费信贷来影响消费需求,保证经济增长。1974年英国通过的《消费信贷法》涉及所有消费信贷业务。我国现行的消费信贷相关的法规有:1994年颁布的《个人定期储蓄存款存单小额抵押贷款》,1995年颁布的《商业银行自营住房贷款管理办法》,1996年颁布的《信用卡业务管理办法》,1999年颁布的《中国人民银行关于开展个人消费信贷的指导意见》,2000年颁布的《中国人民银行助学贷款管理办法》等。但至今还没有一部完整的消费信贷保护法,随着社会主义市场经济的不断发展,我国的消费信贷法律必将不断健全与完备。

(三) 消费信贷的分类

1. 消费信贷的分类

目前,我国商业银行个人消费信贷处于起步阶段,种类还不是很多,主要有以下几类。

(1) 助学贷款

助学贷款是指银行向高校经济困难学生发放的用于在校期间的学费、住宿费和生活费等费用支出的贷款。发放对象为全日制普通高等学校中经济困难的本专科学生(含高职学生)、研究生、第二学士学位学生。借款学生不需要办理贷款担保或抵押,但需要承诺按期还款,并承担相关法律责任。助学贷款按财政是否提供贴息分为国家助学贷款和商业性助学贷款,其中,国家助学贷款资助力度和规模最大,是助学贷款的主要内容。

国家助学贷款是由政府主导、财政贴息、财政和高校共同给予银行一定风险补偿金,银行、教育行政部门与高校共同操作的专门帮助高校贫困家庭学生的银行贷款。贫困家庭学生可通过就读的学校向学校所在地的银行申请国家助学贷款。根据目前的相关规定,每人每学年申请国家助学贷款的额度最高不超过6 000元。总额度按正常完成学业所需年度乘以每学年所需金额确定,具体额度则由借款人所在学校按本校的总贷款额度、学费、住宿费和生活费标准以及学生的困难程度确定。原则上采取学生一次申请、银行分期发放的办法。

国家助学贷款实行借款人在校期间100%由财政贴息,即借款学生在校期间不需自付利息,借款人毕业后的贷款本金和利息由其本人全额支付。借款学生必须在毕业后6年内(含2年的宽限期和4年的还款期)还清贷款本息,期限最长不超过10年。在享受国家助学贷款期间,遇有中国人民银行规定的同期限贷款基础利率调整时,贷款利率保持不变,仍执行原贷款利率。

商业性助学贷款,是商业银行对学生发放的用于接受非义务教育期间的学杂费、生活费及其他相关费用支出的人民币贷款。对于商业性助学贷款的贷款期限和贷款额度,不同商业银行有不同的规定。一般来讲,贷款额度以受教育人在校就读期间所需学杂费和生活费用总额为限,最高不会超过 50 万元,贷款最短期限 6 个月,最长期限不超过 8 年。商业性助学贷款的利率,按中国人民银行规定的同期基准贷款利率执行。

(2) 个人住房贷款

个人住房是绝大多数人一辈子最大的消费,也是一个家庭最重要的消费。1998 年初,为配合城镇居民住房制度的改革,中国人民银行宣布调整当年住房抵押贷款指导计划,总额由上一年度的 300 亿元增加到 1 000 亿元。同年,中国人民银行总行先后颁布实施《个人住房贷款管理办法》、《关于改进金融服务,支持国民经济发展的指导意见》和《关于加大信贷投入,支持住宅建设和消费的通知》等文件,积极促进个人住房消费,支持居民住房建设,促进空置商品房的信用销售。与此同时,商业银行将个人住房贷款作为主要贷款品种进行大力推广。在我国实行住房改革后的十余年来,商业银行发放的个人住房贷款在支持居民个人住房消费、惠民安居、促进个人消费和国民经济增长方面发挥了重要作用。截至 2012 年一季度,我国个人住房贷款余额为 7.3 万亿,占当季全部银行类金融机构消费贷款余额的 80%。目前,我国个人住房贷款可分为个人住房商业性贷款、个人住房公积金贷款和个人住房组合贷款三类。

个人住房商业性贷款是银行信贷资金所发放的自营贷款,指具有完全民事行为能力的自然人,购买本市城镇自住住房时,以其所购产权住房为抵押物,作为偿还贷款的保证而向银行申请的住房商业性贷款。目前,个人住房贷款额度最高为所购住房全部价款或评估价值的 70%,贷款期限最长为 30 年,贷款期限一年以上的贷款实行浮动利率,利率随中国人民银行基准利率的调整而调整。住房贷款利率实行下限管理,上限放开,银行可根据借款人信用状况等因素上浮。2008 年受国际金融危机影响,整个房地产市场走势低迷,为了鼓励住房消费,中国人民银行规定,自 2008 年 10 月 27 日起,将商业性个人住房贷款利率下浮幅度由原来的 0.85 倍调整至 0.7 倍,最低首付款比例调整为两成。这也就是市场上所谓的"房贷利率七折优惠政策"。

个人住房公积金贷款,是政策性的住房公积金中心委托商业银行向借款人发放的贷款。公积金贷款是缴存公积金的职工才享有的一种贷款权利。只要是公积金缴存的职工,按公积金贷款的有关规定,职工在本市城镇购买、建造、翻建、大修自住住房时,以其所拥有的产权住房为抵押物,均可申请公积金贷款。相较于商业性住房贷款,公积金的贷款利率较低,2012 年 6 月 8 日后,个人公积金贷款五年以上年贷款利率为 4.7%,低于五年期以上商业性住房贷款基准利率 6.8%。在公积金贷款额度上限方面,不同地区的规定可能有所不同。以天津市为例,目前天津市夫妻双方共同申请公积金贷款的,最高额度为 60 万元,职工个人申请的,最高为 40 万元。如果借款人或夫妻双方申请贷款时存在不良信用记录,如存在近两年内贷款连续逾期超过 6 期、信用卡逾期或近一年内贷记卡连续逾期超过 6 期等情况时,住房公积金中心将不准予贷款。

个人住房组合贷款,是指凡符合个人住房商业性贷款条件的借款人同时缴存住房公积金,在办理个人住房商业性贷款的同时还可向银行申请个人住房公积金贷款,即借款人以所购本市城镇自住住房作为抵押物可同时向银行申请个人住房公积金贷款和个人住房商业性贷款。

(3) 个人汽车贷款

个人汽车贷款是商业银行向个人发放的用于购置汽车的担保贷款。担保物多为所购汽车、房产或第三方保证。贷款利率按中国人民银行规定的贷款基准利率执行,允许浮动,期限一般不超过 5 年。按照贷款所购买汽车产品的类型,个人汽车贷款分为自用车贷款和商用车贷款。其中,自用车贷款指借款人贷款所购买的汽车产品为消费用途的家庭轿车,购买车辆不以营利为目的。商业银行发放自用车贷款的金额一般不超过借款人所购汽车价格的 80%;商用车贷款指借款人贷款所购买的汽车产品是用于载货、载客等运输经营的商业用车,购车的直接目的是营利。为购买载货车、大型中型载客车、城市出租车等汽车产品申请的汽车贷款,均为商用车贷款。发放商用车贷款的金额一般不超过借款人所购汽车价格的 70%。此外,按照贷款所购买汽车产品的新旧状况,个人汽车贷款还分为新车贷款和二手车贷款,发放二手车贷款的金额不得超过借款人所购汽车价格的 50%。

(4) 其他个人贷款

个人贷款的其他品种还包括个人短期信用贷款、个人综合消费贷款、个人旅游贷款、个人住房装修贷款、个人权利质押贷款、个人耐用消费品贷款等。此外,部分银行还向个体经营者开办了额度可循环使用的额度贷款和用于生产经营的中短期生产经营类贷款。

个人短期信用贷款,是贷款人为解决由本行办理代发工资业务的借款人临时性需要而发放的,期限在一年以内、额度在 2 000 元至 2 万元且不超过借款人月均工资性收入 6 倍的、无须提供担保的人民币信用贷款。该贷款一般不能展期。

个人综合消费贷款,是贷款人向借款人发放的不限定具体消费用途、以贷款人认可的有效权利质押担保或能以合法有效房产作抵押担保,借款金额在 2 000 元至 50 万元、期限为六个月至三年的人民币贷款。

个人旅游贷款是指贷款人向借款人发放的,用于本人或家庭共有成员支付特约旅游单位旅游费用的人民币贷款。借款金额为 2 000 元至 5 万元,以个人及其家庭成员旅游消费而申请的贷款最高限额为 10 万元,期限为六个月至二年,且提供不少于旅游项目实际报价 30% 首期付款的人民币贷款。

(四) 贷款利率

目前,我国个人贷款利率实行下限管理,即在中国人民银行规定的基准利率基础上,商业银行可以向上浮动,且不设上限(个人住房公积金贷款除外)。2011 年 7 月 7 日,一年期贷款的基准利率是 6.56%。贷款利率主要反映两个因素:资金的时间价值和借款人的信用风险。从资金的时间价值上看,期限越长,价值越高,利率越高。从信用风险看,借款人的信用风险越高,银行要求的风险补偿费越高,利率也就越高。

(五) 应付利息的计算

在计算个人贷款利息时,一般会采用两种计息方式:按月计息和按日计息。利率一般分为年利率、月利率和日利率三种。年利率通常以百分数表示(%);月利率通常以千分数表示(‰);日利率通常以万分数表示(‱)。

按月计息的计算公式为:

$$利息 = 月初贷款余额 \times 月利率 \times 月数$$

按日计息利息的计算公式为:

$$利息 = 贷款余额 \times 日利率 \times 实际占用天数$$

其中,日利率 = 月利率÷30 = 年利率÷360。计算贷款利息时,贷款时间算头不算尾,即从贷款之日起计息,算至归还的前一天为止。

一般来说,如果在贷款期内遇到中国人民银行调整基准利率,个人贷款利率要根据期限进行相应调整。当然,即使中国人民银行没有调整基准利率,商业银行也可以按合同约定在利率浮动区间内调整利率。贷款期限在1年以内(含1年)的,采用固定利率,遇法定利率调整不分段计息,实行到期一次还本付息,利息随本还清;贷款期限在1年以上的,在还款期内遇法定利率调整,根据与银行的约定,在新的周期内按相应利率档次执行新的利率规定计算利息。在遇到贷款利率调整尤其是利率上调后,借款人应及时与贷款银行联系,按照新的还款金额进行还款,避免因执行原有贷款利率而造成欠款记录。

如果未能按期偿还银行借款,发生拖欠,银行要收取罚息。如果在还款期内拖欠本金,要按照中国人民银行规定的罚息利率按日计算罚息;如果是拖欠利息,要按贷款合同利率按日计算复利;如果全部贷款到期后拖欠本金,要按罚息利率按日计算罚息,拖欠利息要按罚息利率按日计算复利。目前,对个人贷款而言,单笔贷款的罚息利率按该贷款合同日利率上浮30%—50%执行;对信用卡而言,罚息利率为日利率的万分之五。

(六)还款方式

常见的还款方式有五种,即等额本息还款法、等额本金还款法、滞后等额本息还款法、滞后等额本金还款法和一次性还本付息法。

等额本息还款法是将借款人的贷款本金总额与利息总额相加,然后平均分摊到还款期限的每个月中。对于以等额本息还款方式偿还房贷的借款人,借款人每月承担的款项相同,便于安排生活收支。等额本息还款方式尤其适合收入处于稳定状态的人群,以及买房自住,经济条件不允许前期投入过大的申请人。

等额本金还款是将借款人的本金分摊到每个月内,同时付清上一还款日至本次还款日之间的利息。使用等额本金还款的特点是,借款人在开始还贷初期,每月负担比等额本息还款法要重。但是,随着时间推移,还款负担便会逐渐减轻。这种还款方式相对同样期限的等额本息法,总的利息支出较低。如果当房贷利率进入到加息周期后,等额本金还款法也会更具优势。因为按照现在大部分银行的规定,部分提前还贷只能一年一次。如借款人打算提前还款,等额本金还款法不失为一个不错的选择。

滞后等额本息还款方式是贷款发放后,客户方与银行方按照还款协议,在滞后还本期间只还息不还本,超过滞后还本期间再按等额本息法来还款。

滞后等额本金还款方式是贷款发放后,客户方与银行方按照还款协议,在滞后还本期间只还息不还本,超过滞后还本期间再按等额本金法来还款。

一次性还本付息法指借款到期日一次性偿还所有贷款利息和本金的还款方法,贷款期限在一年以内(含)的一般使用一次性还本付息法。

在还款过程中,还有一件事不得不提,那就是提前还款。在美国,有些州的法律允许金融机构对消费者提前还清贷款课以罚款,或者干脆不允许提前还清贷款。也就是说,如果消费者签署了一个5年期的汽车贷款,当该消费者手头宽裕时,考虑在未来少付一些贷款利息,或者不耐烦总背负债务,希望在贷款正常到期之前还清贷款。但是根据一些合同,消费者如此做可能面临被拒绝或被课以罚款的危险。金融机构会认为,如果消费者提前还款,会给他们的会计工作带来麻烦,甚至影响其对未来现金流量的预估。目前,在我国,多数银行实行提前还贷不收取费用或向消费者课以罚款,但一般都需要进行申请,并且提前还贷必须是一万元的整倍数。部分商业银行会规定,每年的提前还款次数只能有一次。

二、个人银行账户

银行账户是客户在银行开立的各种存款、贷款及往来账户的总称。它是银行为国民经济各部门、各企业事业单位、个体经营者及个人办理资金收付等各项业务,进行记录和反映所设置的一种簿籍。

个人银行账户虽不属于个人信用活动的范畴,但如果个人能够管理好自己的银行账户,保证开出的个人支票能足额支付,或保证银行按事先约定扣款代付各类费用时账户内能有充足的余额,那么一般而言,个人就能管好自己的信用卡和各类借款了。因此,我们先对其进行简要的介绍。

个人银行账户一般分为个人储蓄账户和个人结算账户两种。其中个人储蓄账户是指个人将属于其所有的人民币或者外币存入储蓄机构,储蓄机构开具存折、存单或者银行卡作为凭证,个人凭存折、存单或者银行卡可以支取存款本金和利息,储蓄机构依照规定支付存款本金和利息的活动。活期储蓄是银行最基本、常用的存款方式,客户可随时存取款,自由、灵活调动资金。由此产生的账户称为个人储蓄账户。

个人银行结算账户是指存款人凭个人有效身份证件以自然人名称开立的,用于办理现金存取、转账结算等资金收付活动的人民币活期存款账户。目前我们使用的银行账户大部分都是结算账户。与使用现金相比,个人银行结算账户会带来更多的方便之处,它不仅可以帮助客户进行支付结算、管理资金,而且还具有比现金更安全、能获得利息收入等优点。

个人银行结算账户的功能:一是活期储蓄功能,可以通过个人结算账户存取存款本金和支取利息,即个人结算账户具备储蓄账户的基本功能;二是普通转账结算功能,通过开立个人银行结算账户,可以办理汇款学费、生活费,支付水、电、话、气等基本日常费用,也可以享受代发工资等转账结算等服务,个人结算账户出现后,一些老股民的炒股习惯发生改变,证券公司营业网点的资金柜台随之消失,因为个人结算账户出现后,银证转账服务开通,股民通过电话就可以完成结算账户与证券公司资金账户之间的双向转账,而无须再到证券公司的资金柜台办理;三是通过个人银行结算账户使用支票、信用卡等信用支付工具,比如可以将个人结算账户与信用卡进行连接,按时将结算账户的款项向信用卡划转,实现信用卡按时还款。

根据国际惯例,结算账户的持有人享受了银行提供的结算服务,应当为此支付费用。国际上的一般做法是账户持有人直接支付费用,或银行对结算账户存款余额不支付利息,或支付低于储蓄存款账户余额的利息。

三、信用卡

信用卡的发展,可追溯至18世纪中叶。信用卡的发源地是美国。不过,当时的卡片是以金属制成。最早发行信用卡的机构是一些百货商店、饮食业、娱乐业和汽油公司,不是银行。美国的一些商店为吸引顾客,追求经营业绩,发给顾客一种类似金属徽章的信用筹码,后来演变成为用塑料制成的卡片,作为客户购货消费的凭证,顾客可以凭该信用筹码赊购商品,信用卡就是在此基础上开始形成的。美国经济大恐慌以及后来的第二次世界大战曾使信用卡的发展一度受挫。但信用卡最终还是发展起来。

1950年春,麦克纳马拉与他的好友施奈德合作投资1万美元,在纽约创立了大莱俱乐部(Diners Club)即大莱信用卡公司的前身。1951年大莱卡(Diners Card)问世,这时现代信用卡的雏形才逐渐出现。1952年,美国加利福尼亚州的富兰克林国民银行作为金融机构首先发行了银行信用卡。1959年,美国的美洲银行在加利福尼亚州发行了美洲银行卡。

20世纪60年代,银行信用卡得到迅速发展。70年代初期,亚洲的新加坡、马来西亚等国家及地区开始开展信用卡业务。70年代末期,中国大胆引进外国的先进科学技术和管理经验,信用卡进入中国。现在我国的商业银行都发行了自己的信用卡。

目前,国际上五大信用卡机构包括维萨国际组织(VISA International)、万事达卡国际组织(Master Card International)、大莱信用卡有限公司(Diners Club)、美国运通国际股份有限公司(America Express)以及日本国际信用卡公司(JCB)等。此外,还有中国的银联、欧洲的Europay公司及台湾地区联合信用卡中心等。

(一) 信用卡的概念

信用卡是由金融机构发行的,可用于现金存取、转账收付或者向特约商户取得商品、服务等,并按照约定方式清偿账款所使用的电子支付卡片。信用卡按是否向发卡银行交存备用金分为贷记卡和准贷记卡两类。其中,贷记卡是指发卡银行给予持卡人一定的信用额度,持卡人可在信用额度内先消费、后还款的信用卡;准贷记卡是指持卡人须先按发卡银行要求交存一定金额的备用金,当备用金账户余额不足支付时,可在发卡银行规定的信用额度内透支的信用卡。目前,我们多数使用的都是不需缴存备用金的贷记卡。

(二) 信用卡主要功能

信用卡的主要功能包括支付结算、信用融资、分期付款和资信凭证。

信用卡的支付结算功能主要表现为持卡人可以用信用卡在特约单位进行购物和消费。近年来,我国发卡银行纷纷与大型购物商场、超市等联合推出联名信用卡,持卡人在享受信用卡支付结算功能的同时,还可以享受到商场的购物双重积分、专享折扣、积分返利等优惠措施。

信用卡的信用融资功能表现为发卡机构向持卡人核定一个信用额度,在额度内持卡人无须任何存款即可购物消费或提取现金。但用信用卡取现交易不享受免息还款待遇,银行规定的是自银行记账日起(提现+提现手续费)按日利率万分之五计收利息,并按月计收复利。

信用卡的分期付款功能表现为当持卡人使用信用卡进行了一笔大宗支出后,可以向信用卡中心申请分期付款,以实现融资消费的目的。分期付款期间,持卡人不需要支付额外利息,但分期付款本身会产生手续费,即所谓的"分期付款免息不免费"。

信用卡还可以是持卡人的资信凭证。客户在申领信用卡时,发卡银行会根据客户的经济实力、购买消费能力、信用状况和偿债能力等核定一定的透支额度供客户使用。在客户用卡期间,客户是否按时偿还信用卡透支款项,可以反映持卡人的信用水平,成为持卡人的资信凭证,发卡银行还会根据持卡人的还款情况随时调整持卡人的信用额度。

(三) 信用卡融资中常遇到的术语

信用额度。信用额度指银行根据信用卡申请人的信用记录、财务能力等资料为申请人事先设定的最高信用支付和消费额度。发卡机构将根据持卡人信用状况的变化定期调整信用额度。

可用额度。可用额度是指在两次付款期间内,持卡人可以用信用卡支付的最高消费限额,即持卡人所持的信用卡还没有被使用的信用额度。可用额度会随着每一次的消费而减少,也会随着每一期的还款而恢复。若要超出此额度消费,一方面要获得发卡机构的授权,另一方面发卡机构要向持卡人收取更高利息。

账单日。账单日是指发卡银行每月会定期对你的信用卡账户当期发生的各项交易、费用等进行汇总结算,并结计利息,计算您当期总欠款金额和最小还款额,并为您邮寄对账单。此日期即为您信用卡的账单日。

还款日。还款日是指发卡银行(或机构)要求持卡人归还应付款项的最后日期。

记账日。记账日是指发卡银行(或机构)将信用卡清算交易内容记入持卡人账户的日期。信用卡记账日一般不是刷卡交易的当天,正常情况下银行会在您刷卡的第二个工作日将刷卡的款项记入您的账户中,您在第二天登陆网银或者拨打信用卡中心电话就能查询到该次刷卡交易的细节。比如,某一信用卡用户,账单日是每个月的第1天,到期还款日为账单日后的第20天。该用户在11月12日进行了刷卡消费,该笔消费款于11月15日记入信用卡账户(即记账日),这时银行账单日会在12月1日这一天对该用户的费用进行汇总结算,同时通过邮寄或Email寄送对账单。需要注意的是,每家银行的账单日并不相同,且对于账单日,有些银行还提供了修改账单日的功能,使您的还款变得更灵活。

循环信用。循环信用是指发卡行给予持卡人分期偿还的信用额度。循环信用功能只适用于贷记卡,持卡人在免息期内只需还一个最低还款额,便可重新恢复部分信用额度,在有效期内继续用卡。

最低还款额。最低还款额是指在使用循环信用时,需要偿还的最低金额。最低还款额是针对贷记卡而言的,贷记卡额度使用后,银行在还款日并不要求客户归还全部金额,而是允许客户归还使用额度一定比例的金额即最低还款额即可。信用卡使用期间,只要按期归还最低还款额,就不算逾期,不会产生负面记录。但需要注意的是,如果未全额还款,所有使用的额度都将从记账日起开始计收利息。此外,持卡人如未能在到期日前偿还发卡银行要求的最低还款额,除会形成负面记录外,还需支付应付利息和最低还款额未偿还部分的5%的滞纳金。最低还款额一般是个人信用卡已使用额度的10%,计算公式为:

最低还款额 = 信用额度内消费款 × 10% + (预借现金交易款 + 前期最低还款额未还部分 + 超过信用额度消费款 + 费用和利息) × 100%

免息还款期。贷记卡非现金交易中,从银行记账日起至到期还款日之间的日期为免息还款期,免息还款期一般为20—50天。在此期间,持卡人只要全额还清当期对账单上的本期应还金额,就无须支付任何利息。如果贷记卡持卡人在规定的还款日只偿还了最低还款额或未能支付上月所有信用卡消费,或超过发卡银行批准的信用额度用卡时,则不再享受免息还款期待遇,即从银行记账日起,所有消费金额均要支付利息。另外,贷记卡持卡人支取现金、准贷记卡透支,均不享受免息还款期和最低还款额待遇,应当支付现金交易额或透支额自银行记账日起的透支利息。

(四) 慎用信用卡融资

信用卡先消费后付款的性质实际上是为持卡人提供了信用融资服务,从某种意义上讲,它相当于个人向银行的"借款"。与个人贷款相比,信用卡在一定期限内的"免息"性质更受个人青睐,但如果对信用卡使用不当,就会产生一定的费用,且该费用并不比个人贷款的利息"便宜",更重要的是,这些费用还可能对个人信用记录造成不良影响。下面介绍信用卡使用中可能发生的成本支出。

1. "睡眠卡"也会产生年费

发卡机构根据承担的责任和业务成本向持卡人收取信用卡年费。据一家银行提供的数据显示,该行大约有30%的信用卡没有持卡人使用。有关部门发布的相关调查也显示,目前我国信用卡激活率为20%—40%,与国际信用卡激活率相比,比例还处于较低水平,也就是我国还现存大量的"睡眠卡"。目前,多数发卡银行实行"附条件"的免收年费政策,如:当年刷卡5次以上,可免次年年费或使用当年信用积分可兑换次年年费等。如果个人有常年不用、处于"休眠状态"的信用卡,很可能因欠交年费而给个人信用报告留下负面记录。

2. 分期付款"免息不免费"

目前,大多数商业银行按照信用卡分期付款的期数,如3期、6期、12期等来确定收取的手续费标准,一般期限越长,手续费标准越高。也有部分银行按金额规定费率,分期付款购物的单笔金额越大,手续费越低。农业银行不论分期期数和购物金额,都实行固定手续费率,为每月0.6%。银行收取手续费有两种方式,一种是以月为平均单位每期收取,农行、建行等采取该形式;另一种则是在缴付首期款时一次性收取,以工行、中行为代表。分期付款的手续费计算方式为:分期付款手续费=购物金额×手续费率或购物金额×月手续费率×分期期数。例如,分期购买了一款3 600元的笔记本,分期期数为12期,按每月手续费率0.6%计算,12个月共需要支付分期付款手续费:3 600×0.6%×12=259.2元。

3. 取现产生手续费用和预借现金利息

除非是万不得已的情况,否则应避免用信用卡取现金。银行发信用卡,主要目的是让客户多消费,赚取更多佣金,如果客户用现金消费,银行就赚不到钱。所以,信用卡的通行惯例是,取现要缴纳高额手续费。即便是为了应急,取现后也一定要记得尽快还款。目前,我国多数发卡银行按照取现金额的1%—3%收取取现手续费,同时从取现的当天或者第二天起,就开始按每天万分之五的利率计息,并按月计收复利,折合年利率为18%,远高于银行的各种贷款利率,有些银行甚至对取现的手续费也会收取利息。因手续费的收取政策、费率不同,在不同的银行取现后,还款金额并不一样。以在华夏银行取现为例,计算取现的成本。如2009年4月20日用信用卡预借了1 000元人民币现金,如果打算于5月10日还清该笔交易,则计算方法如下:取现手续费:1 000元×3%(取现手续费率)=30元;利息:(1 000+30)元×0.05%(日利息率)×20天=10.3元,最终还款1 040.3元。

4. 多存钱要收"领回费"

有些信用卡持卡人觉得每月还款太麻烦,或者怕自己到期忘记,索性提前打入一笔大款项,让银行慢慢扣款,或者就干脆在信用卡里存入大笔现金,把信用卡当做储蓄卡使用。这笔存放在信用卡账户内的资金就属于溢缴款。这笔钱存在信用卡里不仅没有任何利息,而且是进去容易出来"难"。从信用卡中取出时可能还需支付一定金额的手续费。因此,只要足额归还信用卡的应还额度即可,不需超额,如果手头有多余现金并且短期内想随时花费的话,尽量不要存入信用卡账户,而最好选择借记卡账户。据了解,有的银行将溢缴款领回手续费等同于取现手续费,有的银行则分开计算。

案例5-1

2009年3月,袁先生出国旅游,为了方便在自己的信用卡内存了3 000元现金,旅游时提了出来。旅游回来后,袁先生发现自己的信用卡账单里多了30元的手续费。经询问银行工作人员才得知,原来提取自己存入的款项也要缴纳手续费。

5. 全额还款才能免除利息

银行在对账单上总会标明"本期应还金额"和当月的"最低还款额",不少持卡人就此认为只要还上最低还款额就行了,却不知道如果在免息还款期内不能全额还款,即便只有1分钱,银行也会按当期账单的全额计息。只有在免息期内全部还清本期应还金额,才能真正的享受"免息"待遇;如果持卡人在到期还款日前未还清所有消费金额,还款日前的利息以全部应还款为基数进行计算,还款日后的利息按照未还金额计算,按日利率0.5‰计收,并按月计收复利。计息天数为自银行记账日起至还款日的实有天数(常规算法为算头不算尾)。假设账单日为每月7日,到期日为每月27日。2009年3月20日个人消费10 000元,4月27日为到期还款日,最低还款额1 000元,如果个人于4月27日前缴清全部应还款额10 000元,银行不计收利息。如果个人于4月27日缴清最低还款额1 000元,则5月7日的账单除将列有未还部分9 000元外,还需另外支付利息,计算方式为:全部应还款×日利率×消费日至到期还款日天数+未还款金额×日利率×到期日至下次账单日,即10 000×0.05‰×35(3月23日至4月26日)+9 000×0.05‰×11(4月27日至5月7日)=224.5元。如果4月27日的缴款额为400元,不足最低还款额,则5月7日的账单除列有消费款项未还部分及利息外,还会列有不足最低还款额部分的5%的滞纳金,即600元×5% =30元。

案例5-2

孙小姐4月份的信用卡账单是2 470元,为了方便,她选择在ATM机上还款。由于ATM机只能整百元存入,因此,孙小姐只还了2 400元。孙小姐想,差70元应该没问题,一方面已经超过了最低还款额,不会影响个人信用,另外,70元能产生多少利息呢?结果,5月份收到银行寄来的账单上显示利息额46元!仅70元没还,就产生了46元利息,这让孙小姐难以接受和理解。打银行的咨询电话才知道,原来还款2 400元和不还钱的效果是一样的,都是按总金额计息。

6. 超额刷卡要收"超限费"

消费者在办理信用卡后,银行都会为其设置一定的透支额度,只要在规定额度内刷卡并按时还款,就可以免息。但大多数消费者并不知道,信用卡的透支额度并非"铜墙铁壁",在使用完透支额度后,部分银行还允许持卡人超过限额刷卡消费。但是对超额透支的这笔款项要收取一定的利息,也就是所谓的"超限费"。持卡人超过信用额度使用时,对超过信用额度部分,银行按月收取5%的超限费。

案例5-3

徐先生有一张某银行的信用卡金卡,授信额度为5万元。有段时间他刷卡为家里添置家具,但并没有留意是否超额。后来,收到银行对账单时看到,对账单上有一笔60元的"超限费"。徐先生打电话给银行工作人员后才得知,超过信用卡的透支额度,还能继续刷卡,但所刷金额要缴纳"超限费"。

除了上述几项外,使用信用卡的每个环节几乎都涉及费用,如复利计息、挂失费、调阅出钞证明手续费、纸质密码函重制费、加急制卡费、账单补制手续费、短信费等等。银行一般会在客户申办信用卡成功后,将卡片及其相关的收费标准一同发给或邮寄给办卡人。所以我们在用卡之前一定要仔细阅读卡片的相关材料,熟悉信用卡的收费标准,尽量避免支出不必要的费用,破坏了自己的信用记录。

对于已注销的信用卡我们也不可大意,随意丢弃。通常银行规定:从销卡登记日起的一个月或45天才真正生效,在3个月内用户如需用卡,还可重新激活。所以在卡片注销后千万要记得剪掉磁条部分,并立即销毁扔掉。因为信用卡的磁条上记录了持卡人的相关信息,若卡片被不法分子获得并利用,有可能给自己带来意想不到的损失。

此外,还需要注意的是,很多人认为一旦产生了不良记录,只要还清欠款然后销掉卡就没事了,这是大错特错。因为销掉卡以后,就不会再有新的信用记录产生,之前的不良记录也会因为没有新的记录替换而一直存在。从目前的情况来看,信用报告中只反映了最近两年使用信用卡的情况,所以信用卡一旦出现了不良记录,应继续使用该卡,同时避免再产生新的不良记录。这样,不良记录就会逐渐被好的记录所替代,两年之后,不良记录将会完全被覆盖,也就不会再对个人信用产生影响。

(五) 巧用信用卡理财

很多人喜欢信用卡,最钟爱的就是信用卡"先花后还"的透支功能。但是,如果到现在对信用卡的认识还仅仅停留在透支和刷卡消费等基本功能上,那就真的落伍了。因为,信用卡除了简单的透支功能外,如果运用得好,还可以成为家庭的"理财管家"。

巧用免息期。信用卡的基本功能就是透支。而在免息期内(一般最长为50多天)还款,银行是不收取利息的。作为普通消费者,可以算好消费日期和还款日期,使自己最长期限占用信用资金。如果手里有两张以上的信用卡,就可以利用各卡不同的结账日来拉长还款时间。白白用银行的钱买自己需要的东西,而自己的钱却可以在免息期内做投资或储蓄,从而为自己创收益。

巧用联名卡。很多银行为了加强与商户的联系,往往会推出联名卡。这类卡的好处除了可以换取消费积分,还有一个更大好处就是购物可以打折。这种折扣不同于商家的日常促销,联名卡的性质跟会员卡的性质基本一致。如果经常坐飞机,可以选择一些航空公司的联名信用卡,这些卡可以消费积里程,达到一定的里程规定后,还可以申请免费机票,仓位升级等。

巧用信用卡积分获得实惠。目前,各个银行都会给持卡人计算消费积分,不同的积分水平可以换取不同价值的礼品。有些银行还会在一些重要的节假日进行信用卡促销活动,比如多倍积分、刷卡送礼、刷卡折扣、积分抽奖等。我们平时留心一下这些活动,就可以获得很多惊喜,得到更多实惠。

巧用信用卡记账。所有消费都用信用卡刷卡(包括网上购物),到了月底,把信用卡账单打印出来,就是整月的消费记录。然后进行总结分析,看看哪些消费是非理性消费,哪些是合理消费,在下月消费的时候,可以做到心中有数,慢慢使购物消费变得容易控制。

巧选银行。各银行由于经营方式、规模等不同,对银行卡的相关收费也不尽相同。比如,银行卡年费有的银行收,有的则不收;异地取款有的银行按1%收费,有的则完全免费;另外,用银行卡汇款的手续费标准也有很大差距,有的最高收50元,有的最高仅收10元。所以,根据自己的情况和银行网点的布局,选一家相对方便、实惠的银行,也是一种省钱的方法。

第二节　个人信用管理

个人信用是指个人不用立即付款便可获得商品、服务或资金的能力。个人信用管理包括个人信用记录的建立和个人信用记录的维护与提升以及个人信用记录的应用三个方面。

一、个人信用记录的建立

市场经济是信用经济。作为市场经济的主体,个人应当遵纪守法,尊重合同,一旦达成契约,就应恪守信用。然而,实践证明,诚实守信并不是与生俱来的,也不是仅仅靠法律和道德规范就可以形成的。如果一个人的失信行为不被记录、不受惩罚、不付出代价,个人就很难有诚实守信的动力和约束力,一些原本诚实守信的个人也可能会不再守信。在征信国家,每个人的信用活动都是被记录的,也是可以查询的。有好的信用,人人都愿意和你打交道,而拥有低劣的信用,你将买不到物品,租不到房子,找不到工作,没人愿意与你交易,这种人人避而远之的惩罚,无疑会有效地迫使交易主体回到诚实信用的轨道上来。准确识别个人身份,收集和保存个人的信用记录,并依法使用这些记录,使守信行为得到褒奖,失信行为受到惩戒,不仅是提高个人信用意识的必然,而且是整个社会诚信建设的捷径。

(一) 个人信用记录常见术语介绍

个人信用记录是个人在一段时期内按时间顺序累积的信用信息。目前,中国人民银行征信中心提供的个人信用报告是个人信用记录的唯一展示形式。下面介绍几个在个人信用记录中经常出现的术语。

1. 逾期

逾期，即过期，指到还款日最后期限仍未足额还款。由于消费者在借款时，商业银行的系统内已经设定好了应该还款的时间和最低的还款额度，因此所有的逾期未还记录在系统中会自动生成，商业银行无法更改有关记录。需要注意的是，以下情况都属于逾期行为：比到期还款日晚一两天还款；过了到期还款日，银行工作人员电话催缴后，客户还清了欠款；客户已经在到期还款日之前还款，但由于不清楚应还的具体金额，没有足额还款；客户并非恶意违约，而是由于出差在外或疏忽大意等原因，没有按期还款。

2. 正面信息

正面信息，是指消费者在过去获得的信用交易以及在信用交易中正常履约的信息。简单来说就是借款信息和按时还款信息。消费者能够从银行借到钱、能够享受商家的先消费后付款服务，足以说明银行和商家对消费者的信任，对消费者而言就是正面信息。另一类正面信息是消费者按照合同约定按时还款、缴纳税费的信息。消费者能够在几年的时间里都按期履行义务足以说明消费者有较强的信用意识，同时具备相当的管理自身财务的能力，这类客户容易得到银行的青睐。

3. 负面信息

负面信息，是指消费者在过去的信用交易中未能按时、足额支付各种费用的信息，即逾期信息。比如，消费者向银行申请了一笔住房按揭贷款，贷款合同规定，要按月归还银行一定金额的贷款，但由于种种原因未能按时、足额还款，个人信用记录里就会有逾期还贷的信息，从衡量一个人的信用意识讲，这些信息就是负面的。如果一段时间内连续或多次出现逾期还款的情况，下次再和银行打交道时，银行可能就会更加谨慎。

个人信用记录是个人信用状况忠实的"记事本"，本身并不包含任何好与坏的评语。征信机构以客观、中立的原则对采集的信息进行汇总、整合，既不制造信息，也不会对信用的优劣进行评判。个人信用记录"用事实说话"的特性，减少了授信机构人员的主观感受、个人情绪等因素对贷款、信用卡申请结果的影响，让客户能够得到更公平的信贷机会。在办理个人信贷业务时，商业银行的信贷人员可能会说"你有不良记录，不能办理业务"，这实际上是信贷人员根据个人信用记录，对其信用状况作出的主观判断。不同的银行、不同的信贷人员，判断标准可能不同，对同一个人的信用状况作出的评判可能也不相同。

（二）个人信用记录如何建立

如何建立个人信用，原理很简单。信用经济是一种建立在契约上的经济，债权债务或所承担的责任非常清晰，付费户头的签约人需要对履约承担法律和经济责任。信用记录就是针对个人名下所有付费户头下的活动进行记录的。不论一个付费户头上的应付额度多么小，它都会要求户头的责任人按期且足额付费，当事人对每个付费户头上应付额度的按时付费行为，构造出当事人的信用记录。否则，除了个人识别信息以外，当事人没有任何记录在案，其信用档案是空白的。所以，个人欲建立良好的信用记录，必须拥有可以识别其个人经济活动的户头。

所谓个人户头，指的是与个人家庭生活有关的各种付费和信用消费账户，账户会具体表现出受益人和责任人。在形式上，付费户头是各式各样的，如登记在户主名下的电话、住房租约合同的签约人、水、电、煤气费缴费户头、信用卡户头、按揭贷款的申请人等。其中,信用卡透支户头和消费信贷户头是最有价值的户头,消费信贷合同是否履约执行,有无信用卡恶意透支行为,都反映了个人的信用价值。在当今的社会生活中,个人每月可能需要应付几个甚至十几个类似的缴费户头。

建立个人信用记录是从一点一滴的小事做起的,信用档案反映出一个人的经济生活轨迹。在诸多个人付费账户中,前面提及的银行消费信贷和信用卡账户是个人最重要的账户。对于一般人来说,在取得银行卡或消费信贷以前,影响个人信用记录的因素包括是否及时付电话费、房租、水、电、煤气费等。个人的公用事业付费记录有一定的参考价值,但所涉及的信用额度非常低。所以对于打算建立信用记录的人而言,使用银行的信用工具非常重要,虽然可以通过公用事业服务付费建立个人信用,但这种信用的"含金量"远不如使用消费信贷和信用卡所产生的效果。一般来说,个人只要在银行办理过贷款、信用卡、担保等信贷业务,或者开立了个人结算账户,也就建立了个人在商业银行的信用记录。建立个人信用记录,无需花钱,无需中介,无需申请,只要与银行或其他公用事业单位发生信用交易,个人就自然地拥有了属于自己的信用记录。

(三)大学生如何建立个人信用记录

在美国,任何一个准备申请贷款或信用卡的人都会被要求提供一份有迹可察的信用记录,但这一做法的悖论是,如果消费者从来没有机会申请到信贷,他又如何能够提供一份信用记录?这一问题就好像刚毕业的大学生在人才市场上找工作,被告知所有的工作机会都是面向有工作经验的人,可是如果所有的公司都不向刚毕业的大学生提供工作机会,那他们又如何能有工作经验?但金融机构并不理会这些,就像雇主坚持招聘有工作经验的员工一样。因此,从学生时代就建立信用,以便在毕业后就可以申请车贷和房贷,是一个非常明智的决策。目前,我国大学生建立个人信用记录一般有两种方法。

1. 申请助学贷款

助学贷款是国家对高校经济困难学生的一种资助,每位贷款学生的借、还款信息都被收录在个人信用记录中。助学贷款即是大学生人生中的第一笔贷款,也是大学生个人信用记录的开篇之举。即使在美国,助学贷款也是个人信用报告中最重要的项目之一,甚至在消费者因财务危机申请破产后也不允许将助学贷款的债务抹去。因此,如果大学生有信心在未来认真遵守与银行的还款约定,申请助学贷款将是个人信用档案中第一个有价值的信息。但如果毕业后不能履行还款义务,不仅辜负了党和国家的信任,也将给自己的个人信用记录留下污点。

案例5-4

2006年,学生丁某在中行办理了一笔6 000元的国家助学贷款。2007年7月丁某毕业后,认为自己已远离学校,新的工作环境中谁也不知道其办过助学贷款,而且父母也已移居,银行联系不到他本人和家人,自己不还国家助学贷款,银行也拿他没办法,于是连续一年没有还款,也没有和贷款行联系。2008年3月,公司准备派其去外地学习培训,丁某前往银行申请办理信用卡,准备在外地学习期间用。当丁某把申请表交到银行后,被告知:因其有拖欠国家助学贷款的记录,银行拒绝为其办理信用卡。丁某大吃一惊,得知个人征信系统已全国联网运行,这才意识到按约还贷的重要性。事后丁某马上与贷款行联系,把拖欠贷款本息全额结清。

案例5-5

客户何某向工行申请 1 笔期限 10 年、金额 11 万元的住房贷款。该客户申请资料显示其拥有私家车 1 辆,具有一定的经济实力。工行查询个人征信系统,发现该客户在交行办理的 1 笔国家助学贷款尚有 3 500 元余额未还,且逾期时间较长,表现出较明显的恶意拖欠国家助学贷款的意图。工行随即拒绝了其贷款申请。何某得知情况后,后悔不已,不仅还清了欠交行的国家助学贷款,还保证今后不会存侥幸心理,故意拖欠贷款不还。

2. 办理信用卡

大部分银行都为在校大学生提供了信用卡服务,大学生可以根据自己的需要办理信用卡。大学生如果能够正确地使用信用卡进行消费,不仅有助于培养诚信消费的观念,形成良好的理财习惯,而且在必要时可以为自己提供备用应急资金,锻炼自己的理财能力。但是近几年,一部分银行片面追求高发卡率,对学生的经济能力、理财能力、信用情况不加审查,甚至不核实身份证件的真假,盲目滥发信用卡,给一些大学生"恶意透支"大开方便之门,致使一些自制力较弱的学生超能力消费,或滋生攀比消费心理,不仅为自己甚至为家庭背上了沉重的债务负担,而且有些学生早早就在自己的个人信用记录上留下了负面记录。

案例5-6

小冯是某大学大三的学生,一年前和同学逛商场的时候,办了一张信用卡。起初,小冯感到信用卡购物十分方便,轻轻一刷,很多自己心仪已久的东西就轻松落袋。"感觉像不花钱似的,买东西时根本没想到怎么还钱",然而一个月过后,当小冯拿到银行的账单时被吓了一跳,原来不知不觉中,自己已花费了近一万元。小冯实在没有能力偿还这笔巨款,就一直拖欠,最后银行将小冯告上法庭,并通知小冯的父母。无可奈何之下,冯妈妈只好替女儿还清这笔欠款加利息。

案例5-7

某大学大二的学生刘某看到周围的同学都有信用卡,很是羡慕,自己也办了一张。刚开始刘某觉得刷卡的生活方式很过瘾,出门哪怕口袋里没有一分钱,也不用畏首畏尾,让人很有面子。可是后来的还款却让她觉得疲惫不已。她说:"我的信用额度是 1 000 元,由于每年要刷够 6 次才不收年费,所以每次上超市我都用信用卡。放假前我陪同学去电子商贸城,无意间看到一个漂亮的 MP4,优惠下来要 860 元,就用信用卡买了。买了之后又不敢告诉家里人,就盘算着假期一定要找一个兼职把这 800 多块钱的缺口补上。春节放假别人过年的时候,我整天跑在外面代课,代了21天课才挣了760块钱,实在很辛苦,后悔自己的不理性消费。"

对于一些消费欲强而自我控制能力弱的大学生而言,信用卡违约对信用记录的损害后果已经显现,但对于更多的具备理性消费习惯和信用卡应用知识的大学生而言,信用卡已经成为他们日常生活的"理财帮手",并为他们提早办理了"信用通行证"。

二、个人信用记录的维护与提升

征信机构主动为个人建立信用档案,至于档案中记录些什么,似乎当事人无法掌控。其实不然,个人的经济行为和公共表现绝对会影响到个人的信用记录,个人信用记录的好坏完全是自己掌控的,正所谓"我的信用我做主"。每个人都应该学会科学地管理自身的信用活动,这不仅是维护好自己信用记录的前提,而且是每个公民在市场经济中生存应该掌握的一项基本技能。

（一）个人信用记录维护方法

1. 科学管理自身信用活动,建立守信记录

为了给自己建立一份好的个人信用记录,应该尽量避免产生负面信息,可以从以下四个方面来避免出现负面信息。一是在日常生活中注意养成良好的消费习惯,根据自己的收入水平合理安排信用消费,避免不必要的还款负担;二是对于日常消费、贷款和各类缴费,应选择合适的还款方式,采取有效的提醒方式,确保按时足额还款。在信用卡、手机号等停用时,应及时到相关部门办理停用或者注销手续,避免因为自己的一时疏忽造成"不良信用";三是养成随时关注自身信用记录、按期查询信用报告的习惯,逐步树立信用意识;四是不将自己的身份证出租、出借或转让。如果我们碍于情面,将自己的身份证交给其他人使用,那么使用人产生的负面记录会由我们自身即身份证持有人承担,何况根据《中华人民共和国居民身份证法》相关规定,出租、出借、转让本人居民身份证是违法行为,公安机关将给予警告,并处二百元以下罚款,有违法所得的,还将没收违法所得。

案例5-8

王女士在申请按揭贷款购买第二套住房时,银行拒绝了她的要求。询问之下,王女士得知银行在她的信用报告中发现其正在偿还的第一套住房贷款有逾期记录,而且多达10余次。找到为自己办理第一套住房贷款的那家银行时,王女士才知道原来自己记错了还款日期,有时是在银行规定的还款日后两三天才还款,因而被银行记了逾期。

案例5-9

市民李先生在几年前办理了某银行的信用卡。2011年7月,他用这张信用卡透支了700元,没过多久他就前往银行还钱。李先生按照柜员的介绍,将钱还清。可等他四个月后

出差回来，却发现这张信用卡被冻结了。不明缘由的李先生赶紧到银行询问，原来是他在 7 月份还钱的时候，没有足额还完，还差 0.86 元。2012 年 5 月李先生又陆续申请了其他银行的信用卡，却屡遭拒绝。后打电话询问才知道，是因为那 8 毛 6 分钱所造成的"不良记录"。

看起来王女士和李先生似乎有些冤枉，但很多时候，个人信用就是这样在不经意间被染上了污点。日常生活中，因为出差在外，结果没有按时归还信用卡的透支额度；贷款利率上调后，因为一时疏忽，仍然按照原先的月供还款造成还款金额不足等，都会在个人信用报告中形成负面记录。其实我们只要使用一些小技巧，这些问题很容易就可避免。比如可以将自己的信用卡与一张借记卡进行关联，由银行自动划拨还款；或者开通短信提醒功能，及时掌握账户变动情况，不错过还款日期；在每年元旦过后去银行打印新一年的还款计划，按照新的月供金额还款等。

2. 定期查询信用记录

定期查询信用报告是发现信用记录错误或窃取的有效途径。在国外，为鼓励消费者定期查询自己的信用记录，也为了保障消费者的知情权，征信机构一般每年都为消费者提供一次免费查询服务。定期查询和认真检查自己的信用记录中的内容，及时发现和纠正错误信息，以避免自己受到不利影响。目前，中国人民银行建立的个人征信系统为个人提供免费查询服务，个人到全国任何地方的人民银行均可以查询到自己的信用记录。

3. 及时修复负面记录

信用卡透支消费而没有按时还款、按揭贷款没有按期还款、贷款利率上调后仍按原金额支付月供、"休眠"信用卡产生年费欠息等都会产生负面记录。负面记录一旦产生，在法律规定的时间内是不能消除的。但个人出现负面记录后，也不必过于紧张，可以采取措施动手"修复"。首先要把已经逾期的款项尽快还上，避免出现新的负面记录；其次应尽快建立新的个人守信记录。只要个人在以后的信用活动中做到诚实守信，随着时间的推移，新的、良好的记录会逐渐刷新，替代旧的、负面的记录。商业银行等金融机构在判断一个人的信用状况时，着重考察的是这个人的最近的信贷交易情况，如果此后都能按时、足额还款，足以证明其信用状况正在向好的方向发展。

4. 及时更正错误记录

个人信用记录由于各方面原因，不可避免地会存在一些错误。造成个人信用记录出错的原因可归结为以下几个方面：一是在办理贷款、信用卡等业务时，客户自己提供了不正确的信息给银行；二是被别人盗用名义办理贷款、信用卡等业务；三是银行工作人员由于疏忽将客户信息录入错误；四是计算机在处理数据时出现技术性错误。不论是上述何种原因造成的信息错误，只要个人对本人信用报告中的信息有不同意见，都可以向征信机构提出异议，由征信机构按程序进行处理。如果经证实，本人信用报告中的信息确实存在错误，个人有权要求数据报送机构和征信机构对错误信息进行修改。如果个人认为征信机构提供的本人信用报告中的信息有误，损害了自己的利益，而且在向征信机构提出异议后问题不能得到满意解决，还可以向司法机关提起诉讼，用法律手段维护本人权益。

个人信用记录出现错误，在错误更正前，可能会给个人的生活带来暂时的不便；但一经更正,错误信息将不再反映在个人信用报告中,因此不会对个人日后的经济生活带来影响。

案例5-10

王先生到某银行申请住房贷款,银行查询其信用报告,发现其"已婚",要求王先生出具其配偶的信用报告,而王先生实际上还没有结婚,结果王先生的贷款计划只得暂时"搁浅"。经调查,王先生才知道原来是自己不久前申请信用卡时,发卡银行将信息录错了。王先生到民政局开出了"未婚证明",并要求发卡银行将自己信用报告中的错误进行了更正,其贷款才得以继续办理。

案例5-11

2004年,殷女士申请了一张某银行的信用卡,但始终未收到该信用卡。殷女士以为自己可能不符合该银行申办信用卡的条件,并未将此事放在心上。2008年,殷女士先后在几家银行申办信用卡均遭到了拒绝,银行方面透露她的信用有问题。通过查询信用报告,殷女士发现自己有一张信用卡存在透支记录,而且是自己并未收到的那个银行的信用卡。殷女士立即到该银行对上述问题进行投诉。银行核实后发现的确存在错误,马上进行了修改。但殷女士对银行修改后的信用报告并不满意,认为信用报告仍存在异议,果然殷女士向其他银行申请信用卡时再次被拒。为此,殷女士把该银行告上法庭,要求银行对错误信息提供原始记录进行核对、更改自己的信用报告信息,并登报公开赔礼道歉,消除错误记录带来的不良影响,同时赔偿精神损失费2万元。法院判决该银行在殷女士工作单位范围内公开书面赔礼道歉,并赔偿殷女士精神损害抚慰金人民币4000元,对殷女士的其他诉讼请求未予支持。

5. 防范和应对信用"窃取"

在信息自由流通、无处不在的现代社会,个人信息被窃取,身份被盗的现象时有发生。比如开发商盗用他人信息,虚构住房销售合同,借以抬高成交价格,诈骗银行贷款,制造供不应求的假象;不法分子冒用他人身份证件办理信用卡,疯狂刷卡或违规套现,使他人莫名背上大量债务,还要由盗用人承担因未按时还款或恶意拖欠所产生的负面信用记录等。下面是一些因身份证盗用产生个人负面记录而引发的争议。

案例5-12

2005年9月,客户李某向某银行申请住房按揭贷款,该行查询个人征信系统发现,李某的妻子在异地有商业住房按揭贷款16万元且有连续4个月的逾期记录,于是拒绝了李某的贷款申请。李某提出异议,称其配偶是为开发商贷的款,由开发商每月负责还款,逾期记录都是开发商造成的。进一步调查发现,其配偶的贷款实际是开发商假借个人名义搞的假按揭。

案例5-13

客户张某向某银行申请办理个人贷款,该行查询个人征信系统发现此人在其他银行已经有 10 万元贷款,目前余额为 6 万元,但该客户矢口否认此项贷款,并对此提出异议。经人民银行征信管理部门调查,结论是他人利用该客户证件在其他银行办理的贷款。

案例5-14

客户王某向某银行申请 1 笔 5 万元的个人住房贷款,该行查询个人征信系统发现,该客户有一张信用卡透支 7 000 元,且已连续 13 个月未还最低还款额,因而做出拒贷决定。但该客户反映其从未办理过任何信用卡,当即提出异议。后经查实,系因其身份证被他人盗用造成。

诚然,不法分子手段多样,难以防备,但有意识地保护自己的信用仍然可以提高自身的财务安全系数,个人的"信用"主动防御至关重要。信用报告中和自己真实情况不符的信息,如报告中的地址是从未住过的地方、身份证号码或姓名错误、莫名其妙地增加了新的账户,或者自己并没有办过某笔贷款或某张信用卡,但在信用报告中确有显示,或者查询记录里出现了某些自己并未申请的信用卡或贷款审批记录,这些都是微小的细节都是发现信用窃取的有效线索。为了更有效地保护个人信用记录,个人在日常生活中还应当注意对个人信息保密,并养成严谨的习惯。比如不要随便向各类公司和个人透露自己的身份证号码和账户号;不要轻易将身份证件借与他人,即使是亲朋好友,因为一旦对方出现违约,相关负面信息将反映在出借人的个人信用报告上;确需向他人提供身份证复印件时,最好在身份证复印件有文字的地方标明用途,同时加上一句"再复印无效";不要将信用卡随便交给陌生人,如饭店的服务生或便利店的店员等,以防犯罪分子隐匿其中,趁机将信用卡信息盗取,然后利用这些信息申请信用卡,疯狂透支。此外,还应有效保护自己的财务信息,及时销毁相关的存取款收据,并严格管理自己的账户信息。同时建议对个人的网络信箱加强安全措施,以免有人通过往来信件获得个人信息。如果信用被窃取的事情真的发生在自己身上,最有效的办法是尽快联系公安机关和贷款银行,将发现的问题及时告知他们,并同时向征信部门提交异议申请。

(二) 个人信用记录提升技巧

一个人的信用价值不仅体现在具有良好的信用记录上,还要考虑如何建立具有足够高额度的信用价值。有人可能会有这样的疑问,两个人的信用记录中都没有出现"不良",为什么一个人可以从银行轻松贷到 40 万元,而另一个人却只被授信 20 万元? 其实,信用记录中是否存在"不良",并不是评判个人信用好坏的唯一标准,还有很多因素会影响个人信用的评判,例如,个人的婚姻状况、技术职称、工作、经济能力、个人住房以及学历等因素,都会对个人的信用水平产生一定的影响。已婚且夫妻关系好的客户,会比单身者更具有稳定性,更能得到银行的青睐;技术职称是个人工作能力的见证,相对来说,有各等级的工程师、经济师、会计师、优秀教师等职称的借款人,更能受到银行的垂青;工作稳定性较高的行业从业人员,如公务员、教师、医生以及一些效益好的企业员工,信用水平也会相对较高;拥有个人住房亦可表明个人有一定的经济基础,也会给个人的信用加分。个人信用水平高,信用价值自然也会相应得到提升。此外,我们还可以从信用报告入手,针对信用报告覆盖的各项内容,来快速提升个人的信用水平。

1. 个人基本信息项

首先,消费者要如实填写各类申请表。申请表详细记载了申请人、担保人及其他与个人相关的基本信息,如实地提供这些信息,是对个人诚实信用的一个基本要求。如果资料不真实或者存在错误,会给征信机构和信息的使用者带来很大麻烦。同时,还会损害自己或他人的利益,甚至可能因为纠纷而被追究法律责任。比如,如果因家庭住址、电话号码变更而未及时通知银行,银行的对账单就很难及时寄送到个人手里,如果因此延误还款,就容易造成负面信用记录,给自己造成不便。其次,当消费者的基本信息发生变化时,要主动去相关机构,如银行、自来水公司、电力公司、燃气公司等作资料变更。否则,可能会使个人信用报告中的信息张冠李戴,造成不必要的麻烦,严重的甚至会引起法律纠纷。

2. 交易信息项

交易信息容易产生负面记录,例如,信用卡逾期、按揭贷款逾期等,消费者应当重点关注。首先,消费者要仔细评估自己的收支情况,选择合适的银行产品,制订合理的消费和还款计划,以做到按时足额还款。其次,要清楚了解各类银行产品,认真阅读合同条款,例如,贷款的利率和还款方式如何规定,信用卡的免息期的相关规定等,以免因为非主观原因对信用记录产生不良影响。如果消费者从此不使用银行产品,也就相当于失去了累积信用的机会,银行也无法对个人信用状况做出正确判断,难以进行信贷决策。

3. 公共事业信息项

目前,个人征信报告中收录的公共事业信息项有社会保险和住房公积金信息等。这些信息有助于银行更好地了解消费者的还款意愿和偿债能力。消费者应督促所在单位及时缴纳社会保险和住房公积金信息,以维持良好的信用记录。

4. 查询信息项

消费者应当特别关注查询记录中记载的信息。一方面是查看是否有其他人或机构未经消费者本人授权查询过信用报告。另一方面,如果在一段时间内,消费者的信用报告因为贷款、信用卡审批等原因多次被不同的银行查询,但信用报告中的记录又表明这段时间内该消费者没有得到新贷款或申请过信用卡,可能说明这位消费者向很多银行申请过贷款或信用卡但均未成功,这样的信息对消费者获得新贷款或申请信用卡可能会产生不利影响。

(三) 认识个人信用维护与提升的"误区"

有人以为,平时多向银行借款或者多刷卡,对提高个人信用更有好处。其实,这要分两方面来判断。一方面,个人与银行发生信贷关系越多,出现逾期还款的可能性也会增加。当然,只要选择合适的还款方式,采用有效的提醒措施,能确保每次按时、足额还款,从而能说明个人履约意识较强,银行依此会判断其信用良好。另一方面,一个人若借款多、刷卡多,但不及时还款,形成的负面记录自然也多,说明此人履约意识甚差,银行对其信用状况的判断很可能大打折扣。

有人认为提前还款可以提高个人信用。事实上,提前还款对于提高个人信用的用处不是很大。这是因为,判断一个人的信用状况,主要是看其过去信用行为的记录,即过去还款或用卡的记录。一般来说,个人信用历史越长,过去信用行为的记录越丰富,越能说明其过去的信用状况。而正常还款时的信用记录,就要比提前还款时的信用记录丰富得多,更有助于反映借款人的信用状况。因为对许多人来说,一两次还款是比较容易的事,但要做到长期、逐次、按时还款却不易,而后者能更准确地反映个人遵守合同、实践诺言的信用意识。

有人因为害怕自己可能会出现失误从而导致逾期信息的产生,从而影响个人信用,就拒绝办理任何贷款、信用卡业务,以为这样就维护了自己的信用记录。其实不然,没有信用记录并不表示信用记录就良好,在信用记录对个人经济活动的影响中,始终都存在"$-1>0$"的定律。如果一个人不贷款,也不使用信用卡,就意味着没有任何信用交易活动,也就无从积累自己的信用,结果授信机构就会因缺乏评价依据而难以对其信用做出评价,进而难以对其授信。

三、个人信用记录的应用

(一) 我国个人信用记录的应用

目前而言,我国个人信用记录最广泛、最主要的应用还是信贷方面。虽然现在并没有相关法律明确要求商业银行在受理信贷申请时必须查询个人信用报告,但很多银行在其内部制度中已明确规定在办理信贷业务之前,必须查询客户的信用报告。信用报告已经成为银行了解客户资信的最主要渠道。如果信用记录反映客户按时还款、认真履约,银行不但能提供贷款、信用卡等信贷服务,还可能在贷款金额、利率、期限上给予优惠,贷款审批时间会相应缩短,客户甚至有可能得到不需要抵押或担保的个人信用贷款。但如果信用记录反映客户曾经借钱不还,银行很可能就会要求客户提供抵押、担保,或者降低贷款额度、提高贷款利率,甚至干脆拒绝发放贷款。但需要注意的是,个人信用记录只是银行决定是否借贷的参考资料之一,而绝非是无风险的保证或是唯一的依据。良好的信用记录并非就意味着今后不出现借钱不还的可能,它只是银行在分析风险时的一项依据。除以上分析的五大因素外,个人的工作背景、收入来源及稳定性、婚姻状况等,也同样是银行分析风险、评判个人信用的依据。

随着我国个人征信体系的建设,个人信用记录中的内容逐渐丰富,个人信用记录的应用范围也在不断拓展。信用记录已不仅仅限于个人与银行打交道过程中,个人信用报告已经在就业、求学、出国、公务员录用和晋升、评先评优等社会各个层面发挥着日益重要的作用。相比查阅复杂程度较高的个人档案,个人信用记录的影响力更加明显。因信用记录不佳使个人求职受阻、创业不顺、生活不便等也在生活中屡见不鲜。

1. 房贷"减负"与个人信用挂钩

2008年年底,中国人民银行出台刺激楼市的新政中,规定商业银行将个人首次购买普通自住房或改善自住房及存量贷款的利率,由原执行基准利率的8.5折优惠为7折,随后,各家银行的细则陆续出台,虽然不同银行有不同的实施细则,但所有银行都有一个共同的条件:客户的信用记录必须符合要求,有逾期还款或未足额还款记录的市民将无法享受利率优惠。一些由于各种原因有逾期记录的客户追悔莫及,没想到由于一时疏忽或不注意而没有及时还款,给自己造成这么大的损失。而那些按时还贷,个人信用记录良好的客户,则因为自己的良好信用而获得了回报,成为优质客户,享受到银行七折优惠利率。七折房贷利率优惠政策引发出了百姓对个人信用记录的高度关注,让老百姓第一回深切体会到了个人信用的重要性,无疑也给漠视个人信用的人们敲响了警钟。

案例5-15

市民蒋先生2007年年底贷款购买了一套商品房,听说经办银行的7折优惠利率政策出来了,心想自己平时还款还比较正常,应该能享受到这条利好消息。可当他去银行申请优惠利率时,却被婉言拒绝了。蒋先生非常生气,坚持认为是银行在故意刁难,找借口不让他享受7折优惠。银行工作人员解释说,在调取了蒋先生的个人信用报告后,发现他有一次逾期还款记录,而按照该行出台的政策,这不符合享受7折优惠利率的范围。蒋先生回想起自己之前确实出现过一次逾期还款,但只是少还了6分钱,自己当时心想只差6分钱而已,肯定不会有什么问题。没想到,就是因为这次疏忽,却让自己付出了惨痛的代价。根据蒋先生目前21万元的贷款余额和14年的剩余贷款期限计算,如果执行8.5折利率,他累计要承担的利息为83 315.82元,而如果执行7折利率,他累计承担的利息为67 373.03元,两者之间足足相差了15 942.79元。

案例5-16

王女士2007年5月份在某银行办理了40万元住房贷款。"银行一般提前两三天通知我还款日期和金额,但我换手机号后忘了通知他们。结果他们无法通知到我了,而我也因一时疏忽,当月还款只往银行卡里打了2 500元,实际上应还2 684.7元。"所幸的是,银行方面及时通过给她家庭住址邮寄挂号信告知王女士在月底前补足还款,她也因信用记录没问题享受到了利率七折优惠。王女士自己算了一下,利率七折后,她每月可以少还200元,总还款额能省近5万元。

2. 信用简历助大学生诚信求职

2008年爆发的全球金融危机令我国实体经济受到冲击,企业用工减少,大学生就业形势异常严峻,大学生求职中投机取巧行为时有发生。为了增加面试机会,不少学生给自己包装过了头,实践经历可以任意编写,成绩排名也可自由拔高。很多企业对此叫苦不迭,导致他们在面试的时候,提出多种问题进行"检测",以判断学生信息的真实性。这样既增加了企业的工作量,也让应试学生心里不舒服。为此,许多企业在招聘时都要求应聘者出具信用证明材料,不少大学毕业生也开始在自己的求职书中附加个人信用报告作为求职的诚信"砝码"。

案例5-17

某大学应届毕业生邓某持自己的信用简历参加了某公司的招聘。其信用简历不仅制作精美,内容翔实,还包括了第三方(省教育厅指定的信用鉴定机构)出具的学生信用报告。除了学生本人成长记录,学业成绩,在校不良表现,甚至银行卡的透支记录也一一记录在案。公司负责招聘的人员表示,对于学生的简历,公司一般要通过各种途径去核对信息的真实性,但是这种信用简历已经过第三方机构进行核实,准确无误且具有权威性,比普通的简历更具优势,邓某也因此得到了公司的录用。

3. 信用记录成为公务员提拔录用的条件

信用是现代社会经济生活的通行证,公务员是政府行为的主要执行者,公务员的信用度往往影响着政府部门的信用形象。目前,个人信用报告不仅在申请贷款、申办信用卡等银行业务方面成为必不可少的审查环节,而且成为部分地市录用公务员的重要条件。2006年,长沙市率先在公务员录用中增加了对个人信用状况审核,在录用公务员时,要求相关报考人员提供个人信用报告;2009年,南宁市委组织部、市人事局和人民银行南宁中心支行建立了查询联系业务,完善新录用公务员个人信用报告查询制度,个人信用报告成为南宁市辖区公务员录用一项重要的审查内容。少数考生因信用报告上有不良记录而懊悔不已,后悔以前没有善待自己的信用,不该做出违约失信行为,生怕这样的记录会影响自己的前程。与此同时,为全面了解公务人员的信用状况,国内部分省份已将个人信用记录纳入公务员晋升考核指标。将公务人员信用状况作为提拔任用和评优的重要条件,可以有效制约公务人员的行为,使其为公众作出诚信的榜样,推进全社会诚信观念和行为的形成;此外,信用报告为衡量干部的整体素质提供了信息参考,有利于更好地选拔使用人才。

4. 信用记录在其他领域的应用

目前,个人信用记录已经被社会广泛认可,有些地方在干部提拔、招商引资等方面都要查看当事人的个人信用报告。一些省市甚至将个人信用报告作为市人大代表、政协委员资格审查条件之一,以保证当选代表的先进性,对促进政府诚信建设也起到了重要作用。上海市为吸引人才推出了居住证转户籍政策,但落户的核心条件之一就是"无不良诚信记录和违法记录"。将诚信和守法作为落户的约束条件,既培育了大众的诚信和守法意识,也提升了城市的人文素养和文明程度,促进了社会诚信守法环境的建设。

在欧美,个人信用报告已经非常普及,几乎每一个有经济活动的人都有个人信用报告,其应用更是渗透到个人每一项重大的经济活动中,包括贷款买房、申请信用卡、买保险、租房、找工作、享受政府福利等。一个人一旦有了不良诚信记录和违法记录,在现实中将很难有更大、更好的生存发展空间。目前在个人出国、留学过程中,很多注重诚信的欧美国家都会要求申请者提供个人信用报告,信用记录不达标遭到拒绝的情况常有出现。

信用记录的广泛使用,将个人在多个领域的活动联系在了一起。一方面,它有利于个人积累信誉财富,每一次按时偿还银行借款、按时缴纳电话、水电燃气费等看似微不足道的小事情,都会在个人信用记录中留下一笔良好的记录,提高个人信用,方便个人获得银行融资、工作和晋升的机会;另一方面,虽然个人不会因为欠缴水费就绝对失去工作和晋升的机会,但它强调了个人应当在所有领域信守承诺、尊重合同、对自己对他人负责的重要性。这样一个全面成熟的征信体系,不仅会大大提高社会的经济效率,促进经济增长,更重要的是,它还将促进整个社会诚信和道德水平的提高。

(二) 个人信用记录应用中影响信用评价的因素

对于不同的信用记录使用方来说,相同的信用记录可能会引发不同的信用评价,这是因为影响评判的标准有很多,这里介绍五个影响个人信用评价的主要指标。

1. 信用历史

信用历史是影响评判的最主要因素。信用历史考察的主要方面是观察消费者的还款情况,尤其是延迟还款记录。从信用记录的内容可以看出消费者是否对信用负责任。信用历史主要从三个方面影响评分:一是不良记录发生的时间,离现在越近,对消费者的负面影响越大;二是不良记录出现的次数,多次出现延迟还款甚至未还款,负面影响越大;三是推迟还款的期限,延迟的时间越长,负面影响越大。

2. 信用卡的透支额度

透支额度不同于授信方给予的信用额度。据统计,大多数个人的透支额度占总体信用额度的30%以内,大约15%的消费者透支额度超过其信用额度的80%。根据信用行业的经验,透支额度接近其信用额度的消费者相较而言违约的可能性更大;而透支额度在30%以内的消费者被认为可以理性地管理自己的财务,能够避免破产或入不敷出。因此,授信方更愿意借钱给能很好地控制其透支额度的消费者。如果一个消费者同时拥有多张信用卡,将透支额均匀地分配在每个信用卡上远比将一张信用卡刷爆、其余信用卡不动,带来的正面影响多得多。

3. 信用历史的长短

信用历史越长,表明消费者建立信用的时间越长,一般来说也更加可靠。如果在较长时间的信用历史中,能保持一个良好的信用记录的话,说明消费者具备较强的个人信用管理意识和能力,相对而言,违约的可能性较低,授信方对其的评判也相对较好。美国消费者平均建立信用账户的时间是14年,且有25%的消费者拥有超过20年的信用历史。在中国,这个时间虽然会大大缩短,但仍然是一个重要的影响因素。

4. 最近的信用申请

一般认为,最近的信用申请能看出消费者近期的财务状况。信用申请分为两类:一类是房贷、车贷这种数额较大的贷款申请;一类是普通的信用卡申请。对于前一类大额贷款,消费者一般会和多家贷款机构进行联系以找到最优惠的贷款条件,所以如果多家贷款机构在一段时间内集中查询该消费者的信用记录是无可厚非的,而且通过贷款审批本身也会对消费者起到正面影响;但对于信用卡申请,特别是短期内频繁地在不同金融机构申请信用卡,可能会被认为有诈骗的嫌疑或者有可能出现财务危机而影响对消费者的信用评判。

5. 信用类型

一般来讲,信用类型是指消费者拥有的信用记录中是否包括车贷、房贷及信用卡等各类型的信用产品。如果一个消费者拥有多种信用记录,则表明他经受住了多个机构的审查,且一直在遵守着按时还款的许诺,因此,会有更多的贷款机构愿意授信给他。不同类型的信用记录对个人信用的影响不同。房贷和车贷这类大额贷款会受到授信方最严格的审查,如果通过就意味着授信方对申请人的信用能力和信用意识持肯定态度;因此即使房贷、车贷业务已经结清,也会在较长时间内显示在个人信用报告中,继续为个人带来正面影响。

（三）个人信用记录的法律要求

信用经济发达国家大都制定较完备的法律,以规范个人征信局的业务操作,避免对消费者个人造成伤害,保护个人隐私及个人的生活不因错误的信用记录受到干扰。例如：美国的信用管理法律分为信用投放法律及信用管理相关法律两部分。规范个人征信机构行为的法律列入信用管理相关法律类别。征信机构进行信用信息采集、处理、存储及传播都必须遵守法律的规定,个人信用记录的使用范围与传播受到严格限制。

虽然,个人信用记录受到法律的保护,但信用管理相关法律鼓励个人征信数据的开放,尤其是不保护个人信用记录中的负面记录,因为这样就不会对整个社会形成伤害。同时,法律维护信用投放的市场公平竞争,要求个人信用信息对个人征信机构开放。

我国的信用管理法律建设正处于探索阶段。2002年,由中国人民银行总行牵头,国务院"建立企业和个人征信体系专题工作小组"负责开始起草《征信管理条例》。上海、深圳等各地都尝试建立信用管理方面的地方法规。对推进个人征信工作起到较好作用。

（四）个人信用信息的采集要求

个人征信机构是以盈利为目的的,因此,个人信用信息的采集必须按照一定的要求进行,才能保护消费者个人权益。具体内容如下。

1. 遵守法律、法规

个人征信机构采集个人信用信息必须遵守信用管理相关法律,保护个人正当权益,防止不良目的之人利用个人信用信息行非法之事。

2. 不做授信判断

授信与否是授信机构自己的事,个人征信机构仅提供基于事实的消费者个人信用记录报告,不参与接受或拒绝信用申请人的决策。

3. 只采集与个人信用有关信息

个人征信机构只采集在法律与行业规则允许的、与判断消费者个人信用价值有关范围内的消费者个人信用信息,不得包含种族、信仰、健康状况、政治倾向等涉及个人隐私的信息。

4. 实事求是、客观公正

个人信用记录必须基于客观事实,保证记录的可靠性与真实性,反复查证,实事求是,保证个人征信机构的信誉。

5. 及时更新,力求准确

个人信用记录要随着时间的推移,以消费者个人经济活动为脉络,及时更新个人信用状况,力求准确反映个人信用的真实情况。

（五）个人信用记录的应用要求

1. 合法用户

信用管理相关法律规定,个人征信机构制作的个人信用记录只能提供给法律规定的合法用户。根据美国的《公平信用报告法1996年革新法》的相关规定,消费者个人信用记录的合法用户包括信用交易的交易双方、以了解岗位应聘为目的的雇主、承做保险的保险公司、负责颁发各类执照或发放社会福利的政府部门、奉法院的命令或联邦大陪审团的传票依法催收债务的联邦政府有关部门、出于反间谍目的需要的联邦调查局、经当事人本人同意并书面委托的私人代表或机构。

同时,使用个人信用记录的合法用户必须注意合法使用,不能任意扩散,否则,将承担相应的民事或刑事责任。

2. 订阅要求

个人信用记录的合法用户及当事人本人可以订阅个人信用记录。个人征信机构提供的消费者个人信用记录一般有固定的版式,它不像企业信用那样记录复杂,检索点可以是个人信用档案号或其他个人唯一的识别号码,如身份证号。在信用记录中会有很多专用符号,描述消费者个人信用状况。个人征信机构依据法律规定业务流程提供消费者个人信用记录订阅要求,并受理相关申诉。例如:美国个人征信局依据《公平信用报告法》,对客户提供一个流程类似的服务,消费者个人每年可以免费从个人征信局获得一份当事人信用记录,包括最近三个月内登录的信用信息,如果当事人认为内容有误,可以提出申诉。对于消费者个人提出的申诉,一般按三个步骤办理:一是消费者个人申请查阅其个人的信用记录,二是消费者提出申诉,三是消费者提出再申诉。以此来保护个人权益,维护公平与公正。

本章提要

本章从个人信用活动与个人信用记录两个方面分析了个人信用管理的内容。阐述了消费信贷的内涵、特点、要素和分类,分析了个人账户的重要性及信用卡的功能和使用方法等;强调了个人信用记录与定期查询的重要作用,描述了提升个人信用的方法及个人信用记录使用过程中的法律要求、采集要求与应用要求。剖析了个人信用记录的建立、维护、提升以及应用的方法与过程。

复习思考题

1. 信用卡的种类、功能有哪些?
2. 消费信贷的内涵、特点及要素是什么?
3. 定期查询个人信用记录有什么作用?
4. 提升个人信用的方法是什么?
5. 如何应用个人信用记录?

第六章

客户评价

学习目标

通过本章学习,应该了解或掌握以下内容:

1. 评价企业客户的方法:客户信用要素分析方法;企业资信评级方法;企业信用评价模型。
2. 典型的消费者信用评分数学模型:杜兰德信用计分模型;FICO 信用评分模型。
3. 常用的信用评价模型:Z 计分模型、马萨利模型、营运资产分析模型和特征分析模型。

引导案例　**不要仅以企业规模评定客户信用**[①]

　　江西某出口公司(以下简称江西公司)是国内一家中等规模的玻璃器皿生产厂,主要生产、出口各种日用玻璃制品。该公司产品主要通过国外各中小商场和超市代销,因此该公司对客户的信用状况极为关注,并为此建立了客户信用信息监控制度,据此加强货款的回收。到 1996 年,经过几年的苦心经营,经营规模日渐扩大,销售业绩日趋上升,其中销往俄罗斯产品的出口额占该公司出口额的 50%。为了更好地开拓、保持产品在俄罗斯的现有市场份额,公司在 1997 年初决定在莫斯科设立办事处来跟踪订单货款的回收。1997 年 8 月,几经努力该公司的产品终于得到认可,并进入当地最大的日用百货超市——ANGEL 连锁商场销售。ANGEL 商场在当地是一家超大型综合连锁商场,公司认为该商场能够发展到如此大的规模,其资金实力与信誉毋庸置疑,肯定不会拖欠本公司数额不大的货款。出于这种考虑,公司把注意力更多地放在其他小客户身上,放松了对 ANGEL 商场的信用监控,忽视了对该商场的信息收集工作。

　　江西公司按代销合同每月与 ANGEL 商场结算一次,双方均信守合同,一方及时供货,一方按时结款,双方的顺利合作持续到 1998 年 3 月。但不久后,ANGEL 商场借口江西公司

---

① 谢旭.客户管理与账款回收——企业信用风险防范实例[M].北京:企业管理出版社,2001:89—90.

的货物在市场上反馈不佳,货物积压十分严重,质量与合同规定不符等理由,蓄意拖延、少结货款直至干脆以资金周转不灵为由完全拒付。上述严重情况仍然未引起江西公司领导层的高度重视,未对 ANGEL 商场的全面信用情况进行详细的调查与了解,仍然认为该商场家大业大,资金雄厚,拖欠只是暂时的,最终会清偿全部货款,绝不会破产倒闭。到 1999 年 5 月,江西公司累计被 ANGEL 商场拖欠 12 万美元,公司陷入了资金周转困难的困境。为了走出困境,公司将此案委托给东方保理中心处理。东方保理在受托后,首先对 ANGEL 商场进行了调查,调查发现 ANGEL 商场资本结构中借贷比例过高,资金周转已极为困难,加之规模过大,管理水平未能得到同步改善,直接导致销售不畅,从 1998 年 3 月起只能依靠拖欠厂家货款苦苦维持,目前处于破产的边缘。经过进一步调查,发现 ANGL 商场的大部分物业已经抵押给了当地银行。专业机构立即向当地法院提起了债权登记,最终在 1999 年 7 月 AN-GEL 商场破产倒闭时,仅收回 5 000 美元的货款。加上当地法院费用,江西公司损失共达 100 万元。

给我们的启示:从以上案例不难看出,企业绝不能单凭客户的规模大而低估其信用风险,更不能因为客户规模大而放松对其信用状况的监控。客户经营规模的大小只是衡量其信用等级的因素之一,在市场情况瞬息万变的今天,古语"瘦死的骆驼比马大"有时不一定完全正确,"精壮的小马"往往比"枯萎的大骆驼"更易于控制,而且"大骆驼"的恶性拖欠给企业带来的损失很有可能是毁灭性的。

案例思考:如何对客户进行信用评价?本章将给出答案和解释。

客户资信评价即由特定的机构或部门根据"公正、客观、科学"原则,按照一定的方法、程序,在对被评价对象进行考察调研和系统分析的基础上,做出有关其信用能力的可靠性、安全性的评价,并以专用符号或简单文字加以表达的一种管理活动[①]。客户资信评价结果直接影响企业信用政策运用和授信管理行为,是建立科学的授信管理制度的基础。

客户资信评价的主体既可以是专业资信评级机构,也可以是企业信用管理部门。究其对象而言,客户评价包括对企业客户和消费者个人的评价。究其方法来讲,服务于不同的评价对象、目的,评价方法及各种评价方法的指标体系及评价模型、评价标准都有所不同。资信评价产生之初是服务于资本市场的投融资活动,其长期以来的发展重心都是为资本市场融资和金融机构信贷提供服务。随着穆迪、标准普尔等大型国际评级公司的业务拓展,它们所倡导的评级技术也在国内外广为流传,但这些评级方法延传了服务于资本市场投融资活动这一根本目的,其评价指标体系和模型数理基础决定了这些评级方法在企业信用风险管理中只可借鉴,不可盲目照搬。国内企业开展客户资信评价应当从有利于企业自身加强信用风险管理这一角度出发,充分借鉴国外企业信用风险管理中的专业经验方法。

第一节 评价企业客户的方法

对企业客户进行科学的信用评价时,业内通常以"5C 理论"为指导,以数理统计为核心

[①] 中国工商行政管理委员会编.企业信用监管理论与实务[M].北京:中国工商出版社,2003;107.

手段,在对信用要素进行详细分析后,综合本企业的经验,以及不同行业、不同企业的经验,比较权重,量化指标,最终形成一个统一的评价标准。

一、考察客户信用要素[①]

长期以来,西方经济学家就信用要素发表了许多学说,形成了"C"学说、"F"学说、"A"学说、"P"学说、"M"学说。这些学说从不同角度分析信用要素的特点,各自侧重不同,但总体来说,其基础要素是一致的。其中,以"C"学说最为基本,随后又陆续发展出"F"学说、"A"学说、"P"学说、"M"学说等各类演进学说。

(一)"C"要素学说

1. 三"C"要素学说

最早出现的衡量客户信用要素的是"C"要素学说。三"C"是英文单词 Character(品质)、Capacity(能力)、Capital(资本)的简写形式,传统思想认为,三"C"可将企业的特质基本反映出来,是信用要素的基本形式。

Character(品质)指客户履约的意愿,是影响客户信用的首要因素。客户履约意愿直接影响到应收账款的回收速度、额度和收账成本。客户品质好坏,一般可以从客户的信用记录、企业管理人员的素质和品德方面来衡量。在企业资信调查报告中,被调查对象过去的付款记录、违约记录和征信公司对其进行的信用评级能够说明客户的品质好坏。企业也可以查询客户与企业的历史交易,看其中是否有迟付或违约的记录,以此来判断客户的品质。

Capacity(能力)指客户的支付能力,即偿还货款或服务费的能力,是仅次于品质的信用要素。通常可以通过对客户经营的财务分析和非财务分析,根据客户的经营状况和资产状况来判断。一般而言,具有较好的经营业绩、较强的资本实力和合理现金流量的客户,会表现出良好的偿付能力。经营状况走上坡路的企业,一般偿还能力较强。在标准的企业资信调查报告中,被调查对象的经营状况变化和它的固定资产情况可以说明其支付能力。

Capital(资本)指客户的财务实力或财务状况,其中包括全部净资产和无形资产净值。资本状况可以通过企业的财务报表和比率分析得出。资信调查报告中一般提供企业的上期财务报表和重要的比率。对于核心客户的监控,企业资信调查报告的财务分析内容可能不够,可以通过征信公司的深层次的客户资信调查,取得包括资产历史遗留问题、资产情况在内的资产情况分析。被调查对象的信用风险往往出自历史隐患和关联交易问题。另外,资本与能力相关联,一个企业的资产净值再高,只要现金流量非常低,履约付款的能力不一定强。

2. 四"C"要素学说

四"C"要素是在三"C"要素的基础上,增加了一个"C"——Collateral(担保品),是1910年由美国费城中央国民银行的银行家维席·波士特引入的。他认为,如果受信者能够提供出足以偿还授予其信用价值的担保品,即使其他三项要素不佳,授信者也可以不用太担心款项收不回来。实际中也确实有许多信用交易都是在担保品作为信用媒介的情况下顺利完成的,担保品成为这些交易的首要考虑因素。虽然担保品可以减少授信者的潜在风险,但对于

[①] 朱荣恩等编著.企业信用管理[M].北京:中国时代经济出版社,2005:91—99.

受信者本身却不能起到改善其信用状况的目的。授信者都希望通过正常途径收回债务,而不是处理担保品。因此,担保品只起到促进授信的作用,而不是授信的必要条件。

3. 五"C"要素学说

美国弗吉尼亚州开拓移民商业银行的银行家爱德华于1943年在四"C"要素的基础上引入了第五个"C"要素——Condition(环境状况),形成了五"C"要素学说。凡是一切可能影响客户经营活动的因素,大至政治、经济、环境、地理位置、市场变化、季节更替、战乱等,小到行业趋势、工作方法、竞争等都体现在这一要素之中。作为五"C"中唯一的一个外部因素,环境对其他内部因素的变化有着重要的作用。

4. 六"C"要素学说

六"C"要素是在五"C"要素的基础上又加了一个"C"要素——Coverage Insurance(保险)。同担保品一样,保险的目的也是减少信用销售中的风险。但和担保品不同的是,担保品一般是客户自己提供的,而保险却是通过第三方保证取得信用,所以,保险比担保品的运用更加广泛。

保险有广义和狭义之分。狭义的保险只表示保险公司提供的传统保险业务,广义的保险含义则广泛得多。凡是涉及债权保障方面的作业方式和业务,都统称为保险,比如信用保险、保理、信用证等众多具有操作性的保障作用的业务都是保险业务。

(二)"F"要素学说

美国人米尔顿·德里克根据六"C"要素的不同性质,又将六"C"要素重新分类归纳,把品质、能力归为管理要素(Management Factor),把资本、担保品归为财务要素(Financial Factor),把状况、保险归为经济要素(Economic Factor),于是产生了三"F"要素学说。我们可以通过图6-1将六"C"要素和三"F"要素之间的关系表示出来。

图6-1 信用要素

(三)六"C"要素细目分析

六"C"将企业特质完整地表现出来,企业可以以六"C"为基础评价客户的信用和价值。在实际分析信用要素时,六"C"要素又包含了多项二级要素和三级要素,这些次级要素又从不同的方面对每个"C"要素产生影响。所以,要正确评价企业信用要素和每个"C"要素,就必须认真分析每个二级要素和三级要素。

1. Character(品质)的次要素

企业基本情况:企业所在地、经营场所、地理位置、大小等;企业经营业务种类、范围、前景等;企业性质;企业资本形态;企业发起人和股东情况;企业是否上市。

企业历史:企业成立后是否经过变更及原因;经营业务有无变化;有无并购其他企业;投资过哪些企业,其动机以及对本企业的影响;经营者有无变化及其原因。

经营者情况:主要投资人和股份,投资人间的相互关系;股东之间合作态度;经营者个人的信用、经历、财力、性格、作风;前任经营者的情况及离职原因;经营者之间的合作态度。

企业经营方针:企业成立的宗旨;企业经营方针及执行情况;企业原则。

内部管理与组织形式:企业内部组织形式是否健全、岗位职责是否明确;企业各级管理人员素质高低;企业薪酬制度如何;员工对企业的态度及敬业精神,员工的流动性及对企业的影响;企业内部人事、制约制度的建立和执行情况;企业管理人员任命任人唯亲还是任人为贤;管理人员与职工之间的关系是否融洽。

银行往来:主要存、贷款以及外汇往来的银行,存贷款数额及长、短期贷款的比例;企业是否善于利用闲置资金投资;有无民间借贷;企业有无银行退票、空头等不良记录;企业抵押给银行已取得的贷款的担保品情况。

信用评价:企业有无涉诉案件;有无聘请常年法律、会计顾问;企业有无专利权、商标权、特许权,商标知名度如何;企业在同行业中的地位,其他同行评价如何;企业与新闻界关系;企业产品的公关形象如何;企业的付款速度如何,与同行业相比较快还是慢。

2. Capacity(能力)的次要素

经营者能力:经营者的经验和领导能力;经营者的身体状况、接班人的素质;经营者的管理方式和经营理念;经营者对企业的关注程度。

基础设施和设备条件:企业位置、交通条件;企业办公室和厂房的面积、利用情况以及产权情况;企业生产基地的气候、地质、水力、电力供应以及废水、废气情况;原料购进与成品销售是否通畅;企业办公地点的建筑结构、面积和新旧程度、保修、安全等情况如何;生产机器设备的品牌、年份、数量和生产能力如何;机器配置的新旧程度和保养,与生产、销售是否协调,能否物尽其用;企业有无增购设备的计划,其计划内容如何。

员工能力:员工人数多少、在同行业中的规模;员工的学历、平均年龄和性别比例;员工的工作态度、敬业精神及流动性;技术人员和技师所占的比例。

生产能力:生产设备的数量和性能;生产技术是否领先,是否引进先进生产工艺;企业的专业化组织水平、生产组织形式;产品品种、数量、质量以及结构复杂程度。

销售能力:企业有无专门的市场调查部门;有无强大的市场销售队伍;有无全面的销售计划;与同行业相比较其销售条件如何;销售的成本和毛利;销售对象和比重;销售业绩是否稳定。

3. Capital(资本)的次要素

资本构成:注册资本的大小、实缴资本金额;注册资本的组成结构及比例。

资本关系:同一隶属资本关系的企业有多少家,各自能力如何;同一隶属资本关系的企业间的业务、财务关系、亲属关系如何;同一隶属资本关系企业的信用、评价、地位如何;企业投资的项目有多少,总投资额有多少。

增资能力:企业是否曾经增资;近期是否有增资计划;资金来源和性质。

财务状况:企业财务是否公开,会计制度是否健全;负债比率及构成;资产负债率在同业中的高低情况;资产构成;固定资产的投资规模及资金来源;与同行业比较应收账款规模是否合理,与销售是否协调,周转期长短是否合理,无法收回的坏账有多少;营运资金是否充裕,流动比率和速动比率是否都正常;盈利能力及趋势如何;财务负担是否过重;损益平衡点是否合理;现金进出入是否合理;近期有无大笔偿还。

4. Collateral(担保品)的次要素

授信状态:企业一般接受信用的方式如何、金额大小、期限长短;何时需要授信;以何种保障作为偿还来源,是否可靠。

担保品状态:担保品的名称、数量、所有权、时价、放置地点;企业是否还能够提供更多的担保品;担保品是否容易保管、变质或损耗;担保品是否容易分割、分割后是否影响其价值;担保品是大路货还是只能在特殊行业中使用;担保品是否抵押过。

5. Condition(环境状况)的次要素

政策因素:行业是否得到政府鼓励支持和减免政策;行业是否得到政府的限制及限制程度;本企业享受到的优惠政策何时到期。

同业状况:经营同类商品的企业数量及产品产量及对本行业的影响;国内外发展趋势如何。

供需状况:国内产品供求量大小;国内竞争形势如何;同类产品进出口量大小;近年来价格走势。

地位状况:企业及企业的技术在同业中的位置;产品市场占有率。

竞争状况:国内外市场上同类产品的供应地、供应数量、产品品质、产品价格变动趋势如何;国际上对该产品有无限制,限制措施是否严格;国际产品争夺是否激烈。

6. Coverage Insurance(保险)的次要素

保险状况:企业是否曾经投保,在什么情况下投保;投保费用是否高昂;投保后的销售额是否提高;企业的信用管理是否因投保而改善;投保货物的拒保率、理赔率是多少;企业的投保方式;投保前后的坏账率各是多少;投保前后的利润率各是多少。

承保状况:承保人的信用和财力;承保人提供的商业担保的联系。

(四) 其他要素学说

1. 六"A"学说

六"A"学说即经济因素(Economic Aspects)、技术因素(Technical Aspects)、管理因素(Management Aspects)、组织因素(Organization Aspects)、商业因素(Commercial Aspects)和财务因素(Financial Aspects),是由美国国际复兴开发银行提出的。

2. 五"P"学说

五"P"学说是现代企业信用管理中较为现代的学说。虽然在内容上与六"C"学说大同小异,但五"P"学说从不同的角度将信用各要素重新划分,更为清晰、明确地描述了信用要素的各项特点。

五"P"学说是指人的因素(Personal Factor)、目的因素(Purpose Factor)、还款因素(Payment Factor)、保障因素(Protection Factor)和展望因素(Perspective Factor)。

3. 十"M"学说

十"M"学说包括人力(Man)、财力(Money)、机器设备能力(Machinery)、销售能力(Market)、管理能力(Management)、原材料供应能力(Material)、计划能力(Making plan)、制造能力(Manufacturing)、方法(Method)和获利能力(Margin)。

专栏6-1

客户评价 5C 系统的公式运用

中国台湾地区的"中华"征信所企业股份有限公司顾问刘火盛先生是著名的企业征信技术专家和企业信用管理咨询顾问。早在1990年,刘先生就开始在大陆传授征信技术和培育征信市场,大陆多家著名的内资企业征信机构曾与"中华"征信所开展培训和交流。刘先生使用5C系统判别客户的公式如下:

$$品行 + 能力 + 资本 = 理想的信用$$
$$品行 + 能力 + 不足的资本 = 良好的信用$$
$$品行 + 资本 + 不足的能力 = 良好的信用$$
$$能力 + 资本 + 有缺陷的品行 = 可疑的信用$$
$$品行 + 能力 - 资本 = 较低的信用$$
$$品行 + 资本 - 能力 = 有限的信用$$
$$能力 + 资本 - 品行 = 危险的信用$$
$$品行 - 能力 - 资本 = 较低的信用$$
$$能力 - 资本 - 品行 = 欺骗的信用$$
$$资本 - 能力 - 品行 = 恶劣的信用$$

二、企业资信评级方法[①]

(一) 企业资信评级的概念

企业资信评级方法是将五"C"原则转化为具有可操作性的计算公式,并将客户信用价值的评价结论以量化的形式表现出来。

在交易初期的信用风险防范工作中,信用管理人员首先判断企业是否应该与一个提出信用申请的客户企业进行信用交易。对于被选出的有资格赊销的客户,要根据客户的信用价值大小进行分类,并给予不同类别的客户相应的信用条件。筛选出合格的客户和对合格的客户进行分类需要建立一系列的标准,这个分类标准就是企业资信评级。评级的结果实际上是将客户的财务实力与综合的信用评价用一个符号表示出来。评级符号可以是字母也可以是数字。很多商业化的评级系统使用字母加数字的方法。例如,可以用字母评分来表示企业的财务实力,同时用数字来表示企业的付款历史。评级系统要满足对每个客户的信

---

① 林均跃编著.企业与消费者信用管理[M].上海:上海财经大学出版社,2005:130—133.

用价值对应给出一个固定取值的要求,还要为评价客户信用价值的信用管理人员提供一致的标准。

有了信用评级标准和评级结果后,信用经理就有了一张客户风险的"全景图"。在图中,可以按资信级别的高低,将企业的客户和潜在客户排成一个序列。在序列中资信级别的一极,是不付款的风险可以忽略不计的客户;而在另一极,客户风险很高,根本不能考虑对它们的赊销。

一般来讲,企业的客户群应是按正态分布的方式排列的,即风险极高或是风险极低的客户只占少部分,大部分客户应该处于中间状态。当然,企业客户群的质量极好或极差的特殊情况也有,只是很少,也很难维持较长时间。

(二) 建立资信评级体系的基本方法[①]

1. 找到相关风险因素

通过相关分析,从影响客户信用状况的诸多风险因素中,选择其中与风险紧密相关的因素。

2. 定义评分指标

评分指标通常包括财务指标、非财务指标、主观评价、负面记录等。选择评分指标要考虑企业现有的评价方式、行业特征、专业咨询公司的经验。

3. 建立指标体系

重点是将不同的分析因素赋予不同的权重。一般是先赋予各个大项权重,后赋予各个小项的权重。同时还要完成每一项指标的评分标准,即制定不同指标数值所对应的得分,例如企业的净资产一项中 500 万元以上的企业可以得 10 分,300 万—500 万的企业可以得 9 分,依此类推。

4. 计算客户的分数

利用档案中收集的信息和指标体系,对每个客户的相关指标打分,然后计算出客户的评分。通常可以利用软件将打分的过程和评分的结果自动化处理,这样也可以保证评分的客观性。

5. 分析评分结果

通常企业都会根据自身的经验,对客户群信用的高低有一个大致的判断,而评分结果也应基本符合这一判断。分析结果中还要考虑评分结果适当的离散程度,即评分要确实能把客户区分开来,而不是所有客户的评分相近,这样就起不到评分的作用。

6. 指导确定信用额度

进行评分的最终目的是帮助企业做信用决策并能指导确定信用额度。有了对客户群的评分结果,就可以看出客户风险和信用状况的全貌。根据客户评级基本原理,设定各种不同的资信评价标准区间值,建立对企业客户资信评价的基准。这样,在处理客户信用申请时,就可以对照这种基准来确定是否授信给某个客户信用,以及信用额度的大小。当然,确定信用额度是还要考虑到企业的资源状况、信用目标等原则。

确定了信用额度后,也就为评分体系增加了一个检验的指标,可以对照信用额度与使用额度的情况来调整评分体系。任何评分体系不应是一成不变的,要随着市场情况、客户情况、企业经营目标等因素的变化而调整。即使这些因素没有变化,评分体系也要在一段时间

---

① 谭永智,等.企业信用管理实务[M].北京:中国方正出版社,2004:213—216.

运行后进行定期的检查调整。所以,建立评级体系的后一项工作是调整和修改,同时它也是下一次商业循环的开始。

以上资信评级的基本方法和建立方式,不仅被专业信用管理公司使用,也同样适用于企业内部的信用管理。专业评级公司的评级是企业进行内部客户评级的重要支持信息,但不能完全替代企业的内部评级,尽管专业公司收集的数据更为客观、全面,它的评级结果更具科学性和客观性。

(三) 常用的信用评级模式

1. 穆迪和标准普尔公司的模式

穆迪公司(Moody's)和标准普尔公司(Standard & Poor's)都是全球著名的资信评级公司,它们的资信评级体系和技术广泛地被世界各国的资信评级专业机构所接受。两家的资信评级主要针对资本市场上的企业和一些公共事业单位,如商业银行、保险公司、上市公司等,一般涉及金额较大,业务重点是中长期债权或信用的发放,也就是对资本市场的信用风险评定。穆迪公司关于长期资信评级结果用符号表示为 Aaa 级、Aa 级、A 级、Baa 级、Ba 级、B 级、Caa 级、Ca 级、C 级三等九级。穆迪公司所创建的评估方法是现行企业和债券资信评级方法的基础。

2. 邓白氏公司的评级模式

在对中小型企业进行资信调查的征信市场上,信用评级主要是针对信用期不超过 1 年的短期信用交易,交易额也较小。在这一领域中,在全球范围内使用较多的是邓白氏公司的评级模式。

邓白氏评级(D&B Rating)由两部分组成:第一部分说明企业的规模和财务实力;第二部分是其资信状况。例如,一个企业的资信级别为 BB1,说明该企业的资产净值为 20 万—30 万元,资信状况良好;如果被调查企业的资信级别为 3A4,表示该企业的净资产值为 100 万—1 000 万元,其资信状况比较差。表 6-1 是邓白氏评级标准的简表。

表 6-1 邓白氏国际信息(上海)公司对企业资信评级简表

企业资产(万美元)		综合信用等级			
级别	资产	高	好	中等	有限
5A	超过 5 000	1	2	3	4
4A	1 000—5 000	1	2	3	4
3A	100—1 000	1	2	3	4
2A	75—100	1	2	3	4
1A	50—75	1	2	3	4
BA	30—50	1	2	3	4
BB	20—30	1	2	3	4
CB	12.5—20	1	2	3	4
CC	7.5—12.5	1	2	3	4
DC	5—7.5	1	2	3	4
DD	3.5—5	1	2	3	4
EE	2—3.5	1	2	3	4
FF	1—2	1	2	3	4
GG	0.5—1	1	2	3	4
HH	0.5 以下	1	2	3	4

邓白氏评级的优点是简洁明了，看起来比较简单，但也需要评级公司收集并分析大量的信息资料，尤其是连续三年财务报表数据的基础上才可以做出。信息不全不可以套用邓白氏评级模式。在企业的资产状况未知的情况下，还可以用员工人数的评级替代。

3. 信用风险指数法①

针对亚洲企业财务数据多不完整的状况，邓白氏公司开发出适用于这个市场的风险指数（Risk Index），用于预测企业在未来一年内出现破产、关闭、转让、突然消失等情况的可能性。风险指数与资信评级的原理相同，但风险指数的计算完全依靠数学方法，特别是数理统计分析方法，需要采集一些包含影响信用风险评价重要因素的征信数据。表6-2列出了影响邓白氏风险指数的主要因素及其权重。

表6-2 影响风险指数值的主要因素及其权重

主要因素	权重分配
商业信息 　经济类型 　所属行业 　雇用人数 　是否从事进出口 　注册资金 　公司成立年数 　邓白氏历史纪录 　关系企业	52%
财务信息 　流动比率 　资产回报率 　人均销售额	26%
地理信息 　地区及省份	9%
付款信息 　迟付记录	8%
公众记录 　法院公告	5%

风险指数有明确的解释含义，是评级的一种，给出了划分客户群的一个标准。表6-3列出了邓白氏公司风险指数的含义。

表6-3 风险指数的含义

风险指数	含义	企业停业比例(%)
RI1	最低风险	0.01
RI2	显著低于平均风险	1.09
RI3	低于平均风险	1.80
RI4	略低于平均风险	2.50
RI5	两倍高于平均风险	8.00
RI6	五倍高于平均风险	19.60
NA	由于信息不足，无法作出评估	—

---

① 谭永智，等. 企业信用管理实务[M]. 北京：中国方正出版社，2004：219—222.

在国内征信市场上，中资征信机构采用了类似的技术计算风险指数，对风险指数的解释和表述形式也大同小异。表 6-4 给出了国内著名企业征信机构——北京新华信商业风险管理有限公司的风险系数及其对企业信用风险的等级划分。

表 6-4 新华信信用风险类别划分

风险等级	风险系数	风险程度
CR1	1.0—1.5	可以忽略不计
CR2	1.5—2.0	很小
CR3	2.0—2.5	低于平均水平
CR4	2.5—3.5	平均水平
CR5	3.5—4.0	高于平均水平
CR6	4.0—4.5	较高
CR7	>4.5	很高

注：① 资不抵债的企业被划入 CR7 等级；② 被法院查封和被政府勒令停业的企业被划入 CR7 等级；③ 由于种种原因歇业和废业的企业被划入 CR7 等级。

4. 付款指数法①

付款指数是邓白氏信用评级模式中重要的信用评分指标。它利用模型计算出分值，预测客户在短期交易中拖欠的可能性及拖欠的天数。基于付款指数，也配套开发了付款指数报告，内容包括指数、行业 SIC 编码、该行业分类下公司数量、分值的四分位图以及 DUN Trade 付款记录等。其中，评分所对应的结果见表 6-5。

表 6-5 信用评分对应结果

Paydex	Payment Manner	付款指数	付款习惯
100	Anticipated	100	提前
90	Discount	90	享受折扣
80	Prompt	80	及时
70	Slow to 15	70	迟 15 天
50	Slow to 30	50	迟 30 天
40	Slow to 60	40	迟 60 天
30	Slow to 90	30	迟 90 天
20	Slow to 120	20	迟 120 天

5. 风险预警指数和财务压力对应评分法②

它是邓白氏基于财务压力评分生成，用于预测企业在未来 12 个月内遇到财务压力的可能性。该评分系统包括两类统计模型：一类是针对 9 人以下的小公司，另一类是针对 10 人以上的大公司。其中，财务压力评分是邓白氏全球统一的模型标准，调整后准确度相应提高了。风险预警指数的分值为 0.1—10.0，对应的财务压力评分分值为 1 001—1 890。其中，财务压力评分为 1 001 分时，对应的风险预警指数为 0.1，代表企业出现财务压力的可能性最高。

---

① 谭永智，等.企业信用管理实务[M].北京：中国方正出版社，2004：220—221.
② 同上，221.

第二节 消费者信用评分方法

个人信用评分是一种度量消费者个人信用风险的量化方法,预测消费者个人未来的信用表现,提高授信机构的授信决策正确性和工作效率。个人信用评分的主要用途有两个:一是预测信用申请人的违约可能性,并以次决定是否批准一份信用申请,从潜在客户中筛选出信用风险小的好客户;二是预测授信机构现有客户的违约率,帮助授信机构对客户群体进行分类,区分出客户的好与坏以及盈利与损失。是否应该批准信用申请人的信贷申请?银行按时收回贷款的可能性多大?回答类似的问题已经不需要人工操作和分析,个人信用评分模型就是被开发出来解决这类问题的。

个人信用评分的理论基础是数理统计理论、信息理论、人工智能理论、自动识别理论等,特别是建模技术。在个人征信行业,存在专门信用评分模型的技术支持类机构,如美国的菲尔—艾塞克公司。另外,一些大型的个人征信机构也有能力开发信用评分数学模型。通常说来,大型的个人征信机构(特别是个人信用报告机构)从其规模巨大的个人征信数据库中取出数以百万计的数据样本,以特定的消费者行为为目标函数,建立预测或评价消费者信用行为的数学模型,预测消费者在一定时间段内出现某种信用行为的可能性,并将这种预测进行数量化和标准化的处理,最终形成个人信用评分产品。

一、典型的信用评分数学模型[①]

(一) 杜兰德信用计分模型

大卫·杜兰德将数学和统计学模型运用于信贷评估中,以大量的信贷历史经验为依据,以定量的分析方法来评估消费信贷的风险,形成了独特的信用评分模型。1941年,任职于"全国经济研究局"的大卫·杜兰德首次将其信用计分模型运用于分析信用风险中。此后,该种评估方法逐步得到了社会的认可,尤其是在20世纪60年代中期以后被广泛运用于消费信贷领域。

杜兰德9因素消费信贷评分体系主要包括:第一,年龄。超过20岁后每一岁给0.01分,最高分为0.3分。第二,性别。女性给0.4分,男性给0分。第三,居住的稳定性。长期居住在现在住所给0.42分,最高分为0.42分。第四,职业。好职业给0.55分,坏职业给0分,其他给0.16分。第五,就业的产业。在公共行业、政府部门和银行给0.21分。第六,就业的稳定性。长期工作在现在的部门给0.59分。第七,在银行有账户。给0.21分。第八,有不动产。给0.35分。第九,有人身保险。给0.91分。

根据杜兰德的研究,划分消费者贷款风险高低或者消费者信用高低的界限是1.25分,评分在1.25分以上的可视为有良好的资信,可以考虑申请人的贷款请求;而低于1.25分的则视为贷款风险较高,申请人资信度较差,应拒绝贷款要求。

(二) FICO信用评分模型

美国既是信用卡的发源地,也是个人信用评估体系最发达的国家之一。美国的个人信

---

① 国家发展和改革委员会经济研究所信用研究中心.信用知识干部读本[M].北京:中国税务出版社,2003:87—95.

用评分系统,主要是费埃哲公司(Fair Isaac Company)推出的,FICO评分系统也由此得名。一般来讲,美国人经常谈到的"你的得分",通常指的是你目前的FICO分数。而实际上,费埃哲公司开发了三种不同的FICO评分系统,三种评分系统分别由美国的三大信用管理局使用,评分系统的名称也不同,如表6-6所示。

表6-6 FICO评分系统种类

信用管理局名称	FICO评分系统名称
Equifax	BEACON*
Experian	Experian Fair Isaac Risk Model
Trans Union	FICO Risk Score, Classic

资料来源:www.myfico.com.

费埃哲公司所开发的这三种评分系统使用的是相同的方法,并且都分别经过了严格的测试。即使客户的历史信用数据在三个信用管理局的数据库中完全一致,从不同的信用管理局的评分系统中得出的信用得分也有可能不一样,但是相差无几。这主要是由于三家信用管理局的信用评分模型是在相互独立的基础上开发的,可能导致同样的信息以不同的方式进行存储,这种微小的差异会最终带来分数上的不同。

FICO信用评分模型中FICO信用分计算的基本思想是,把借款人过去的信用历史资料与数据库中的全体借款人的信用习惯相比较,检查借款人的发展趋势是否跟经常违约、随意透支甚至申请破产等各种陷入财务困境的借款人的发展趋势是否相似。

FICO信用评分模型利用高达100万的大样本数据,首先确定刻画消费者的信用、品德以及支付能力的指标,再把各个指标分成若干个档次并确定各档次的得分,然后计算每个指标的加权,最后得到消费者的总得分。FICO信用评分的打分范围是325—850分。

FICO信用分可以帮助金融机构等授信机构进行授信决策。一般而言,如果借款人的信用分达到680分以上,授信机构就可以认为借款人的信用卓著,可以毫不迟疑地同意发放贷款;如果借款人的信用分低于620分,授信机构或者要求借款人增加担保,或者寻找各种理由拒绝贷款;如果借款人的信用分介于620分至680分之间,授信机构就要作进一步的调查核实,采用其他的信用分析工具进行细致分析。

FICO信用分的计算方法至今未向社会完全公开,费埃哲公司只公布了其打分方法的一部分,如表6-7所示。

表6-7 FICO个人信用评分表

住房	自有	租赁	其他	无信息				
	25	15	10	17				
现地址居住时(年)	<0.5	0.5—2.49	2.5—6.49	6.5—10.49	>10.49	无信息		
	12	10	15	19	23	13		
职务	专业人员	半专业	管理人员	办公室	蓝领	退休	其他	无信息
	50	40	31	28	25	31	22	27
工龄	<0.5	0.5—1.49	1.5—2.49	2.5—5.49	5.5—12.49	>12.5	退休	无信息
	2	8	19	25	30	39	43	20

(续表)

信用卡	无	非银行信用卡	主要贷记卡	两者都有	无回答	无信息	
	0	11	16	27	10	12	
银行开户情况	个人支票	储蓄账户	两者都有	其他	无信息		
	5	10	20	11	9		
债务收入比例(%)	<15	15—20	26—35	36—49	>50	无信息	
	22	15	12	5	0	13	
1年以内查询次数	0	1	2	3	4	5—9	无记录
	3	11	3	-7	-7	-20	0
信用档案年限	<0.5	1—2	3—4	5—7	>7		
	0	5	15	30	40		
循环信用透支账户个数	0	1—2	3—5	>5			
	5	12	8	-4			
信用额度利用率(%)	0—15	16—30	31—40	41—50	>50		
	15	5	-3	-10	-18		
毁誉记录	无记录	有记录	轻微毁誉	第一满意线	第二满意线	第三满意线	
	0	-29	-14	17	24	29	

在美国的各种信用分析计算方法中，FICO信用评分模型的准确性最高。据一项统计显示：信用分低于FICO600分，借款人违约的比例是1/8；信用分介于FICO700至800分，违约率为1/123；信用分高于FICO800分，违约率为1/1 292。

二、信用评分的基本程序

欲建立一个消费者信用评分的数学模型，大致需要经过采集数据、整理数据、选取样本、建立初级模型、检验和模型调整、模型运行、日常维护、定期调整等过程。其中，采集数据、整理数据和选取样本这三项工作属于前期准备工作，而日常维护和定期调整则属于后期工作。

第三节　常用的信用评价模型

企业信用评价模型分为两类，预测模型和管理模型。预测模型用于预测客户前景，衡量客户破产的可能性，Z计分模型和马萨利模型属于此类。管理模型不具有预测性，它偏重于均衡地解释客户信息，从而衡量客户实力，营运资产分析模型和特征分析模型属于此类。管理模型不像预测模型那样目标专一，能在信用决策中得到广泛应用，同时管理模型具有很大的灵活性，通过适当调整可适用于各种场合。

一、Z计分模型

Z计分模型通过关键的财务比率来预测公司破产的可能性，由美国著名财务学教授爱德华·奥特曼(Edward Altman)创建。

(一) 第一代模型

1. Z_1 模型

$$Z_1 = 1.2X_1 + 1.4X_2 + 3.3X_3 + 0.6X_4 + 0.999X_5$$

其中,X_1 = (流动资产 – 流动负债)/资产总额;X_2 = 未分配利润/资产总额;X_3 = (利润总额 + 利息支出)/资产总额;X_4 = 权益市场值/负债总额;X_5 = 销售收入/总资产。

对于 Z 值与信用分析的关系,Altman 认为 Z 小于 1.8,风险很大;Z 大于 2.99,风险很小。

2. Z_2 模型

$$Z_2 = 0.717X_1 + 0.847X_2 + 3.107X_3 + 0.420X_4 + 0.998X_5$$

其中,X_4 = 权益/负债总额,X_1、X_2、X_3、X_5 含义同上。

Altman 认为 Z 小于 1.23,风险很大;Z 大于 2.9,风险很小。

3. Z_3 模型

$$Z_3 = 6.56X_1 + 3.26X_2 + 6.72X_3 + 1.05X_4$$

Altman 认为 Z 小于 1.23,风险很大;Z 大于 2.9,风险很小。

其中,Z_1 主要适用于上市公司;Z_2 适用于非上市公司;Z_3 适用于非制造企业。

(二) 第二代模型

第二代模型又称 ZETA 信用风险模型,主要变量有 7 个,分别是资产报酬率、收入稳定性、利息倍数、负债比率、流动比率、资本化比率、规模等。

【例 4-1】 某公司从 A、B 两家公司近期公开的财务报表获知相关数据如下所示。

指标	A 公司	B 公司
流动资本 / 总资产	−0.1250	0.2890
留存收益 / 总资产	−0.3200	0.1800
息税前收益 / 总资产	0.2342	0.1056
股东权益市值 / 总负债	0.4670	1.5900
销售额 / 总资产	0.1858	2.0691

现设定 X_1、X_2、X_3、X_4、X_5 的权数分别为 1.2、1.4、3.3、0.6、1,请利用 Z 值模型分析 A、B 两家公司的信用风险程度。

附表　企业 Z 值与破产概率的关系

Z 值	企业破产概率
1.8 或更低	很大
1.81—2.7	较大
2.8—2.9	有可能
3.0 或更高	很小

解析:

分析步骤:

第一步,分别计算 A、B 两家公司 Z 值

Z 值 $= 1.2X_1 + 1.4X_2 + 3.3X_3 + 0.6X_4 + 1X_5$

A 公司 Z 值 = 1.2 × (− 0.1250) + 1.4 × (− 0.3200) + 3.3 × 0.2342 + 0.6 × 0.4670 + 1 × 0.1858 = − 0.15 − 0.448 + 0.77286 + 0.2802 + 0.1858 = 0.64086

B 公司 Z 值 = 1.2 × 0.2890 + 1.4 × 0.1800 + 3.3 × 0.1056 + 0.6 × 1.5900 + 1 × 2.0691 = 0.3468 + 0.252 + 0.34848 + 0.954 + 2.0691 = 3.97038

第二步,根据企业 Z 值与破产概率的关系分析

A 公司 Z 值 = 0.64086 < 1.8,处于破产区,企业破产概率很大,信用风险很高;

B 公司 Z 值 = 3.97038 > 3,处于安全区,企业破产概率很小,信用风险很低。

二、马萨利模型

该模型由亚历山大·马萨利(Alexander Bathory)建立,在 Z 评分模型的基础上发展起来,但它的应用范围更为普遍。据调查,马萨利模型的准确率可达到 95%。其最大的优点在于易于计算,同时它还能衡量公司实力大小,广泛适用于各种行业。其比率主要有以下五个。

(1) (税前利润 + 折旧 + 递延税)/流动负债(银行借款、应付税金、租赁费用),用于衡量公司业绩;

(2) 税前利润/营运资本,衡量营运资本回报率;

(3) 股东权益/流动负债,衡量股东权益对流动负债的保障程度;

(4) 有形资产净值/负债总额,衡量扣除无形资产后的净资产对债务的保障程度;

(5) 营运资本/总资产,衡量流动性。

(1)—(5)项比率总和便是该模型的最终得分。得分很低或出现负数,均表明公司前景不妙。

三、营运资产分析模型

营运资产模型是 20 世纪 80 年代在国外提出并被广泛使用的,该模型主要用来评估客户的资金和信用实力,并可以核定客户的具体信用限额。

此模型的计算分成四个步骤。

1. 营运资产计算

营运资产是衡量客户规模的尺度,可以作为确定信用额度的基础指标。

$$营运资产 = (营运资本 + 净资产)/2$$

其中:营运资本 = 流动资产 − 流动负债;净资产即为企业自有资本或股东权益。

从公式中可以看出,此模型在营运资产的计算上,不仅考虑了客户当前的偿债能力,而且还考虑了客户的净资产实力。用这两个方面的综合平均值来衡量客户风险具有很大的功效。因为从信用管理的角度看,仅考虑客户的流动资本和流动负债情况,还不足以反映客户的真正资本实力,净资产是保障客户信用的另一个重要指标。

2. 资产负债比率计算

在营运资产计算的基础上,此模型应用 4 个常用的资产负债比率进行计算:

流动比率 = 流动资产/流动负债——A

速动比率 = (流动资产 − 存货)/流动负债——B

短期债务净资产比率 = 流动负债/净资产——C

债务净资产比率 = 负债总额/净资产——D

在上述比率中，A、B 衡量客户的资产流动性；C、D 衡量客户的资本结构。流动比率越高，表明客户的短期偿债能力越高，对债权人来讲越安全，反之，风险越大；资本结构比率越高，说明客户的净资本相对越少，对债权人来讲风险越大，反之，越安全。

3. 计算评估值

$$评估值 = A + B - C - D$$

评估值综合考虑了资产流动性和负债水平两个最能反映客户偿债能力的因素。评估值越大，表示客户的财务状况越好，风险越小。

4. 信用限额的计算

将前面的营运资产和评估值加以综合考虑，即可计算客户的信用限额。

$$信用限额 = 营运资产 \times 营运资产百分比率$$

问题的关键是营运资产百分比的确定。这是一个经验性的数字，评估值代表了评估的信用等级，在不同的等级上，可给予的营运资产百分比是不同的，这是专业分析人员在大量经验基础上获得的重要数据。表 6-8 给出了一般性经验值，可供参考。

表 6-8 评估值与营运资产百分比率等

评估值	风险程度	信用程度	营运资产比率(%)
≤ -4.6	高	低	0
-4.59— -3.9	高	低	2.5
-3.89— -3.2	高	低	5.0
-3.19— -2.5	高	低	7.5
-2.49— -1.8	高	低	10.0
-1.79— -1.1	有限	中	12.5
-1.09— -0.4	有限	中	15.0
-0.39—0.3	有限	中	17.5
0.29—0.9	有限	中	20.0
>1.0	低	高	25.0

由于营运资产分析模型中并未全面考虑影响信用风险的因素，所以依据此模型计算出来的信用额度只能作为企业进行赊销的参考，实际的信用额度还要考虑不同行业的特点、企业的信用目标等因素进行制定，而且要不断根据公司的销售政策和公司当前的赊销总体水平进行调整。

四、特征分析模型

(一) 特征分析模型的概念

特征分析就是采用特征分析技术对客户所有的财务和非财务因素进行归纳分析。它是一种对客户方面的特征进行区分和描述的方法，是从企业多年信用分析经验中发展起来的一种技术，从客户的种种特征中选择出对信用分析意义最大、直接与客户信用状况相联系的若干因素，把它们编为几组，分别对这些因素评分并综合分析，最后得到一个较为全面的分析结果。此模型克服了其他一些分析模型专业性强、计算方法复杂及对某些指标数据依赖性过强的限制,因而受到企业管理者的欢迎。

(二) 特征分析模型选择的分析指标

特征分析技术将客户信用信息分为三大类特征,18 个项目,见表 6-9。

表 6-9 影响企业资信的 18 个因素

客户特征	优先特征	信用特征
外表印象	交易盈利率	付款记录
产品概要	产品质量	资信证明
产品需求	对市场吸引力的影响	资本和利润增长率
竞争实力	对市场竞争力的影响	资产负债表状况
最终顾客	付款担保	资本结构比率
管理能力	替代能力	资本总额

在这三组特征中,除了取得客户详尽的财务信息相对较有难度之外,对其他两组特征的有关信息,企业都可凭自己的力量获得,不需要求助于第三方。

(三) 特征分析模型的计算过程

此模型的分析计算较为简捷,共分为 4 个步骤。

第一步,在 1—10 范围内对每一特征进行打分,客户公司的某项指标情况越好,分数就应打得越高。做法是:对每一个项目,公司制定一个衡量标准,分为好、中、差三个层次,每个层次对应不同的分值。如,对应"产品质量"一项,衡量标准层次分为:好,产品质量好,富有特色;中,质量中等,属大众消费商品;差,质量很差,数劣等品。不同层次对应的分值为:好,8—10 分;中,4—7 分;差,1—3 分。在没有资料信息的情况下,则给 0 分。

第二步,根据预先给每项指标设定的权数,用权数乘以 10,计算出每一项指标的最大评分值,再将这些最大评分值相加,得到全部的最大可能值。

第三步,用每一项指标的评分乘以该项指标的权数,得出每一项的加权评分值,然后将这些加权评分值相加,得到全部加权评分值。

第四步,将全部加权评分值与全部最大可能值相比,得出百分率。该数字即表示对该客户的综合分析结果。百分率越高表示该客户的资信程度越高,越具有交易价值。

对于特征分析的最终百分率可以作如下归类,见表 6-10。

表 6-10 特征分析模型最终百分率分类①

最终百分率	类别
0—20	收集的信息特征不完全,信用风险不明朗,或存在严重的信用风险,因此,不应该进行赊销交易
21—45	交易的风险较高,交易的吸引力低。建议尽量不与之进行赊销交易,即使进行,也不要突破信用额度,并时刻监控
46—65	风险不明显,具有交易价值,很可能发展为未来的长期客户,可适当超出原有额度进行交易
66 以上	交易风险小,为很有吸引力的大客户,具有良好的长期交易前景,可给予较高的信用额度

---

① 谭永智,等.企业信用管理实务[M].北京:中国方正出版社,2004:227—228.

（四）特征分析模型的用途

（1）调整赊销额度。与营运资产模型相比，特征分析模型更全面。可以将特征分析模型与营运资产分析模型结合起来确定赊销额度。方法为：根据特征分析模型得出的最终百分率对在营运资产分析模型的基础上得出的赊销额度进行调整。见表6-11。

表6-11　根据特征分析模型调整赊销额度

根据特征分析模型得出的最终百分率(%)	可超出赊销额度(根据营运资产分析模型确定)的数量
0—20	0
21—45	赊销额度×21%至赊销额度×45%
46—65	赊销额度×(46%+0.5)至赊销额度×(65%+0.5)
66以上	赊销额度×(66%+0.5)

（2）与其他分析模型和结果互相印证。

（3）对客户进行评级。一笔交易的信用风险不仅取决于客户的付款能力，还取决于它的付款意愿。Z记分模型、马萨利模型和营运资产分析模型主要以财务分析为主，而特征分析模型既考虑了财务因素，又考虑了非财务因素；既考虑了付款能力，又能考虑付款意愿。另外，企业从多渠道获得的客户信息也可以在特征分析模型中加以利用。因此，特征分析模型是值得企业广泛采用的一种方法。

专栏6-1

特征分析模型中各因素的内涵

为方便操作，华夏国际企业信息咨询有限公司征信专家在总结实践经验的基础上，将表6-9列出的18个因素重新分解和归纳，形成了18个名称和内涵略有不同的18个因素，将各个因素内涵解释如下，可以了解形成某一特征的各因素的实际意义。

1. 客户特征

（1）表面印象。主要指业务人员与客户接触过程中，获得的一些初步了解和表面印象。这些信息包括：企业经营管理是否规范？业务人员的素质如何？经营环境如何？厂房、办公楼及办公室的状况如何？生产、销售、库存及产品市场状况等。

（2）组织管理。是决定其经营管理、资信水平的一个关键因素，需要认真加以了解和分析。考虑这方面的情况可以从如下几个部分入手：① 客户的股东结构及股东的背景。股东大会不仅是公司的最高权力机构，而且股东实力也是客户资信情况的一个间接保障。此外还应该注意客户的经济组织形式及法律性质。② 客户的内部管理组织结构及附属机构，这些信息可以帮助我们了解客户的决策过程和权力范围。它是客户管理能力和工作效率的一个重要表现。③ 主要负责人背景，包括年龄、性别、学历、工作经历等。实践表明，客户主要负责人的特点对于它的经营管理决策以及信用行为起很大的作用。其中对客户法定代表人和总经理的背景应有较多的了解。

（3）产品与行业。首先应考虑客户的产品特点，如类型、质量、款式、设计等，同时还应考虑客户产品在同行业中的地位和水平。因为这些情况将会直接影响客户的生产、经营,比如由于产品的特点,引起在原材料供应、劳动力成本上的投入以及可能的政策限制等因素,会导致客户陷入经营危机。企业在进行信用分析时,应格外关注这方面的情况。

(4) 市场竞争性。主要指客户的产品或服务在市场上的需求程度以及在市场上的地位。

如果客户的产品在市场上不受欢迎,或者有较强的季节性,那么就会面临较大的经营风险或有较大的亏损可能性。

(5) 经营状况。一个企业的经营状况包含许多方面的内容,以下方面必须关注:① 生产状况及经营范围;② 购销区域、结算方式和特点;③ 主要供应商、经销商或代理商的状况;④ 经营业绩,包括销售额、业绩增长情况,尤其应注意客户主营业务的增长情况。

(6) 发展前景。考察一个客户的发展前景可能较为困难,它要求对客户有多方面的了解和分析,包括该客户的发展历史、股东的支持、当前的经营状况、市场状况以及对客户所处行业及产品市场的分析预测。但实际当中,许多有经验的业务人员仍可以凭借对客户和市场的了解,对其发展前景作出判断。另外,也可以参考一些公开的市场调查和行业分析报告。

2. 优先特征

(1) 交易利润率。企业与客户做生意的最终目的是获得利润。为了这一目的,企业往往宁愿承担一定的风险,通常,企业可以对自己的产品销售确定一个最低利润率。只有满足了这一最低利润率要求,才有可能与其进行交易。这一利润率往往取决于交易合同金额或数量的大小,交易金额越大,可接受的最低利润率就会越低。当然,企业选择客户时更希望选择能给自己带来更多利润的客户。

(2) 交易条件。这是指本企业为了满足客户的要求而需要付出的各种努力的程度。换句话说,本企业是否容易满足客户提出的交易条件,如产品质量、款式、包装、运输条件、结算方式等。事实说明,许多信用风险来自交易纠纷,而这些纠纷往往是由于客户提出的交易条件过于苛刻或者本企业不能满足客户提出的某些条件。因此,客户的交易条件是否容易得到满足,应是企业衡量交易风险和交易价值时应当加以认真考虑的一个指标。

(3) 对市场吸引力的影响。这是指与一个客户进行交易可能会对企业在市场上的吸引力产生怎样的作用。企业会优先选择那些有助于自己想要进入的市场或有助于帮助企业开拓市场产生良好的示范作用的客户。例如,对于一个在市场上有较大影响力的大客户,企业可能会暂时放弃一些利益而与其达成交易,目的是给自己在市场上造成更大的吸引力,此时在考虑交易的风险时,在交易盈利率差不多的情况下,企业应优先选择对自己的市场吸引力有促进作用的客户。

(4) 对市场竞争力的影响。这是指企业为了取得自己在市场上的竞争地位而进行的考虑。例如,销售部门为了击败自己的某一个竞争对手,要努力争取一个客户,为了这一目的,有时会放弃暂时的利益并放低其他方面的条件而与其交易。此时在考虑信用风险时,也必须将销售部门的这一要求作为因素之一予以综合分析。

(5) 担保条件。在交易条件中,如果一个客户在信用条件之上还能提供部分额外的付款担保,如固定资产担保、交付定金、第三方担保、银行担保等,那么可以大大降低信用风险。

（6）可替代性。这是指本企业对客户的依赖程度。对于购买某些本企业特殊种类产品的大客户以及与本企业有长期业务往来的客户，本企业对其依赖性较强，不容易为其他客户替代，此时有可能放低一些交易条件，而尽量维持与其稳固的合作关系。而对那些容易替代的客户，企业可以不必过分考虑由于信用条件中断交易的情况，因为在同样的信用条件下，还可以选择其他的客户。

3. 信用及财务特征

（1）付款记录。付款记录是指一个客户以往对本企业或在同行中对其他企业的货款支付情况。它是该客户信用状况的一个直接反映。如果一个客户经常对本企业拖欠货款，甚至出现过拒付的情况，那么在衡量其总的资信状况时就应大打折扣。

（2）银行信用。客户在银行的信用状况是很好地反映其资信状况的因素，如果可能，企业可以在如下几个方面了解客户在银行的信用状况：① 银行对该客户的信用评级；② 该客户在银行的存贷款情况、信用额度是否有拖欠；③ 是否能获得银行的资信证明书或保函。

（3）获利能力。客户的获利能力直接影响到它的资信状况，一个亏损的企业往往最有可能产生信用风险。企业应详细了解考察客户的成本和盈利状况及利润增长状况。如有可能得到客户的损益表，可以从中得到重要的信息。

（4）资产负债表评估。从客户的资产负债表中，可以获得多方面的反映客户财务状况的指标，应当详细进行分析。

（5）偿债能力。客户的偿债能力对于其信用风险具有很大的影响，需要加以单独考虑。除了从上述损益表和资产负债表中获得的数据进行分析以外，企业还应尽可能考虑其他渠道获得的信息，尤其是客户当前的真实资产、负债状况和结构，有一些是在报表当中无法了解到的，应当给予特别注意。比如，如果一个客户面临某些债权人的追债，甚至处于诉讼追讨之中，或者面临破产清盘，那么就不能仅仅从一般的财务报表来分析了。

（6）资本总额。在衡量一个客户的信用能力时，该客户的实际投资额也是一个重要因素。企业的资本越大，股本越多，企业的筹资能力也就越强，表明企业改善经营，扩大规模的前景越好。当然，企业也应分析客户的资本构成，分析其资本化程度，并将其资本与盈利程度进行比较，作出一个真实的判断。

知识链接6-1

信用风险度量方法与模型述评

一、信用风险度量方法与模型

1. 传统的信用风险评价方法

（1）要素分析法

要素分析法是通过定性分析有关指标来评价客户信用风险时所采用的专家分析法。

常用的要素分析法是5C要素分析法，它主要集中在借款人的道德品质（Character）、还款能力（Capacity）、资本实力（Capital）、担保（Collateral）和经营环境条件（Condition）五个方面进行全面的定性分析，以判别借款人的还款意愿和还款能力。

根据不同的角度,有的将分析要素归纳为"5W"因素,即借款人(Who)、借款用途(Why)、还款期限(When)、担保物(What)及如何还款(How)。

还有的归纳为"5P"因素,即个人因素(Personal)、借款目的(Purpose)、偿还(Payment)、保障(Protection)和前景(Perspective)。

无论是"5C""5W"还是"5P",其共同之处都是先选取一定特征目标要素,然后对每一要素评分,使信用数量化,从而确定其信用等级,以其作为其销售、贷款等行为的标准和随后跟踪监测期间的政策调整依据。

(2) 特征分析法

特征分析法是目前在国外企业信用管理工作中应用较为普遍的一种信用分析工具。它是从客户的种种特征中选择出对信用分析意义最大、直接与客户信用状况相联系的若干因素,将其编为几组,分别对这些因素评分并综合分析,最后得到一个较为全面的分析结果。

一般所分析的特征包括客户自身特征、客户优先性特征、信用及财务特征等。特征分析法的主要用途是对客户的资信状况做出综合性的评价,它涵盖了反映客户经营实力和发展潜力的所有重要指标,这种信用风险分析方法主要由信用调查机构和企业内部信用管理部门使用。

(3) 财务比率分析法

信用风险往往是由财务危机导致的,因此,可以通过及早发现和找出一些特征财务指标,判断评价对象的财务状况和确定其信用等级,从而为信贷和投资提供决策依据。

财务比率综合分析法就是将各项财务分析指标作为一个整体,系统、全面、综合地对企业财务状况和经营情况进行剖析、解释和评价。这类方法的主要代表有杜邦财务分析体系和沃尔比重评分法。

杜邦财务分析体系是由美国杜邦公司创立的,它以净值报酬率为龙头,以资产净利润率为核心,重点揭示企业获利能力及其前因后果,通过对某项综合性较强的财务比率的逐层分解,将相关财务指标联系起来,形成一个综合体系,以便清楚地反映各项财务指标的相互关系。

沃尔比重评分法是由财务综合评价领域的著名先驱者之一亚历山大·沃尔创立的,他把若干个财务比率用线性关系结合起来,以此评价企业的信用水平。他选择了七种财务比率,即流动比率、产权比率、固定资产比率、存货周转率、应收账款周转率、固定资产周转率和自有资金周转率,分别给定各自的分数比重,通过与标准比率(行业平均比率)进行比较,确定各项指标的得分及总体指标的累计分数,从而得出企业财务状况的综合评价,继而确定其信用等级。

2. 多变量信用风险判别模型

多变量信用风险判别模型是以财务会计信息为基础,以特征财务比率为解释变量,运用数量统计方法建模。多变量信用风险判别模型主要包括以下几种。

(1) 多元线性判定模型(Z-Score 模型)

该模型是财务失败预警模型,最早是由 Altman(1968)开始研究的。该模型通过五个变量(五种财务比率)将反映企业偿债能力的指标、获利能力指标和营运能力指标有机联系起来,综合分析预测企业财务失败或破产的可能性。一般来讲,Z 值越低,企业越有可能发生破产。

具体模型为：

$$Z = V_1X_1 + V_2X_2 + \cdots + V_nX_n$$

其中，V_1、$V_2\cdots V_n$ 是权数，X_1、$X_2\cdots X_n$ 是各种财务比率。根据 Z 值的大小，可将企业分为"破产"或"非破产"两类。在实际运用时，需要将企业样本分为预测样本和测试样本，先根据预测样本构建多元线性判定模型，确定判别 Z 值（Z 值的大小可以作为判定企业财务状况的综合标准），然后将测试样本的数据代入判别方程，得出企业的 Z 值，并根据判别标准进行判定。此方法还可以用于债券评级、投资决策、银行对贷款申请的评估及子公司业绩考核等。

(2) 多元逻辑模型（Logit 模型）

其采用一系列财务比率变量来预测公司破产或违约的概率，然后根据银行、投资者的风险偏好程度设定风险警界线，以此对分析对象进行风险定位和决策。Logit 模型建立在累计概率函数的基础上，不需要自变量服从多元正态分布和两组间协方差相等的条件。Logit 模型判别方法先根据多元线性判定模型确定企业破产的 Z 值，然后推导出企业破产的条件概率。其判别规则是：如果概率大于 0.5，表明企业破产的概率比较大；如果概率低于 0.5，可以判定企业为财务正常。

(3) 多元概率比回归模型（Probit 回归模型）

其假定企业破产的概率为 p，并假设企业样本服从标准正态分布，其概率函数的 p 分位数可以用财务指标线性解释。其计算方法是先确定企业样本的极大似然函数，通过求似然函数的极大值得到参数 a、b，然后利用公式，求出企业破产的概率；其判别规则与 Logit 模型判别规则相同。

(4) 联合预测模型

联合预测模型是运用企业模型来模拟企业的运作过程，动态地描述财务正常企业和财务困境企业的特征，然后根据不同特征和判别规则，对企业样本进行分类。这一模型运作的关键是准确模拟企业的运作过程，因此，它要求有一个基本的理论框架，通过这一框架来有效模拟企业的运作过程，从而能够有效反映和识别不同企业的行为特征、财务特征，并据此区分企业样本。

3. 现代金融工程模型

20 世纪 80 年代以来，受债务危机的影响，各国银行普遍重视对信用风险的管理和防范，新一代金融工程专家利用工程化的思维和数学建模技术，在传统信用风险度量的基础上提出了一系列成功的信用风险量化模型。

(1) 神经网络分析法

神经网络是从神经心理学和认识科学研究成果出发，应用数学方法发展起来的一种并行分布模式处理系统，具有高度并行计算能力、自学能力和容错能力。

神经网络方法克服了传统分析过程的复杂性及选择适当模型函数形式的困难，是一种自然的非线性建模过程，无须分清存在何种非线性关系，给建模与分析带来极大的方便。

该方法用于企业财务状况研究时，一方面利用其映射能力，另一方面主要利用其泛化能力，即在经过一定数量的带噪声的样本的训练之后，网络可以抽取样本所隐含的特征关系，并对新情况下的数据进行内插和外推以推断其属性。

（2）衍生工具信用风险的度量方法

20世纪80年代以来，作为一种有效的避险工具，衍生工具因其在金融、投资、套期保值和利率行为中的巨大作用而获得了飞速发展。然而，这些旨在规避市场风险应运而生的衍生工具又蕴藏着新的信用风险。

研究者相继提出许多方法来度量衍生工具的信用风险，最具代表性的有下列三种：

一是风险敞口等值法。这种方法是以估测信用风险敞口价值为目标，考虑了衍生工具的内在价值和时间价值，并以特殊方法处理的风险系数建立了一系列REE计算模型。

二是模拟法。这种计算机集约型的统计方法采用蒙特卡罗模拟过程，模拟影响衍生工具价值的关键随机变量的可能路径和交易过程中各时间点或到期时的衍生工具价值，最终经过反复计算得出一个均值。

三是敏感度分析法。这种方法是利用这些比较值通过方案分析或应用风险系数来估测衍生工具价值。

（3）集中风险的评估系统

前述方法绝大多数是度量单项贷款或投资项目的信用风险，而很少注重信用集中风险的评估。信用集中风险是所有单一项目信用风险的总和。金融机构和投资者采用贷款组合、投资组合来达到分散和化解风险的目的。

1997年，JP摩根推出的"信用计量法"和瑞士信贷金融产品的"信用风险法"，均可以用来评估信用风险敞口亏损分布以及计算用以弥补风险所需的资本。"信用计量法"是以风险值为核心的动态量化风险管理系统，它集计算机技术、计量经济学、统计学和管理工程系统知识于一体，从证券组合、贷款组合的角度，全方位衡量信用风险。该方法应用的范围比较广，诸如证券、贷款、信用证、贷款承诺、衍生工具、应收账款等领域的信用风险都可用此方法进行估测。

"信用风险法"是在信用评级框架下，计算每一级别或分数下的平均违约率及违约波动，并将这些因素与风险敞口综合考虑，从而算出亏损分布与所需资本预测数。

二、分析与评价

1. 传统信用风险评价方法的分析与评价

传统的信用评价方法必须根据经济环境和风险因素的变化不断调整自己分析和调查的重点，才能做出准确的决策。虽然其有成熟的经验可资借鉴，但在实际估测某个企业的信用风险时，必须重新设定工作程序，而且企业信用调查与评价工作必须通过自己的实践来积累经验。

一般认为，传统的信用评价方法突出的问题是：风险因素的评价是定性的，主观性的分析有时不令人信服。比如"沃尔比重评分法"在理论上存在一定的缺陷：至今未能证明为什么要选择这7个指标，而不是更多或更少些，或者选择别的财务比率，以及未能证明每个指标所占比重的合理性。从技术上看，当某一个指标严重异常时，"沃尔比重评分法"会对总评分值产生不合逻辑的重大影响。尽管沃尔的方法在理论上还有待证明，在技术上也不完善，但它还是在实践中被应用。

2. 多变量信用风险判别模型的分析与评价

多变量信用风险判别模型的优缺点主要体现在以下几个方面。

(1) Z-Score 模型具有较高的判别精度,但存在着几处不足:一是该模型要求的工作量比较大;二是在前一年的预测中,Z-Score 模型的预测精度比较高,但在前两年、前三年的预测中,其预测精度都比较低下,甚至低于一元判别模型;三是 Z-Score 模型有一个很严格的假设,即假定自变量是呈正态分布的,两组样本要求等协方差,而现实中的样本数据往往并不能满足这一要求。

(2) Logit 模型的最大优点是,不需要严格的假设条件,克服了线性方程受统计假设约束的局限性,具有了更广泛的适用范围。目前这种模型的使用较为普遍,但其计算过程比较复杂,而且在计算过程中有很多的近似处理,这不可避免地会影响到预测精度。

(3) Probit 模型和 Logit 模型的思路很相似,都采用极大化似然函数,但在具体的计算方法和假设前提上又有一定的差异,主要体现在三个方面:一是假设前提不同,Logit 不需要严格的假设条件,而 Probit 则假设企业样本服从标准正态分布,其概率函数的 p 分位数可以用财务指标线性解释;二是参数 a、b 的求解方法不同,Logit 采用线性回归方法求解,而 Probit 采用极大似然函数求极值的方法求解;三是求破产概率的方法不同,Logit 采用取对数方法,而 Probit 采用积分的方法。

(4) 与其他多变量信用风险判别模型相比,联合预测模型克服了其他模型只运用财务指标的片面性,能够动态模拟和反映企业的综合情况,但其仍存在着操作性较差的缺陷。

3. 现代金融工程模型的分析与评价

现代金融工程模型的几种信用风险度量模型的优缺点如下。

(1) 神经网络分析方法应用于信用风险评估的优点在于其无严格的假设限制,且具有处理非线性问题的能力。它能有效解决非正态分布、非线性的信用评估问题,其结果介于 0 与 1 之间,在信用风险的衡量下,即为违约概率。神经网络法的最大缺点是其工作的随机性较强。因为要得到一个较好的神经网络结构,需要人为地去调试,非常耗费人力与时间,因此,使该模型的应用受到了限制。Altman(1995)在对神经网络法和判别分析法的比较研究中得出结论认为,神经网络分析方法在信用风险识别和预测中的应用,并没有实质性的优于线性判别模型。

(2) 衍生工具信用风险模型的优点是具有较强的严谨性,该模型力图以数量化的、严谨的逻辑识别信用风险。从缺点和不足来看,衍生工具信用风险模型的严密的前提假设(当一个变量发生改变,则原有的结论需要全部推翻重新进行论证)限制了它的使用范围。而且从大量的实证研究结果来看,衍生工具信用风险模型没有得到足够的支持。例如,Duffie(1999)发现简约模型无法解释观测到的不同信用等级横截面之间的信用差期限结构。衍生工具信用风险模型虽然是最新的科学化方法,但其要发挥作用,还必须与金融风险管理的理念和主观判断结合起来。

(3) 集中风险评估系统的目的是综合反映评价对象的风险,更接近于风险分析的本源目的,但过多的变量因素又使其陷入浩繁的考察与计量之中,过于繁密的信息造成"噪声"过大,这又使结论容易发生偏离。

三、发展趋势与我国的现状

1. 信用风险度量方法与模型的发展趋势

从目前国际金融与财务学界的主流观点来看,信用风险度量方法与模型的未来发展趋势主要包括以下几个。

(1) 对信用风险的度量从过去的定性分析转化为定量分析。

(2) 从指标化形式向模型化形式的转化,或二者的结合。

(3) 信用风险度量模型涵盖的因素和条件越来越全面:从对单个角度的分析向组合角度进行分析、从账面价值转向市场价值、变量从离散向连续扩展、从单个对象的微观特征扩散到经济环境、从单一的风险度量模式向多样化的和个性化的风险度量模式转化。

(4) 在理论上,信用风险度量方法与模型开始大量运用现代金融理论的最新研究成果,比如期权定价理论、资本资产定价理论、资产组合理论等,并且汲取相关领域的最新研究成果,比如经济计量学方法、保险精算方法、最优化理论、仿真技术等。

(5) 信用风险度量方法与模型越来越需要现代计算机的大容量信息处理技术和网络化技术。

2. 信用风险度量方法与模型在我国的现状

从信用风险度量方法和模型的改进方向上看,这一领域的研究和应用已从传统的主观判断分析法发展到以多变量判别模型,再到现代金融工程下的动态计量分析方法,已经向科学的纵深发展。而目前我国信用风险的分析主要是以单一投资项目、贷款和证券为主,衍生工具、表外资产的信用风险以及信用集中风险的评估尚属空白。更没有集多种技术于一体的动态量化的信用风险管理技术。

随着我国经济体制改革的深入、市场机制的建立与完善以及资本市场、银行业的迅速发展,现行的信用风险评估体制与方法已不能满足经济改革与发展的需要。因此,我国在信用风险度量方法的发展上,应博采众长、引入科学方法来确定有效指标,并建立准确的定量模型来解决信用评估问题。

本章提要

本章首先介绍了评价企业客户的方法,其次介绍了消费者信用评分方法,最后介绍了常用的信用评价模型。评价企业客户的方法有传统方法与现代方法、定性方法与定量方法之分。本章主要介绍了客户信用要素分析方法、企业资信评级方法和企业信用评价模型。客户信用要素分析方法包括"C"要素、"F"要素、"A"要素、"P"要素、"M"要素等。企业资信评级方法着重介绍了邓白氏公司针对不同区域、领域开发出来的不同用途的评级模式。典型的消费者信用评分数学模型有杜兰德信用计分模型和FICO信用评分模型。FICO信用评分的打分范围是325—850分。FICO信用分可以帮助金融机构等授信机构进行授信决策。常用的信用评价模型:Z计分模型、马萨利模型、营运资产分析模型和特征分析模型。

复习思考题

1. 应该用什么理论指导数学模型的建模工作？为什么？
2. 5C 中各因素的重要程度是如何排序的？为什么？
3. 为什么台湾信用管理专家说："能力强、资金雄厚、品德差的客户是危险的信用"？
4. 试着定量分析一个客户是否有信用，请逐条解释，给出理由。
5. 计算分析题

某公司日前接到甲客户的信用申请，经信用调查，由甲客户近期财务报表了解到其相关财务指标如下：负债总额 90 000 万元；流动负债 75 000 万元；流动资产 60 000 万元；净资产 35 000 万元；流动比率 0.8；速动比率 0.68。试用营运资产法确定该公司可给甲客户的信用额度。经验性百分比率与评估值对照见附表。

附表　经验性百分比率与评估值对照表

评估值	≤-4.6	-4.59 ——-3.9	-3.89 ——-3.2	-3.19 ——-1.8	-1.79 ——-0.4	-0.39 —-0.3	0.31 —-0.9	≥1
经验性百分比率%	0	2.5	5.0	7.5	12.5	17.5	20	25
风险程度	高	高	高	高	有限	有限	有限	低

案例分析

下面是两家中国上市公司"青岛海尔电冰箱股份有限公司(A)"和"上海水仙电器股份有限公司(B)"1998 年 12 月 31 日的合并报表中的相关资料：

指标	A 公司	B 公司
流动资本/总资产	-0.1250	0.2890
留存收益/总资产	-0.3200	0.1800
息税前收益/总资产	0.2342	0.1056
股东权益市值/总负债	0.4670	1.5900
销售额/总资产	0.1858	2.0691

请利用 Z 值模型分析两家上市公司的信用风险程度，并验证 Z 值模型。

第七章

信用监管

学习目标

通过本章学习,应该了解或掌握以下内容:
1. 理解信用行业监管原则、主要内容及监管手段。
2. 了解国内外信用监管的模式与现状,掌握监管部门在信用行业发展中的作用。
3. 了解并掌握国内外信用法律法规的基本情况及信用行业组织。

引导案例 当前社会信用缺失案件的调查与思考

我国某市中级人民法院,在对市两级法院审结的有关社会信用缺失案件的调查过程中发现,当前社会信用缺失的现象较为严重。对该市社会信用缺失案件的调查结果显示,社会信用缺失案件主要呈现以下特点。[①]

1. 案件分布面广且数量大

社会信用缺失案件在该市各基层法院同期受理的民商事纠纷中所占比例都在三分之一以上,其中部分区县甚至高达90%以上,表明信用缺失是一个普遍存在的严重问题,应当引起足够的重视。

2. 案件类型集中

从案件类型看,主要集中在拖欠银行贷款(约占41%)、生产假冒伪劣产品(约占5%)、合同违约(51%)以及借改制逃废债务(约占3%)等方面,尤以合同违约与拖欠银行贷款最为普遍。

3. 企业失信比例高

从涉讼主体来看,个人、企业、政府都存在信用缺失的情况。企业作为市场经济活动的主体,失信情况尤为严重,约占77%。

---

① http://www.njfy.gov.cn/site/boot/jlfy-mb_a2005041241900.htm.

4. 案件处理难度大

此类案件案情本身一般并不复杂，但实际处理却不简单。此类案件的当事人在配合诉讼、履行义务方面往往消极被动，想方设法躲藏、逃避，法院常常找不到被告与被执行人，上门送达时当事人又往往拒收，村委会等基层组织也不愿意配合，公告送达的案件日益增多。在审理中，当事人利用管辖权异议、诉讼保全复议等程序上的规定拖延诉讼，甚至暴力抗法，直接或间接地阻挠办案，甚至威胁法官人身安全。而法律对失信行为的惩罚力度有限，法院及法官往往显得很无奈。案件判决后败诉方主动履行义务的较少，有些企业和个人甚至蓄意隐瞒、转移财产、抽逃资金，致使胜诉方的合法权益得不到有效地保障。

5. 调解率高

为了切实化解矛盾，两级法院都注重运用调解方式解决纠纷。此类案件调解结案的比率高达53%。

从本次调查的情况看，在个人信用方面，由于有关信用的法制和道德建设处于滞后状态，"欠债还钱，天经地义"的传统观念受到严重动摇，失信的基础已由原来确实还不起钱的"客观不能"，逐渐变为还得起也不愿意还的"主观不愿"。有些债务人对其所欠债务并不否认，并且具有履行能力，却往往以经济困难为由拖延履行，以至成讼。有些个人在商业活动中产生债务后，即和债权人"捉迷藏"，将个人财产转移，甚至举家迁徙，以达到逃避债务的目的。在法院受理的各类经济纠纷案件中，一些企业的失信行为主要表现为：合同违约甚至欺诈、产品假冒伪劣问题、借企业改制、破产逃废债务、大量拖欠银行贷款、滥用公司法人人格等。而现阶段一些地方政府的信用也存在一定问题。

诚信社会的最大特点是对违背诚信的行为给予及时与适当的制裁，从而使违背诚信所付出的代价要高于守信的成本。因此，受欺诈的人可以及时合理地利用国家的司法资源获得救济，就成为诚信社会一个基本条件。当前，制约司法介入的主要原因是现行诉权制度设计上的缺陷与不足，造成了不少法律上的"灰色地带"，再加上立法技术上的欠缺，我国很多法律只有框架而无细则，许多权利只有宣示而无救济。

另外，"执行难"成为当前司法信用缺失的重要因素。"执行难"问题产生的原因在于：司法判决执行的前提虚假。诸如虚假出资、虚假注册、虚假地址、虚假抵押等足以使判决"白条化"的种种缘由早在诉讼开始前就已经形成。普遍存在的"执行难"问题严重影响了公众对法院的信心，与社会信用缺失形成了恶性循环。案件的执行率低，胜诉方往往得不到实际赔偿，还要搭上诉讼费、律师费，造成"输了官司赔钱，赢了官司也赔钱"的不正常现象，使得当事人不愿意打官司，打不起官司，正当权益得不到保护，实际上形成了对失信者利益的反向维护，导致失信者一如既往甚至变本加厉地失信。由于失信者对法院判决的再次失信不会让他付出较大的代价，从而又导致案件的执行愈加困难。

案例思考：以上案例给了我们哪些启示？本章相关内容将给出相关解释和回答。

第一节 信用监管概述

一、信用监管的概念

信用监管是信用监管机构根据信用市场发展的状况，依据相关信用法律法规，对信用市场中的信用产品、各参与者及其相互信用关系,进行规范、监督、控制、协调等一系列活动的总称[①]。信用监管从总体上主要涉及以下两个方面的内容:信用法律法规的确立与健全、政府专业机构和相关行业协会对信用市场的监督和管理。

二、信用监管的目的

信用监管的目的,从世界各国来看都十分相近,主要可概括为以下两个方面。

从宏观角度来看,是为了保证信用市场机制的正常运转,维护信用市场秩序,健全信用制度。信用监管机构可以通过法律法规将成熟的信用意识、信用理念、信用关系和信用产品带入信用市场,培育良好的信用环境,调整并规范各参与者的信用关系,形成合理的信用制度和信用创新机制,带动社会信用体系的健康发展,保证国民经济秩序的有效运行,以高效、发达的信用制度推动经济的繁荣。

从微观角度来看,由于信用风险的涉及范围较广,几乎每个企业和个人的信用活动都会引发信用风险,而且其发生难以预料,一旦一方出现信用风险,很可能会迅速传递给其他个体,进而产生连锁反应,影响难以估计,同时随着各国金融市场的迅速发展,各种金融创新、金融产品的层出不穷,使得信用风险的防范与控制更加复杂,所以限制和消除一切不利于信用市场运行的因素,最大限度地降低信用风险,打击并消除各种失信行为,如各种非法交易,投机活动,欺诈手段等,以维护信用市场的稳定,保障市场参与者的正当权益,保证信用市场在具有足够广度和深度的基础上的稳步运行。

三、信用监管的原则

(一) 依法管理原则

虽然不同国家的信用法律法规不尽相同,但在依法管理这一原则上是一致的。在这主要包括两方面的含义:一是所有信用机构必须接受国家监管当局的监督和管理;二是监管机构在实施监管的过程中也必须依法监管。这样才能保证管理的权威性、严肃性、一贯性和有效性。

(二) 维护市场公平竞争的原则

维护市场公平竞争,包括对各类信用机构公平地开放信用工具,发放业务许可证等,使各信用机构的业务特色依市场决定,使消费者获得平等的授信机会,同时在对交易各方的隐私合理保护的前提下,依照法律制度客观地披露企业和个人信用活动的征信信息,克服信息不对称、信息不完全等市场机制的固有弊端,降低交易成本,维护市场公平交易。

(三) 安全稳健与社会效益相结合的原则

这历来是监管的中心目的,为此所设立的一系列法律法规和指标体系都是着眼于信用市场的安全稳健和风险防范。但是信用行业的发展毕竟在于满足社会发展的需要,要讲求社会效益,所以信用监管也要切实把风险防范和促进社会效益协调起来。

[①] 朱毅峰,吴晶妹. 信用管理学[M]. 北京:中国人民大学出版社,2005.

四、信用监管的主要内容及手段

（一）对征信数据及评估的监管

发达国家的信用体系建设，已历经上百年的历史，在这一过程中其征信数据的建立和经营模式基本分为政府主导型和市场化运作两种。从发达国家的情况来看，以法国、德国和比利时为代表的欧洲国家，采用的是政府主导的模式，由政府出资建立公共征信机构和征信数据库，强制性的采集信用数据，其所有权归政府，由政府直接经营管理，这种征信机构属于非盈利性质。而在世界上信用制度最发达和完善的美国则主要采取市场化运作的模式。其运行结果表现为信用服务覆盖面大、效率高、成本低且全球的竞争力强。由于经济效益和服务质量的要求，目前国际上普遍的趋势是征信由政府主导逐渐向市场化运作转化。征信的核心产品主要是信用报告和资信评级（分）。而对于这方面的监管也主要涉及企业和个人信用信息数据库的建立，信用信息的采集、使用、保护和披露等的相关程序，以及对资信评估的监管等。

（二）对信用法律法规的监管

信用在市场经济中作用的有效发挥是通过社会信用体系来实现的，而法律又为信用体系的正常运转创造了必要的社会环境。世界各征信国家的政府都对之高度重视。信用法律环境的确立能够确保信用管理机构征信数据的有效获取，维护信用信息数据的安全，保证市场的公平竞争。监管部门对信用法律法规的监管主要包括对信用相关立法和执法进行监管两个方面。信用监管的立法主要表现在规范政府信息公开的法律法规，直接保护个人隐私的法律法规，以及相关信用管理的法律法规等。[①] 通过监管部门对信用法律法规的设立和实施的有效监管，能够有效保证企业和消费者征信信息流的畅通，更好地实现在商业秘密和隐私权的有效保护下的征信信息的开放。

（三）政府专业机构和相关行业协会对信用市场的监管

政府和专业协会的监督和管理作用由政府相关部门、民间团体、协会、国际标准化组织等专业机构来实现。由于不同国家对开放征信数据的敏感点和敏感程度存在差异，所以在不同国家政府对信用管理行业监管的工作重点也不同。从信用管理专业的角度划分，可以将国家划分为征信国家与非征信国家两类。对于以欧美为代表的征信国家，由于其信用管理相关法律健全，征信数据在法律的要求和保护下全面开放，政府的主要工作在于技术性地解释各个有关法律的条款，监督商业企业和商业银行的守法情况。而以印度和墨西哥等国家为代表的非征信国家，由于其信用管理的相关立法不健全，或者根本没有建立信用管理方面的法律，其政府的主要工作表现为：促进信用管理相关法律的出台，及强制性地要求有关部门和机构以商业化或义务的形式开放其征信数据，并对该国的信用管理行业进行有效的监管，使征信数据能够得到合法合理的利用和传播。

信用管理民间机构是社会信用制度必不可少的组成部分。专业的民间行业组织和机构通常以信用管理协会、收账协会、信用联合会等形式存在。作用主要在于举办会议，加强从业人员的交流，协助立法，为信用管理行业向政府争取权益，出版专业书籍和杂志，筹集资金

---

① 其详细内容可参见本章第三节，信用法律制度建设。

扶持项目研究,提供专业教育和培训,颁发从业执照,促进建立国家标准和行业规则,倡导从业人员的职业道德标准等。

(四) 信用管理教育

国家信用体系建设是一项庞大而系统的工程,其中信用管理教育是必不可少的重要组成部分。随着我国改革开放的不断推进,中国经济正不断地融入世界经济的发展之中,各种经济交易必须在国际惯例和新的环境下进行。信用交易将逐渐成为我国交易的主要形式,因此在国家信用管理体系建设的过程中,信用管理教育的建设越来越成为当前工作的重中之重。信用监管部门应通过多种方式强化全社会市场主体的信用意识和观念,树立诚实守信的行为准则;通过多种途径建立完善信用管理专业教育体系和职业资格认证体系,开展多种形式的职业教育及岗位培训。

第二节 政府专业机构对信用的监管

一、政府在社会信用体系中的地位和作用

社会信用体系是一个国家信用经济发展的基础。世界上任何一个国家,其社会信用体系的建设都是一项长期而复杂的系统工程。在这一系统工程中,往往需要政府发挥巨大的作用。政府既充当了社会信用体系建设的推动者,又成为维护社会信用体系建立起来的市场新规则的基本保障。从世界几十个国家的实际情况来看,在社会信用体系建设的过程中,都有政府不同程度的介入。其中很多国家都需要政府的大力推动,有时甚至需要政府对一些具体的建设工作进行主导。在一些发展中国家,社会信用体系建设的情况更是如此[1]。

在社会信用体系的建设过程中,尽管政府所发挥的作用十分重要,尤其是在信用体系建设的初期,但信用经济毕竟是市场经济的产物,其运转仍然要以市场经济为基础。因此在社会信用体系建设和运行的过程中,政府也不应越俎代庖,其财政也不能过度地负担信用体系的长期运转。在世界上很多国家,社会信用体系的绝大部分子系统的运作都是商业化的,依靠政府长期负担社会信用体系中个别子系统运转的情况也不十分普遍。

发达国家和发展中国家对于政府在社会信用体系中的定位是不同的。就社会信用体系的建设来说,发达国家是自发和自行建设的,政府更多的只是被动地扯进社会信用体系的建设中来。而发展中国家社会信用体系的建设情况则更复杂些。有些发展中国家,如印度和一些东南亚国家,是自主建立自己的社会信用体系,其中仅有限地使用一些国际组织的技术支持及培训。还有一些发展中国家,如墨西哥等一些拉丁美洲国家、东欧国家、非洲国家和个别亚洲国家,其社会信用体系的设计和基础设施的建设完全由外国公司承担,尤其是企业和个人征信系统的设计和建设更是由外国的征信机构来负责,允许外国人投资或参股建立中央征信数据库或主流征信机构。再有一些发展中国家,如拉丁美洲和非洲的一些小国,其社会信用体系建设是由国际组织或机构援建的。因此,在不同社会信用体系设计的模式下,政府的角色和地位会有所不同。

---

[1] 人事部中国高级公务员培训中心,商务部国际贸易经济合作研究院编写.新编信用知识读本[M].北京:中国人事出版社,2007.

在企业和个人征信系统的建设方面,由于不同国家征信市场中征信系统模式的不同,要求政府介入的深度也是不同的。从世界范围来看,征信系统的主要模式分为两类。一类是以欧洲部分国家和大部分拉丁美洲国家为代表的公共性质的信用信息登记系统,其一般不支持非金融类的授信和赊销,从而不利于市场规模的进一步扩大,且需要政府的财政支持。另一类是以美国和英国为代表的私营征信局,采用这一模式的国家,要求政府建立有完善的信用相关法律,同时政府要具备非常强的执法和防止企业和个人信息被滥用的能力。还有很多国家的征信模式是这两类混合在一起的。其征信系统中既拥有信用信息覆盖全国和各大金融机构的主流征信机构,也存在地方性或仅支持特殊信贷与信用工具的非主流信用机构。而且越是在经济发达的国家,私营征信局的服务对公共信用信息登记系统的冲击越明显。

就一国社会信用体系的运转来讲,发达国家与发展中国家政府的工作重点也存在差异。对于大多数发展中国家来说,政府的工作重点在于协调征信数据开放和建立信用信息源。但在发达国家,政府要发挥的作用主要在于适时修改和完善与各项信用相关的法律法规及其实施细则,实时投放适合新经济形式的信用工具等。

二、国外政府对信用行业的监管

(一)征信国家政府对信用行业的管理

在以欧美发达国家为代表的征信国家,社会信用体系完善,信用管理相关法律完备。其征信数据能够在法律的规范下公开、广泛地传播。其政府既是征信数据开放政策的保护者,也是信用管理相关法案的提案人,及相关法案的解释者和法律执行的监督者。

1. 美国政府对信用管理行业的管理

美国是世界最发达的征信国家。其信用管理技术和教育水平堪称世界第一。北美的征信市场规模也是世界最大的。美国的信用管理行业已经经历了160多年的发展,在北美的4家巨型征信公司中,有3家始建于19世纪。虽然美国的国家信用管理体系完善,信用管理技术先进,但其政府还是依据法律赋予的权力,对信用管理行业进行监督管理。美国的法律强调可执行性,每一项法律会明确指出该法律的政府执法机关和其责任及相应行使监督管理的权限等。美国联邦政府并没有设立一个专门的信用管理机构对其信用行业进行监管,其信用管理功能是随着市场的发展及其相关立法的确立同步赋予相关部门,或自然分配给有关部门的。一般来说,每部法律的实施细则会制定一个主要政府执法部门,以及若干个辅助执法部门。被指定的政府部门有责任对法律赋予的相关信用管理事务进行执法,对其管辖范围内的信用机构进行监督管理,同时在法庭上对某些法律条款进行技术性的解释。发挥这些功能的美国政府部门和法院被称为信用监督和执法机构(Credit Regulators)。

美国的信用监督和执法机构主要分为与银行相关的(与联邦储备委员会有关的)和非银行相关的两类。前一类的职责在于对商业银行授信业务的监管,后一类的职责在于对整个信用管理行业的监管[①]。

[①] 人事部中国高级公务员培训中心,商务部国际贸易经济合作研究院编写.新编信用知识读本[M].北京:中国人事出版社,2007.

（1）与联邦储备委员会有关的监督执法机构主要包括：财政部货币监理局（Office of Comptroller of the Currency，OCC）、联邦储备系统（Federal Reserve System，FRS）、联邦储蓄保险公司（Federal Deposit Insurance Corporation，FDIC）。其中财政部货币监理局（OCC）是对于信用管理行业资格最老的执法机构。OCC 是依据 1863 年通过的《国家货币法案》建立的。它有权在商业银行作业违反《公平信用报告法》时，责令银行停业。它还有权撤免银行主要负责人及对商业银行罚款等。

（2）非银行相关的监督执法机构主要包括：司法部（Department of Justice）、联邦贸易委员会（Federal Trade Commission，FTC）、国家信用联盟管理（National Credit Union Administration）、储蓄监督办公室（Office of Thrift Supervision）。其中 FTC 是几个最主要信用管理有关法案的提案单位和法定的执法机构，例如《公平信用报告法》、《公平债务催收作业法》和《平等信用机会法》等。该机构建立于 1914 年，是依据《联邦贸易委员会法案》（Federal Trade Commission Act）和《克雷顿法案》（Clayton Act）的要求而建立的。FTC 最初的功能是反不公平竞争。作为信用管理相关的几个"大法"的执行机构，其中最主要相关管理部门是其所属的消费者保护局（Bureau of Consumer Protection），同信用管理企业和消费者直接打交道的是该局下属的信用实务科（Division of Credit Practice）。它管辖的范围包括全国的零售企业、提供消费信贷的金融机构、不动产经纪商、汽车经销商、信用卡发行公司等。

以上信用管理有关立法的执法部门都是联邦政府直属的，或者是全国范围内的组织。另外美国各州还会有自己的州法，州级政府部门具有对州法的监督功能。除此之外，美国其他协助信用管理的执法单位还有美国政府负责房屋贷款的部门、美国联邦调查局（FBI）及美国财政部及其联邦财政办公室和各地财政局。

2. 欧洲政府对信用管理行业的数据开放具有强制权

在欧洲的很多国家，政府是通过建立信用管理的相关法律，强制性地要求企业向公共机构提供征信数据的。如在意大利，无论企业是否是上市公司，其"资产负债表"必须能够公开索取。在英国，上市公司的财务报表必须在本财政年度结束后的 7 个月内公开，而非上市公司的财务报表则在本财政年度结束后的 10 个月内公开。而在美国却不同，个人和企业具有选择的权力，当征信公司要求一个非上市公司提供其财务报表时，被调查企业可以向征信公司提供相应的数据，也可以不提供，裁决办法只能是通过律师起诉。一般说来，在欧美国家征信的效率是比较高的，即使政府不出面协调，其征信数据的收集也能得到保障。这里政府的主要任务就是设立相关的法律来更好地保护企业和个人的隐私数据不被泄露。

（二）非征信国家政府对信用行业的管理

对于非征信国家，政府在国家信用管理体系建立的初期，其工作的重点并不是在执法层面，而是应更多地集中于促进征信数据的开放，培育信用管理行业的征信市场竞争机制以及相关法律的设立等方面。比如，在一些策划建立信用管理体系或处于信用管理体系建立初期的国家，政府和民间对于信用管理体系的认识一般比较粗浅，政府等相关部门可以聘请国外的专家来帮助其进行策划，如墨西哥和印度，其信用管理体系就是由美国和英国的相关专家协助策划的。对于一些还没有建立信用管理体系的国家，特别是政府功能比较强的国家，政府应积极推动其信用管理体系的建立，促进信用行业的发展，但往往有些国家的官员会从自己部门的狭隘利益考虑，担心征信数据的开放会使其丧失控制数据的权利，同时泄露企业的秘密等。

三、我国政府及其相关职能部门对信用行业的监管

我国正处于信用管理体系建设的初期,在这一建设过程中,我国政府必然会在其中起到重要的主导作用。早在2003年,在中国共产党第十六届中央委员会第三次全体会议上,中共中央就提出了"建立健全社会信用体系……增强全社会信用意识"等的决定。2007年3月,国务院办公厅发布的《国务院办公厅关于社会信用体系建设的若干意见》中明确指出我国社会信用体系建设的重要性和紧迫性,同时提出了社会信用体系建设的指导思想、目标和基本原则,包括完善行业信用记录,建立金融业统一的征信平台,培育信用服务市场稳妥有序的发展,以及推动相关法律法规的建立等内容。

随着现代经济活动日趋信用化,信用活动几乎遍布市场经济的各个角落,信用服务行业所涉及的领域也日益增加,许多信用服务分支行业与其他行业相互交织、不可分割,其中与金融业的联系尤为密切,如银行、证券等行业,所以我国对于信用行业的监管,除了"中国人民银行征信管理局和征信中心"两个专设部门外,有些监管职能也相应通过其他行业的监管部门辅助完成,在此也选一些主要监管部门做相应介绍。

(一)我国征信相关管理部门对信用行业的监管

中国人民银行下设中国人民银行征信管理局和中国人民银行征信中心两个信用管理部门。

中国人民银行征信管理局,承办征信业管理工作,组织推动社会信用体系建设,组织拟定征信业发展规划、规章制度及行业标准,拟定征信机构、征信业务管理办法及有关信用风险评价准则,承办征信及有关金融知识的宣传教育培训工作,受理征信业务投诉,承办社会信用体系部际联席会议办公室的日常工作。

中国人民银行征信中心于2006年底正式在上海市浦东新区挂牌注册,并在北京和上海两地办公,是中国人民银行直属的事业法人单位,主要任务是依据国家的法律法规和人民银行的规章,统一负责企业和个人征信系统(又称企业和个人信用信息基础数据库)、应收账款质押登记和融资租赁登记公示系统的建设、运行和管理。

(二)中国人民银行对金融市场的监管

中国人民银行是1948年12月1日在华北银行、北海银行、西北农民银行的基础上合并组成的。1983年9月,国务院决定中国人民银行专门行使国家中央银行职能。随着社会主义市场经济体制的不断完善,中国人民银行作为中央银行在宏观调控体系中的作用日益突出。在国务院的领导下,中国人民银行依法管理人民币的流通,保障支付、清算系统的正常运行,并制定和执行货币政策,对银行间同业拆借市场、债券市场、外汇市场以及黄金市场进行监督和管理,防范和化解金融风险,维护金融稳定,并以此促进经济增长。此外中国人民银行也依法对金融市场的运行情况进行监测,实施金融市场宏观调控,负责管理各金融机构的存款准备金,组织协调国家反洗钱工作,并有权要求银行业金融机构报送其必要的资产负债表、利润表及其他财务会计、统计报表和资料,以促进金融市场整体协调发展。[1]

---

[1] http://www.pbc.gov.cn.

（三）中国银行业监督管理委员会对银行业金融机构的监管

根据第十届全国人民代表大会审议通过的国务院机构改革方案,决定将对银行业金融机构的监管职能从中国人民银行分离出来,并和中央金融工委的相关职能进行整合,成立中国银行业监督管理委员会(简称中国银监会)。

银监会监管工作的目的是通过审慎有效的监管,保护广大存款人和消费者的利益;通过审慎有效的监管,增进市场信心;通过宣传教育工作和相关信息的披露,增进公众对现代金融的了解;努力减少金融犯罪。

依照法律及相关的行政法规,银监会的工作职责主要包括以下三个方面:

(1) 制定并发布对银行业金融机构及其业务活动监督管理的规章、规则,审查批准银行业金融机构的设立、变更、终止以及业务范围,制定银行业金融机构的审慎经营规则。

(2) 对银行业金融机构的业务活动及其风险状况进行监管,对银行业自律组织的活动进行指导和监督,开展与银行业监督管理有关的国际交流与合作活动。

(3) 对已经或者可能发生信用危机,严重影响存款人和其他客户合法权益的银行业金融机构实行接管或者促成机构重组,对有违法经营、经营管理不善等情形的银行业金融机构予以撤销,对涉嫌金融违法的银行业金融机构及其工作人员以及关联行为人的账户予以查询,对涉嫌转移或者隐匿违法资金的申请司法机关予以冻结,对擅自设立银行业金融机构或非法从事银行业金融机构业务活动予以取缔等。[①]

（四）中国证券监督管理委员会对证券期货市场的监管

中国证券监督管理委员会(简称中国证监会)为国务院直属单位,依照相关法律、法规和国务院授权,统一对全国证券期货市场进行监督和管理。其工作目的是维护证券期货市场的秩序,保障其合法运行。中国证监会总部设在北京,在各省、自治区、直辖市设立36个证券监管局,以及上海、深圳证券监管专员办事处。

依据有关法律法规,中国证监会在监督管理过程中的职责主要体现在以下方面:

(1) 研究和拟订证券期货市场的方针政策、发展规划,起草证券期货市场的有关法律、法规,提出制定和修改的建议,制定有关证券期货市场监管的规章、规则和办法。

(2) 垂直领导全国证券期货监管机构,对证券期货市场实行集中统一监管,对有关证券公司的领导成员、上市公司的证券市场行为、证券期货交易所及证券业和期货业协会进行管理,指导中国证券业、期货业协会开展证券期货从业人员资格管理工作。监管证券期货经营机构、证券投资基金管理公司、证券登记结算公司、期货结算机构、证券期货投资咨询机构、证券资信评级机构,审批基金托管机构的资格并监管其基金托管业务,监管境内证券、期货经营机构到境外设立证券、期货机构,监管境外机构到境内设立证券、期货机构、从事证券、期货业务。

(3) 监管股票、可转换债券、证券公司债券和国务院确定由证监会负责的债券及其他证券的境内外发行、上市、交易、托管和结算,监管证券投资基金活动,批准企业债券的上市,监管上市国债和企业债券的交易活动,监管境内期货合约的上市、交易和结算,按规定监管境内机构从事境外期货业务,并依法对证券期货违法违规行为进行调查和处罚。

---

① http://www.cbrc.gov.cn.

(4) 会同有关部门审批会计师事务所、资产评估机构及其成员从事证券期货中介业务的资格,并监管律师事务所、律师及有资格的会计师事务所、资产评估机构及其成员从事证券期货相关业务的活动等①。

(五) 中国保险监督管理委员会对保险市场的监管

中国保险监督管理委员会(简称中国保监会)成立于1998年11月18日,是国务院直属单位。根据国务院的授权,依照相关法律、法规统一对全国保险市场进行监督和管理,目的是维护保险业的合法、稳健的运行。中国保险监督管理委员会内设15个职能机构,并在全国各省、直辖市、自治区设有35个派出机构。其主要职责如下。

(1) 拟定保险业发展的方针政策,制定行业发展战略和规划,起草保险业监管的法律、法规,制定业内规章。制定保险行业信息化标准,建立保险风险评价、预警和监控体系,跟踪分析、监测、预测保险市场运行状况,负责统一编制全国保险业的数据、报表,并按照国家有关规定予以发布。

(2) 对保险公司及其分支机构、保险集团公司、保险控股公司、保险资产管理公司、境外保险机构代表处、保险代理公司、保险经纪公司、保险公估公司等保险中介机构及其分支机构、境内保险机构和非保险机构在境外的分支机构,以及保险机构的合并、分立、变更、解散、破产及清算进行审批和监管。

(3) 依法对保险公司的偿付能力和市场行为,保险公司的保险保证金和资金运用进行监管,并负责保险保障基金的管理。审批关系社会公众利益的保险险种、依法实行强制保险的险种和新开发的人寿保险险种等的保险条款和保险费率,对其他保险险种的保险条款和保险费率实施备案管理。对政策性保险和强制保险进行业务监管,对专属自保、相互保险等组织形式和业务活动进行监管,同时管理保险行业协会和保险学会等行业社团组织。

(4) 依法对保险机构和保险从业人员的不正当竞争等违法、违规行为以及对非保险机构经营或变相经营保险业务进行调查、处罚②。

四、社会信用体系建设中政府作用的发挥

对于需要建立社会信用体系的国家,尽管政府介入建设的时机、方式和力度有所不同,但有一点是一样的,就是政府的作用几乎是不可缺少的,也是不可替代的。政府的作用可能会贯穿包括启动、建设、运转和维护阶段的全过程,也可能从建设后期的某一个阶段介入。对于社会信用体系建设的后进国家,有可能要求政府发挥更大的作用③。

如果一国政府从社会信用体系建设的启动阶段就介入,政府所遇到的首要问题就是模式选择问题。政府要根据本国的社会制度和经济发展状况,选择适合本国国情的社会信用体系发展模式。确立社会信用体系建设工作的原则,制定合理的建设框架和规划方案,扫清社会信用体系建设的外围障碍,引导社会信用体系各服务子系统市场化运作机制的建立,保证各子系统商业化运作模式的长期运转。其中,制定市场上信用交易的新规则是政府的重

---

① http://www.csrc.gov.cn.
② 同上。
③ 人事部中国高级公务员培训中心,商务部国际贸易经济合作研究院编写.新编信用知识读本[M].北京:中国人事出版社,2007.

要任务。因为规则是实现信用投放、信用风险控制和诚信教育三大目标的保障,而且社会信用体系建立起来的市场新规则应纳入法制轨道。因此,政府需要推动信用相关法律法规的建立,逐步完善信用法律体系。

当一国的社会信用体系建立起来以后,政府的使命并没有结束,维护社会信用体系的良好运行,是政府责无旁贷的责任。因为社会信用体系是保证一国信用经济持续、良好发展的基础,有许多工作是要长期进行下去的。但是政府的工作重点需要转移。当社会信用体系运转起来以后,政府的工作重点应该转移到执法工作上,包括进一步完善信用投放和信用管理的相关法律,提高执法水平等,并根据国家的经济形势,对市场中信用投放量进行宏观调控,从而更好地平衡信用供求。与此同时,在全社会长期实施信用教育工程,强化全社会市场主体的信用意识和信用观念,以建立诚实守信的信用环境。

政府的监管与执法有区别也有联系。执法一般来讲,强调对现行的信用相关法律强制性的执行;而我国的政府监管概念要更宽一些,包括对现行法律法规的执行,参与审批授信金融机构和征信机构的申请,按照政府规章对金融机构和征信机构的工作进行审查等。政府的信用监管系统是一个国家社会信用体系的配套工程。其既独立于社会信用体系,又服务于社会信用体系。政府应在该国社会信用体系建设达到某一水平后,适时启动信用监管体系的建设,并不断提高政府信用监管工作的水平。政府的信用监管系统也可以在宏观调控信用工具的市场投放方面发挥积极的作用。

第三节 信用法律制度建设

市场经济中的经济关系是以契约和信用为基础的,而契约和信用活动需要以法律体系为保障才能够良好的运转。社会信用体系作为市场经济的重要组成部分,自然也需要法律体系的保障才能有效发挥作用。国家和相关立法部门应根据自身信用发展的情况,系统地建立并制定有关信用管理的一整套法律法规,来完善市场经济中的信用制度建设。明确市场经济中各信用主体的法律责任,使市场经济中各信用活动都有法可依、有章可循,进而维护良好的市场经济秩序。

一、信用立法在社会信用体系建设中的地位和作用

一个国家社会信用体系的建设离不开其信用制度的确立。信用制度建设是一个国家社会信用体系大厦的主体。信用制度与信用立法有着相辅相成、密不可分的联系,一国信用制度的确立往往是通过一系列信用法律法规的颁布和实施来完成的,进而为其信用信息开放机制、市场化运作信用服务机制以及信用监管和失信惩戒机制的建立奠定基础。信用立法在社会信用体系建设中处于基础地位。信用相关法律法规是信用制度有效运行的基础,法律所具有的震慑作用和惩罚作用可以使失信者在社会经济生活中无立足之地。同时信用立法对社会信用体系的建设也起到了非常重要的作用。

首先,法律可以规范征信活动,并为信用活动所需要的信用信息和数据的使用和传播提供法律保障。信用信息的获取与披露是信用管理的第一步,信用信息的真伪会直接对信用管理的有效性产生影响。征信的目的就是消除市场经济中由于信息不对称而产生的不良影

响。在利益的驱动下,各种信息常常被人为地扭曲或延迟公布,从而增加市场中的交易成本,降低经济效率,影响社会资源的有效配置。通过信用立法,可以使得市场中的各个交易主体能够获得真实、准确的信用信息,有效地消除市场中信息不对称的现象,从而活跃市场交易、扩大市场规模、提高市场效率。此外,通过信用立法,还可以实现对市场中各个信用主体个人隐私权的保护。法律的权威性与公正性可以防止个别人通过窃取、骗取等手段获得信用信息,使信用信息的传播和使用得到有效的保护。

其次,信用立法有助于维护市场竞争秩序,促进公平竞争。在一个国家信用管理秩序的形成过程中,法律建设的作用不容忽视。一些具有良好信用管理秩序的国家正是因为具备了信用行业的相关立法,提高了司法部门的执法水平,信用管理秩序才得以改善,从而形成了发达的社会信用服务体系。法律依照平等竞争的原则,赋予了个人享有平等取得授信的权利。任何授信机构都不能因消费者的性别、民族、年龄、宗教信仰等方面的原因而拒绝消费者的信用申请。同时法律也保证了任何合格的信用机构,无论其规模大小、性质如何,都能够在同业之内获得经营任何信用产品的权利。

最后,法律对于失信行为的惩罚机制是信用管理有效性的保证。经济行为主体选择失信还是守信,关键是要进行失信成本与收益的对比。当失信的成本高于收益时,就会选择守信;反之就会选择失信。如果社会缺乏信用管理的法律规范,失信者就不会受到应有的制裁,守信者也无法得到相应的保护,社会信用秩序必然混乱。守信者寡,失信者多,社会经济的运行效率进而受到严重的影响。而信用立法对失信行为所具有的严惩性将为信用管理有效性的发挥提供制度保障。只有当失信行为在完善的法律框架下受到严厉的制裁,使之承受其相应的成本时,守信行为才会成为一种自觉行动。

二、国外信用立法的基本情况

(一) 美国信用法律制度

1. 美国信用立法的背景和框架

美国是世界公认的信用立法最为完备的国家。在第二次世界大战结束后的 20 年中,北美市场的信用交易额剧增,各种信用工具被广泛使用。由于市场的需要,美国的信用管理行业开始步入现代信用管理的阶段。而伴随市场信用交易的增加和信用管理行业的发展,信用管理行业中一些诸如公平授信、正确报告消费者信用状况、诚实放贷等问题也随之而来[①]。其中特别敏感的是消费者隐私权的保护问题。鉴于当时的市场情况,美国社会各界均强烈要求国会出台信用管理的相关法律。于是在 20 世纪 60 年代末至 80 年代,美国开始制订信用管理的相关法律,并经逐步完善形成了一个完整的框架体系。美国的信用管理法律制度大致可以划分为三个层次。

第一层次是直接的信用管理法律规定。一般来讲共有 17 部,几乎每一部法律都进行了若干次修改,其中《信用控制法》(Credit Control Act)在 20 世纪 80 年代被终止,其他 16 部法律分别为:《公平信用报告法》(Fair Credit Reporting Act)、《公平债务催收作业法》(Fair Debt

---

① 人事部中国高级公务员培训中心,商务部国际贸易经济合作研究院编写. 新编信用知识读本. 中国人事出版社. 2007.

Collecting Practice Act)、《平等信用机会法》(Equal Credit Opportunity Act)、《公平信用结账法》(Fair Credit Billing Act)、《诚实贷款法》(Truth in Lending Act)、《信用卡发行法》(Credit Card Issuance Act)、《公平信用和贷记卡公开法》(Fair Credit and Charge Card Disclosure Act)、《电子资金转账法》(Electronic Fund Transfer Act)、《储蓄机构解除管制和货币控制法》(Depository Institutions Deregulation and Monetary Control Act)、《甘思-圣哲曼储蓄机构法》(Garn-St Germain Depository Institution Act)、《银行平等竞争法》(Competitive Equality Banking Act)、《房屋抵押公开法》(Home Mortgage Disclosure Act)、《房屋贷款人保护法》(Home Equity Loan Consumer Protection Act)、《社区再投资法》(Community Reinvestment Act)、《金融机构改革、恢复、执行法》(Financial Institutions Reform, Recovery and Enforcement Act)和《信用修复机构法》(Credit Repair Organization Act)。

第二层次是直接保护个人隐私的法律,主要包括《隐私法案》(1975 年)、《犯罪控制法》(1973 年)、《家庭教育权和隐私法》(1974 年)、《财务隐私权利法》(1978 年)、《隐私保护法》(1980 年)、《电子通信隐私法》(1986 年)、《录像隐私保护法》(1988 年)、《驾驶员隐私保护法》、《电信法》(1996 年)等。这些法律都直接规定,在相应的特殊环境中不能公布或者限制公布个人或企业的相关信息。

第三层次是规范政府信息公开的法律,为征信机构收集政府公开信息提供法律依据。这方面的法律包括《信息自由法》(1966 年)、《联邦咨询委员会法》(1972 年)、《阳光下的联邦政府法》(1976 年)。

2. 美国主要信用法律简介

(1)《公平信用报告法》

在美国生效的 16 项信用管理基本法律,其主要内容均集中在规范授信、平等授信、保护个人隐私权方面。其中商业银行、金融机构、消费者资信调查、商账追收行业均受到了明确的法律约束,而对征信行业中企业资信调查和市场调查行业则没有相关法律法规的约束。在这 16 项信用管理相关法律中,最重要的就是《公平信用报告法》。

美国国会于 1970 年制订了《公平信用报告法》,1971 年 4 月开始实施。该法的全称为《公平信用报告法——消费者信用保护法标题Ⅵ》,属于"消费者保护法系列"。这项法律规范的对象是消费者信用调查、报告机构和消费者信用调查报告的使用者。这项法律是在市场大量出现消费者信用调查、报告机构,而且相当比例的授信机构以个人信用局对消费者的信用评分作为授信依据的历史条件下出台的。它首先定义了什么是消费者信用调查、报告机构,规定了消费者对个人信用调查报告的权利,规范了消费者信用调查、报告机构对于报告的制作、传播、违约记录的处理等事项,并明确了消费者信用调查机构的经营方式。此外,鉴于公平交易和公正地对待消费者,这项法律还要求金融机构和其他授信机构尽量避免成为消费者信用调查、报告机构。负责该法的执法和法律权威解释的主要单位为联邦贸易委员会(FTC),辅助执法单位为联邦储备委员会(FRS)和财政部货币监理局(OCC)。

(2)《平等信用机会法》

《平等信用机会法》于 1975 年 10 月开始生效。该法适用于一切向消费者授信或安排消费者申请信用销售的政府机构、商家和个人。该法并不要求授信机构不顾事实地放贷。而是在对信用申请人进行调查和数据分析的基础上做出合理的授信,但不得因申请人的性别、婚姻状态、种族、宗教信仰、年龄等因素做出歧视性的授信决定。

其主要内容包括：信用申请人不得因其性别、婚姻状态、种族、宗教信仰、年龄而受到授信人的歧视，尽管消费者必须达到合法的年龄才能签署合同；在信用申请人处于领救济的状态或处于根据《消费者信用保护条例》申诉自己的权利期间，授信人不得歧视信用申请人；授信人不得对处于上述条件的潜在申请人暗示，阻止他们的信用或贷款申请；授信人不得基于上述情况而拒绝考虑申请人的申请，将信用或贷款发放给条件更好的、但排在后面的申请人；在申请人申请不保密的独立账户时，授信人不得询问申请人的婚姻状态；除特定的情况外，授信人不得询问配偶一方的情况；不允许将性别和婚姻状态用于信用评级打分系统。信用打分系统必须经统计测试。任何名声卓著的信用打分系统都不得对年老的申请人因年龄因素而给予低分；任何授信人都不得向申请人提问有关生育打算、生育能力和节育的问题。授信人不得假设申请人在育龄期内会因为生育而失去工作，继而中断收入；授信人不得因申请人的配偶或前配偶有坏的信用记录而歧视申请人；授信人不得对申请人因其处于非全时工作状态而降低其信用评价，但是可以对申请人持续工作的时间进行核查等。

(3)《公平债务催收作业法》

《公平债务催收作业法》于1978年3月20日开始生效，适用于替债权方进行追账活动的第三方。但是法律规范的是受委托从事追账活动的追账机构，向自然人类型的债务人进行追账的情况。

该法的主要内容包括：追账机构不得在债务人不方便的时间打催账电话，特别是在晚间9时至早晨8时之间；如果债务人将案件委托给律师，追账机构只能同该律师探讨该案；如果债务人所服务的单位的雇主不允许在工作时间打此类电话，追账机构不得在债务人的正常工作时间内打电话催账；如果追账机构以书面形式对债务人进行催收，当付账要求被债务人拒绝后，追账机构不得再给债务人寄相同内容的信或打电话，除非通知债务人追账机构将采取新的合法措施；追账机构在催账时，必须给债务人书面通知。

(4)《诚实贷款法》

《诚实贷款法》于1969年7月1日正式生效。该法共分4个章节，各章节的内容分别为消费者保护、不合理信用交易、被扣发工资的解决方法、成立消费信贷国家委员会。

所谓"不合理信用交易"，指的是收费价格过高的信用交易。该法的第三章提供了被扣发工资的情况出现时，首先被法律解释为借贷关系，然后提供同雇主解决纠纷的法律程序。该法的执法机构为联邦贸易委员会。

该法的核心内容是要求一切信用交易的条款，必须向消费者公开，让消费者充分了解各信用条款的内容和效果，并且可以同其他信用条款进行比较，避免消费者在知识不够的情况下使用信用条款。在信用销售的情况下，卖方与贷方必须向买方或借方明确收费额或利率以表明使用消费者信用或信贷的成本，但不对贷方收取的利率设定上限。

(5)《公平信用结账法》

《公平信用结账法》于1975年10月开始生效。它是对《诚实贷款法》修改的结果。该法的核心内容还是保护消费者，反对信用卡公司和其他任何全程信用(Open-end Credit)交易的授信方在事前提供给消费者不精确的收费解释和不公平的信用条款。

(二) 欧洲主要国家的信用立法

1. 英国

英国相关信用立法是1974年的《消费者信用法》和1984年的《数据资料保护法》[①]。英国《消费者信用法》规定，消费者在被拒绝提供信用即贷款的情况下，有权了解出贷人的行为原因，尤其有权了解信贷咨询机构是否有对其不利的记录或登记。《数据资料保护法》适用于公共部门和民间部门，规定作为数据资料主体的公民，对自己的数据资料享有保有权、更正和消除请求权、损害赔偿权。英国的法律规定：任何个人都有权书面申请获得信用局档案信息的副本。如果信息是错误的，信用局必须进行更正。

2. 德国

德国分别于1970和1976年颁布了世界上最早的《个人信用信息保护法》和《一般交易约定法》，分别用来规范政府机关和私营机构的行为。1977年进一步制定了《联邦信息保护法》，来规制私营信息机构，信息机构为了自身的目的或为了第三者的目的，而积蓄、提供、变更、删除信息的情况，要服从该法的规定。关于信息处理的原则，除了法律规定允许的场合外，提供个人的信用信息必须得到本人的同意，原则上要得到书面的同意意见。禁止在信息机关的权限外使用个人信用信息。1990年德国再一次重新制定了《联邦信息保护法》，目的仍是进一步规范信息机构对消费者信用信息的收集、处理和利用等行为。

3. 法国

在法国由于隐私备受关注，《隐私保护法》对于个人的保护比其他地方更严格。其1978年的《信息、档案和个人权利法》给予了个人向保存有其电子或自动化档案的机构咨询的权利，并要求在每次被调查者姓名在数据库中出现时，都需要事先告知本人，而且要在发布信用报告之前得到本人提供的书面同意。另外，一旦执行调查，就必须向本人提交报告。本人可以提出异议，若认为报告不属实，甚至可以举例反驳调查者。同时该法还禁止第三方使用这种信息。

4. 其他部分国家

比利时隐私法律给予个人对其自身在信用登记中心数据的获得权和更正错误权（只要能够证实信息是错误的）。当消费者姓名被第一次输入登记系统时，需要书面告知该消费者，而且消费者有资格检查和更正档案。

在意大利，有关隐私保护的法律是自1997年5月开始实施的《675号法》。该法规定，除某些特殊情况，需要进行数据处理的机构或个人，必须事先告知本人并获得其处理、传送和发布其个人数据的书面同意。

西班牙1992年法给予个人获得其数据的权利，同时规定：如果索要数据机构的档案中没有该人记录，那么任何数据都需经本人授权。此外，借款人可以申请获得公共信用登记系统保存的关于其本人的信息；在发生错误时，借款人可以申请更正，而且公共信用登记系统必须告知更正的第三方。

瑞士现行的《保密法》给予消费者了解信用局档案中存有何类信息的权利，但无须告知

[①] 人事部中国高级公务员培训中心，商务部国际贸易经济合作研究院编写.新编信用知识读本[M].北京：中国人事出版社，2007.

消费者信用局存有其信息。瑞士正在考虑在将来采用与欧盟《指南》相似的法规,这样信用局将不得不告知消费者存有他们的记录。

芬兰法律只准许一家信用局在法律许可范围内运营,且该信用局只限于报告偿付困难情况(只限于报告负面信息)。奥地利的隐私法建立于1978年,其规定借款人和贷款人匿名,并给予每个借款人获得自身数据信息的权利。在葡萄牙,借款人有权获取和更正以其名义记录的所有信息。贷款人向信用局错报是一种犯罪行为。

5. 欧盟的信用立法

欧盟作为地区国家联盟,也通过了有关信用管理的立法。在欧盟成员国有效的相关法律通常称为《欧盟数据保护法》(EU Data Protection Law),在某种程度上可以与美国的《公平信用报告法》相媲美。欧盟有关信用管理的法律既注意保护消费者个人隐私,又要保证消费者征信信息流的通畅。在保护人权和开放数据之间取得平衡是其法律的立法宗旨和基本原则。

1995年2月,欧盟部长会议通过了共同执行的《数据保护指南》。经过欧洲议会的修改,于同年7月通过了该项指南,定名为《在处理个人数据和自由传播此数据时对于个人的保护》。1995年10月欧洲议会通过了欧盟在信用管理领域的第一个公共法律——《个人数据保护纲领》。该纲领的目标是促进欧洲一体化,在欧洲市场上维护公平交易,并规定为了促进个人征信数据在同等数据开放水平的征信国家内传播,完全开放欧盟国家间的个人征信数据交换和商业化经营,但限制向征信水平落后的国家或地区传播征信数据。根据该法的规定,在要求保护自然人的人权和自由的同时,不限制个人数据在欧盟成员国之间传播,但限制数据向欧盟以外的地区传播。

欧盟于1997年12月公布了第二个《数据保护指南》,并于1998年10月5日正式生效。该指南要求成员国制定法律,以保证个人有权并有机会更正他们被处理的信息。作为最低限度,这些法律必须允许数据主体有权证实与其有关的个人数据是否存在,要以容易理解的方式将这些数据传送给他们,并表明信息来源以及信息全面的使用情况。在该指南指导下的国家法律,还必须允许数据主体有权更正、取消或阻止不正确或不完整数据的传送,数据处理者必须告知所要收集的主体。最后,成员国还必须建立相应的法律,禁止个人数据向缺乏充分的数据保护水平的非成员国家传送。由于难以把从欧洲范围内收集的数据与从其他地区收集到的数据分离开,该指南强烈要求跨国企业的数据处理业务要遵守欧洲法律的规定。

虽然欧盟的《数据保护指南》的最后期限是1998年10月24日,但并不是所有成员国都对该法律条款给予足够的重视。从实际情况来看,尽管欧盟的该指南在不同国家的相关法律中均得到了不同程度的反映,但是其各成员国的法律仍存在差异。

(三)亚洲部分国家和地区的信用法律制度

1. 日本个人信用立法

在日本,专门的信用立法并不多见,信用行业的管理主要是依靠行业协会的条例、规章等内部制度来进行自律约束的。为了对行政机关保有的由计算机进行处理的个人信息提供法律保护,1988年12月,日本政府颁布了《行政机关保有的电子计算机处理的个人信息保护法》。1996年日本行政改革委员会提出了《信息公开法草案》,对不能公开的个人信息作出了规定①。另外 1983 年的《贷款业规制法》和《分期付款销售法》,对个人信用信息的收集和使用等进行了初步规定,规定信用信息机构保有的信息,只能用于调查消费者的偿债能力或支付能力,不能用于其他目的,但没有规定违反时的罚款,这可能会影响这些规定的执行力度。1993 年,日本行政改革委员会提出了《行政改革委员会行政信息公开法纲要》,为征信机构收集政府部门保有的信用信息提供法律依据。由于大藏省发出的通令缺少强制性,对于信用供给机关不经过信用信息机构而收集个人信用信息的行为,没有被列为该通令的调整对象。

由于缺乏专门的信用立法,在信用信息机构等部门利用信息的过程中,对于信用供给机构以外的、与消费者没有合同关系的机构利用信息的问题,是根据现行的日本民法,由不法行为者进行损害赔偿为救济措施的。而且日本金融机构等信用供给者,在收集个人信用信息时,往往也会存在信用供给机构和信用信息机构对个人信息的泄露问题,从而造成对个人隐私权的侵害。但由于不法行为举证困难等原因,使得个人信用信息不能得到有效的保护。因此,如何有效的保护个人信用信息成为了日本社会非常关注的问题。

2. 印度的信用法律制度

在发展中国家,印度是着手建立信用制度较早的国家之一,最初由中央银行推动。印度中央银行考虑到金融行业的发展,为了建立一个有效的机制来减少信用风险,提高信用决策和质量,成立了一个工作小组,开始筹备建立信用信息局(CIB),其是提供信用数据服务的专业信用管理公司。

CIB 的建立要求对印度银行法的相关内容进行修改。因为印度银行法中有数据公开限制和不允许数据共享的条款,所以要成立 CIB 就必须修改这些条款。银行法修改以后,就可以成立 CIB。CIB 的信用信息不仅来自银行系统内,还来自其他部门,比如法院、税务部门等。因此,在正确的法律框架下,中央银行应是 CIB 信用信息管理系统的使用者。任何寻找法律依据,试图建立信用信息系统的银行和机构都应当予以取缔。但根据需要,可以建立多个 CIB,以适应各个市场并覆盖不同地区。

3. 泰国的信用法律制度

泰国专门的征信立法出台较晚,其《征信业法》于 2003 年 3 月 14 日生效。在该法生效之前,泰国已经建立了两个征信公司:泰国信用有限公司(半官方机构)和中央征信服务有限公司(私营机构,多家商业银行是其主要股东)。在征信业务的开展过程中,由于泰国法律禁止披露客户资料,因此银行披露客户信息需要申请贷款人事先签署同意文件。这是一种费时而又有争议的做法,在实践中困难重重。《征信业法》正是在这样的背景下出台的,其围绕征信机构的设立及其业务的开展,对征信业作出了较为全面的规定,并从强调隐私保护和防止资料滥用出发,制定了严格的程序和严厉的惩罚措施。该法规定征信公司收集的资料种类,包括个人信息和金融信息,但是敏感的信息,例如残疾、遗传缺陷等信息禁止收集。征信公司提供的信息只能用于信用分析、保险和信用卡业务,且必须有信息主人提供的书面声明。信息主人有权了解、核对以及更正个人资料。征信业中的个人信息披露还必须遵守其

---

① 人事部中国高级公务员培训中心,商务部国际贸易经济合作研究院编写. 新编信用知识读本[M]. 北京:中国人事出版社,2007.

他的相关法律。

4. 马来西亚信用法律制度

马来西亚的信用机构主要包括马来西亚中央银行的公共信贷信用信息系统和一个由行业协会操作的非营利性机构——消费信贷信用局。

1958年马来西亚的《中央银行法》规定中央银行是金融机构的直接监管者。关于金融团体规章制度的主要法律是1989年颁布的《银行和金融机构法》。关于数据保护,《中央银行法》规定,任何非金融机构,即使是在信贷信息系统有账户的客户,也一律不能使用信贷信息系统的数据库。而且依照《银行和金融机构法》,金融机构除了向中央征信局提供信息外,不能向第三方透露客户账户信息。

三、中国信用法律法规建设情况

自1999年以来,我国社会信用体系建设问题引起了党和政府的高度重视。从2000年起,建立社会信用体系一直是全国人大会议和全国政协会议的焦点议题之一。2003年,党和政府明确提出要用五年左右的时间建立起我国社会信用体系的基本框架和运行机制。2003年10月,十六届三中全会通过的《中共中央关于完善社会主义经济体制若干问题的决定》对我国社会信用体系建设做出了明确的政策指引,提出"建立健全社会信用体系,形成以道德为支撑、产权为基础、法律为保障的社会信用制度,是建设现代市场体系的必要条件,也是规范市场经济秩序的治本之策"。

我国信用相关法律法规的建设,从社会信用体系建立之初就被摆在非常重要的位置。政府已经明确,我国的社会信用制度建设工作是以法律为保障的,需要建立和完善成套的信用相关法律和规章制度。根据政府主管部门的部署,我国信用法律法规的建设将围绕着社会信用制度这个核心,信用信息资源共享这个关键来制定。并对公共信用信息的界定、归集、记录归档和使用做出相应的规范。

中央政府的法规建设工作,起步于2002年。当年3月,由人民银行总行牵头,16个部委参加的企业和个人征信专题工作小组,代国务院起草了我国第一个信用管理相关的法规《征信管理条例(代拟稿)》。人民银行总行条法司和业务司局为起草这项法规进行了广泛的调查研究和大规模的征求意见。制定这项法规的目的是定义征信机构、征信行业、征信机构的业务操作规范、政府监管部门及其监管内容等。同年,另一部更为基础的相关法规——《政府信息公开条例(草案)》也上报到国务院法制办公室。2004年以来,随着中央政府监管部门对各自职能的逐步明确,一系列涉及信用信息开放和规范征信业务的法规也开始起草。

2009年10月12日,国务院法制办公布了《征信管理条例(征求意见稿)》,正式向公众征求意见。该征求意见稿主要明确了征信业务的范畴,包括信用报告、信用评级、信用评分业务(第二条),并对征信机构实行严格的市场准入;确定了征信业监督管理部门为中国人民银行(第三条);在个人信息征集方面,确立了征集信息经信息主体同意的原则(第十六条),同时明确了可以征集的信息范围(第二条、第三十六条);条例还明确了不良信息保存期限(第二十一条)、异议信息处理(第四十条)、信息查询(第三十九条)等公众比较关心的现实问题。

截止到2012年5月,我国全国性的信用相关法律法规主要有《征信管理条例(征求意见稿)》《中华人民共和国政府信息公开条例》《应收账款质押登记办法》《个人信用信息基础数据库管理暂行办法》《银行信贷登记咨询管理办法(试行)》《个人信用信息基础数据库数据金融机构用户管理办法(暂行)》《个人信用信息基础数据库数据报送管理规程(暂行)》《中国人民银行征信管理局关于加强银行间债券市场信用评级管理的通知》《中国人民银行、中国银行业监督管理委员会关于印发〈融资性担保公司接入征信系统管理暂行规定〉的通知》《中国人民银行办公厅关于小额贷款公司接入人民银行征信系统及相关管理工作的通知》《中国人民银行信用评级管理指导意见》《中国人民银行关于加强银行间债券市场信用评级作业管理的通知》《中国人民银行关于落实〈个人信用信息基础数据库管理暂行办法〉有关问题的通知》，以及《质检总局办公厅、人民银行办公厅关于将企业质检信息纳入企业和个人信用信息基础数据库有关问题的通知》等。[①]

此外，我国现行其他法律中，也包含一些有关信用和个人隐私方面的规定，如《中华人民共和国物权法》《中华人民共和国民事诉讼法》《中华人民共和国律师法》《中华人民共和国行政复议法》《中华人民共和国行政处罚法》《中华人民共和国刑事诉讼法(修正)》《中华人民共和国未成年人保护法》《中华人民共和国行政诉讼法》《消费者权益保护法》和《产品质量法》等。[②]

在过去的一段时间，由于全国统一性的信用相关法律法规的缺失，使部委系统、区域和城市信用体系建设工作出现了许多困惑。例如，在适用的法律法规还未建立的情况下，包括一些政府部门和民间制作的各种"黑名单"就开始出现，在社会上引起了争论。如果社会信用体系中的失信惩戒机制没有法律作为依托，"黑名单"满天飞的情况非常有可能造成侵害个人隐私权和企业商业机密的恶劣事件。而量刑的过度还会导致其他一些社会问题，进而对我国的正常社会生活和市场经济秩序造成伤害。

由于早期我国信用相关法规建设的滞后，已经或多或少地影响了各地企业和个人信用管理的发展和试点工作的正常进行。部分城市率先在各地建立了与信用相关的地方法规，支持征信机构的业务开展。如信用体系建设走在前面的深圳市、上海市、温州市、汕头市等都是率先建立地方政府规章的代表。深圳市于2002年1月1日开始实施《深圳市个人信用征信及信用评级管理办法》，共二十五条，对个人征信机构及业务的开展做出了具体的规定。随后2004年2月1日上海市开始实行《上海市个人信用征信管理试行办法》，共八章三十三条，在对《深圳办法》合理继承的基础上，又在一些技术层面做了更为完善的规定。同时上海市还在2004年5月1日实施了人民政府第19号令——《上海市政府信息公开规定》。再如，2002年北京市出台了《北京市行政机关归集和公布企业信用信息管理办法》、2005年天津市公布了《天津市行政机关归集和使用企业信用信息管理办法》。此外，浙江省也颁布了《浙江省企业信用信息征集和发布管理办法》，等等。这些地方规章的出台，在一定程度上促进了当地企业和个人的信息归集工作。但从全国来看，鉴于我国为实现健全的信用法律体系仍要做大量的工作，所以我国信用相关法律法规的建设工作依然任重道远。

---

① http://www.pbc.gov.cn.
② 同上。

第四节 行业自律组织监管

一、行业协会在社会信用管理体系建设中的地位和作用

作为信用管理体系的重要组成部分,信用管理民间机构的建立必不可少。在征信国家中,各国都有信用管理行业组织或民间机构,大多都是非盈利性的。民间信用行业协会的主要功能包括:制定行业规范、进行行业自律;联系本行业或本分支的从业者,为本行业的从业者提供交流的机会和场所;进行政府公关或者议会的院外活动,替本行业争取利益;促进立法机构相关法律法规的出台;与此同时,大多民间信用协会都具备提供信用管理专业教育的能力,以及举办信用管理从业资格培训及考试、颁发从业执照的职能;此外,民间协会还经常举办会员大会和各种学术交流活动,成立专项研究基金,支持信用管理研究课题,出版专业图书、工具书、教材、杂志、电子出版物等,进而大大提升整个信用行业的服务水平。

二、西方著名的信用管理国际性组织

在欧美各国的信用管理行业中,存在着大批协会、联盟及相关组织。这些行业协会和行业组织有的是综合性的,有的是专业性的,有的是公开的,有的是封闭的。国际最著名的信用管理民间组织是分具体专业的,如商账追收类公司会参加"商业法律联盟联合会(Commercial Law League Association, CLLA)"和"收账协会"。而信用保险类公司会参加英国的NCM、法国的COFACE以及"国际信用和投资保险商联合会(Berne Union)"等组织。[①] 信用管理行业中主要的国际性协会有以下几种。

(一) 国际信用协会(International Credit Association)

国际信用协会成立于1912年,成立该组织是为零售业服务的。当时零售商们为了全面了解消费者的信用,成立了零售业信用人员协会,这就是国际信用协会的前身。协会以吸收个人会员为主,会员包括来自世界各地的上万名经理人。除了培养信用专业人员外,国际信用协会还在产业教育、立法等方面发挥了很多作用。

(二) 美国收账者协会(American Collectors Association, Inc.)

美国收账者协会是专门为账款追收机构服务的同业协会。虽然叫做美国收账者协会,但实际上它是一个国际性组织。这个创建于1939年的协会,在100多个国家和地区拥有11 000名左右的会员,为了向会员提供最新最快的信用资讯,协会定期出版《收账》杂志。另外,协会还在各地举办信用管理大会,以提高会员的信用管理能力。北京中贸远大商务咨询有限公司、北京新华信公司等都是这个协会的会员。

(三) 信用专业国际社(Credit Professional International)

信用专业国际社是一种类似俱乐部的组织,拥有250个分社,共有社员9 000人。其社员除信用管理从业人员外,还包括企业管理人员。该社成立的主要目的在于促进社员间的感情与加强联系,增强社员的专业知识。

---

① 人事部中国高级公务员培训中心,商务部国际贸易经济合作研究院编写. 新编信用知识读本[M]. 北京:中国人事出版社,2007.

（四）妇女信用管理行业管理人员国际社（Credit Women Internatinal）

该社是信用管理行业女经理人员的俱乐部，创立于1934年。该组织拥有会员12 000人，主要分布于美国及加拿大两国。其主要目的在于联络会员感情，加强会员与信用报告机构的联系，提高会员专业知识。

（五）国际信用和投资保险商联合会（简称伯尔尼协会，Berne Union）

伯尔尼协会成立于1934年，是一个专门为信用保险机构服务的同业协会。其会员都是来自各国政府投资的信用保险或担保机构。目前，协会包括来自42个国家和地区的51个会员。我国在1998年成为会员，目前的会员是中国出口信用保险总公司。

（六）国际保理商联合会（Factor Chain International）

国际保理商联合会于1968年成立，是一个专门为保理机构服务的国际性同业协会，总部设在荷兰阿姆斯特丹，有来自53个国家的150个会员。中国银行、中国交通银行、光大银行、中信银行都是其会员。

三、中国的信用行业组织

1991年3月，经中华人民共和国民政部的批准，全国性社会团体——中国市场学会正式成立。全国政协副主席陈锦华为名誉会长，中国国际贸易促进会会长俞晓松为会长。

2001年12月15日中国市场学会第三届全国会员代表大会正式宣布成立中国市场学会信用工作委员会。原国家工商局市场监督管理司司长赵凤梧为主任。

为更好地团结信用管理行业中各方专家及有关学者，科学有效地开展中国市场学会信用工作委员会的工作。2002年5月18日，中国市场学会信用工作委员会召开了中国市场信用学术委员会成立大会。北京大学中国经济研究中心主任林毅夫教授为学术委员会主任，著名信用管理专家林钧跃先生为常务副主任。中国市场信用学术委员会的成立，将对我国信用经济理论的研究及社会信用体系的建设发挥积极的影响。

信用工作委员会成立以来，按照《信用工作委员会规则》确定的宗旨和主要任务积极开展工作：制定规则、建立工作机构；发展会员、设立地方分支机构；建立中国市场信用学术委员会；面向企业、面向社会，积极开展培训工作；举办中国市场信用论坛；创建中国市场信用网（网址：www.cmcma.org.cn）；试办《信用》专刊，宣传党和政府关于信用的政策、法规；配合政府，组织专项课题调研；同时建立与海外相关机构的联系，开展合作交流；积极推动我国信用行业的发展，实心实意为企业和社会服务。

除了中国市场学会信用工作委员会这样全国性的信用组织外，在各地政府的大力扶持下，全国各地也纷纷成立了信用行业组织。截至2004年底，几乎我国的所有省份都成立了省信用协会，超过100个城市成立了市级信用协会。这些组织的成立和壮大，必将对我国社会信用体系的建设、信用行业法规的完善、企业信用管理制度的建立及社会信用意识的提高发挥重要的推动作用。

本章提要

本章首先介绍了信用行业的监管原则、主要内容及监管手段。信用监管的主要内容包括对征信数据及评估的监管、对信用法律法规的监管、对信用市场的监管以及信用管理教育。其次介绍了国内外政府专业机构对信用的监管。我国信用监管主要涉及的部门包括中国人民银行、中国人民银行征信管理局、中国人民银行征信中心、银监会、证监会、保监会等。再次介绍了信用法律制度建设。最后介绍了信用行业自律组织监管。世界各个国家的信用立法情况有所不同。其中美国是世界上信用立法最为完善的国家。其相应的信用行业协会在国际上也更有影响力。

复习思考题

1. 信用监管的目的是什么？
2. 信用监管包括哪几方面的内容？
3. 我国信用相关监管部门各自的监管职能和内容各是什么？
4. 欧美的信用立法对我们有哪些启示？
5. 我国当前信用法律法规建设的情况是怎样的？如何进一步完善？

案例分析　　　　　　　　美国消费信用制度

美国规范个人信用的相关法律体系是以《公平信用报告法》为核心的一系列法律。消费者信用局是依法收集并出售消费者信用活动信息的机构。这些信用活动信息来自各类向消费者贷款融资的企业（银行、金融公司、零售商、汽车融资商等）。美国的征信机构自19世纪末出现后，开始也都是地区性的，后来进行地区间的联网，20世纪60年代信用卡的飞速发展推动了征信业的整合，征信机构通过收购兼并、开办分支机构等提供覆盖全国的服务[①]。

1. 披露原则

这是消费信用法律制度的首要原则。该原则最早体现在1968年由美国国会通过的《诚实贷款法》（Truth in Lending Act）中。它要求销售者和贷款人披露信用条件或贷款条件，以便购买者或借款人能够比较不同的条件从而做出最好的资金安排。《诚实贷款法》只适用于在普通商业过程中的贷款人、赊销者、信用提供者及其相对人。

案例：在雷利·波特起诉艾德里奇汽车销售公司（Purtle Vs. Eldridge Auto Sales, Inc. 1996）一案中，雷利·波特从艾德里奇汽车销售公司购买了一部1986型的雪佛兰汽车，为了通过艾德里奇公司筹措买车资金，波特填写了信贷申请，在申请中她对其就业状况进行了虚假陈述。根据这一虚假陈述，艾德里奇公司为其提供了贷款。在信贷合同中，艾德里奇公司没有披露贷款手续费、贷款年利息、销售总价金或者如《诚实贷款法》所规定的利用融资额的条件。后来波特撤销贷款，艾德里奇公司便收回汽车。波特向联邦地区法院提起诉讼，诉称艾德里奇公司违反《诚实贷款法》。地区法院对此案进行审理后认为，确定被告在本案中有违反《诚实贷款法》的行为。地区法院认为，一旦发现有违反《诚实贷款法》者，便应当根据法律的明确规定确定违法者的法律责任，而不能行使自由裁量权。法院判令艾德里奇公司赔偿波特损失加上律师费和其他开支共计1 000美元。原告波特胜诉。被告艾德里奇公司

---

① 曾康霖,邱伟.中国转型期信用制度建设研究[M].北京:中国金融出版社,2007.

不服,向第六巡回法院提起上诉,声称波特无权获得赔偿,因为她在进行信贷申请时实施了欺诈行为。上诉法院驳回上诉,维持地区法院的判决。

2. 平等原则

平等原则也称无歧视原则,即在消费信用方面,消费者享有平等的信贷获得权。1974年美国国会通过的《平等信用机会法》(Equal Credit Opportunity Act)对此做出了明确规定。《平等信用机会法》禁止仅仅由于种族、宗教、民族、肤色、性别、婚姻状况或者年龄方面的原因而拒绝提供信贷。该法还禁止基于个人的收入状况,如是否获得一定的公共资助实行信贷歧视。

案例: 联邦储蓄保险公司起诉梅顿马克公司一案(Federal Deposit Insurance Corp. Vs Medmark, Inc., 1995)便是有关该原则的著名案例。布鲁斯·沙尔伯格是一家小医疗设备供应公司——梅顿马克公司的总裁。作为梅顿马克公司的信贷条件,商业银行要求具备独立信贷资格的沙尔伯格在还款保证书上签字。后来在另一宗贷款中,银行要求与梅顿马克公司无任何关系的布鲁斯·沙尔伯格的妻子玛丽·沙尔伯格在还款保证书上签字。商业银行倒闭后,联邦储蓄保险公司接管了其财产,并在联邦地区法院对梅顿马克公司和沙尔伯格提起诉讼,要求归还贷款。玛丽·沙尔伯格向法院提出动议,声称商业银行曾要求其在贷款保证书上签字,已违反了《平等信用机会法》。法院经过审理认为,《平等信用机会法》特别规定,如果申请人在申请数额和条件方面符合信贷提供者的标准而有资格获得信贷,债权人不应要求申请人的配偶在信贷法律文件上签名。联邦储蓄保险公司抗辩说,该银行显然不认为沙尔伯格具有独立的贷款资格。但是没有任何证据证明如银行所称的沙尔伯格没有贷款资格。因此,法院采纳了沙尔伯格夫人的动议。于是联邦地区法院作出判决,解除了沙尔伯格夫人的贷款担保。判决认定银行要求沙尔伯格夫人在贷款保证书上签字违反了《平等信用机会法》。

3. 真实原则

为防止消费者因不真实的信用报告而遭受损失,美国国会于1970年通过了《公平信用报告法》(Fair Credit Reporting Act)。该法规定,消费者信用报告机构出于特定目的,如为了提供信用信息、签发保单等可以向银行、保险公司或信用担保机构提供信用报告。

案例: 吉蒙德起诉联合信用报告公司(Guimond Vs. Trans Credit Information Co. 1995)一案便是有关该原则的典型案例。联合信用报告公司是一家大的信用报告公司。雷尼·吉蒙德获知联合信用报告公司的文件档案中载有其不准确的信用信息,雷尼于是通知联合信用报告公司,公司答应予以更正,然而过了一年都没有更正。吉蒙德在联邦地区法院对联合信用报告公司提起诉讼,要求根据《公平信用报告法》判令联合信用报告公司赔偿因未及时更正错误信息而给其造成的损失。联合信用公司拒绝向雷尼做出赔偿,因为在对雷尼的信用资料予以更正之前,雷尼未曾被拒绝贷款。法院支持联合信用报告公司的观点,于是雷尼提起上诉。联邦第九巡回上诉法院推翻了地区法院的判决将案件发回重审。上诉法院认为如果信用机构在确保信息的真实性和准确性的工作程序上不合理便要承担责任,而不论上诉人是否因此被拒绝提供贷款。

4. 正当原则

该原则包含两个方面的含义:一是债权人在行使债权时的方法正当;二是债权人在行使

债权时要通过正当的法律程序。

消费信用的债务人由于种种原因可能不能按期支付到期债务。消费信用的债权人由于受到人力、精力等方面的限制,无暇亲自去催收债务,往往委托讨债公司或律师去催讨债务。在美国各地都设有许多形形色色的讨债机构为银行等债权人收债。这些讨债公司为了赢得客户,用尽各种方法,甚至置债务人的合法权益于不顾。1977年,美国国会通过了《公平债务催收作业法》(Fair Debt Collecting Practice Act),对讨债机构的行为进行了规范和约束。该法明确禁止讨债机构的下列行为:(1) 未经债务人的雇主同意在其受雇地与之联系;(2) 在不正常的时候(如在凌晨3点钟给债务人打电话)或者在债务人聘请了代理律师后的任何时候与债务人联系;(3) 与除债务人的父母、配偶和金融顾问外的第三人联系,除非是根据法院命令;(4) 采用骚扰或威胁的方法(如使用辱骂的语言或暴力威胁)或者采用虚假和误导性的信息(如假扮警察);(5) 在收到了债务人拒绝支付债务的通知之后的任何时候仍与债务人进行通信联系,除非该联系是为了劝告债务人以免催收机构采取诉讼行动。

第八章

信用文化培育与失信惩戒机制

学习目标

通过本章学习,应该了解或掌握以下内容:
1. 中西方信用文化的基本特征、差异;中国信用文化的培育。
2. 失信惩戒机制的内涵、特点与运行机理。
3. 欧美国家失信惩戒机制及其启示。
4. 我国失信惩戒机制的构建。

引导案例 党中央国务院高度重视社会信用问题

2003年10月14日,十六届三中全会通过的《关于建立和完善社会主义市场体制若干问题的决定》指出:"建立健全社会信用体系。形成以道德为支撑、产权为基础、法律为保障的社会信用制度,是建设现代市场体系的必要条件,也是规范市场经济秩序的治本之策。增强全社会的信用意识,政府、企事业单位和个人都要把诚实守信作为基本行为准则。按照完善法规、特许经营、商业运作、专业服务的方向,加快建设企业和个人信用服务体系。建立信用监督和失信惩戒制度。逐步开放信用服务市场。"

2004年3月5日,温家宝总理在人大十届二次会议上《政府工作报告》中强调,要加快社会信用体系建设,抓紧建立企业和个人信用信息征集体系、信用市场监督管理体系和失信惩戒制度。

2011年11月19日,国务院常务会议部署制订社会信用体系建设规划。会议指出,"十二五"期间要以社会成员信用信息的记录、整合和应用为重点,建立健全覆盖全社会的征信系统,全面推进社会信用体系建设。会议部署的信用体系建设六项主要任务包括:加快征信立法和制度建设,抓紧制定《征信管理条例》及相关配套制度和实施细则;推进行业、部门和地方信用建设;建设覆盖全国的征信系统;加强监管,完善信用服务市场体系;加强政务诚信建设;大力培养社会诚信意识。

在具体举措上,目前业内最为关注的两项内容也会在规划中体现,一是打破信息封闭现状,建立统一信用信息平台;二是加大对失信行为的惩处力度。这两项内容被业内普遍认为是解决当前社会失信严重的关键。因为,当前中国企业失信的代价太低,而征信的成本又太高。

案例思考:什么是失信惩戒机制?欧美国家失信惩戒机制的具体规定、特点、启示,如何构建我国的失信惩戒机制?本章相关内容将给出相关解释和回答。

第一节 信用文化培育[①]

中国传统伦理文化中的信用是建立在封建社会自给自足的小农经济基础之上,局限在乡土社会的狭小范围和熟人之间,具有地域性和人身依附性,缺少开放性和广泛性,是借助于血缘关系和熟人关系而形成的一种由人伦基础所构成的德性范畴,侧重的是信用文化的道德内涵,它强调的是行为人的操守和自律,忽视"法治"社会的平等、自由、公平交易和权利本位的法治精神。而西方契约文明所形成的信用文化是建立在市场经济的契约关系之上的,它强调的是规范和监督,体现了平等、自由与正当权利的法制精神。

一、中国传统伦理信用文化

中国传统信用文化是以孔孟为代表的儒家伦理学说为核心的伦理型文化,对中华民族的思想观念、道德追求、行为方式和人格塑造等产生了重大影响。孔子以信为其"四教"科目之一(四教:文、行、忠、信),要求人们讲求信义,做到言而有信、行而有信。同时孔子在"五德"(恭、宽、信、敏、惠)中也将其作为重要要素。到西汉董仲舒归纳确立"三纲五常"后,"信"更被视为"五常之本,百行之源"(五常为:仁、义、礼、智、信)。"信"同时又被认为是"五伦"(君臣、父子、夫妻、兄弟和朋友)之一的朋友之间的准则。大体看来,诸子百家对"信用"这个道德范畴基本内涵的表述大致包括了四层意思:其一,信用是人的立身之本。中国古代先哲认为,信用是人的立身之本,是人之所以为人的一个道德标准。没有信用,一个人在社会上就无法立足,无法做人。孔子说:"自古皆有死,民无信不立。"意思是说信用比人的生命还重要,人无信用无异于行尸走肉。孟子把修养信用看做人应走的正道,"思诚者"是"人之道也"。王安石断言"人无信不立",即信用是做人的道德支柱,无此便无以立足。朱熹把忠诚、讲信义看做人们安身立命的根本,无此就谈不上做人之道。其二,信用是人际交往的伦理基础。"朋友有信"是孟子主张的"五伦"之一的原则。在社会交往和朋友交往中,必须立足于信。说话要诚实,守信用,这样,才能得到朋友和他人的信任,才能在社会上立足。孔子说:"与朋友交,言而有信","人而无信,不知其可也",即讲信用才能立身于社会。墨子也强调,人说话必须守信用,言行一致,说到就要做到,"言必信,行必果,使言行之合犹合符节也"。其三,信用是立国之本。中国古代先哲很看重信用对于国家政权稳定的重要作

[①] 涂永珍.从"人伦"到"契约":中西方信用文化的比较分析及法律调整[J].河南大学学报(社会科学版),2004(2):106—110.

用。孔子十分强调"信"在治理国家中的重要作用,"民无信不立",因此,在治理国家时,即使"去兵"、"去食",也不能"去信"。① 孔子说:"上好信,则民莫敢不用情。"意思是说,统治者只有诚实不欺,人民才会俯首听命。荀子用正反两方面的史实阐明了讲信用与国家政权兴衰存亡的关系。他说:"古者禹汤本义务信而天下治,桀纣弃义背信而天下乱。"再如历史上商鞅变法时"立木取信"的故事。相反,齐襄公言而无信,结果被麾下的将军抗杀。其四,信用是人自我修养的一种美德。孟子在论述人格培养的层次时,把理想的人格分为善、信、美、大、圣、神六个层次。信在他看来是真实不伪的意思,即一个人的善德不是虚伪的,是确实发自于内心的真诚。孟子认为,一个人的理想人格具有了"善"和"信",还没有达到"美"的层次,他认为"充实之谓美",即充实了前边所讲的善和信,才是美。朱熹说:"力行其善,至于充满而积实,则美在其中而无待于外矣。"朱熹说的"力行其善"即是说如果一个人能真诚无伪地追求善,使善和信"充满积实"于己身,这就是美。由此可见,中国传统文化中的信用更多的是一种人伦信用,主要表现为:

(1) 中国传统信用文化的有限性。从作用范围来看,中国传统信用文化主要是围绕着君臣、父子、夫妻、兄弟和朋友这五伦关系展开的,它是对人而不是对事的,是对家族或亲情团体而不是普遍适用的。这种信用带有浓厚的人情、人伦色彩。

(2) 中国传统信用文化的等级性。从价值取向上看,中国传统道德信用表现为人伦的身份等级色彩,其信用只是熟人之间的"朋友有信",在传统社会中,讲信用是根据和自己关系的远近亲疏来决定的,信用的程度有强弱的不同。与自己关系最亲密的人,信用程度最高,依次次之,直到对完全陌生的人则基本上毫无信用可言。

(3) 中国传统信用文化的精神性。从调整的内容上看,中国传统信用多重"义"轻"利",是个人自我修养和追求的一种精神境界。孔子"义以为上"是主张以信义为准则,合乎道义地获利。儒家认为诚信不是机械的言必信、行必果,而应以义作为诚信的标准,作为该不该守信的根据。中国古代的儒商精神,就是以义为一切经济活动的目的和行为准则。

(4) 中国传统信用文化的自律性。从约束机制上看,中国传统信用对行为人的约束是通过荣辱感、信念、良心等内部力量而实现的一种自我要求与克制,完全是一种源于内心的自我约束。违反信用的人,可能会遭受社会舆论的谴责和良心的不安,但是不会受到任何外在的惩罚和损失。

总之,中国传统信用观本质上是一种人伦信用,是人的自我修养和追求的一种精神境界,是区分君子小人的人格标准。这种价值趋向是由中国传统伦理文化的特质所决定的,也是家国同构的"礼治"文化的组成部分,反映的是以宗法家族关系为支柱的传统社会的道德要求。

二、西方契约信用文化

在西方国家,可以说契约文明构成了其信用文化。西方国家的契约文明起源于古罗马时期,由于历史发展道路的不同,西方社会进入奴隶制时,随着社会生产力的发展和对外贸

---

① 当子贡问孔子如何治理政事时,孔子的回答是:"足食,足兵,民信之矣。"当子贡再问:"必不得已而去,于斯三者何先?"孔子曰:去兵。"子贡再问:"必不得已而去,于斯二者何先?"子曰:"去食,自古皆有死,民无信不立。"在孔子看来,国家与民众间的信任关系,是政治凝聚力形成的必要前提,在很大程度上决定了某一政权能否创建、巩固和发展。

易的扩张而出现的普遍而广泛的商品交换模式,使人们冲破了血缘、地缘、人缘的社会关系转而通过契约关系这根纽带维护和建立了一种新型的经济关系,即契约关系逐渐代替了人身依附关系,并在社会生活中占据了重要的地位。尤其是近代,契约从经济领域扩张到法律乃至政治领域,出现了经济生活乃至政治生活的契约化,形成了西方的契约文明和契约社会。契约,是双方或多方协议认可并承诺遵守的行为规则。它规定了双方的权利和义务,以及未能履行义务时的惩罚措施,是信用建立的一种法制化手段。在西方社会,人群和地域都是开放的,契约是陌生人之间的行为准则。在契约关系中,大家都必须信守承诺,如果一方违约,就会受到惩罚。出于对自身利益的考虑,加上契约的外在约束机制,就会促使社会成员之间自觉地遵守自己的诺言。正如著名社会学家韦伯在《新教伦理与资本主义精神》所说的:"切记,善于付钱者是别人钱袋的主人……一次失信,你的朋友的钱袋则会永远向你关闭。一直把别人的事情记在心上,会使你在众人心目中成为一个认真可靠的人,这就增加了你的信用。"可见,西方契约信用文化内含着民法中的等价有偿、公平交易、平等自愿等原则。

综合看来,西方契约信用主要具有以下几个方面的基本特征:

(1) 契约信用的开放性。西方契约信用是陌生人之间的商事行为准则,它打破了血缘、地缘和亲缘的限制,使任何个人、组织和国家之间建立广泛的信用规则成为可能。因此,西方契约信用打破了人伦关系的限制,使其扩大到所有的业缘关系之中,具有普适性和开放性,并且成为现代市场经济的发展和市场秩序得以维系的必要条件。

(2) 契约信用的平等性。西方契约信用是在平等互利的基础上,让具有独立经济地位的主体自愿达成协议,不为外力所强迫,在社会经济交往中都能公平地行使权利并履行义务,诚实守信地进行公平交易,体现了"法律面前人人平等"的价值理念。

(3) 契约信用的利益性。西方的信用是建立在人们互惠基础上的,作为契约关系的主体,基本上是亚当·斯密定义的"经济人",他们都试图最大化地谋取利润。因此,经济人在订立契约时就约定,大家都出让一部分权利和利益,同时又交换回自己的权利和利益,大家都必须信守承诺。因此,可以说契约信用与资本主义市场经济是血肉相连的,没有西方的契约信用,资本主义的市场经济就不可能正常运转。

(4) 契约信用的外部强制性。西方契约文化信用是一种外在规则,而不是内在约束,契约使得信用通过法的形式,对守信人给予奖励,对不守信的人给予惩罚。

专栏8-1

西方文化的信用

古希腊伟大的思想家亚里士多德认为"公正不是德性的一部分,而是整个德性",在论及商品交易时,认为交易双方要"进行公正的联系,否则就不可能建立恰当的平衡关系",并且强调"德性高于财富,德性统帅财富"。

英国古典政治经济学代表亚当·斯密认为,人是"经济人",是利己的,但同时也是有道德、有同情心的,是守信的。亚当·斯密的市场经济思想蕴涵着一个基本的前提,即在经济交换中,一切经济行为都是自由的过程,人们必须按照公平和信用的原则,才能与他人发生经济交往,并从中获得自己的利益。个人对自身利益的追求,不仅不与社会利益冲突,而且与社会利益是一致的。人们追求个人利益,推动了整个社会的发展。否则,如果普遍存在商业欺诈行为,那就既不利于商人自己,也不利于社会利益。因为,作为价值规律的"看不见的手"——等价交换原则,包含着普遍公正和信用的基础,这也是经济伦理的基础。

三、中西方信用文化的差异

通过上述对中西方信用文化的内涵和特征的分析,我们可以看出,中西方信用文化有着本质的不同,主要差异有三点:

(1) 在观念上,西方主要从经济角度认识信用,信用被看做促成个人利益和公共利益双赢的特殊资源;中国主要从道德的角度认识信用,信用被视作人们立身处世及治国安邦的伦理基础。

(2) 在性质上,西方的信用是建立在契约和法律基础上的经济信用,崇尚公正、互利,以至普遍化的交往或交易关系;中国的传统信用是建立在亲缘和礼仪基础上的人伦信用,讲究义理、人情,以至特殊化的交往或交易关系。

(3) 在维护方式上,西方主要依据刚性的制度约束,主要借助法律权威监督和保护;中国传统信用侧重于软性的机制约束,主要依靠道德自律和外在社会舆论来保证。

中西信用文化存在的差异,从根本上说是由不同的经济形态造成的。从某种程度上,市场经济培育了西方信用文化,反过来,西方信用文化造就了西方市场经济的成熟。中国传统人伦信用是小农经济的产物,总体上已不适应现代市场经济的需要。因此,吸收和借取西方现代信用理念,构筑市场信用的新理念,对解决我国当下信用问题是有帮助的。①

案例8-1

蔡勉旃坚还亡友财

《清稗类钞》中记载了这样一段故事:蔡璘,字勉旃,吴县人。重诺责,敦风义。有友某以千金寄之,不立券。亡何,其人亡。蔡召其子至,归之,愕然不受,曰:"嘻,无此事也,安有寄千金而无券者?且父未尝语我也。"蔡笑曰:"券在心,不在纸。而翁知我,故不与郎君。"卒辇而致之。

这就是著名的"蔡勉旃坚还亡友财"。蔡勉旃确实做到了诚信。寄钱的人死了,又无字券,其子又不知,独吞财物是没任何问题的了,但他却没有。还以"券在心,不在纸"之由硬还其子。

点评:

从上述故事我们能看出中国古代注重信用、尊重信用,但同时我们也能看到中国传统信用观实际上是建立在儒家伦理道德的基础上,而没有形成树立信用的法律制度约束框架。

---

① 韩晓燕,许长路. 有比较才能有借鉴——中西信用文化基本理念刍议[J]. 党政论坛,2004(11):32.

四、信用文化的培育

现代社会是市场经济占主导地位的社会,契约观念成为市场经济的核心观念,基于契约观念基础之上的信用是普适的。基于此,传统信用文化必须进行现代性转换,即应他律和自律并重,重点从教育入手,重传统继承;同时,汲取西方契约信用的特质,加强他律规范的建设,重新构建适应我国社会主义市场经济发展要求的现代信用文化体系。

1. 挖掘吸收中国传统信用文化思想资源

今天在建构现代信用文化的时代语境中,人们必然面临如何理解中国传统信用文化的意义与局限问题,必须思考和回答传统信用文化在今天的角色和功能这一历史性命题。在讨论这一课题之前,作者以为首先要确立两个观念,其一,传统信用文化已经与社会的现代化不能完全相适应,这是社会形态的整体转换使然;其二,在中国信用文化从传统到现代的转换中,仍然有着某种重要的意义和作用,至少在现代"人格信用"的培育方面是一个不可忽视的伦理思想资源,是现代信用文化构建的历史基础。

2. 培育公众信用意识

国外公众信用意识的培养主要有三条途径:一是征信管理机构和征信行业协会对公众的教育。如经常向公众做征信法律条文的解释,传播信用管理知识,举办针对交易活动中欺诈、欺骗等方面的讲座,提供有关的信用教育等。二是通过征信机构的征信产品的大量销售和使用来教育公众。失信者的负面信息在经济活动中的广泛传播,使其因为不能开展正常的经济活动而付出昂贵的失信成本;而守信者正面信息的传播,使其事业和生活更加顺利。这样就形成了社会的良性循环,通过对失信者的惩罚和对守信者的鼓励,增强了公众的信用意识,使他们关心自己的信用状况,注意建立和维护自己的信用,并能自觉地抵制各种失信行为。三是通过征信从业人员对公众进行教育和指导。很多大型征信机构都提供对外的征信业务咨询服务,向企业和个人进行征信和信用知识传播,如教育消费者如何对个人信用记录进行维护和修复等[1]。

3. 加强他律规范体系的建设,建立一个奖励守信惩罚失信的市场信用环境

试想在无强有力的他律配合下,一种优良的信用文化不可能在短期内培育起来,可以说他律规范体系是培育信用文化的制度保障,在一个无强有力他律规范体系的市场环境中,也同样存在"劣币驱逐良币"现象[2]。

信用意识的培养和信用文化的形成,是在信用经济的发展过程中,通过信用教育和信用产品的使用以及社会信用知识的普及宣传,经过一定时间的协调磨合后形成的。

第二节 失信惩戒机制

失信惩戒是社会信用体系中最重要的部分。任何国家的社会信用制度能够得以维系、社会信用体系得以运转,都需要建立完善的失信惩戒机制加以约束。只有建立严厉、有效的

---

[1] 何淑明.征信国家失信惩罚机制建设对中国的启示[J].重庆工商大学学报(西部论坛),2007(2):88.
[2] 刘涵.信用的文化思考[J].山东商业职业技术学院学报,2008(2):75.

惩戒制度,才能对失信者产生威慑和警示作用,维护正常的信用秩序。我国市场上之所以出现大量的经济失信现象,一个重要原因是长期以来缺少失信惩戒机制的约束。只有建立完善的失信惩戒机制,才能惩罚和打击在市场经济活动中失信的企业或个人,提高其失信的成本,使失信者的损失大于失信取得的收益,促使企业、个人自律逐步实现,并保护和激励守信企业和个人。

一、失信惩戒机制的内涵、特点

(一) 失信惩戒机制的内涵

1. 两类失信——隐藏知识与隐藏行动

世贸组织总干事帕斯卡尔·拉米说过:"从长远看,中国最缺乏的不是资金、技术和人才,而是信用,以及建立和完善信用体系的机制。"失信带来的危害有目共睹,引起社会各界的广泛关注。从信息经济学的角度讲,造成失信的原因不外乎是逆向选择和道德风险。

"隐藏知识",即有些信息只有一方当事人知道,另一方不知道。例如,贷款合同中的借款方过去有过违约的"前科",但银行对此并不了解。简单地说,"隐藏知识"就是"说谎"。在信息经济学中,将此现象称为"逆向选择",亦称"签约前机会主义"。

"隐藏行动",即签约时双方都了解有关信息,但签约后一方可以利用对方不了解的签约后信息,采取"偷懒"或"不尽力"行为,给对方带来损失。简单地说,"隐藏行动"就是"欺骗"。在信息经济学中,这类失信称为"道德风险",也称"签约后机会主义"。

2. 失信惩戒机制的内涵

失信惩戒机制是指对失信主体进行惩罚的一种制度安排。它以企业、个人征信数据库的记录为依据,通过信用记录和信用信息的公开,来降低市场交易中的信息不对称程度,使失信主体为其失信行为承担相应代价,惩戒失信行为,褒扬诚实守信。设计失信惩戒机制时,都有一个基本的原则:失信的"期望成本"一定要超过失信的"期望收益",守信的"期望收益"要大于守信的"期望成本"。失信惩戒制度的核心是让不讲信用的法人和自然人不能方便地生活在社会中。失信惩戒机制的基础是征信数据库的信用记录。

之所以需要惩罚违约行为的失信惩罚之制度安排,一个基本的假定是人在本质上是自私的。人需要占有更多生活物质来享受高水平的物质生活,他自发地具有逃债(逃避责任义务)的倾向,因而需要一种机制来约束他,这就是对失信的惩罚机制。惩罚违约行为的制度安排,对债权人来说是维护债权的绝对性(不可侵犯性),对债务人来说是达到违约成本与收益的均衡。由于惩罚机制的存在,当失信的成本高于他选择失信所获得的收益时,合乎他自身利益的理性选择是守信。

(二) 失信惩戒机制的特点

1. 失信惩戒机制能最大程度地消除信息不对称造成的失信行为

不对称信息可分为"隐藏知识"和"隐藏行动",由此而产生两类失信行为[①]:"逆向选择"和"道德风险"。信用体系中个人和企业完整的信用记录,可以让每个人和每个机构都能随时随地查阅,从而可以非常方便地了解所需的信用记录,这样就将个人和企业的信用信

---

① 朱毅峰,吴晶妹.信用管理学[M].北京:中国人民大学出版社,2005:226.

息置于全社会的监督之下,加大违约成本,减少违约机会,可有效地校正由于信息不对称造成的失信行为。

2. 失信惩戒机制同时具有惩罚、奖励、震慑的作用

失信惩戒机制的惩罚、奖励、震慑三大作用主要表现在以下方面。

第一,失信惩戒机制要起到对失信行为进行惩罚的作用,主要是通过市场手段、经济手段对失信者进行处罚,间接地对失信行为进行道德谴责。失信惩戒机制实际上是对市场主体行为的一种约束,这种约束机制既不同于法律,也不同于道德。法律制度是一种硬约束,市场经济是一种自由的经济形态,市场主体对于自己的行为有着充分的自主权,法律只能对最基本、最原则的方面作出规定,过多的立法反而会限制市场主体的活动空间,影响市场经济的活力。道德则是对市场主体的一种自律性的软约束,主要依靠人们的价值观、内心的信念、传统的文化习俗和社会舆论来维持,从人的品质、品格的塑造上形成约束力。而依据信用的惩戒和褒扬机制既不是来自国家强制力的硬约束,也不像道德纯粹是软约束,而是一种他律的带有制度性的约束,通过他律实现自律,即依靠由失信而引起的社会不信任程度来断绝或限制失信者与社会发生经济关系,从而限制失信主体在市场中的生存和发展空间。北京大学信用研究中心主任章政教授认为,社会信用惩戒制度类似于道德惩罚,但又不完全等同于道德惩罚。道德惩罚是内心的约束、内在的精神,而这种惩罚靠外界和社会的约束。章政(2007)认为,建立信用记录和信用体系的目的,就是在一定时期将个人在经济生活中的失信行为置于全社会的目光之下,形成以征信数据库为纽带的社会联防,而这种惩罚在力度上远比市场的惩罚来得更为主动,影响更为长远,更让失信者感到恐惧,也应该是更行之有效的。

第二,失信惩戒机制具备奖励功能,奖励诚实守信的厂商和消费者,保护守信者的利益,鼓励更多的守信行为产生。因为征信数据库也将企业和个人的守信记录同时记录下来,并加以积累,体现在给予信用记录优良的企业和个人以高的信用评分或资信评级,使守信者在不知不觉中获得一些无形资产。通过这种做法,使政府和金融机构在授信上给予有优良信用记录的个人以政策性的倾斜。对于个人优良的信用记录,信用局会永久保留。

第三,失信惩罚机制主要是起震慑作用,力求将失信的动机消灭在萌芽状态中,对失信行为产生事先约束性。

3. 失信惩戒机制能对任何失信行为进行实质性打击[①]

在没有失信惩戒机制的情况下,交易活动双方缺乏合作的信心,经济活动受到限制,交易成本增加,整个社会经济交易活动总量减少,不利于生产要素流通,限制了企业和个人的发展及整个社会消费水平的提高。解决这一问题的根本办法就是建立有效的失信惩戒机制。

从效果上看,失信惩戒机制以震慑作用为主,力求将失信的动机消灭在萌芽之中;对于形成事实的失信行为,通过惩戒制度可以使失信企业或个人承担失信行为带来的不良后果,减少失信企业的信用交易机会。因此,失信惩戒制度能够发挥对经济市场秩序的维护作用,并通过实质性打击和震慑方式减少市场上存在的各种失信行为,维护市场的公平竞争原则,

---

① 朱毅峰,吴晶妹. 信用管理学[M]. 北京:中国人民大学出版社,2005:226—227.

保证各项经济活动顺利进行。①

4. 失信惩戒机制自动惩罚失信行为②

失信惩戒机制对失信行为的出击是主动的,它不对任何企业和个人打招呼,也不对失信者进行任何思想道德方面的教育,甚至在有失信行为者不知情的情况下,就开始实施对其的处罚。例如,个人信用局的专业数据库替本国或本地区的所有企业和公民个人建立了个人信用档案,将用于评价个人信用的信息成套地记录下来,包括失信记录。在不通知当事人的情况下,有偿地提供给予当事人交易的授信人和其他各类交易对方。根据市场原则,法律一般会支持征信机构向当事人的交易对方、授信人、雇主和一些政府机构提供信用申请人的个人信用调查报告,而且能够方便、低价地取得。授信人可以在相当全面地了解了失信者的不良信用记录以后,决定是否与之交易或交往。③ 难怪有美国人曾经戏言,"宁愿抢劫银行,也不愿自己有失信的记录"。

5. 失信惩戒机制的作用范围很广

企业和个人征信数据库覆盖面大④,可以方便地让失信记录在全国乃至全球范围内传播,而且市场联防措施也是在对应范围内施行的,失信惩戒机制的作用应该是"无孔不入"地在社会上全面渗透。在社会信用制度健全的国家,如果企业和个人不按照失信惩戒机制制定的新规则规范自己,将给自己带来经营和生活的不便。如果个人有了经济失信记录,就能通过失信记录的传播功能,让所有愿意了解失信记录的个人、企业和机构掌握,就不能再申请信用卡、购物卡、购房贷款和任何信贷,甚至在申请租房、安装电话、手机上网、银行开户时,也会遭到拒绝。如企业有违约失信行为出现,失信企业会遭到提供服务的各类机构的抵制,不能取得贷款,供应商或服务商不对其赊销商品或提供服务,甚至政府监管部门不允许其营业执照得以正常年检。由于失信惩罚制度对失信记录的传播功能,征信数据库才能形成社会联防的"纽带"。可以预见,在不远的将来,信用经济的影响将渗透到中国社会的每一个层面,潜移默化地改变每一个企业和个人的生活和社会文化,直至重建社会信任。也就是说,这种做法会潜移默化地改变包括企业文化和社会道德在内的社会文化。让失信记录方便地在社会传播,把失信者对交易对方的失信转化为对全社会的失信。⑤

综上所述,失信惩戒机制是社会信用体系的重要环节和重要部件,是信用市场的激励约束制度,能够有效制约和降低不良信用的形成、生长和扩散,保护和激励良好信用的发展,维护着社会信用体系的正常运转。⑥ 一个国家只有具有了运转正常的失信惩戒制度,才能说具有了完整和健全的信用管理体系和信用制度,才能有效保障市场健康有序发展。失信惩戒机制的形成是社会信用体系步入良性运行的基本标志。

---

① 魏建国,鲜于丹.建立失信惩戒机制的博弈分析.武汉理工大学学报[J],2007(3):142—144.
② 朱毅峰,吴晶妹.信用管理学[M].北京:中国人民大学出版社,2005:227.
③ 林钧跃.失信惩罚机制的设计和维护[J].经济社会体制比较,2002(3):1—6.
④ 比如,邓白氏公司的"全球数据库"是全世界信息量最大的企业信用数据库,在全球37个分支机构建有数据库分基地,有三千多人从事数据的收集和加工工作;其全球数据库拥有全球企业信息七千多万条,覆盖214个国家和地区,使用95种语言,181种货币;在全球拥有客户15万家,其中包括《财富》杂志500强中的80%和《商业周刊》全球1000强中90%的企业。数据库不仅累积了多年收集的信息,而且每天以100万次的频率更新。中国人民银行的征信数据库覆盖全国。
⑤ 林钧跃.失信惩罚机制的设计和维护[J].经济社会体制比较,2002(3):1—6.
⑥ 朱毅峰,吴晶妹.信用管理学[M].北京:中国人民大学出版社,2005:226.

二、失信惩戒机制的运行机理

根据信用经济学和信用管理理论,失信惩戒制度是通过降低市场交易中的信息不对称程度来达到对潜在失信者进行防范的。对于已经发生的失信事件,则以企业和个人征信数据库的记录为依据,动员所有授信机构、雇主、政府和公共服务机构共同建立起一种社会联防,以对付失信的责任人。简言之,在实践中,失信惩戒制度可以被定义为:以征信数据库为纽带的市场联防(图8-1)。从国外信用管理实践的发展来看,失信惩戒制度的运作取决于三个基本条件:(1)企业和个人的信用信息对征信机构的开放;(2)专业征信机构通过联合征信形式采集征信数据,构筑征信数据库,并合法公开不同级别和类型的资信调查结果;(3)由政府倡导,建立一个由所有授信单位参加的社会信息联防,使失信企业或个人的行为被及时记录。失信惩戒制度运作的最主要环节是采集失信企业和个人的不良记录,并合法地将其公示给有需要的授信单位。①

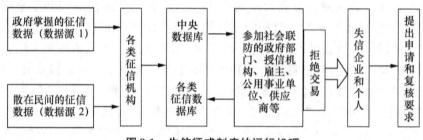

图8-1 失信惩戒制度的运行机理

知识链接8-1

《给一个年轻商人的忠告》(富兰克林)

美国的开国元勋富兰克林在1748年写的《给一个年轻商人的忠告》中,十分明确地提出三个"切记",即:"切记,时间就是金钱";"切记,信用就是金钱";"切记,金钱具有孳生的繁衍性"。在论述"信用就是金钱时",他说:"假如一个人的信用好、借贷多并善于利用这些钱,那么他就会由此得来相当数量的钱","借人的钱到该还的时候一小时也不要多留,否则一次失信,你的朋友的钱袋就会永远向你关闭"。他强调说:"影响信用的事,哪怕十分琐碎也要注意。"这些都说明,一个人或者一个企业有了信用,等于拥有一笔财富,就有可能赚到更多的钱,信用就是金钱。

案例8-2

失信惩戒机制中的博弈

在唐朝,唐太宗在继位的第六年亲自审查了被判了死刑的三百名囚犯,放他们回家,约

---

① 中国就业培训技术指导中心.信用管理师[M].北京:中国劳动和社会保障出版社,2008.

定他们按照执行死刑的刑期自动回来受刑。结果,到了约定的时间,三百名犯人如数回来而没有一个人迟到。人们一致盛赞这件事,认为这是道德的力量,对人们施以恩德,连罪大恶极的人也能变成君子(这里君子的表现就是守信)。实际上,人们对这件事的理解未免带有片面和肤浅。欧阳修在《纵囚论》里对这一事件作了深入地分析。他认为"信义行于君子,而刑戮施与小人",判刑列入死刑的人,肯定是罪大恶极的人,是小人中的最甚者。而视死如归,宁愿为道义而死,这是君子所不容易做到的事情。那么问题出现了,君子都不容易做到的事情,被判死刑的罪大恶极的小人中的最为甚者却做到了,"此岂近于人情哉"?怎么解释?实际上这是一种博弈。对于囚犯来说,有两种选择。一是逃跑,不回来如期受刑;二是回来,如期受刑。选择逃跑的代价是比较高的,因为逃跑的囚犯将会受到全国通缉,还会连累家人。他们有一个预期,就是既然皇帝仁慈地放他们回家探亲,如果他们自动回来受刑,很有可能得到赦免。最后他们根据预期的成本收益,选择了回来受刑。而唐太宗正是窥测到了囚犯的心理活动,料定他们会回来受刑,才放他们回家探亲的。我们假设,唐太宗杀了放了探亲又自动回来的囚犯后,接着再放一批死囚,他们还会如数如期回来吗?恐怕是不会的。

分析总结

故事告诉我们,个体的行为选择是以利益为基础的,守信是要靠其履行合约的意愿和能力。法国古典学派创始人布阿吉尔贝尔在论述信用时认为"在一个以确实富裕著称的商人,建立起卓著的信用之后,他的票据不是和现金有同样的价值甚至更胜一筹吗?"这段话显然表明,信用基础(信誉)不只是对个人品质的信任,更重要的在于,是以财富为后盾的偿付能力和可信度的综合。

三、欧美国家失信惩戒机制及其启示

一个国家会不会发生失信行为?可以讲,一个有着最严格和最健全社会信用体系的国家,也会不可避免地发生失信现象。我国发生失信现象,美国也在发生失信现象,这两个国家失信问题有什么特点和不同呢?最大的区别在于美国发生失信行为以后,整个社会信用体系会迅速地加以反映,及时地披露和揭露失信问题,然后通过法律制裁失信行为。包括美国司法部之所以起诉失信者,不是说失信者做错了,而是失信者违法了。如果是因为客观原因做错而成为失信者,如经营失败而申请破产,社会是会原谅这种失信者的,但是对于犯罪的失信者,社会和法律是不会原谅的。在信用方面,我们国家目前存在的最大问题是还没有建立起完善的社会信用体系,当我们的市场主体发生失信行为的时候,我们的政府、中介机构和社会各界往往不能够马上加以反映和揭露,乃至惩戒。

(一)美国失信惩戒机制的有关规定及特点

第二次世界大战以后,伴随着信用交易的增长和信用管理行业的发展,征信数据和服务方式方面出现了诸如公平授信、准确报告企业、消费者信用状况等,尤其是保护企业商业秘密和消费者隐私等突出问题。鉴于此,美国政府在20世纪60年代末到80年代的近20年间,相继出台了一系列与信用管理相关的以《公平信用报告法》为核心的16部法律,建立起

了比较完善的涉及信用管理各方面的法律框架体系,将信用产品加工、生产、销售、使用的全过程纳入法律范畴,法律内容包括信息披露、权益维护和对当事人失信及违反信用管理有关法规的情况设定惩罚措施三项内容。

《公平信用报告法》(FCRA)是规范信用报告行业的基本法,为美国国会于1970年制订,1971年4月开始实施。这项法律规范的对象是消费者信用调查/报告机构(Consumer reporting agency)和消费者信用调查/报告的使用者。它首先定义了什么是消费者信用调查/报告机构,而且明确了三个政府部门负责解释法律和执法(法律指定联邦交易委员会为主要执法和法律的权威解释单位,辅助执法单位有联邦储备委员会和财政部的货币监理局)。主要规定了消费者个人对信用调查报告的权利,规范了消费者信用调查/报告机构对于报告的制作、传播以及对违约记录的处理等事项。对于消费者信用调查报告中的负面信息,在法律规定保存的年限以后,消费者信用调查机构必须在调查报告上删除负面信用信息。例如:破产记录保存年限为10年,偷漏税和刑事诉讼记录保存7年。法律还规定,凡以欺骗手段取得他人的个人资信调查报告的,将被处以一年以下徒刑,同时处以5 000美元的罚款。而优良信用记录会被永久保留。

美国失信惩戒机制主要是由民间运作并自愿执行的。信用经营服务机构将有不良信用记录的责任人和处罚意见,通过信用调查报告、资信评估报告等信用产品形式,公告给社会,并载入相应的信用信息数据库,被列入违信黑名单的企业和个人很难再与社会各界进行正常的信用交易。从实际情况看,美国的不良信用惩戒制度之所以能够很好地发挥作用,主要依赖于国家及信用行业的支持。国家信用管理主要包括立法和政府有关部门的规定:如不允许公民有多个身份证明,不允许随便更名,保留公民个人的指纹记录,不准有不良信用记录的公民或外国人注册成为新公司股东或就任最高管理职务。信用管理行业的支持主要体现为信用信息数据库能够及时完整地收集整理企业和个人的信用记录并向社会公开销售。资信评估机构对信用信息进行整理和分析,作出评价并公告社会。①

美国建立失信惩戒机制主要围绕三方面发挥作用:一是把交易双方失信者或经济生活中发生的失信行为,扩大为失信方与全社会的矛盾。对失信行为的惩罚,不需要对失信者进行任何思想道德教育,法律支持信用服务公司向当事人的交易双方、授信人、雇主和政府机构有偿提供信用调查报告,让失信记录方便地在社会传播,把失信者对交易对方的失信转化为对全社会的失信。而且失信行为依照法律要保留多年,使失信者在一定期限内付出惨痛代价,如在破产记录保留的7—10年内,消费者个人不可能得到新的贷款。② 二是对失信者进行经济处罚和劳动处罚。如美国法律规定,未成年人不许买酒,也不许喝酒。三是司法配合。美国司法制度对监狱行刑、刑期、对失信严重行为的法律量裁等都有详细的规定,使触犯法律的失信者留下蹲监狱的终生记忆。而且,美国还设立了少年法庭,对少年失信行为也要进行司法处理。使孩子从小就明白,有失信行为就会付出代价。

美国失信惩戒机制的主要特点:③

(1) 以严厉的法律制裁惩治失信者。美国法律相当完备,对各种失信行为都有相应的

---

① 谭中明,等.社会信用管理体系——理论、模式、体制与机制[M].合肥:中国科学技术大学出版社,2005:156.
② 陈文玲.中美信用制度建设的比较与借鉴[J].经济社会体制比较,2003(1):89—94.
③ 李玲娟.失信惩戒制度研究[D].湖南大学,2006.

法律量裁,如劳动处罚、经济处罚、监狱行刑替代处罚,包括采用社区矫正、罚款、赔偿、家中监禁、电子监控、判刑、缓刑、假释等。刑期短至 3—5 个月,长至 65 年。美国法律对商业欺诈,会计、审计、律师等中介行业提供假财务报表、披露虚假信息等行为处罚尤为严格。

（2）以严格的市场戒律惩治失信者。一是通过信用服务机构依法向市场交易双方、授信者、雇主和政府机构,提供和传播当事者的失信记录等负面信息和一定期限的行为限制,使之失去交易机会,甚至在社会上无法立足。二是通过信用评级机构对失信企业和个人降低信用等级,提高或限制其交易、融资成本和数量,使之走投无路,借贷无门,付出昂贵的失信成本。在美国,信用等级高低关系到企业的生死存亡。如法律规定以信用等级来决定企业借款或担保的可信度、主权国家发债的可行性和消费者借贷的可能性。

（3）以严密的部门监管惩治失信者。美国政府并未专门设立信用管理和惩治失信的机构,而是随着市场的发展和有关信用相关法律的建立而指派或自然分配给银行与非银行系统机构担当失信惩治的监管职能。银行系统的机构包括财政部货币监管局、联邦储备系统和联邦储蓄保险公司;非银行系统的机构包括联邦贸易委员会、司法部、国家信用联盟办公室和储蓄监督局。这些政府管理部门对信用管理的功能是:依法对失信的责任人进行适量惩处;教育全民在对失信责任人的惩罚期内,不对其进行任何形式的授信;在法定限期内,工商注册部门不允许有严重违约记录的企业法人和主要责任人注册新企业;允许信用征信公司在法定期限内,保存并传播失信者的原始不良信用记录;对有违规行为的信用调查评级机构进行监督和处罚等。同时,通过信用管理协会、报告信用协会、收账协会等民间行业协会依照行规对会员进行自律约束。

（4）以严肃的社会方式惩治失信者。一是通过各种媒体使失信者的不良信用记录在社会上广泛传播,对失信者产生强大的约束力和威慑力;二是通过社会对失信者的道德谴责,使之在经济社会活动中不被信任,在消费交易中必须以现金支付;三是有关机构和个人主动向信用局提供失信者的不良信息。美国人认为,对失信者惩治不力就是对守信者的打击,全社会鄙视失信者。

(二) 欧洲国家失信惩戒机制的相关规定及特点

1. 德国的失信惩戒机制

德国有关信用管理的法规散见于商法、民法、信贷法和数据保护法等法律法规中,在这些法律法规中包含了对失信者的行为限制和惩罚措施,主要包括以下两个方面:(1) 德国《民事诉讼条例》对债务人名单的建立、公布和销毁作了明确的规定。无偿还能力者可到地方法院做代替宣誓的保证,地方法院将此记录在债务人名单内,并在全国范围内予以公布。有关个人信用的负面记录将保留 3 年。作了上述保证的消费者 3 年内无权享受银行贷款、分期付款和邮购商品等信用消费。(2) 德国 1990 年《联邦信息保护法》关于对接受信息机关使用信用信息的规定。第一,信息机关提供个人信息给第三者,如把信息用于正当目的以外,要处 1 年以下有期徒刑或罚金;第二,如信息机关或接受信息提供的机关,为了取得非法报酬或为了自身利益,或出于陷害信息主体的目的,而进行信息收集、提供或变更的,要处 2 年以下的有期徒刑或罚金。

在德国,信用信息局收集个人的正面与负面信息。失信者的记录将被信用局保存和公示,期限为 5 年,个人破产记录被保存和公示的时间为 30 年或者直到债务得到提前清偿时。

另外,有过不良信贷信用记录的客户在今后的生活中会碰到很多困难,如申请贷款时会被拒绝或者支付高利率,要想用分期付款方式购买一些大件商品时也会被商家拒绝。

2. 英国的失信惩戒机制

与任何社会一样,英国也存在着失信问题。英国政府和有关机构采取的对策是:加强对欺诈事件的调查和曝光,试图以名誉、经济和刑事等惩罚措施促使人们遵守法律,保持诚信。例如,伦敦四通八达的地铁都是自动检票,对逃票者会加倍罚款,这一点在车上到处都有提醒。纳税也是自觉的行为,一旦发现一次逃税,可能历年的公司账目都将被迫接受调查并课以几倍甚至几十倍的重罚。个人失信记录被信用局保存和公示的时间为6年,个人破产记录被保存和公示的时间为15年,这样形成了长期的威慑力。另外,守信者也会因为其优良表现而为社会所认同与肯定。每年新年和女王生日时有两次授勋活动,得到这个特别荣誉的人并不一定是杰出人物,大部分是长年诚实服务于社会、忠于职守的普通人。

通过奖与罚,明确地倡导一种社会的道德取向。如果不想被主流社会抛弃、不想丢失尊严、不想失去朋友,就应该保持自己的诚信。

（三）欧美国家失信惩戒机制给我国的启示

目前,我国对失信者的惩戒机制还没有完全形成,失信者付出的代价不足以抵付所得到的实际利益和好处,很多失信者还相当自在地生活在社会上。对失信者惩处不力,造成对守法者实在利益的侵犯,因此,借鉴美国和欧洲国家的相应规定,对于建立和完善我国的失信惩罚制度,改变目前我国失信状况严重的客观情况,有着重要的现实意义。具体来说主要包括以下相关制度。

第一,建立政府对失信行为惩治的监管制度。首先,要明确对失信者惩戒的主管部门,主管部门根据职责,依法对失信者在一定期限内实行不予授信、发放执照、注册新企业、出入境等限制,及适量经济处罚。其次,要制定出台一整套对失信行为的处罚法规规章。包括对行政官员、企业经营者、经纪人、消费者失信行为的界定;对失信行为的惩戒范围、种类、办法;对失信者的"污点"记录和警示办法;企业信用等级分类管理办法;行政过错责任追究制度等,以此抑制失信行为发生。

第二,施行对失信者市场退出、禁入制度。一是建立对中介机构失信的惩戒。要限期使会计师事务所、律师事务所、资产评估所等转制为承担无限责任的合伙人制,充分发挥市场化的行业自律与约束,建立执业过错成本追究制度、曝光制度、行业公开谴责制度和民事赔偿制度,对提供假报告、假证据、假信息的失信者依规实行行业整顿、关闭、信誉破产和永久市场禁入等严厉的惩戒。二是建立对信用服务企业失信的惩戒制度。制定类似中介机构的行业惩戒规则,对违反行业职业操守的失信者实行上述严厉的市场退出和禁入惩戒,并承担无限责任。三是建立对工商企业和上市公司失信的惩戒制度,明确上述行业惩戒规则,对失信者实行行业处罚、经济处罚和行政处罚并重,将其失信"污点"及惩戒情况公布于众,乃至宣布其"信誉破产",实行严格的市场退出和永久禁入惩戒。使失信者得不偿失,望而却步。

第三,建立对失信惩戒的司法配合制度。对各种失信行为设置并施行相应的司法量裁和惩戒办法,除现有刑罚外,还可采用1年以下的短刑、家庭监禁、赔偿、罚款、社区矫正、集中办班等,使失信者受到应有的惩戒,付出代价。

第四,建立对失信者社会公开谴责机制。一是运用各种媒体曝光和长期传播失信者的

"失信污点",使之受到公众鄙视和不信任而断送商机和事业。二是通过社区和居委会,收集并向征信机构提供辖区内失信者的失信信息,使之受到严格的失信监管和记录。三是在全社会广泛开展多种形式的信用法制教育和信用公开承诺活动,公开行政官员、企业法人和中介机构合伙人的信用承诺,使之承受巨大的社会压力和监督,自觉抵制失信行为。

第五,要为加快建立失信惩戒机制创造良好的条件。一是加快建立健全政务信息公开制度,为征信机构准确快捷获得和使用个人信用信息资料提供必要的前提和条件。二是加快建立企业和个人征信体系,健全信用信息网络和数据库,建立真实准确的信用记录档案,为建立失信惩戒机制奠定基础。三是加快培育市场化、独立运作的权威性企业和个人信用调查评级机构,准确界定企业个人信用优劣和失信者的失信程度,为加快建立失信惩戒机制提供可靠保证。

四、我国失信惩戒机制的构建

(一) 建立失信惩戒法律制度

建立完善的信用法律法规是建设我国失信惩戒制度的核心。信用法律法规授权了政府或有关部门行使信用惩罚的权力及其界限,明确规定了哪些行为是失信行为,哪些行为是守信行为,规定对守信行为如何激励,对失信行为如何惩戒,它提供了一种失信惩戒的法律依据,从而可以有效地发挥对失信者的惩戒和对守信者的激励作用。目前,我国应充分借鉴西方发达国家在信用管理方面的法律法规,并结合我国经济发展的实际需求,陆续出台与信用服务行业直接相关的法律,结合实际情况修改或废除陈旧的法律条文,以促进信用管理立法的健康发展。首先要从完善立法入手,制定一套完整、系统的规范信用行为的专门法律,来填补我国信用管理方面的法律空白。法律惩戒是失信惩戒的最后一道防线,是一种"事后救济",法律惩戒的强制性和威慑力使失信者明确失信所要付出的人身自由或经济制裁等严重后果。其次,应研究和修改现行相关法律。通过对现行法律中与信用体系建设冲突的地方的修改和重新解释,为征信数据的开放与征信产品的传播以及实施、对提供不真实数据者进行惩罚做好准备。最后,必须从立法上明确法律责任,加大处罚力度,切实做好法律责任的落实,对触犯法律的失信行为和失信者做到"执法必严、违法必究"。否则,会破坏法律的权威,客观上会形成违约激励,加剧失信现象的泛滥。对失信者没有惩罚或惩处不力,实际上就是对守法者的一种侵犯。

(二) 依托联合征信数据库

失信惩罚机制的运转依靠各类征信数据库。从国内的企业信用制度和个人信用制度试点工作的经验来看,适用于失信惩罚制度的征信数据库的数据采集工作,最好是采用联合征信平台形式,而不仅仅是通过同业或同系统的征信采集数据,独立形成征信数据库。也就是说,凡是有条件的地方,失信惩罚机制最好依托当地的联合征信数据平台开展工作,因为使用联合征信数据平台具有以下诸多优点:(1) 公正性。通过联合征信数据平台,可以大幅度提高征信数据的采集量,有助于对失信者的信用价值的判断或量化评级工作更加科学可靠。(2) 信息完整性。大型联合征信平台,可以同时向若干"黑名单"公示系统提供数据支持,例如一地政府政策支持的联合征信平台。(3) 经济性。政府政策支持的联合征信形式会明显降低采集征信数据的成本,也从总体上减少设备投入。(4) 合理性。从信息源角度,可以避免黑名单漫天飞的严重后果,也可以有效地缩小不同征信机构对企业和个人信用价值进行评价所产生的差异。(5) 多功能性。对于一地的社会信用体系,联合征信平台不仅支持失信惩罚制度的运行,还具有支持企业征信系统、个人征信系统、征信服务体系等多种功能。

但是采用联合征信形式也有缺点,例如政策障碍、单一联合征信平台工作的可靠性问题和数据供应垄断问题等。如果是一地政府有计划地建立当地的社会信用体系情况,采用联合征信平台形式就具备了基本条件,余下的就是制订一个合理的使用资源或资源共享规则。失信惩罚机制的主要工作之一是制作失信企业和个人的黑名单,并以合法的形式向合法的用户传播其交易对象的不良信用记录。然而,对于如何制作黑名单,存在两种完全不同的理念和做法。以美国为代表的市场自然形成的征信机制,在对失信记录进行处理时,其做法是"基于事实,仅基于事实"。这种做法的优点是证据充分,没有法律障碍,法理通顺。但其缺点也是很明显的,它将评价失信行为的"任务"推给了信用调查记录的使用者,它的调查报告仅供使用者参考。是否与失信者交易或交往,完全由信用记录使用者自己判断和决定。另外,政府的有关监管部门没有办法依据联合征信数据库罗列的记录做出简单易行的判断,以便对失信者实施行政性处罚。很明显,采用这种方法有两个必备条件,一是作为信用记录使用者的各类授信机构、政府部门、雇主、公用事业单位要相当成熟;二是当地的法律法规相当健全。而另一种做法是不同的,黑名单由有关政府部门或者声誉卓著的征信机构发布,在一个失信企业或个人被登录上黑名单之前,经过一系列的信息处理和信用评分过程,它力图"科学"地解释失信者被登录到黑名单的理由。具有监管功能的政府部门和其他查询者只需知道被列在黑名单上的企业或个人有足够严重的失信行为,应该对它们采取联防和处罚措施。后一种做法的缺点是加大了政府或征信机构对联合征信数据库的经营成本,也可能招来被处罚的失信者的报复。

依失信惩罚机制的工作方法而论,联合征信平台的操作者会把所有企业的失信行为记录下来,按照时间顺序或额度进行排列,登录在各企业征信数据库中,并制作出"黑名单"、"灰名单"和"红名单"。其中,黑名单和红名单会被登录在多种"公示牌"或专业网站上,易于传播和用户查询。凡运作黑名单系统的政府部门或征信机构,在其征信数据库中,也都应该科学地运行一个"灰名单"系统。灰名单系统的作用非常重要,它是征信数据库中的"预警系统",也是失信者向黑名单和信用修复系统转化的过渡。灰名单系统将企业或个人的失信记录进行分类和累计,在报警时对证据进行复核。如果建立一个数学模型处理灰名单上的记录,科学性和应用效果会更好。当然,红名单最好也通过一个数学模型进行解释。为了政府监管部门的执法方便,在执行失信惩罚制度任务的征信数据库中,还可以设立"绿色通道"。"绿色通道"概念通常被用于政府建立企业征信制度的工作中对于在"绿色通道"内的守信企业,政府经常给予"免检放行"和"抽样检查"性质的处理,减少政府的工作量,减少处于"绿色通道"范围内企业的一些负担,也起到对诚实守信行为的鼓励作用。

(三) 采用多种信用惩戒和褒扬手段

失信惩戒形式的多样性、失信惩戒手段的灵活性是欧美发达国家失信惩戒制度突出特点之一。从我国目前的状况看,由于没有一部完整的信用管理法律,主要依靠道德的自律和有限的社会舆论来对失信者进行打击,对失信者和失信行为不能给予及时、有力的惩戒。因此,进一步完善我国现有的失信惩戒手段,是失信惩戒制度发挥作用的重要保障。通过建立完善的失信惩戒手段,及时对与金融体系发展有关的信用资料进行分析和监测,综合评价潜在的信用风险状况,提前预警、防范和控制,提高信用服务质量和失信惩戒质量,促进失信惩戒制度的健康发展,从而降低或化解信用风险,提高抵御和防范信用风险的能力。我国传统的信用是伦理信用,是通过荣辱感、信念、良心等内部力量而实现的一种自我要求与克制,完全是一种源于内心的自我约束。违反信用的人,可能会遭受社会舆论的谴责和良心的不安,但是不会受到任何外在的惩罚和损失。因此,要加强外在制度约束,使用多种惩戒手段,主要包含有行政手段、市场手段、司法手段和社会手段。主要体现在以下几个方面:第一,政府主管部门通过行政手段,对失信者进行惩戒。第二,金融、商业和社会服务机构做出的市场性惩戒。主要是对信用记录好的企业和个人,给予优惠和便利,对信用记录不好的企业和个人,给予严格限制。第三,通过司法手段,依法追究严重失信者的民事或刑事责任。建立与失信惩戒要求相适应的司法配合体系,如社区义务劳动、社区矫正、罚款、监狱各类短期刑罚等,让失信者付出的成本高于其失信带来的收益。第四,社会性惩戒手段,目的主要是让失信者对交易对方的失信转化为对全社会的失信,让失信者一处失信,处处受制约。

(四) 培育公民的信用意识和社会信用文化

失信惩戒制度在社会上充分发挥其作用的前提条件是各经济主体具有较强的信用观念,而信用观念的培养需要良好的文化氛围。信用文化是有关信用这一特殊经济行为在意识层面上的反映,包括有关信用的知识、价值观、行为准则等内容。缺乏良好的信用文化使失信惩戒制度的作用缺少了社会意识上的支持,信用文化的缺失使失信惩戒制度的法律制度变得苍白无力,难以形成有效的约束力。因此,完善失信惩戒制度必须培育和营造良好的信用文化。

专栏8-2

工商总局:失信惩戒机制渐形成　黑名单效果明显

新华社北京2011年8月24日电(记者 张晓松)　近年来,企业诚信缺失问题日益制约我国经济健康可持续发展,备受社会关注。对失信企业有何惩戒和限制措施?守信企业又能享受什么扶持政策?工商部门市场诚信体系建设还有哪些规划?工商总局局长周伯华日前就上述问题回答了记者提问。

问:我们了解到,近年来,一些企业因严重失信被工商部门"锁定",并依法受到重点监管。您能具体谈谈这方面情况吗?

答:好的。2003年工商总局开始在全系统全面推行企业信用分类监管改革,目前已基本建立起信用分类监管工作平台,实现了总局、省级局、地市级局、县级局、工商所的五级数据联网,基本实现了数据的适时汇总和交换;建成了以经济户口数据为主体的数据中心,以及被吊销营业执照企业数据库和一人有限公司数据库。

同时,信用分类监管制度规范日益健全。经过总局和各地的积极努力,建立并完善了企业信用监管数据规范和标准体系,建立了守信企业激励机制、警示企业预警机制、失信企业惩戒机制和严重失信企业淘汰机制,加强了对企业从进入到退出市场的全过程监管,企业信用分类监管制度框架基本建立,有章可循的局面逐步形成。

在此基础上,监管联动保持良好发展态势。五级联网实现后,全国市场主体数据库、黑名单数据库、自然人投资一人有限公司数据库等各类信息得以共享和整合,基本实现被吊销营业执照企业数据库和一人有限公司数据库的企业及其法定代表人在全国范围内的锁定,以及一个自然人再投资一人公司在全国范围内的锁定。

可以说,经过探索尝试,"一处失信、处处制约"的失信惩戒机制开始形成。

问:那么,失信企业将会受到哪些限制?守信企业又能得到哪些扶持?

答:对进入"黑名单"的企业法定代表人,我们在全国范围内依法对其进行了限制和锁定,加大了企业的失信成本。比如,工商总局向住房和城乡建设部提供了建设领域五大行业企业的"黑名单"及法定代表人身份信息,支持了工程建设领域企业资质管理秩序的整顿与规范,有力配合了工程建设领域突出问题治理长效机制的建立。

又如,重庆市在食品安全、微型企业监管领域实行了重大失信行为法人和负责人"黑名单"制度,凡有重大不诚信记录的,一律禁止从事食品安全、微型企业经营。在市两江新区,有重大失信行业记录的企业均无法取得落户新区的资格,也就不能享受到国家级开发新区的各项优惠政策。

与此同时,一些信用记录良好的企业得到了政府优惠政策的扶持。比如,在山西省,信用记录良好的中小企业及个体工商户即使没有抵押和担保,也可以凭借工商部门提供的企业信用信息,从国有金融机构取得贷款,仅邮政储蓄银行山西省分行就放出信用贷款57亿元。

总之,我们的目的就是要使守信企业享受更多的政策优惠,失信企业付出更高的成本和代价,用信用激励和信用约束机制推动企业自觉树立诚信意识。

问:听了您的介绍,我们感到企业信用分类监管是一项全新的工作模式,这是否也给工商部门带来了新的挑战?

答:是的。当前,我国正处在深化改革开放、加快转变经济发展方式的攻坚时期,党和政府、人民群众对工商工作的要求越来越高、期望越来越大;市场主体多元化、经营业态多样化、营销方式现代化、市场竞争激烈化对市场监管提出新的挑战;市场经济固有的缺陷、粗放型经济增长方式等也使维护市场秩序的任务更加艰巨。

日益繁重的市场监管任务要求我们,必须进一步加强企业信用分类监管,大力推进监管方式改革创新,切实提高监管执法效能;必须在思想观念上实现由重行政监管向更加重视服务经济社会协调发展转变,在监管方式上实现由主要依靠处罚手段向善于运用信用激励、信用约束方式转变。

近年来,我们在这方面已做出了一些探索,积累了一些经验。比如,一些地方立足经济户口,坚持监管重心下移,实现了对市场主体的动态管理,提高了对辖区经济秩序的控制力;一些地方通过实施企业信用分类监管,有效整合了执法资源,科学分配监管力量,增强了监管的针对性、有效性;有些地方借助企业信用分类监管平台,积极推行规范化、精细化、网格化监管,执法行为更加规范,监管水平不断提高。

此外,各地工商部门还积极开展信用信息深层次的分析应用,主动向有关政府部门提供企业登记信息和监管信息,为政府决策、专项整治提供了高质量的信息参考,成为工商行政管理部门服务经济社会发展的新亮点。

问:下一步,我们在推进企业信用分类监管上还有哪些打算?

答：我们已经确定当前和今后一个时期企业信用分类监管的目标任务：用3年左右时间，健全完善综合业务平台，建成"国家经济户籍库"；基本形成全系统各层级、各条线之间信息资源的互联、互通、共享；基本实现工商行政管理监管信息与外部门监管信息的共享；基本实现社会公众对企业登记管理基本信息的网上查询。

为此，我们将着重抓好以下四项工作：

一是通过基础建设，推动企业信用分类监管信息化。依托经济户口管理和企业信用分类监管系统，抓好数据中心建设，提高联网应用水平，完善"国家经济户籍库"。加强省级区域内企业信用信息数据整合，争取到2012年年底前建立省级行政区域内统一的综合业务应用平台，实现各项业务工作在统一平台上的流转和应用。

二是通过制度建设，推动企业信用分类监管规范化。修订和完善现有实施办法、分类指标、技术标准、职责分工等制度规范。同时，完善数据采集更新制度，争取到"十二五"末实现数据准确率、完整率均达到99%以上的目标。

三是通过内联应用，推动企业信用分类监管集成化。将企业信用分类监管、个体工商户信用分类监管、商品交易市场信用分类监管、公平交易执法监管、12315维权平台等信用数据汇集、整合起来，最终实现各地区、各条线之间监管业务信息与市场主体登记信息的高度融合和集成化。

四是通过外联应用，推动企业信用分类监管社会化。加强与政府其他部门的沟通协调，依法向有关部门提供企业信用监管信息，不断扩大部门间监管信息共享和运用范围，并逐步建立数据交换和信息共享长效机制。同时，建立公开企业信用信息机制，通过依法公开企业信用情况，增加企业失信成本，有效惩戒失信行为。

专栏8-3

湖南出台全国首份惩戒失信行为方案

红网2007年10月18日讯（潇湘晨报记者 龙源） 一次交通违法，将使车主在下一年度交纳高额的保费；一次银行卡拖欠还账，将影响到贷款买房、就业甚至晋升……近日，湖南省政府办公厅下发《关于加快建立守信激励和失信惩戒机制有关事项的通知》，这是全国首份惩戒失信行为的方案。上周，湖南省工商、公民信息管理局等部门开始联合规划社会信用记录统一查询，标志着湖南省企业、个人信用记录建设工作进入提速阶段。

省政府办公厅通知明确要求，政府采购部门、业主、评标委员会在政府采购活动和国有投资项目招标投标活动中，必须查询"省信用信息系统"记录的有关投标人、招标代理机构、项目经理的信用信息，将其信用状况作为评价的重要内容之一。

保险经营机构在受理投保业务时，须查询"省信用信息系统"记录的投保人的信用信息。对信用状况好的投保人，在保费方面给予优惠；对信用状况不好的投保人，特别是对有严重违反交通规则和发生交通、生产、火灾、医疗等事故及逃废债务、偷逃骗税、偷盗抢劫等不良记录的投保人，应提高保费标准。

各级行政机关、公用事业单位、行业管理机构、行业组织在实施与个人身份有关的公务活动或业务活动中,须查询"省信用信息系统"记录的个人信用信息,核实当事人身份信息。对提供虚假信息的,有关部门在办理相关业务中应依法给予相应处理,并及时将其使用虚假信息的行为提交给"省信用信息系统"予以披露。

本章提要

本章介绍了信用文化的培育和失信惩戒机制两部分内容。首先介绍了中国传统伦理信用文化和西方契约信用文化的基本特征,并从观念、性质和维护方式三个方面对其差异进行了分析;中国信用文化的培育应他律和自律并重,重点从教育入手,重传统继承,同时,汲取西方契约信用的特质。其次介绍了失信惩戒机制的内涵、特点与运行机理,在对欧美国家失信惩戒机制及其启示研究的基础上,提出了构建我国失信惩戒机制的基本架构。我国失信惩戒机制的基本架构——建立失信惩戒法律制度、依托联合征信数据库、采用多种信用惩戒和褒扬手段、培育公民的信用意识和社会信用文化。

复习思考题

1. 中西方信用文化有哪些差异?如何培育中国的信用文化?试分析之。
2. 你是如何理解失信惩戒机制的?政府失信如何惩戒?请谈谈您的看法。
3. 培育公民的信用意识和社会信用文化,您有何想法?
4. 您认为对政府失信的惩戒与对公民、企业的失信惩戒应该有所区别还是一视同仁?

案例分析　　　　　　　安达信的惨痛代价

安达信简介

Andersen 译为"安达信",创立于1913年,总部设在美国芝加哥,是全球五大会计师事务所之一。它代理着美国2 300家上市公司的审计业务,占美国上市公司总数的17%,在全球84个国家设有390个分公司,拥有4 700名合伙人,2 000家合作伙伴,专业人员达8.5万人,2001年财政年度的收入为93.4亿美元。安达信1979年开始进入中国市场,相继在香港、北京、上海、重庆、广州、深圳设立了事务所,员工2 000名。由这些数字可知,安达信曾经是多么红火,一般的公司简直难以望其项背。

欺诈的帮手

从2001年底开始的8个月内,美国有5大公司破产,分别是安然、凯马特、环球电讯、Adelphia和世界通信公司。其中安然、环球电讯和世界通信的问题都与财务欺诈有关,而它们的外部审计师都是安达信。

财务假账的丑闻不仅发生在美国,就在安然正式宣布破产的几个月前,澳大利亚国内的第二大保险商HIH公司也因蓄意隐瞒资产高达4.68亿美元的丑闻而宣告破产。在HIH背后从事财务审计的也是安达信。

法国媒体巨子——维旺迪环球集团2002年7月被媒体指控企图虚增2001年利润15亿

欧元,国际评级机构穆迪公司降低了维旺迪的信用等级。7月2日这家公司股价下挫了将近30%,且有继续下滑的趋势。值得一提的是,维旺迪环球集团的"财务顾问"也是安达信。

在安然肆无忌惮地玩弄财务技巧的背后,安达信扮演了不光彩的角色。安然在历年财务报表中隐瞒负债状况、虚报巨额盈利,演出了美国历史上案值最高的一起破产丑闻。作为受安然委托作独立审计并公示股民的会计师事务所,安达信不仅"失察",而且还涉嫌在政府启动对安然的司法调查之后销毁证据。

付出的代价

安达信自1985年开始就为安然公司做审计,做了整整16年。除了单纯的审计外,安达信还提供内部审计和咨询服务。20世纪90年代中期,安达信与安然签署了一项补充协议,安达信包揽安然的外部审计工作。不仅如此,安然公司的咨询业务也全部由安达信负责。安然1997—2001年虚构利润达5.86亿美元,并隐藏了数亿美元的债务。美国监管部门的调查发现,安然公司的雇员中居然有100多位来自安达信,包括首席会计师和财务总监等高级职员,而在董事会中,有一半的董事与安达信有着直接或间接的联系。

2001年10月安然财务丑闻爆发,美国证监会(SEC)宣布对安然进行调查。可就在同时,安达信的休斯敦事务所从10月23日开始的两个星期中销毁了数千页安然公司的文件。而公司在10月17日就已得知美国证券交易委员会对安然公司的财务状况进行调查,直到11月8日收到证券交易委员会的传票后才停止销毁文件。2001年12月安然宣布破产。2002年1月安达信承认销毁文件,安达信芝加哥总部提出:这是休斯敦事务所所为。2002年初安达信将负责安然审计的资深合伙人大卫·邓肯除名。而大卫·邓肯则申辩:这是总部的授意。在初步调查的基础上,司法部于3月14日对安达信提起刑事诉讼,罪名是妨碍司法公正,理由是该公司在安然丑闻事发后毁掉了相关文件和电脑记录,从而开创了美国历史上第一起大型会计行受到刑事调查的案例。

2002年6月15日,美国联邦大陪审团裁定安达信妨碍司法罪成立。同日,安达信宣布,将在8月31日前停止担负上市公司的审计业务。2002年8月31日,安达信环球(Andersen World wide)集团的美国分部——安达信会计师事务所宣布,从即日起放弃在美国的全部审计业务,正式退出其从事了89年的审计行业。

安达信在美国的市场自此丧失殆尽,其海外市场也因丑闻事件而遭遇了空前的信誉危机。越来越多的大型公司开始考虑解聘安达信,更换审计公司。客户的大量流失使安达信最终不得不走上了分拆后与其他公司合并的道路。

根据案例,请回答以下问题:
1. 安达信兴衰背后的原因是什么?我们从中可以吸取哪些教训?
2. 对会计师事务所等中介机构应进行怎样的信用监管?
3. 对于培育公民和企业的信用意识和信用文化,您有何建议?

第九章

信用标准化建设

学习目标

通过本章学习,应该了解或掌握以下内容:
1. 掌握概念:标准和信用标准。
2. 了解信用标准化的意义。
3. 掌握信用标准化的主要内容与主要任务。
4. 掌握现行的信用标准。

引导案例　信用评级标准

　　2007—2009年全球金融危机至今余音未绝,危机的直接导火线是美国住房贷款的证券化,为此金融创新一度被口诛笔伐。但不容忽视的是,证券化虽然把这些资产分散到许多不同的投资者手中,但丝毫不能减少最上游固有的信用风险,因此,危机爆发的根本原因还在于证券化的最始端信用标准过分放松。

　　危机的全球泛滥在很大程度上是由于评级机构将风险极高的垃圾房屋债券,评级为高等级的优质债券,使得普通投资者对该类产品产生乐观预期和非理性追捧。因此,一场本可以只是局部性的金融危机演化为全球性的金融危机,其主要原因在于评级机构债券评级标准的过分松懈和不适宜。

　　人们在反思危机教训的时候,对最古老的信用风险的重视程度再度提升,而信用风险背后的信用标准成为日益重要的话题。这是因为信用标准是揭示债务人信用风险的方法和依据。

　　穆迪、标准普尔和惠誉三大评级机构经过了一百多年的发展,评级技术中饱含着丰富的实践经验,整体而言,三大评级机构的评级方法具备较高程度的系统性与全面性。尽管三大评级机构分析企业债券信用风险过程中考察的内容有所不同,但其信用评级方法的最终落脚点却惊人的一致,均将信用评级的根本落脚点确定为现金流,从而将受评对象的信用等级与企业获得现金的能力直接关联。此外,认为行业分析是企业信用风险评估的基本前提和必要依据。

然而,三大评级机构未重视在不同国家,不同的政治经济体制下的差异性;对欧美国家以外的信用评级往往是建立在不尽客观的国家主权风险评级之上;美国评级机构在国际市场的角逐使其逐步丧失了评级机构赖以生存的公信力,多次的评级失误使国际评级机构的公信力遭到质疑,评级标准受到进一步挑战。

案例思考:以上案例给了我们哪些启示?本章相关内容将给出相关解释和回答。

第一节 信用标准化概述

随着我国社会主义市场经济体制的建立和健全,我国市场经济和信用交易取得了较快的发展,但社会信用体系建设相对滞后,市场主体之间信息不对称问题越来越突出。从信用体系建设过程中所存在的主要问题可以看出,信用术语标准,信用信息采集标准、加工标准和使用标准,信用评价标准,信用产品与服务标准是信用体系建设当中关键性的问题。因此我国应建立与社会信用体系建设相配套的信用标准体系,以完善我国社会信用体系。

一、关于标准和标准化

标准是一个共同的、最基本的约定。

GB/T 20000.1-2002《标准化工作指南 第 1 部分:标准化和相关活动的通用词汇》中对标准的定义是:为了在一定范围内获得最佳秩序,经协商一致制定并由公认机构批准,共同使用的和重复使用的一种规范性文件。并注明:标准宜以科学、技术的综合成果为基础,以促进最佳的共同效益为目的。

标准是一种具备与其他文件相区别的具有下列特殊属性的规范性文件:

(1) 标准必须具备"共同使用和重复使用"的特点;
(2) 制定标准的目的是获得最佳秩序,以便促进共同效益;
(3) 制定标准的原则是协商一致;
(4) 制定标准需要有一定的规范化程序,并且最终要由公认机构批准发布;
(5) 标准产生的基础是科学、技术和经验的综合成果。

标准是科学、技术和实践经验的总结,标准的本质属性是一种"统一规定"。为在一定的范围内获得最佳秩序,对实际的或潜在的问题制定共同的和重复使用的规则活动称为标准化。

GB/T 20000.1-2002《标准化工作指南 第 1 部分:标准化和相关活动的通用词汇》中对标准化的定义是:为了在一定范围内获得最佳秩序,对现实问题或潜在问题制定共同使用和重复使用的条款的活动①。该定义主要有如下内涵:(1) 标准化是一项活动,一个过程;

---

① 上述活动主要包括制定、发布及实施标准的过程。

(2) 标准化的目的是在一定的范围内获得最佳秩序。

标准化的重要意义是改进产品、过程和服务的适用性,防止贸易壁垒,促进技术合作。

二、信用标准化的内涵与外延

信用就是获得信任的资本。这种资本由信用意愿与信用能力构成。获得信任的标志或结果就是获得社会交往、达成信用交易。信用是资本,是一种财富,可交易、可度量、可管理,有社会价值、经济价值、时间价值。

信用标准为社会各界对信用资本定价提供的最基本的、共同的约定。信用标准是未来信用经济运行的最基本、最有效、最直接的社会规则。信用标准化建设是着眼于现在、服务于未来的实际工作。

信用标准化是指在信用体系建设过程中,对信用信息的采集、整理、加工和查询的相关技术、产品和服务等通过制定、实施标准,达到统一,以规范市场主体的信用行为和市场秩序的过程。

从机制上讲,信用标准化就是在政府的引导下,从国家层面上将原有的政府信用管理机构、地方区域信用系统以及各个信用中介信用体系有机的整合,建立一整套相互兼容、信息共享并且适应信用各相关领域的信用标准体系。

三、信用标准化的重要意义及其作用

信用标准化建设为我国的社会信用体系建设提供支撑与依据,有利于加快我国现代化和规范化发展,有利于培育良性和健康的市场经济。信用标准化建设意义重大。

(一) 我国信用标准化体系建设是促进和谐社会发展的创新制度安排

信用既是一个经济问题,也是一个社会问题。信用问题不仅涉及生产、国内外贸易、金融交易等,更关系到人与人之间的关系、市场秩序、社会稳定与和谐发展。社会性问题最好的管理办法和目标是能给国家和人民带来最大的福利。

我国的市场经济建设已取得举世瞩目的成就,随着市场的迅速扩大以及国内外经济活动的交融,信用交易理念深入人心,信用交易方式日渐多样化,赊购赊销、消费信贷、信用卡消费等各种信用交易蓬勃发展,信用活动与信用交易已经形成一定的规模,经济活动正趋信用化,信用经济初见端倪。

建设信用标准化体系,从根本上来讲是适应我国现阶段市场经济建设与发展需要的,是整顿市场秩序、改善社会信用环境、保障信用交易健康发展、建设信用经济的根本举措。健全有效的信用标准化体系可以促进我国市场经济交易方式与手段走向成熟、扩大并创造市场需求、促进市场繁荣、保持经济持续增长。

(二) 中国信用标准化体系是未来中国信用三大体系的有效组成

未来中国社会信用将形成三大体系:以银行为中心的金融信用体系、以企业为中心的商业信用体系、以政府为中心的政府信用监管体系,信用标准化是政府信用监管体系的组成部分。

1. 金融信用体系

金融信用体系主要包括:由银行业主管部门为主导运作,以金融机构主要是商业银行为

主要用户,以授信申请人为主要征信对象的金融业征信系统,以及信用信息在体系内互通互联共享,在金融业形成的一种信用管理运行机制。银行征信局是这个体系的核心,是信用信息采集、加工、传播的专业机构。金融信用体系主要以商业银行为采集对象,获取企业和个人的授信信息,用于金融机构的授信信用风险管理,并在金融体系内信息共享,以降低交易风险,保障金融安全。从国际惯例及中国的实际情况来看,金融信用体系,特别是金融征信系统适宜公共征信。

2. 商业信用体系

商业信用体系主要包括:由信用服务中介机构为主导运作,以企、事业单位为主要用户,以企业和个人为征信对象的征信系统,以及信用信息在市场范围内互通互联,在社会上形成的一种信用信息共享的运行机制。这些信用服务中介机构主要包括征信公司、资信调查公司、信用评级公司等。它们是市场经济发展、社会分工深化的产物,是社会信用体系的有效组成部分。它们按照现代企业制度建立,依据市场化原则运作,以独立、客观、公正的原则为市场提供产品与服务,为企业授信、雇主用工、投资合作、贸易融资等商业活动提供决策信息,是市场需要的新兴的征信服务行业。在这种征信服务行业里,既可以有公共征信机构,也可以有私营征信机构,具体有做企业征信的,也有做个人征信的。

3. 政府信用监管体系

政府信用监管体系主要包括:以政府或职能部门为主体运作,以政府及各职能部门为主要用户,以企业和个人为征信对象的信用信息系统,以及信用信息在政府及各部门之间互通互联,在政府及职能部门内形成的一种信用信息共享的运行机制。信用信息系统由政府或职能部门委托的事业单位建设,为政府综合信用监管服务。一般以电子政务为基础,以信用信息为整合切入点,实现政府及职能部门之间信用信息共享,形成反映企业和个人综合信用状况的基础数据,实现综合的、有针对性的、预先的监督与管理。政府信用监管体系的最基本内容就是规则制定,其中非行政管理的规定、服务性内容、指导性标准、强制性标准等将越来越成为该体系的工作重点。

从信用体系建设过程中所存在的主要问题可以看出,信用术语标准,信用信息采集标准、加工标准和使用标准,信用评价标准,信用产品与服务标准是信用体系建设当中关键性的问题。因此,必须给予重视和解决。

(1) 建立信用标准体系是加速建立我国社会信用体系的迫切需要。信用标准体系是社会信用体系的重要组成部分,随着改革开放的深化,我国参与国际经济活动日益增多,由于我国社会信用体系不健全已经对我国市场经济主体在国际上的竞争力产生了不良影响,并在一定程度上影响了国家的声誉,因此加快信用标准体系的建设和实践,不但有利于进一步全面开展社会信用体系的建设工作,而且对深化改革开放和增强国际竞争具有重要作用。

(2) 建立信用标准体系是建立健全社会信用法律法规体系的迫切需要。自改革开放以来,我国法制建设逐步走向成熟,各种法律法规随着社会发展和经济建设需要应运而生。但针对社会信用方面的相关立法仍然相当滞后。目前我国还没有一部规范社会信用特别是征信市场行为方面的法律。在政府开放必要的企业资信信息和数据等方面,也没有明确的制度性规定,从而制约了社会信用信息开放的进程,使得政府在开放信用信息方面无法可依。在这一现实情况下,尽快制定一套信用标准,为社会创造一个信用信息开放、公平享有、使用信息的环境,进而为制定完善的法律法规体系创造条件是一种必然的选择。

(3) 建立信用标准体系是完善市场体系、维护市场秩序、促进市场经济发展的迫切需要。当前我国一些企业出现失信行为的一个重要原因,就是我国的社会信用制度没有真正建立和完善起来。借鉴国外有益经验,促进我国社会信用行业的健康、规范发展,已成为完善我国市场经济体系、维护市场秩序、促进市场经济发展的当务之急。

(4) 建立信用标准体系是提高全社会的信用意识,加速建设信用制度的迫切需要。随着生产力的不断发展,商品交换是以社会分工为基础的劳动产品交换,其基本原则是等价交换,交换双方都是以信用作为守约条件,构成互相信任的经济关系。任何一方不守信用,就会使等价交换关系遭到破坏。市场经济愈发达就愈要求诚实守信,这是现代文明的重要基础和标志。没有信用,就没有交换;没有信用,就没有有序的市场;没有信用,一切经济活动就难以健康发展。

信用体系标准化建设的现实作用主要表现在以下几个方面:

(1) 有助于促进区域信用体系建设快速发展。能够使管理者和投资者依据技术标准快速选择技术支持平台,搭建服务平台,避免盲目性、重复性,提高工作效率。

(2) 有助于区域、系统之间的接轨,保障不同网络系统间的互联互通,为实现信用信息共享奠定长远基础。

(3) 有助于避免不规范建设、走弯路,避免不必要的、无代价的经济损失和劳动损失,减少浪费,有利于节约政府和企业的投资成本,特别是避免在技术建设上的失误,造成今后会推倒重来。

(4) 从产品角度来说,建立信用产品与服务标准,则是信用产品与服务进入市场的准入证,是对消费者的承诺,有利于保护消费者利益。

(5) 对信用服务机构来说,落实标准,是鉴定信用产品的基本依据,是产品质量的基本保证,是信用评价的基本尺度,也有利于信用服务机构的公平竞争。同时,还可以促进企业管理的科学化、统一化、协调化,提高管理效率。

(6) 对于人才培养来说,有了信用产品标准、有了信用服务标准、有了信用服务市场,信用人才的培养就有了目标和方向,有利于专业化的人才队伍建设。

(7) 通过标准的宣传和实施,有利于各机构合理利用国家资源,有利于推广信用产品,培育和开拓市场,有利于地区、行业和企业信用品牌的树立,从而促进地区经济的健康发展。

因此,信用标准化建设无论是对管理者、投资者,还是对于服务者和消费者来说,都具有非常重要的现实意义和长远的历史意义。

第二节　信用标准化的发展

随着全球战略标准化的兴起并成为促进多国贸易和竞争的推动力,ISO 对于商业、工业发展的影响越来越大,并逐渐成为企业 CEO、商业和政府领导人关注的焦点。

从现有的标准看,主要存在国际、国家和行业三种不同适用范围的信用标准,大致可分为信息标识类、信息检索系统类、征信数据格式和征信报告标准版式等。

一、信用标准化在国际上的发展

在信用标准制定方面,美国显然走在各发达国家的前面。目前有国际影响的信用标准几乎都是由美国机构制定的,或是在美国机构参与下制定的。

在国际上,经常使用的行业分类标准有美国标准化协会(ANSI)于20世纪30年代制定的"标准工业分类(SIC)标准"。对于征信行业,SIC标准是一种非常基础性的标识类标准,采用4位数的数字编码结构。1997年,美国、加拿大和墨西哥分别批准了建立北美经济区的NAFTA协议。为促进北美的经济一体化进程,NAFTA的管理和预算办公室正式批准了制定"北美工业分类系统(NAICS)"的方案,以逐步取代SIC标准。NAICS标准的编码系统为6位数字,且更注重实践性,对于新兴行业和合并的行业能进行比较方便的确认和分类,其适应性更加广泛,也更适合征信行业的需要。美国著名的企业征信机构邓白氏公司为该标准的制定提供了技术支持。

20世纪70年代,为规范征信数据的采集和处理,美国的个人征信行业协会——"消费者数据工业协会(CDIA)"(该协会原名"个人征信局联合协会(ACB)",2000年更名)制定了专门用于个人征信局的统一标准的征信数据采集格式,即Metro1和Metro2标准。目前经常使用的是Metro2。该标准还要求所有的数据字段都必须遵循美国的《公平信用报告法》和《公平信用记账法》的相关法律规定,像消费者姓名、地址这种被加载到相应的文件时所需要的标识信息,必须向个人征信局上报,数据也必须及时更新。此外,CDIA还设计了报告版式标准,即个人征信报告版式的Creditscope-2000表格。该表格格式要求个人征信局提供的普通当事人报告应包括流水账信息、人口统计资料、就业资料、公共记录资料和个人征信局查询记录。

著名的企业信息检索系统是邓白氏编码(DUNS Number)系统,它是企业信用记录的检索工具。邓白氏编码是全球企业征信巨头邓白氏公司编制的企业识别系统,用于对全球所有企业和机构提供"身份"号码。邓白氏编码适用于任何具有唯一性的、独立的以及有别于其他运作的商业实体,该编码的技术含量很高,可在全球范围内识别独特企业的地理位置,区别母公司、总部、分公司、子公司、企业家族。邓白氏编码已经成为国际标准,先后被世界上多个工业和贸易组织接受。作为一项标准,该编码系统在1989年被美国标准化协会(ANSI)接受,1991年被联合国接受,1993年被国际标准化组织(ISO)接受,1995年被欧洲共同体接受。

2007年初在欧美发达国家的推动下,ISO/PC235信用评价技术委员会(Rating services)成立,成为国际上第一个专门从事信用领域国际标准化工作的技术组织。其秘书处设在德国标准化学会(DIN)。现已有德国、丹麦、法国、韩国、荷兰、西班牙、英国7个P成员国,另有以色列和瑞典2个O成员国。其中,有众多企业参与其中。2007年5月,该组织推出了"信用评价"国际标准(讨论稿)。目前,已有十余个国家参与其中。

2007年10月29—11月1日,ISO/PC235信用评价技术委员会在瑞典召开了关于"信用评价"国际标准(讨论稿)的第二次研讨会。根据ISO/PC235信用评价技术委员会的邀请,中国信用标准化技术工作组委派两名专家参加了此次研讨会。作为唯一参加此次研讨会的发展中国家,两名中国专家代表的发言,代表了发展中国家的声音,针对"信用评价"国际标准(讨论稿)提出了符合发展中国家实际国情的建议。ISO/PC235 信用评价技术委员会成员对中国代表提出的建议表示认可,并决定由中国承办"信用评价"国际标准(讨论稿)的第三次研讨会。

ISO/TC235 的出现,标志着信用标准国际化进程的开始。这也意味着我们有机会抓住信用标准国际化的机遇,制定信用标准,提高标准的水平,争取在国际信用市场推出我国的信用标准。

二、信用标准化建设在我国的发展

(一) 信用标准化建设

我国的社会信用体系发展经历了三个阶段:1987—1999 年的 12 年期间我国的社会信用体系处于"无序发展阶段";1999 年 2 月—2003 年 4 月期间,我国的社会信用体系建设处于"调查研究阶段",这一阶段的工作主要是中央政府有关部门进行调查研究,逐渐形成共识,并布置了最初的试点工作;自 2003 年 4 月起,我国的社会信用体系进入启动和建设阶段。

我国信用标准化建设问题的提出,最早可以追溯到 1999 年。1999 年 10 月,在介绍发达国家的信用标准时,中国社会科学院世界政治与经济研究所的"建立国家信用管理体系"研究课题组提出,应该为我国新兴的征信行业建立若干项技术标准,信用标准的具体种类包括企业分类、企业和个人识别、征信数据检索、标准报告版式和信用风险指数。同时该课题还对一些外国的信用标准作了介绍。

2002 年,国务院"建立企业和个人征信体系专题工作小组"开始研究建立国家信用标准的问题。专题工作小组将信用标准分成技术标准、管理标准和工作标准三大类,曾提出十多项信用标准草案。

2004 年,当时负责全国社会信用体系建设领导工作的全国整顿和规范市场经济秩序领导小组办公室设立了《全国社会信用体系建设标准体系》课题,专门研究为我国社会信用体系建设配套的国家信用标准问题。

2005 年 5 月,国家标准化管理委员会批准成立了"全国信用标准化技术工作组",开始实质性地推动我国的信用标准制定工作。在总结国内外经验和教训的基础上,全国信用标准化技术工作组已经初步设计出我国信用标准体系的框架,信用标准建设开始进入有条不紊工作的阶段。国家标准委下达了《信用标准化工作指南》等 9 项国家标准制定修订计划,加紧了社会信用标准制定的步伐。

2007 年 3 月,国务院办公厅印发的《关于社会信用体系建设的若干意见》,更是极大地推动了社会信用工作在各地方、各领域的普遍开展。这些工作为我国信用标准的制定积累了丰富的经验,提出了紧迫的需求。在这种形势下,国家标准委及时启动了我国的信用标准化工作。

我国的信用国家标准(9 项)已由国家质量监督检验检疫总局和国家标准化管理委员会发布,于 2008 年 11 月 1 日开始实施。据标准主要起草人、中国标准化研究院尹彦介绍,9 项标准都是信用标准化领域重要的基础性标准和急需的标准。

首批五项标准是由全国信用标准化技术工作组组织制定。《信用基本术语》确定了包括基础术语、信用形式、征信、信用评级、信用管理、信用监管等 7 个部分的 80 条术语的定义,便于各部门、行业、企事业单位或个人在同一个平台上交流与协调合作。《企业信用数据项规范》确定了443项企业信用信息数据项,包括基本信息、经营管理信息、财务信息、银行往来信息、提示信息和其他信息。《企业信用信息采集、处理和提供规范》是一项为实现信用信息的互联互通提供技术支撑的标准。《企业信用等级及表示方法》适用于衡量企业履行约定、社会义务和社会责任。《信用中介组织评价服务规范信用评级机构》确定了信用评级小组、信用评级评审委员会的组成和职责以及信用评级分析师、合规检查员的基本条件、工作内容和工作要求,明确了定性与定量方法相结合的信用评级服务程序,要求信用评级机构要公平、公正、独立地开展相关业务,不能向客户提供不准确的信息,不能提供虚假的评级报告。

其余的四项标准包括《信用标准化工作指南》,是信用标准体系的基石,这项标准将信用标准分为基础标准、技术标准、产品标准、服务标准和管理标准。《企业信用评价指标体系分类及代码规范》将在规范企业信用评价服务,降低交易成本,规范政府与企业采购秩序,解决采购方与供应商之间信用信息不对称等方面发挥作用。《企业质量信用等级划分通则》是开展质量信用分类评价的依据,通过企业质量信用、企业质量信用风险、企业质量信用等级等术语和定义,界定了质量信用及其风险的内涵。《合格供应商信用评价规范》确定了各等级合格供应商的条件,最高级别的合格供应商是指经营的稳定性极强,对履行相关经济和社会责任能够提供极强的安全保障,违约风险极低。

这批标准的出台为国内信用行业提供了标准技术支撑,填补了我国社会信用长期以来没有标准的空白,在社会信用体系的建立和完善道路上迈出了至关重要的一步,对社会信用体系建设的全面发展将会起到重要的推动作用,具有"里程碑"意义,同时也为国际信用标准制定提供了良好的先例。

对于9项国家标准的实施效果的预期,有关专家表示,9项标准的制定经过了大量的前期调研,在成立起草的过程中,各地方、各部门十分踊跃,纷纷表示要参与标准起草。最终确定的起草单位包括地方信用管理部门、企业和科研单位。可以说,国内信用工作做得比较好的都参与了这些标准的制定。与标准实施关系密切的信用标准化试点已于2009年4月启动,8个地方和多个政府部门都在试点应用,试点情况反映这些标准符合我国现阶段社会信用的实际需要。

9项标准的实施难点在于,这些标准规范的是每个领域的核心内容和核心数据项,标准的各类实施主体需要对内容进行细化,对数据项进行拓展,制定出相关的行业和地方标准。很多地方2009年11月已组织了9项标准在一定范围内的全面实施。由于试点的推动,在标准正式实施前,每项标准都有成功实施的典型案例。陕西省信用管理办公室在全省企业信用信息系统建设中已全面实施了《企业信用数据项规范》国家标准。实施情况表明,这项标准的数据项基本涵盖了企业信用涉及的数据项范围,与有关数据源单位的数据项有比较好的兼容性,同时也反映出,在信用法规不健全的情况下,企业财务、银行融资等比较敏感的信息的公开披露、归集和整合遇到的制约因素较多,实现整合的难度较大。

(二) 征信标准化建设

征信标准化是为了保证征信行业有一个有效、规范的运作秩序,解决资源共享的实际问题而制订的共同和重复使用的指导性文件或规则的活动,包括标准的制定、实施和对标准的实施情况进行监督等。征信业标准化是保证行业的高效率、高起点建设与发展的一项十分重要的基础工作。

征信标准体系是由征信体系建设范围内的具有内在联系的标准组成的科学的有机整体。征信标准体系分为基础标准分体系、监管标准分体系、信息技术标准分体系、业务标准分体系、服务标准分体系、安全标准分体系。

在基础领域涉及征信数据元的规范、征信术语、征信标准体系的制定等标准；在监管领域涉及征信机构资质的认定、征信从业人员资质的认定、征信业务规范等标准；在信息技术领域涉及到信用信息共享、系统互联互通、信息安全类等技术标准；在业务领域涉及对征信业务开展的相关流程进行规范，包括信用调查业务规范、信用登记业务规范、信用评价业务规范、其他征信业务规范以及征信产品标准等标准；在征信服务领域主要涉及对征信机构为客户提供服务过程中的行为规范，包括征信服务合同格式规范、征信机构服务质量规范、征信产品使用规范、征信服务争议处理程序等标准；安全标准分体系是针对征信活动中信用信息的采集、加工、使用、披露过程中的信息安全以及其他可能造成相关当事人损害的行为进行规范，主要包括物理安全标准、安全防护标准、安全管理标准、安全检测标准等。

社会信用体系建设的核心是征信体系，征信标准化是征信体系建设的重要组成部分。因此，征信标准化工作对于我国征信行业的发展关系重大，对我国社会信用体系建设将产生深远影响，征信标准的制定直接影响征信机构的运行成本，影响到我国征信市场化、规范化经营的征信机构的布局，以及征信机构做大做强的政策和资金门槛。通过征信标准化工作，将促进信用信息在不同部门、不同行业的管理信息系统和有资质的征信机构间顺畅交换，实现信用信息共享；保障企业和个人信用信息基础数据库采集范围和提供服务领域的不断扩大，提高征信行业运行的效率；规范征信业务操作流程，保证征信数据和征信产品的质量；有效保护被征信人合法权益和信息安全，促进征信业规范、安全、有序、健康发展。

按照国务院授权，在国家质量监督检验检疫总局管理下，国家标准化管理委员会统一管理全国标准化工作。征信标准化的目的是促进信用信息跨部门、跨行业共享，规范征信业务活动，推动社会信用体系建设。因此，涉及信用信息采集、使用以及从事征信业务的机构都是征信标准的使用单位，如涉及企业身份登记及个人身份认证、信贷、企业信用、产品质量、社会保障、公积金、纳税、法院执行、通信缴费、学历等信息的机构以及信用调查、信用评级等征信机构。

截止到2012年5月，我国已颁布的征信标准有《征信数据元注册与管理办法》和《我国征信行业标准简介》。中国人民银行征信管理局于2005年底正式启动了征信标准化工作，并于2011年8月发布了7项标准，分别为《征信数据元　个人征信数据元》、《征信数据元　数据元设计与管理》、《征信数据元　信用评级数据元》、《征信数据交换格式　信用评级违约率数据采集格式》、《信贷市场和银行间债券市场信用评级规范　信用评级主体规范》、《信贷市场和银行间债券市场信用评级规范　信用评级业务规范》和《信贷市场和银行间债券市场信用评级规范　信用评级业务管理规范》。

征信数据元是征信领域内反映被征信人的特性及信用状况的数据单元，是通过定义、标识、表示以及允许值等一系列属性描述的不可再分的最小数据单元，如借款人名称、登记注册类型、登记注册号、学历、还款日期、还款方式等都是通过一系列属性进行描述的征信数据元。

《征信数据元 数据元设计与管理》规定了征信数据元的基本概念和结构、征信数据元的表示规范以及设计规则和方法等,并给出了征信数据元的动态维护管理机制;适用于与征信业务有关的机构进行数据元设计与管理,并为建立征信数据元的注册与维护管理机制提供指导。

《征信数据元 个人征信数据元》规定了与个人征信业务有关的机构使用的数据元;适用于从事个人征信业务的机构与相关机构间的个人征信信息交换与共享。

《征信数据元 信用评级数据元》规定了与信用评级相关的数据元;适用于对信用评级机构及金融机构内部评估系统的评级结果进行质量评价,以及相关机构间的信用评级信息交换与共享。

《征信数据交换格式 信用评级违约率数据采集格式》规定了信用评级违约率数据采集业务中对数据的要求、数据采集对象和来源、数据采集指标体系、数据采集报文的结构以及数据采集流程和方式;适用于从事信用评级违约率数据采集业务的机构与相关数据报送机构间的信用评级违约率数据的交换与共享。

《信贷市场和银行间债券市场信用评级规范 信用评级主体规范》规定了在信贷市场和银行间债券市场从事信用评级的机构进入和退出该市场的程序、从事信用评级业务的基本原则及要求;适用于信贷市场和银行间债券市场中从事信用评级业务的主体。

《信贷市场和银行间债券市场信用评级规范 信用评级业务规范》规定了信用评级业务中信用评级程序、信用等级符号及含义、信用评级报告内容等;适用于信用评级机构进行信用评级时的业务操作。

《信贷市场和银行间债券市场信用评级规范 信用评级业务管理规范》规定了开展信用评级业务准则、信用评级的跟踪与检验、信用评级业务的质量检查和信用评级业务数据的管理与统计等内容;适用于信用评级市场信用评级业务的管理和控制[①]。

征信数据元标准是金融行业重要的基础性标准,对征信领域的信息共享及征信业务的发展具有积极的支持和促进作用。通过征信数据元标准的编制,可以最大限度地消除征信数据元描述的混乱现象,使不同用户对相同数据元拥有一致的理解,有效提高信息资源的共享和使用效率,降低信用信息采集成本,促进信用信息跨系统、跨行业及跨部门共享,确保信用信息的准确和完整,提高数据质量,客观和全面反映被征信主体的信用状况,维护被征信人合法权益,促进征信体系的健康发展并将发挥十分重要的作用。

第三节 中国信用标准化建设

中国开创性地提出社会信用体系建设,中国政府抓诚信教育,搞诚信宣传,政府职能部门都以信用为出发点开展信用监管,这是一种创新性的制度安排,是有中国特色的。这种中国特色的社会信用体系与信用制度建设,是社会管理的一种创新,符合人类以人为本的经济发展,符合中国创建和谐社会的基础思想体系,对信用理论和管理实践有开创性贡献。

---

① 来自 http://www.pbc.gov.cn

一、信用标准化的指导思想

坚持以党和国家的方针政策为指导,以科学发展观和构建和谐社会为战略发展方向,以规范信用术语标准为基础,以规范信用信息采集、处理与使用为核心,以规范信用产品与信用服务为重点,坚持以人为本,转变发展观念,创新发展模式,把握机遇,开拓创新,切实维护国家和人民群众的根本利益,维护行业和企业利益,为地区、行业(系统)建立社会信用体系提供技术与标准支撑,为促进建立和谐社会、促进社会经济可持续健康发展奠定坚实的基础。

——注重信用体系建设的综合性。社会信用体系是一个与信用道德文化、相关法律法规、制度标准规范、组织形式、技术工具和运作方式等因素相互联系、相互影响的综合系统,是一项庞大的社会系统工程,信用标准化建设,必须综合考虑各方面因素。

——注重信用体系建设的的系统性。信用体系建设作为一种社会机制,主要包括信用法律法规体系、信用服务体系、信用数据技术支撑体系、信用市场监管体系、企业信用管理体系、社会诚信教育体系六个方面内容。信用标准化建设必须以技术支撑为核心,保障各系统的规范化、标准化建设。

——注重信用体系建设的广泛性。信用体系建设涉及各个领域、各个行业和机构,广泛协调是信用标准化建设的重要方式,必须从实际出发,从企业出发,从全局考虑,求真务实,确保和谐发展。

——注重信用体系建设的专业性。信用标准化必须从科学、专业的角度进行建设。信用体系建设是通过信用信息的采集、处理、使用、分析以及信用评价服务等形式发挥作用的,从其过程到其产品都存在有较强的计算机技术、信息技术、分析技术和管理技术。

二、信用标准化的总体目标

信用标准化建设的总体目标是:为企业信用管理服务,为行业信用体系建设服务,为地区建立信用环境服务,为国家信用经济健康发展保驾护航。

信用标准化建设的阶段目标:到2010年,信用标准化建设的阶段目标是达到"六个一"。即:组建一个在全国信用标准化技术委员会领导下并设有多个专业委员会和分布在全国各地的信用标准技术服务保障网;建立一套规范的信用信息管理国家标准;制定一套统一的信用产品质量推荐标准;搭建一个权威和系统的全国信用标准化服务平台;培养一支全面的信用技术与管理服务的专业化人才队伍;编制一套信用技术理论和务实操作相结合的信用标准化指导教材。

三、信用标准化的基本原则

坚持科技引导。树立科学发展观,尊重科学规律,贯彻"尊重科学、发扬民主、促进合作、激励创新、引领未来"的工作方针。以科学技术指导标准建设,以标准规范促进信用建设,切实发挥基础研究引领未来发展的先导作用。

坚持市场导向。以企业需求、行业需求、社会需求为根本,着力解决市场需求。坚持"依靠专家、依靠企业"的工作原则,把握市场需求和科学前沿,创新标准化建设。

坚持多方协作。充分发挥各行业组织、企业、研究院所和信用服务专业机构的作用，倡导合作精神，支持合作研究，加强信息沟通，建立起多方参与、分工协作、高效运作的工作机制。

坚持重点突破。针对信用体系建设急需信用术语、信用信息采集处理和使用规范、信用评价标准等一批标准，采取"先易后难，急用先行，突出重点，科学先进"的指导思想组织实施。

坚持稳步发展。推进信用体系标准化工作，应在统筹规划的基础上，加强基础标准和关键技术标准的科学研究，遵循"切实可行、成熟先上、示范推广、逐步推进"的工作方法，在开展试点示范的基础上，稳步发展。

四、信用标准化的主要内容与主要任务

1. 信用标准化建设的主要内容

（1）规范专业术语。中国文化博大精深，字义、词义丰富。观点不同，角度不同，理解不同。词义不统一，相互间的交流就会出现歧义，就会发生障碍。词语不规范，理解和认识上会出现差别，同时也将会给信息的记录、信息的交换带来不利因素，数据库也因此会变得更为臃肿和繁杂。

（2）统一信用信息编码。从发展趋势上说，今后市场主体的信息将逐步整合。关于信息编码（代码），虽然有国家标准《国民经济行业分类与代码》，但对新兴行业的编码规则未作定义，且还缺乏有效的、及时的标准维护机制。对于专业应用和新兴行业来说，只能是进一步规定细则和补充完善。在实际使用和编制工作中，尽可能贴近国家标准、国际标准、行业标准。如企业识别码使用组织机构代码、个人识别码使用身份证号码等，力求终身制、唯一性。

信息编码不统一问题，带来人力资源、时间资源和存贮资源的极大浪费。当前，政府有关主管机构对市场主体的编码就各不相同，不同的主管机构各用自己的编码方式。这样不利于市场主体信用信息的整合，不利于社会对信息的使用，不利于对市场主体的监督管理。对同样的一个数据信息内容，这个机构这样编码，另一个机构那样编码，几十个机构各用不同的编码，不仅增加了机构自身编码的工作量，也给综合管理带来了混乱和资源上的浪费。不同的编码，增加了录入信息的工作量、出错的概率、加大了不必要的存贮空间。同一个数据信息尚且如此，更不要说还有众多的其他信息的合并问题。

（3）统一规范信息元数据。信用信息是信用体系建设的关键。信息的采集、交换、处理和存贮，是依靠数据库为支撑平台的。元数据系统是通过设计阶段预设在电子文件管理系统中，作为一个持续的动态过程，自始至终伴随着整个电子文件的生命周期。根据《电子文件归档与管理规范》这一国家标准，电子文件的元数据是指"描述电子文件数据属性的数据，包括文件的格式、编排结构、硬件和软件环境、文件处理软件、字处理软件和图形处理软件、字符集等数据"。元数据的基本作用可概括为描述、定位、搜寻、评估和选择。即描述并记录文件的性质与内涵，提供文件的储存位置信息，提供有关如何找到所需文件的信息，帮助用户判断文件价值等，其最基本的功能是提供描述信息。从全局角度考虑，为便于今后信用信息数据的互相交流，或是实现互联互通，资源共享，对信用信息元数据的规范化和标准化非常必要。

（4）统一规范信用信息分类及采集加工与使用标准。借鉴电子商务、电子政务的经验，根据全国各地区建立社会信用体系的需要，研究出台《关于我国信用体系标准化建设的指导性意见》《信用信息分类方法》（国家标准）以及《信用信息工程技术指南》等相关措施。同时，抓紧完成《企业信用信息采集、处理和使用规范》（国家标准）的制定工作。

（5）规范信用报告产品与信用服务标准。随着信用服务机构业务的增多，信用产品与信用服务种类也不断增加。既然是产品，就应有衡量的标准。特别是目前征信机构的信用报告，有几十种之多。常用的几种报告应至少具备哪些标准内容，应当让消费者或报告的使用者有一个基本的了解。如过程标准（手续、流程等）、产品标准（如报告设计、主要内容、说明方法等）、专业标准（如行业准则、认证资格等）以及记法标准（如保存时间、表示方法、术语描述等）。

（6）规范信用评定标准。一是信用主体以诚实守信，履约践行的社会信用评价标准；二是信用主体以信贷为核心的信用风险评级等级标准。

2. 现阶段信用标准化工作的主要任务

（1）完善组织管理与服务机构。在建立完善"全国信用标准化技术委员会"职能任务与工作目标的基础上，指导建立相关专业委员会，依托各行业组织、事业单位、研究院所或信用服务专业机构建立起全国信用标准化技术保障服务合作机制。

（2）加大对信用标准基础性研究的力度。尽快出台《社会信用术语》《信用信息编码规范》《企业信用主体标识规范》等一批基础性国家标准。

（3）加大对信用标准专业化研究的力度。尽快出台《企业信用信息采集、处理和使用规范》，并根据市场需求，研究制定《企业信用数据项规范》《信用元数据项基础标准》《企业信用评价标准》等国家标准。

（4）加强对各地区信用体系建设技术指导。加强宣传，积极为各地区、各机构提供信用标准化技术服务，指导各地区、各机构建立信用数据技术支撑体系，有效推进信用信息与数据库建设的标准化、信用评价工作的标准化。

（5）加快建设全国信用标准化服务平台。多方筹措资金，鼓励和支持我国各级政府有关部门、信用服务机构按照统一要求和相关标准建立信用信息数据库和信息交换平台，并建立"全国信用标准化服务网"。把信用标准化建设宣传与技术服务衔接配套，开放实施。

（6）加强对信用信息资源的标准化、规范化的管理，建立科学的、标准化的信用管理测评体系，促进提高对信用信息资源的开发和利用。

（7）积极开展信用标准化建设人才培养工作。有针对性的组织培训交流活动。通过培训，学习并规范信息源机构的信息采集标准，学习并规范信用服务机构的技术支持标准，学习并规范企业信用管理体系的建设标准。通过培训，使受训者明确信用体系建设标准化工作要求，进一步抓好贯彻落实。

（8）培育标准化试点地区和单位。实施标准化，包括标准化的制定和推广两个方面。制定标准，要实现专家、企业、行政和执法机关等方面的结合。推广标准，要培育试点地区和单位，把信用体系建设机构作为实施标准化的出发点和落脚点，以保证标准符合实际情况，使标准更具科学性和可操作性。

(9) 加强国际合作。全方位加强国际先进标准的交流学习,借鉴经验。

我国的国家标准由政府主导,由标准委负责制定。从世界范围来看,任何国家的标准都存在扩张问题,在国际标准不太健全的征信领域,中国的国家信用标准完全可以向俄罗斯、印度、越南、拉丁美洲国家等推广,并争取国际组织/国际标准化组织的认可。我国的社会信用体系的设计和建设将征信系统及其基础设施建设融为一体,并与诚信教育相辅相成地进行配合,是一种创新。同时也对我国的信用标准体系的设计和标准的制定提出了很高的要求。

信用标准化建设为我国的社会信用体系建设提供了有力的支撑与依据,有利于规范我国的信用体系,有利于加快我国现代化发展,有利于培育良性和健康的市场经济。

知识链接9-1

1. 中国标准出版社第六编辑室. 中国社会信用标准汇编[M]. 北京:中国标准出版社,2010.

2. 现行相关的信用标准,http://www.sac.gov.cn/

标准号	中文标准名称
GB/T 0546-2006	银行业务和相关金融服务 信息交换 跟单信用证格式
GB/T 2117-2008	信用 基本术语
GB/T 2116-2008	企业信用等级表示方法
GB/T 2120-2008	企业信用数据项规范
GB/T 2119-2008	信用中介组织评价服务规范 信用评级机构
GB/T 2118-2008	企业信用信息采集、处理和提供规范
GB/T 3791-2009	企业质量信用等级划分通则
GB/T 3792-2009	信用标准化工作指南
GB/T 3793-2009	合格供应商信用评价规范
GB/T 3794-2009	企业信用评价指标体系分类及代码
GB/T 6841-2011	基于电子商务活动的交易主体 企业信用档案规范
GB/T 6842-2011	基于电子商务活动的交易主体 企业信用评价指标与等级表示规范
GB/T 6818-2011	个人信用调查报告格式规范 基本信息报告
GB/T 6817-2011	企业信用调查报告格式规范 基本信息报告、普通调查报告、深度调查报告
GB/T 6819-2011	信用主体标识规范
GB/T 6823-2011	基于信用原则控制检出质量的零接收数计数抽样检验系统

本章提要

文章主要介绍了标准和信用标准的基本概念,建立信用标准的重要意义、作用、指导思想等内容,介绍了信用标准在国际和国内发展的基本情况。

复习思考题

1. 什么是信用标准化?
2. 为什么要实行信用标准化?
3. 信用标准化的重要意义?

参 考 文 献

[1] 陈仁竹等.标准化基础教程.北京:中国计量出版社,2008.
[2] 王忠敏.标准化基础知识实用教程.北京:中国标准出版社,2010.
[3] 陈玉忠等.国内外信用理论研究与标准化实践.北京:中国计量出版社,2010.
[4] 刘贵生.尽快建立信用标准体系.中国金融家.2010.3
[5] 陈玉忠等.社会信用体系建设与标准化.世界标准化与质量管理,2006.12
[9] 裴永刚,陈娟.我国社会信用体系建设中的信用标准化问题.世界标准化与质量管理,2005.8
[10] 高观.关于信用标准化的若干问题.世界标准化与质量管理.2005.12
[11] 尹彦,宋黎.社会信用标准适用性分析指标体系框架研究.标准科学.2010.7
[12] 王选主编.信用管理基础教程.中国金融出版社,2008.
[13] 刘澄、徐明威等主编.信用管理.经济管理出版社,2010.
[14] 何显明.信用政府的逻辑——转型期地方政府信用缺失现象的制度分析.北京:学林出版社,2007.
[15] 陈伟."标准—普尔"政府信用等级评价体系简析.国际金融研究,2003,1(1):47—52.
[16] 世界银行.世界治理指标数据库 Aggregate and Individual Governance Indicators 1996—2010.
[17] 李长江.市场经济条件下政府信用研究的重要性及政府信用模型构建.东南大学学报(哲学社会科学版),2003(4):55—58.
[18] 大公国际资信评估有限公司.大公地方政府信用评级方法.2009.
[19] 李杨,王良健,欧朝敏.评价地方政府信用的方法研究.生产力研究,2007(7):77—78.
[20] 王正甲.转型期我国政府信用建设研究——以规避社会控制风险为视角.硕士论文.山东大学,2009.
[21] 聂延庆.当前我国政府信用的缺失与治理.硕士论文.燕山大学,2007.
[22] 王花.我国政府信用的缺失与治理对策研究.硕士论文.西北大学,2008.
[23] 王景军.转型期政府信用建设问题探析.硕士论文.黑龙江大学,2008.
[24] 粟勤.消费信贷.北京:中国审计出版社,2001.
[25] 于璐,詹蕾.消费信贷运作指南.四川大学出版社,2000.
[26] 刘戒骄.个人信用管理.北京:对外经济贸易大学出版社,2003.
[27] 艾洪德,范南.市场经济中的个人信用问题.北京:经济科学出版社,2004.
[28] 李曙光.个人信用评估研究.北京:中国金融出版社,2008.
[29] 辛树森,许会斌.个人信贷.北京:中国金融出版社,2007.
[30] 肖成华.新世纪个人资信评估.北京:中华工商联合出版社,2001.
[31] 赵晓菊,柳永明,吴晶妹.信用管理概论.上海:上海财经大学出版社,2005.
[32] 赵晓菊,柳永明,林钧跃.企业与消费者信用管理.上海:上海财经大学出版社,2005.
[33] 赵晓菊,柳永明.资信评级.上海:上海财经大学出版社.2006.
[34] 喻敬明,林钧跃,孙杰编著.国家信用管理体系.社会科学文献出版社,2000.
[35] 林钧跃.社会信用体系原理.中国方正出版社,2003.
[36] 林钧跃.消费者信用管理.中国方正出版社,2002.
[37] 林钧跃.谈我国信用标准的方案设计.世界标准化与质量管理,2006.6

[38] 林均跃. 征信技术基础. 北京:中国人民大学出版社. 2007.
[39] 林均跃编著. 企业与消费者信用管理. 上海:上海财经大学出版社,2005.
[40] 林钧跃. 失信惩罚机制的设计和维护. 经济社会体制比较. 2002.
[41] 吴晶妹. 现代信用学. 中国人民大学出版社,2009.
[42] 吴晶妹. 标准走进百姓家丛书:个人信用知识问答. 北京:中国标准出版社,2008.
[43] 吴晶妹. 对中国信用标准体系建设的思考. 大众标准化,2009.10
[44] 吴晶妹. 中国信用标准体系建设的四个基本问题. 中国标准化,2009.9
[45] 朱毅峰,吴晶妹主编. 信用管理学. 中国人民大学出版社,2005.
[46] 玛格丽特·米勒编,王晓蕾等译. 征信体系和国际经济. 中国金融出版社,2004.
[47] 钟楚南. 个人信用征信制度. 中国金融出版社,2002.
[48] 张亦春等. 中国社会信用问题研究. 中国金融出版社,2003.
[49] 李凌燕. 消费信用法律研究. 法律出版社,1999.
[50] 人事部中国高级公务员培训中心,商务部国际贸易经济合作研究院组织编写. 新编信用知识读本. 中国人事出版社,2007.
[51] 钱红一. 财政部门对金融机构的监管. 财政监督,2006.9
[52] 安贺新主编. 信用管理概论. 首都经济贸易大学出版社,2007.
[53] 曹晓鲜. 现代市场经济社会信用体系研究. 中南大学出版社,2005.
[54] 陈歧山. 财政部门对国有企业的监管. 财政监督,2006.9
[55] 曾康霖,邱伟. 中国转型期信用制度建设研究. 中国金融出版社,2007.
[56] 全国整顿和规范市场经济秩序领导小组办公室. 社会信用体系建设. 北京:中国方正出版社. 2004.
[57] 中国就业培训技术指导中心. 信用管理师(基础知识). 北京:中国劳动和社会保障出版社. 2006.
[58] 孙毅. 信用管理概论. 北京:中央广播电视大学出版社. 2004.
[59] 张其仔等. 企业信用管理. 北京:对外经济贸易大学出版社. 2002.
[60] 朱荣恩,丁豪樑. 企业信用管理. 北京:中国时代经济出版社. 2005.
[61] 江苏省企业信用管理协会. 企业信用管理操作实务(第2版). 北京:中国方正出版社. 2006.
[62] 关伟. 信用管理学. 北京:中国人民大学出版社. 2009.
[63] 刘俊剑. 信用管理实务教程. 北京:中国金融出版社. 2008.
[64] 谢旭. 客户管理与账款回收——企业信用风险防范实例. 北京:企业管理出版社. 2001.
[65] 中国工商行政管理委员会编. 企业信用监管理论与实务. 北京:中国工商出版社. 2003.
[66] 谭永智等. 企业信用管理实务. 北京:中国方正出版社. 2004.
[67] 国家发展和改革委员会经济研究所信用研究中心. 信用知识干部读本. 北京:中国税务出版社. 2003.
[68] 涂永珍. 从"人伦"到"契约":中西方信用文化的比较分析及法律调整. 河南大学学报(社会科学版). 2004.
[69] 韩晓燕,许长路. 有比较才能有借鉴——中西信用文化基本理念刍议. 党政论坛. 2004.
[70] 何淑明. 征信国家失信惩罚机制建设对中国的启示. 重庆工商大学学报(西部论坛). 2007.
[71] 刘涵. 信用的文化思考. 山东商业职业技术学院学报. 2008.
[72] 魏建国,鲜于丹. 建立失信惩戒机制的博弈分析. 武汉理工大学学报. 2007.
[73] 谭中明等. 社会信用管理体系——理论、模式、体制与机制. 合肥:中国科学技术大学出版社. 2005.
[74] 陈文玲. 中美信用制度建设的比较与借鉴. 经济社会体制比较. 2003.
[75] 李玲娟. 失信惩戒制度研究. 湖南大学. 2006.

教辅申请说明

　　北京大学出版社本着"教材优先、学术为本"的出版宗旨,竭诚为广大高等院校师生服务。为更有针对性地提供服务,请您按照以下步骤通过**微信**提交教辅申请,我们会在 1~2 个工作日内将配套教辅资料发送到您的邮箱。

◎ 扫描下方二维码,或直接微信搜索公众号"北京大学经管书苑",进行关注;

◎ 点击菜单栏"在线申请"—"教辅申请",出现如右下界面:

◎ 将表格上的信息填写准确、完整后,点击提交;

◎ 信息核对无误后,教辅资源会及时发送给您;如果填写有问题,工作人员会同您联系。

温馨提示:如果您不使用微信,则可以通过以下联系方式(任选其一),将您的姓名、院校、邮箱及教材使用信息反馈给我们,工作人员会同您进一步联系。

联系方式:

北京大学出版社经济与管理图书事业部
通信地址:北京市海淀区成府路 205 号,100871
电子邮箱:em@pup.cn
电　　话:010-62767312 /62757146
微　　信:北京大学经管书苑(pupembook)
网　　址:www.pup.cn